Donja Amirpur
Migrationsbedingt behindert?

Kultur und soziale Praxis

Meinen Eltern

Donja Amirpur (Dr. phil.), geb. 1980, ist wissenschaftliche Mitarbeiterin in der Arbeitsgruppe »Inklusive Pädagogik« an der Universität Paderborn. Sie lehrt und forscht zu Intersektionalität, Inklusion und Migration mit dem Schwerpunkt antimuslimischer Rassismus.

Donja Amirpur

Migrationsbedingt behindert?

Familien im Hilfesystem. Eine intersektionale Perspektive

[transcript]

Die Studie wurde unter dem Titel »Migrationsbedingt behindert? Zur Interdependenz der Wahrnehmung von Behinderung und strukturellen Rahmenbedingungen im Kontext migrationsbedingter Heterogenität« im November 2014 an der Universität Bremen als Dissertation angenommen.

Erstgutachterin: Prof. Dr. Yasemin Karakaşoğlu
Zweitgutachterin: Prof. Dr. Andrea Platte

Tag der mündlichen Prüfung: 3. März 2015

Veröffentlichung gefördert von Aktion Mensch

Die Arbeit wurde ausgezeichnet mit dem Augsburger Wissenschaftspreis für Interkulturelle Studien 2016/Hauptpreis.

Bibliografische Information der Deutschen Nationalbibliothek
Die Deutsche Nationalbibliothek verzeichnet diese Publikation in der Deutschen Nationalbibliografie; detaillierte bibliografische Daten sind im Internet über http://dnb.d-nb.de abrufbar.

Umschlaggestaltung: Kordula Röckenhaus, Bielefeld
Satz: Michael Rauscher, Bielefeld
Printed in Germany
Print-ISBN 978-3-8376-3407-5
PDF-ISBN 978-3-8394-3407-9
EPUB-ISBN 978-3-7328-3407-5

Gedruckt auf alterungsbeständigem Papier mit chlorfrei gebleichtem Zellstoff.
Besuchen Sie uns im Internet: *http://www.transcript-verlag.de*
Bitte fordern Sie unser Gesamtverzeichnis und andere Broschüren an unter: *info@transcript-verlag.de*

Inhalt

Dank

Bei der Umsetzung dieser Arbeit standen eine Reihe von Unterstützer*innen an meiner Seite, die mich über Jahre begleitet haben und bei denen ich mich herzlich bedanken möchte.

Prof. Dr. Yasemin Karakaşoğlu danke ich für ihren Glauben an das Projekt und ihr Vertrauen in mich, ihre fachlich-konstruktive Begleitung und die emotionale und finanzielle Unterstützung (durch das »Karakaşoğlu-Promotionsstipendium«) über all die Jahre. Prof. Dr. Andrea Platte danke ich, dass sie mich im Denk- und Schreibprozess mit ihren Überlegungen nachhaltig unterstützt hat. Sie führte mich zur Beteiligung am Inklusionsdiskurs. Beiden danke ich für eine Betreuung, die über alles Übliche hinausgeht.

Ich danke den Familien für ihre Offenheit, die intimen Einblicke in ihr Leben und das mir entgegengebrachte Vertrauen. Ich danke denjenigen, die mich bei der Suche nach Interviewpartner*innen unterstützt haben, so Masoumeh Safari (Köln) und die vielen Lehrer*innen, die beiden Ärzt*innen, die Beratungsstelle für Migrantinnen – ihre Namen darf ich hier aus datenschutzrechtlichen Gründen nicht nennen.

Das Kolloquium »Interkulturelle Bildungsforschung« des Arbeitsbereichs Interkulturelle Bildung der Universität Bremen unter Leitung von Prof. Dr. Yasemin Karakaşoğlu hat mich über die ganze Zeit fachlich und freundschaftlich begleitet. Yasemin Alkan, Charlotte Binder, Fallon Cabral, Aysun Doğmuş, Aslı Güven, Hennig Koch, Canan Korucu-Rieger, Chripa Schneller und Anna A. Wojciechowicz – sie waren immer bereit, sich intensiv mit meinem Material auseinanderzusetzen, viel zu lesen und engagiert mit mir zu diskutieren, um mich auf die Spur zu bringen. Ihnen kann ich deshalb nicht genug danken. Danken möchte ich auch der »Montagsrunde« vom Kölner Ehrenfeldgürtel mit Judith Dubiski, Prof. Dr. Franz Casper Krönig, Thorsten Merl, Thorsten Neubert und Prof. Dr. Andrea Platte. Sie haben mich immer wieder zur Entwicklung eines kritischen Blicks auf »Normalitäten« und Kategorisierungen aufgefordert.

Für ihren »wachsamen Blick« danke ich herzlich Beatrix Görtner (Bonn). Martha Chatzipolichroni (Köln) und Isabelle Reessing (Bonn) danke ich für ihre

Unterstützung bei der Transkription der Interviews. Weitere wichtige Hinweise verdanke ich zudem Mercedes Pascual Iglesias (Köln), Prof. Dr. Monika Rothweiler (Bremen), Prof. Dr. Julia Zinsmeister (Köln), Prof. Dr. Theresia Degener (Bochum) und Dr. Susanne Schwalgin (Berlin). Prof. Dr. Timm Albers (Paderborn), Judy Gummich (Berlin) und Prof. Dr. Swantje Köbsell (Berlin) danke ich für ihre Hilfe und Unterstützung während meiner Disputationsphase.

Schließlich danke ich denen, ohne deren Liebe nichts gewesen wäre: Meinem Vater Dr. Manutschehr Amirpur, der durch seine Begleitung zu den Interviews als Dolmetscher in besonderer Weise in das Projekt involviert war – es tat gut, ihn an meiner Seite zu wissen –, meiner Mutter Sibylle Amirpur und meiner Schwester Prof. Dr. Katajun Amirpur für all ihre unterstützenden Worte und Taten. Und ich danke Tobi Anding für seine Gelassenheit und seine liebevollen Ermutigungen, die mich in den letzten Jahren getragen haben.

Wo die Arbeit gut ist, ist es ihr Verdienst, wo sie schlecht ist, ist es allein meine Verantwortung.

Die Publikation dieser Arbeit wurde durch die Aktion Mensch gefördert, der ich ebenfalls zu großem Dank verpflichtet bin.

Vorwort der Aktion Mensch

Die deutsche Gesellschaft fühlt sich in Sachen Teilhabemöglichkeiten und kultureller Offenheit gut aufgestellt. Zu Recht? Dieser Frage widmet sich das vorliegende Buch. Elf Familien erzählen aus ihrem Alltag. Sie alle suchen möglichst gute Unterstützung und Fördermöglichkeiten für ihr Kind mit dem Förderschwerpunkt »Geistige Entwicklung«. Sie kommen aus der Türkei, aus Iran.

Gehen sie anders mit ihren behinderten Kindern um als deutsche Familien? Oder gibt es andere Faktoren, die dazu führen, dass viele Familien mit Migrationshintergrund keine adäquaten Förder- und Betreuungsmöglichkeiten für ihre Kinder finden? Diese Faktoren aufzudecken hieße, eine Öffnung zu schaffen, hin zu mehr Inklusion. Denn im Moment fühlen sich viele Familien in doppelter Hinsicht an den Rand der Gesellschaft gedrängt: durch ihren Migrationshintergrund und durch die Behinderung ihres Kindes.

In der UN-Behindertenrechtskonvention von 2009 ist das Recht auf gesellschaftliche Teilhabe für alle Menschen verankert: Schutz der Familien, Zugang zu inklusiver Bildung, Unterstützung und Fördermöglichkeiten für Menschen mit Behinderung. »Die Würde des Menschen ist unantastbar.« – So lautet Artikel 1 unseres Grundgesetzes. Die gelebte Realität sieht häufig anders aus.

Dabei haben die Wohlfahrtsverbände vor allem für die vielen Flüchtlinge, die zurzeit nach Deutschland kommen, schon viel bewegt: Sie schaffen Netzwerke, Tagesstätten und Stellen für freiwillige Helfer. Auch aus den Kriegsgebieten kommen viele Menschen mit körperlichen und seelischen Behinderungen. Begegnung und Austausch sind für sie essentiell, um in einem neuen Land Fuß zu fassen.

Ziel dieses Buches ist es, herauszufinden, wo innerhalb des deutschen Hilfssystems Verbesserungspotentiale sind. Aber auch, was die Familien mit Migrationshintergrund brauchen, um ihrerseits mit ihren behinderten Kindern mehr in die gesellschaftliche Mitte zu kommen. Denn die Erfahrung der Exklusion hinterlässt Narben.

Aktion Mensch e. V.

Einleitung

Mit dem Inkrafttreten der UN-Behindertenrechtskonvention, die Deutschland 2009 ratifizierte und sich damit verpflichtete, die Teilhabe von behinderten Menschen zu fördern, auf allen Ebenen umzusetzen sowie Diskriminierung gegen behinderte Menschen zu unterbinden, wird auch vermehrt die Notwendigkeit einer inklusiven Ausrichtung der Behindertenhilfe diskutiert. Weil Familien mit einem behinderten Angehörigen im Kontext von Migration in der Inanspruchnahme von präventiven und unterstützenden Hilfen unterrepräsentiert sind, wird zudem der Ruf nach einer interkulturellen Öffnung der Einrichtungen der Behindertenhilfe lauter. Auch im Nationalen Integrationsplan der Bundesregierung sowie im Aktionsplan Inklusion wird gefordert, die Teilhabe von »Menschen mit Migrationshintergrund« am Gesundheitssystem und den Angeboten der Behindertenhilfe durch eine »interkulturelle Öffnung« zu verbessern (Die Bundesregierung 2007, 29). Im Aktionsplan Inklusion der Landesregierung Nordrhein-Westfalen wird auf die Notwendigkeit einer Sensibilisierung in den bestehenden Einrichtungen der Behindertenhilfe, der Gesundheitshilfe und der Rehabilitation für die Schnittstelle von Migration und Behinderung hingewiesen, damit die Zugänglichkeit der Einrichtungen der Behindertenhilfe erleichtert wird (Die Landesregierung NRW 2012, 232). Schließlich hat das Hilfesystem neben einer entlastenden Funktion für die Gesamtfamilie auch den Auftrag, behinderte Menschen dabei zu unterstützen, ihre Menschenrechte im Sinne der UN-Behindertenrechtskonvention durchsetzen und wahrnehmen zu können. Merz-Atalik kritisiert, dass der Umgang mit der zunehmenden Heterogenität der Gesellschaft in Institutionen des Sozial-, Gesundheits- und Bildungswesens nach wie vor weitestgehend als Zusatzaufgabe und als Belastung wahrgenommen wird – und nicht als Normalität bzw. Bestandteil der Regelaufgaben. Dies stehe den inklusiven Prozessen in der Gesellschaft entgegen, so Merz-Atalik. Durch eine problemorientierte Sicht werde die Existenz einer Einwanderungsgesellschaft in Frage gestellt (Merz Atalik 2008, 23).

Dass das Hilfesystem seinem Versorgungsauftrag nicht nachkommt und es einen Bedarf an Unterstützung der Fachkräfte, an Informationen und Weiterbildungen gibt, zeigt die steigende Zahl von Fachtagen und Publikationen zum Thema (vgl. Beyer 2003; Kauczor et al. 2008; Sarimski 2013). Darin schildern Fachkräfte des Hilfesystems die Schwierigkeiten in der Beratung von so genannten Migrantenfamilien mit behinderten Angehörigen.

Viele Publikationen und Fortbildungen haben gemeinsam, dass darin die Kategorie »Kultur« als zentrale Differenzkategorie für den Kontext von Migration und Behinderung fungiert. In dieser Sichtweise existieren die Barrieren vor allem innerhalb der Familie. Ihr Umgang mit der Behinderung des Familienangehörigen, ihre kulturspezifische Deutung von Behinderung, so die Annahmen, entsprechen nicht den Vorstellungen von Empowerment der Behindertenhilfe. Die Familien sind »fremd«, »anders« und benachteiligen sich selbst (z. B. Van Dillen 2008). Weitere Heterogenitätsdimensionen, die Struktur des Hilfesystems und die damit verbundenen strukturellen Barrieren für Familien mit behinderten Kindern im Kontext von Migration finden im Praxisfeld und in der Forschung kaum Berücksichtigung. Im Fokus stehen vor allem Familien türkischer, arabischer und iranischer Herkunft. Sie werden in dieser Perspektive meist als Muslim*innen betrachtet (z. B. Gültekin 1989; Rauscher 2003; Merz-Atalik 1998; Laabdallaoui/Rüschoff 2010; Sarimski 2013). Kerndimensionen politischer, rechtlicher und ökonomischer Art sowie die Beachtung der von den Familien mitgebrachten Ressourcen fehlen, aber auch die Bedingungen des Verlustes von Ressourcen durch die Wanderung bleiben unbeachtet. Kontroversen und Differenzen im Sozialbereich werden häufig auf eine islamische Religionszugehörigkeit bzw. Sozialisation der Familien zurückgeführt. Erkenntnisse darüber, ob der Islam ein relevanter Faktor in der Lebensgestaltung von muslimischen Familien mit einem behinderten Kind respektive für den Beratungszusammenhang ist, existieren allerdings nicht.

Ausgehend von den Hinweisen aus Literatur und Praxis, dass religiöse Vorstellungen einen nennenswerten Einfluss auf die Perzeption und den Umgang mit Behinderung nach sich ziehen, war es deswegen zunächst das Ziel dieser Arbeit herauszuarbeiten, welchen Stellenwert die islamisch geprägte Sozialisation bei muslimischen Familien im Umgang mit der Behinderung ihres Kindes einnimmt. In der Untersuchung wurden Interviews mit muslimischen Familien der ersten Einwanderergeneration (also Familien mit einer tatsächlichen eigenen Migrationserfahrung) geführt. Um verkürzte Schlussfolgerungen über Einstellungsmuster im Umgang mit Behinderung zu vermeiden, wurde auf eine heterogene Zusammensetzung eines »muslimischen Samples« geachtet: Die Interviews wurden mit Familien iranischer und türkischer Herkunft geführt, die sich in ihrer Religiosität (vgl. Bertelsmann Stiftung 2008), in ihrer Konfession (Schiiten und Sunniten) und innerhalb jeder Gruppe in ihren formalen Bildungsabschlüssen voneinander unterscheiden. Die Interviews wurden mit Familien von Kindern geführt, die fast ausschließlich (ein Kind war noch nicht um Schulalter) Förderschulen mit dem Förderschwerpunkt »Geistige Entwicklung« besuchten. Dieses Vorgehen hatte mehrere Gründe: Zum einen ermöglichte die Festlegung auf einen Förderschwerpunkt eine bessere Vergleichbarkeit von Ansprüchen im Hilfesystem. Die Schulform habe ich gewählt, weil ich zum einen selbst an einer Förderschule mit diesem Schwerpunkt gearbeitet und dadurch Kontakte zu Familien und Fachkräften habe, was den Zugang zu dem ansonsten für Externe schwerer zugänglichen Feld ermöglichte. Vor allem aber wollte ich den Schilderungen aus dem Praxisfeld nachgehen, nach denen insbesondere Kinder mit einer so genannten »geistigen Behinderung« kaum im Hilfesystem ankommen. Begründet wurde dies von Seiten der Fachkräfte mit Barrieren innerhalb der Familien, die religiös konnotiert waren.

Im Verlauf der Studie wurde dann aber recht schnell deutlich, dass – viel mehr als die Religion – die Suche nach Unterstützungs- und Fördermöglichkeiten zentrales Thema der elterlichen Bemühungen ist. Dabei stoßen die Eltern auf strukturelle Barrieren, Ausgrenzungen und Diskriminierungen, eine Inanspruchnahme von Unterstützung gelingt nur in seltenen Fällen und unter großer Anstrengung. Die Familien befinden sich zum Teil in prekären Situationen, die sowohl die Eltern als auch die betroffenen Kinder belasten. Es zeigte sich auch, dass weitere relevante Heterogenitätsdimensionen bzw. Strukturkategorien im Kontext von Migration und Behinderung auftauchten, die die Lebenssituation der Familien maßgeblich beeinflussten, wie bspw. der rechtliche Status oder die lingualen Machtstrukturen im Hilfesystem. Nach der Prüfung der ersten Falldaten veränderte sich dementsprechend der Fokus, aus dem das Material betrachtet wurde: Es traten vor allem die Barrieren, mit denen die Familien im Hilfesystem konfrontiert sind, in das Zentrum der Analyse. Die Frage nach der Art und den Möglichkeiten der Inanspruchnahme von Unterstützung ist auch insofern von besonderem Interesse, als bspw. die UN-Behindertenrechtskonvention dem Hilfesystem eine zentrale Rolle in der Verteilung von Ressourcen und Ermöglichung von Partizipation zuweist (vgl. Kap. 1). Durch Angebote für Kind und Familie werden die Teilhabemöglichkeiten des Kindes gestärkt und die gesamte Familie erhält einen Autonomiezuwachs. Wenn Familien nun keinen Kontakt zum Hilfesystem haben, stellt sich die Frage, welche Auswirkungen dies auf die Partizipationsmöglichkeiten der Familien hat – oder ganz allgemein gefragt: Wie stellt sich die Lebenssituation der Gesamtfamilie dann dar?

Verschiedene Studien der letzten 20 Jahre haben bereits die Lebenssituation von Familien im Kontext von Behinderung untersucht (vgl. Engelbert 1999; Eckert 2002, Büker 2010) und verdeutlichen, dass die Familien im Allgemeinen mit großen Herausforderungen im Hilfesystem konfrontiert sind, eine Inanspruchnahme von Unterstützungsangeboten scheint auch außerhalb des Migrationskontextes nicht selbstverständlich. Da ein Bezug auf diese Studien möglich war, wurde in der hier vorliegenden Untersuchung auf eine Vergleichsgruppe von Familien ohne Migrationserfahrung verzichtet, stattdessen wurden am Ende einschlägige Untersuchungen zu Familie und Behinderung für eine Kontrastierung und die Herausarbeitung einer »Migrationsspezifik« hinzugezogen.

Anliegen dieser Arbeit ist es also insbesondere, sich mit den Barrieren im Hilfesystem zu befassen, die die Partizipationsmöglichkeiten für Kind und Familie verhindern. Daraus ergeben sich folgende forschungsleitende Fragen:

- Wie erleben Familien aus türkischen und iranischen Herkunftskontexten den Aspekt Behinderung in ihrem familiären Alltag?
- Sind die Familien mit Barrieren in der Teilhabe konfrontiert?
- Gibt es migrationsspezifische Barrieren im Hilfesystem?
- Was hindert Familien an einem Zugewinn an Autonomie? Was benötigen sie für ein Vorankommen?
- Welche Ressourcen bringen die Familien mit? Wodurch und wie entwickeln sie Widerstand?
- Intervenieren Migrationserfahrungen und migrationsspezifische Barrieren in den Umgang mit Behinderung?
- Gibt es migrationsspezifische Deutungen von Behinderung, die in einem konkreten Bezug zu den religiös-kulturellen Hintergründen oder Orientierungen der Befragten stehen?

Ziel ist es, die Wechselwirkungen der Strukturkategorien Migration und Behinderung aufzuzeigen und mit Hilfe einer intersektionalen Analyse darzulegen, wie das Zusammenspiel von »Behinderung« und »Migration« auf die Familie wirkt.

Zur Beantwortung der Forschungsfragen gliedert sich die Untersuchung in sechs Teile:

Nach dieser Einführung widmet sich *Kapitel 1* dem »Rahmen« der Untersuchung: der UN-Behindertenrechtskonvention. In dem Kapitel werden die sich durch die Ratifizierung der Konvention ergebenen Implikationen für das Hilfesystem im Kontext von Migration analysiert. Zudem wird dargelegt, welches »Modell von Behinderung« der hier vorliegenden Arbeit zugrunde gelegt wird.

In *Kapitel 2* werden parallel verlaufende Diskurse in Beziehung zu einander gesetzt: die Kulturalismuskritik der Migrationsforschung, die »kulturellen Konzepte« des Praxisfeldes bzw. des Hilfesystems und die Forschungsarbeiten an der Schnittstelle von Migration und Behinderung. Dadurch können weitere Forschungslücken aufgezeigt werden.

In *Kapitel 3* werden bisherige Studien zu »Familie und Behinderung« einer kritischen inhaltlichen und methodischen Analyse unterzogen. Schließlich werden die für die Forschungsfrage relevanten Studien ausgewählt und dargestellt, die insbesondere die Barrieren im Hilfesystem in den Fokus ihrer Untersuchungen rücken. Diese dienen als Grundlage, um später potentielle Parallelen und Unterschiede im Migrationskontext aufzeigen zu können. Außerdem sollen Einflussvariablen auf die Partizipationsmöglichkeiten und Autonomiebestrebungen der Familien ausfindig gemacht sowie Erkenntnisse für die Gestaltung des Forschungsdesigns gewonnen werden. Daran anknüpfend wird der derzeitige Umgang mit migrationsbedingter Heterogenität im Hilfesystem dargestellt und mit den Forderungen der UN-Behindertenrechtskonvention und der Idee von inklusiven Entwicklungsprozessen bzw. einer interkulturellen Öffnung verglichen.

Diese vorangegangenen Ausführungen bilden die Basis für die Begründung des Forschungsinteresses und die Vorstellung des Intersektionalitätsansatzes als analytischen Bezugsrahmen in *Kapitel 4*. Dieser eignet sich im Besonderen dafür, soziale Differenzierungen und Hierarchisierungen unter Berücksichtigung der Wechselwirkungen und Verwobenheiten der Kategorien Migration und Behinderung in den Blick zu nehmen.

Kapitel 5 und Kernstück der vorliegenden Arbeit bildet schließlich der empirische Teil. Im Mittelpunkt stehen elf Familiengeschichten im Kontext von Migration und Behinderung. Diese wurden mit Hilfe der Grounded Theory Methode sowie dem intersektionalen Mehrebenenansatz nach Winker und Degele (2009) analysiert. An die einzelnen Familiengeschichten anknüpfend werden die Ergebnisse der Interviewauswertungen anhand typisierter Orientierungen der Familien im Hilfesystem zusammenfassend dargestellt.

In *Kapitel 6* folgen Schlussfolgerungen zu strukturellen migrationsspezifischen Barrieren im Hilfesystem und die Formulierung weiterführender Fragen.

Das Sprechen über ... – Im Spannungsfeld von Reifikation und Aufdeckung gesellschaftlicher Konstruktionen

Wenn ich in der vorliegenden Arbeit von »behinderten Menschen«, »Behinderten«, »Migrant*innen« oder »migrierten Familien« spreche, dann schließe ich mich – ohne den Ausführungen in Kapitel 4 zum Intersektionalitätsansatz vorgreifen zu wollen – Iman Attia an, die auf den gesellschaftlichen Konstruktionsprozess hinter der Homogenisierung und Essentialisierung mit realen Folgen hinweist und die Notwendigkeit erkennt, »behinderte Menschen« und »Migrant*innen«[1] zu benennen, um die dahinter steckenden Mechanismen und die Konstruktionen analysieren zu können (Attia 2013, 2). Dass ich der hinter den Begriffen steckenden Konstruktion, dem gesellschaftlichen Prozess der Ausgrenzung, der »Behinderung« Ausdruck verleihen möchte, zeige ich

1 | Während es im Kontext von Behinderung möglich ist, das Passive, den Konstruktionsprozess durch ein Partizip Perfekt (also passiv) sprachlich abzubilden (behinderte Menschen), ist dies im Kontext von Migration nicht ohne Weiteres möglich.

bereits durch den Titel dieser Arbeit »Migrationsbedingt behindert?«. Dieser Argumentation folgend verwende ich nicht wie sonst meist üblich die Begriffe »Menschen mit Behinderung« oder »Menschen mit Migrationshintergrund[2]«. Schließlich handelt es sich bei einer Behinderung bzw. einem Migrationshintergrund nicht um ein »persönliches Attribut« (Köbsell 2010, 19).[3]

Der gesellschaftliche Konstruktionsprozess wird im aktuellen Diskurs um Migration und Behinderung durch die Verwendung von Begriffen wie »Migrantenfamilie«, »Migrationsfamilie« oder »geistig behindert« abgebildet (vgl. Kap. 2 und 3). Wenn ich auf diesen Prozess hinweisen möchte, muss ich gleichzeitig den Diskurs wiedergeben, begebe mich dadurch aber in die Gefahr des Reifizierens. Das ist ein Dilemma, dem ich kaum ausweichen kann, außer in meinen Ausführungen immer wieder auf die dahinter steckende Konstruktion hinzuweisen.

2 | Das gilt allerdings nicht für die Darstellung statistischer Erhebungen, die mit diesem Merkmal arbeiten.

3 | Des Weiteren sei auch an dieser Stelle darauf hingewiesen, dass es sich bei den im Sample der vorliegenden Arbeit als Migrant*innen bezeichneten Personen tatsächlich um solche mit einer Migrationserfahrung handelt. Die darin berücksichtigten Personen sind allesamt nach Deutschland migriert und leben hier nicht etwa in zweiter oder dritter Generation. Da die Migration fast ausnahmslos nicht mit der Zielsetzung geschah, dauerhaft in Deutschland bleiben zu wollen (zumeist Wanderung aufgrund politischer Krisen oder Arbeitsmigration), wäre auch der Begriff »Immigrant*innen« unpassend.

1 Ausgangssituation

Die UN-Behindertenrechtskonvention (UN-BRK) und ihre Implikationen für das Hilfesystem

Der Begriff der Inklusion ist seit der Ratifizierung der UN-Behindertenrechtskonvention (im Folgenden kurz UN-BRK) in Deutschland in den nationalen und vor allem bildungspolitischen Fokus gerückt. Während international die Orientierung an die Leitidee der Inklusion als Basis für die Realisierung der Allgemeinen Menschenrechte betrachtet wird (Platte 2012, 141), befasst sich die Bildungspolitik in Deutschland im Kontext von Inklusion vornehmlich mit dem gemeinsamen Unterricht von behinderten und nichtbehinderten Kindern und Jugendlichen. Dass diese Schwerpunktsetzung zu kurz greift und nicht dem Kerngedanken von Inklusion entspricht, zeigt ein Blick in die UN-BRK.

Die UN-BRK ist ein Völkerrechtsvertrag, der 2006 von den Vereinten Nationen verabschiedet wurde und seit 2009 auch in Deutschland gilt. Die Konvention stellt eine weitere Ergänzung der sieben Kernkonventionen der Vereinten Nationen dar, zu denen unter anderem das Übereinkommen zur Beseitigung jeder Form der »Rassendiskriminierung« (die Antirassismuskonvention von 1965) und das Internationale Übereinkommen über die Rechte des Kindes (die Kinderrechtkonvention von 1989) zählen. Deutschland verpflichtete sich mit der Ratifizierung der UN-BRK, die Chancengleichheit von behinderten Menschen zu fördern, diese auf allen Ebenen umzusetzen sowie Diskriminierung gegen behinderte Menschen zu unterbinden. Dabei handelt es sich nicht um Sonderrechte von behinderten Menschen. Diese Menschenrechtskonvention zeigt vielmehr auf, was die bestehenden Menschenrechte für behinderte Menschen bedeuten und wie sie in den unterschiedlichen Bereichen unserer Gesellschaft umzusetzen sind. So soll die Ausübung der Menschenrechte unter Berücksichtigung der Verschiedenheit, die durch eine Behinderung hervorgebracht werden kann, gesichert werden. Ein besonderes Merkmal der Konvention ist demnach die Revision der vormals herrschenden Annahme, dass eine Behinderung die Möglichkeit der Wahrnehmung von Menschenrechten durch behinderte Menschen verhindere (vgl. Degener 2009).

Charakteristisch für die Konvention ist ihr starker Empowermentansatz (vgl. Bielefeldt 2006), die Bezugnahme auf die Menschenwürde und auf die Leitidee der Inklusion (vgl. Platte 2012). So fordert die UN-BRK die Partizipation behinderter Menschen in die Gesellschaft vor dem Hintergrund der sozialen Inklusion (»full and effective participation and inclusion in society«, Artikel 3, Buchst. c) mit dem Ziel »Raum und Rückhalt für die persönliche Lebensgestaltung« zu bieten (Bielefeldt 2006, 11). Theresia Degener, Mitglied des Ausschusses der Vereinten Nationen für die Rechte von Menschen mit Behinderungen, definiert Inklusion im Sinne der UN-BRK als ein »Prinzip der gleichberechtigten Partizipation unter Berücksichtigung der Menschenwürde und Anerkennung der Verschiedenheit der Menschen. Außerdem bedeutet Inklusion eine eindeutige Absage an separierende gesellschaftliche Systeme« (Degener/Mogge-Grotjahn 2012, 66). Damit untermauert die Konvention den Anspruch einer in unterschiedlichsten Bereichen selbstverständlichen Zugehörigkeit von behinderten Menschen und markiert das »strukturelle Unrecht«, wenn behinderte Menschen daran gehindert werden, ihr Leben selbstbestimmt und gleichberechtigt mit anderen leben zu können (Bielefeldt 2006, 9).

Bielefeldt sieht das Anliegen, Ansprüche auf Diskriminierungsfreiheit und gleichberechtigte gesellschaftliche Teilhabe zu formulieren, sie rechtsverbindlich zu verankern und mit möglichst wirksamen Durchsetzungsinstrumenten zu verknüpfen, in keiner anderen Menschenrechtskonvention in dem Maße abgebildet wie in der UN-BRK (Bielefeldt 2006, 4). Die Konvention erhält dadurch ein hohes Innovationspotential mit einer weitreichenden Bedeutung für die Menschenrechtstheorie im Allgemeinen, weil die in der UN-BRK verankerten Menschenrechte »jedem einzelnen [...] die Position eines Subjekts gleichberechtigter Freiheit zuerkennen« und zugleich »eröffnen sie über ihre unverzichtbare negativ-abwehrende Funktion [...] auch positive Möglichkeiten, Gemeinschaften und die Gesellschaft im Ganzen nach Gesichtspunkten von Freiheit und Gleichberechtigung weiter zu entwickeln« (ebd., 13).

1.1 Modelle von Behinderung und das menschenrechtliche Modell der UN-BRK

Zwar lässt sich in der UN-BRK keine dezidierte Definition[1] von Behinderung finden, doch vermittelt diese durch ihre Inhalte ein Modell von Behinderung, das Degener als das menschenrechtliche Modell von Behinderung bezeichnet.

---

1 | Aufgegriffen wird der Behinderungsbegriff in Artikel 1. Darin heißt es: »Zu den Menschen mit Behinderung zählen Menschen, die langfristige körperliche, seelische, geistige oder Sinnesbeeinträchtigungen haben, welche sie in Wechselwirkungen mit verschiedenen Barrieren an der vollen, wirksamen und gleichberechtigten Teilhabe an der

So wird durch die UN-BRK einmal mehr mit der Vorstellung gebrochen, bei einer Behinderung handle es sich um eine individuelle Beeinträchtigung, wie es das medizinische Modell[2] von Behinderung vermittelt. Das medizinische Modell von Behinderung betrachtet die individuelle körperliche, psychische oder kognitive Beeinträchtigung als Abweichung von einer Norm des vollumfänglichen »Funktionierens« und reagiert darauf mit Diagnose, Therapie und Förderung im Sinne der Minderung der individuellen Ursachen von Behinderung. Das menschenrechtliche Modell von Behinderung hingegen – heute offizielles Modell der europäischen Behindertenpolitik – ist auf die äußeren gesellschaftlichen Bedingungen gerichtet und die Zugangsbarrieren, die behinderte Menschen aussondern und diskriminieren (vgl. Degener/Mogge-Grotjahn 2012).

Das menschenrechtliche Modell von Behinderung nimmt die Menschenwürde zum Ausgangspunkt, wobei die Schädigung bzw. Beeinträchtigung nicht übersehen wird. Mit dem Fokus auf behinderte Menschen als Menschenrechtssubjekte und dem daraus folgenden Blick auf die Umwelt und die Gesellschaft mit ihren exkludierenden Strukturen und verletzenden Verhaltensweisen werden Marginalisierungen und Benachteiligungen schließlich nicht mehr mit der Beeinträchtigung erklärt, sondern mit Ausgrenzungsmechanismen (vgl. Quinn/Degener 2002). »Dieses rechtsbasierte Modell von Behinderung basiert auf der Erkenntnis, dass die weltweite desolate Lage behinderter Menschen weniger mit individuellen Beeinträchtigungen als vielmehr mit gesellschaftlich konstruierten Entrechtungen (gesundheitlich) beeinträchtigter Menschen zu erklären ist und bildet so den Gegenpol zu einer an Bedürftigkeit orientierten Fürsorge- und Wohlfahrtspolitik« (Degener/Mogge-Grotjahn 2012, 69). Damit geht das menschenrechtliche Modell weiter als das soziale Modell[3] (vgl. Oliver 1996; Barnes et al. 1999), das sich zu Beginn der 1980er

---

Gesellschaft hindern können.« Zudem wird der Begriff in der Präambel (Abschnitt e) erwähnt. Dort wird auf die soziale Konstruktion von Behinderung hingewiesen (»[...] in der Erkenntnis, dass das Verständnis von Behinderung sich ständig weiterentwickelt und dass Behinderung aus der Wechselwirkung zwischen Menschen mit Beeinträchtigungen und einstellungs- und umweltbedingten Barrieren entsteht, die sie an der vollen und wirksamen Teilhabe auf der Grundlage der Gleichberechtigung mit anderen an der Gesellschaft hindern [...].«)

2 | Im Zuge der Kritik an dem medizinischen Modell von Behinderung entstanden die Disability Studies.

3 | Das soziale Modell galt zunächst als großer Erfolg der Behindertenbewegung. Durch die »Krüppelbewegung« in den 70er Jahren oder die »frameanalysis« von Goffman (vgl. Fandrey 1990; Goffman 1975) wurde die Gesellschaft zwar erstmals für das Thema sensibilisiert, durchgesetzt hat sich das soziale Modell in Deutschland aber erst in den 90er Jahren mit der öffentlichkeitswirksamen »Aktion Grundgesetz« (ausführlich zur Behindertenbewegung siehe Köbsell 2012, 27 ff.).

Jahre als Reaktion auf das medizinische Modell entwickelte.[4] Das soziale Modell verweist durch seine Unterscheidung zwischen Impairment (Schädigung) und Disability (Behinderung) zwar nicht auf ein individuelles Defizit, sondern geht von gesellschaftlichen Zusammenhängen aus, mit seiner strengen Dichotomie und der Annahme einer faktischen Beeinträchtigung unterliegt es aber der Kritik, die hinter den Entrechtungen steckende soziale Konstruktion und die kausale Beziehung zwischen Impairment und Disability zu übersehen (vgl. Waldschmidt 2005, Kastl 2010). Damit laufe das soziale Modell Gefahr, »sich in behindertenpolitischen Forderungen nach rechtlicher Gleichstellung und dem Abbau von räumlichen Barrieren [...] zu erschöpfen« (Dannenbeck 2007, 106). Denn sowohl das medizinische als auch das soziale Modell (z. B. Oliver 1996) verfolgen das Ziel, Strategien und Lösungen für eine Störung zu entwickeln, die es zu beheben gilt.

Als Gegenpol dazu bezeichnen Degener und Mogge-Grotjahn den menschenrechtlichen Ansatz, durch den Behinderte nicht mehr länger als Objekte der Sozialpolitik, sondern als Bürgerrechtssubjekte gelten (Degener/Mogge-Grotjahn 2012, 69). Einen weiteren Gegenpol zum sozialen Modell von Behinderung bildet das kulturelle Modell von Behinderung, bei dem es verstärkt um ein vertieftes Verständnis der Kategorisierungsprozesse selbst geht. Die

4 | Parallel arbeitete die Weltgesundheitsorganisation (WHO) an einem neuen Klassifikationskonzept für »Behinderung«: 2001 wurde das »International Classification of Impairments, Disabilities and Handicaps« (ICIDH) mit einer deutlichen Richtungsänderung von dem Konzept der »International Classification of Functioning, Disability, and Health« (ICF) abgelöst (vgl. WHO 2001). Der Vorgänger, die ICIDH, beinhaltete eine tendenziell individuumzentrierte und defektorientierte Sichtweise. Nun unterstreicht die Weltgesundheits-organisation mit der neuen Klassifikation ICF den gesellschaftlichen Kontext, in dem Menschen mit Behinderungen leben, sowie ihre positiven Möglichkeiten zu aktiver und selbstbestimmter Teilhabe als Ziel. Miteinbezogen wird nun der Einfluss der gesellschaftlichen Einstellungen gegenüber behinderten Menschen. Das ICF war bis zur Ratifizierung der UN-BRK stärkste Bezugsgröße für die Definition und Betrachtung von Behinderung. Allerdings finden sich auch hier Schwächen, die die UN-BRK mit dem menschenrechtlichen Modell von Behinderung aufgreift und bearbeitet: Ausgangspunkt der WHO-Klassifikation »ist die Schädigung als eine objektivierbare Abweichung von der Norm. Woran misst sich die Normabweichung? Ist die Schädigung immer so exakt feststellbar, wie medizinische oder sonderpädagogische Diagnostik nahelegen?«, fragt dazu Cloerkes (2007, 7). Die Konstruktion von Behinderung wird mit dem ICF also nicht ausreichend aufgegriffen. Lindmeier kritisiert, dass die Bedeutung eines Partizipationskonzepts dadurch geschwächt ist, »dass Komponenten der Aktivität und der Partizipation in einer Klassifikation zusammengefasst sind« und durch Beurteilungsmerkmale wie Leistung und Leistungsfähigkeit gemessen werden sollen (Lindmeier o. J., zur Kritik siehe auch Hirschberg 2003).

Dekonstruktion der ausgrenzenden Systematik und der damit einhergehenden Realität rücken in den Mittelpunkt der Analyse. Dabei wird nicht nur die Behinderung an sich hinterfragt, sondern das, was als »Normalität« bezeichnet wird: »Die kulturwissenschaftliche Sichtweise unterstellt nicht – wie das soziale Modell – die Universalität des Behinderungsproblems, sondern lässt die Relativität und Historizität von Ausgrenzungs- und Stigmatisierungsprozessen zum Vorschein kommen. Sie führt vor Augen, dass die Identität (nicht)behinderter Menschen kulturell geprägt ist und von Deutungsmustern des Eigenen und des Fremden bestimmt wird« (Waldschmidt 2005, o. S.).

Der Unterschied zwischen menschenrechtlichem und kulturellem Modell liegt also vor allem in der Akzentuierung. Mit einer rechtlichen Perspektive rückt erstes verstärkt Teilhabebedingungen in den Fokus, zweites blickt verschärft auf die Prozesse der Herstellung von Behinderung – in ihrer Kritik am sozialen Modell und der Absage an Sondersysteme sind sie miteinander verbunden.

Im Folgenden wird nun dargelegt, wie sich der »rechtspolitische Überbau« (in Abgrenzung zum rechtstheoretischen Überbau) der Behindertenbewegung (Degener 2009, 281) genau strukturiert. Dabei werden insbesondere relevante Inhalte der Konvention an der Schnittstelle von Migration und Behinderung vorgestellt.

1.2 Die UN-BRK im Kontext von Migration und Behinderung

Die UN-BRK besteht neben zwei Völkerrechtsverträgen aus einem Fakultativprotokoll[5] mit 18 Artikeln und einem Übereinkommen aus 50 Artikeln[6] (vgl. UN-BRK 2011). Das Übereinkommen wird von einer Präambel eingeleitet, die die gemeinsamen Grundsätze und Ziele der Vertragspartner artikuliert. Sie gilt als Orientierungsrahmen, die zwar von einer rechtlichen Unverbindlichkeit geprägt ist, gleichzeitig dienen die in der Präambel enthaltenen Grundsätze aber als Maßstab und Hilfsmittel zur Auslegung und Anwendung der UN-BRK (Kreutz et al. 2012, 64).

Die in dem Übereinkommen aufgezeigten Richtlinien sollen bei der Überwindung von Barrieren und Ausgrenzungen helfen und gleichzeitig die Rechte von behinderten Menschen schützen und fördern. Dabei werden zentrale Lebensbereiche berücksichtigt, wie zum Beispiel *Bildung* (Art. 24), *Arbeit* (Art. 27) oder das *Zusammenleben* (u.a. Art. 23), aber auch Aspekte wie *politische*

5 | Das Fakultativprotokoll regelt ein Beschwerde- sowie ein Untersuchungsverfahren zu Menschenrechtsverletzungen.

6 | Staaten können wählen, ob sie nur das Übereinkommen oder auch das Fakultativprotokoll unterzeichnen und ratifizieren.

Partizipation (Art. 29) oder der *freie Zugang zu Informationen* (Art. 21). Im Folgenden werden beispielhaft einige Bereiche der UN-BRK skizziert, die für die Fragestellung der Untersuchung und den Kontext Migration von besonderem Interesse sind.[7]

Die UN-BRK und Migration

Zwar erhält die Kategorie Migration im Gegensatz z. B. zu Gender (Art. 6) keinen eigenen Artikel in der Konvention, allerdings wird in der Präambel an zwei Stellen auf weitere Heterogenitätsdimensionen im Kontext von Behinderung Bezug genommen. So sind die 50 Artikel des Übereinkommens »in der Erkenntnis der Vielfalt der Menschen mit Behinderung« (Präambel Buchst. i) vereinbart worden. Zudem betonen die Vertragsstaaten in Buchst. p ihre Sorge »über die schwierigen Bedingungen, denen sich Menschen mit Behinderungen gegenübersehen, die mehrfachen oder verschärften Formen der Diskriminierung aufgrund der Rasse (sic!), der Hautfarbe, des Geschlechts, der Sprache, der Religion, der politischen oder sonstigen Anschauung, der nationalen, ethnischen, indigenen oder sozialen Herkunft, des Vermögens, der Geburt, des Alters oder des sonstigen Status ausgesetzt sind«.

Auch wenn die Präambel keine rechtliche Verbindlichkeit besitzt, schafft die UN-BRK durch die Anerkennung der heterogenen Lebenslagen von behinderten Menschen und dem Hinweis auf »verschärfte Formen der Diskriminierungen« unter Migrationsbedingungen dennoch eine Basis dafür, den Blick auf intersektionale Diskriminierung zu schärfen und um den Einbezug migrationsbedingter Faktoren fordern zu können. In diesem Kontext sind auch die darauffolgenden 50 Artikel zu verstehen.

Allgemeine Grundsätze

Die Grundgedanken der Freiheit, der Autonomie und der Nichtdiskriminierung (Buchst. a und b) werden direkt zu Beginn in den Allgemeinen Grundsätzen (Art. 3) aufgeführt und stellen die Kernelemente der Konvention dar. Sie handeln u. a. von der Achtung der Unterschiedlichkeit (Buchst. d), der Chancengleichheit (Buchst. e), der Zugänglichkeit (Buchst. f), der Achtung von den sich entwickelnden Fähigkeiten von behinderten Kindern und der Achtung ihres Rechts auf Identität (Buchst. h). Auch diese Grundsätze sind bei der Umsetzung der nachfolgenden Artikel des Übereinkommens stets zu berücksichtigen.

Allgemeine Verpflichtungen

Artikel 4 der UN-BRK regelt die allgemeinen Verpflichtungen, die die Vertragsstaaten eingehen. Da es sich um allgemeine Verpflichtungen handelt, beziehen sie sich auf alle Lebensbereiche, die von der UN-BRK erfasst wer-

7 | Eine ausführliche Beschreibung findet sich in Kreutz et al. (2012).

den, und wirken sich auf die Interpretation aller Artikel aus. Insofern erhält Absatz 1 (Art. 4) eine entscheidende Bedeutung. Darin verpflichten sich die Vertragsstaaten, die »volle Verwirklichung aller Menschenrechte und Grundfreiheiten für alle Menschen mit Behinderung ohne jede Diskriminierung aufgrund von Behinderung zu gewährleisten und zu fördern« (Artikel 4, Abs.1). Zu diesem Zweck verpflichten sich die Vertragsstaaten, und dies wird in neun Unterpunkten dezidiert aufgeführt u.a. zu geeigneten Gesetzgebungs-, Verwaltungs- und sonstigen Maßnahmen zur Umsetzung der in dem Übereinkommen anerkannten Rechte (Buchst. a), Handlungen und Praktiken, die dem Übereinkommen nach unvereinbar sind zu unterlassen (Buchst. d), alle geeigneten Maßnahmen zur Beseitigung der Diskriminierung aufgrund von Behinderung durch Personen, Organisationen etc. zu ergreifen (Buchst. e) oder eine behindertenfreundliche Infrastruktur inklusive einer neuen Verwaltungspraxis zu etablieren (Buchst. f-i). Das Besondere der Allgemeinen Verpflichtungen ist – auch im Hinblick auf die eingangs erläuterten Inhalte der Präambel zur Vielfalt von behinderten Menschen –, dass keine Gruppe von behinderten Menschen von dieser Gewährleistungspflicht ausgeschlossen ist. Verfehlt ein Vertragsstaat dieses Ziel, verletzt er damit die Menschenrechte und Grundfreiheiten, die das Tatbestandsmerkmal einer Diskriminierung erfüllen (Kreutz et al. 2012, 86).

Die UN-BRK und der Bezug zur Familie

Ein Streitpunkt während der Verhandlungen zur UN-BRK war die Frage zur Aufnahme der Rechte von Familien mit behinderten Angehörigen. Geeinigt wurde sich schließlich auf einen inhaltlichen Bezug zur Familie – ebenfalls in der Präambel der Konvention (Kreutz et al. 2012, 67). Dort wird die Familie als »natürliche Kernzelle« der Gesellschaft bezeichnet, die einen Schutz benötige, um »zum vollen und gleichberechtigten Genuss der Rechte der Menschen mit Behinderung beizutragen« (Präambel, Buchst. x). Dieser Grundgedanke zum Stellenwert der Familie wird wiederum in einzelnen Artikeln der UN-BRK aufgegriffen. In Artikel 8 (Abs. 1, Buchst. a) wird mit dem Ziel der Bewusstseinsbildung für behinderte Menschen im Allgemeinen auch die Familie als eine Ebene benannt, in der für die Schärfung des Bewusstseins und die Achtung der Rechte ihres behinderten Angehörigen Maßnahmen ergriffen werden müssen. In Artikel 28 (Abs. 1) anerkennen die Vertragsstaaten das Recht von behinderten Menschen und ihren Familien auf einen angemessenen Lebensstandard, einschließlich angemessener Ernährung, Bekleidung und Wohnung sowie das Recht auf stetige Verbesserung der Lebenssituation. Die Vertragsstaaten haben die Verpflichtung, geeignete Schritte zum Schutz und zur Förderung der Verwirklichung dieses Rechts auszuführen. Dabei wird deutlich, dass sich dieses Recht nicht nur unmittelbar auf den behinderten Menschen, sondern auch auf die Angehörigen erstreckt. Behinderte Menschen und ihre

Familien haben ein Anrecht auf positive Entwicklungen des Lebensstandards und dürfen nicht auf einen Lebensstandard festgelegt zu werden (Kreutz et al. 2012, 295).

Habilitation und Rehabilitation

In Artikel 26 der UN-BRK verpflichten sich die Vertragspartner*innen, wirksame und geeignete Maßnahmen zu treffen, die behinderte Menschen in die Lage versetzen, ein Höchstmaß an Unabhängigkeit, umfassende körperliche, geistige, soziale und berufliche Fähigkeiten sowie die volle Einbeziehung und Teilhabe in allen Aspekten des Lebens zu gewährleisten. Dafür werden umfassende Programme und Dienstleistungen zur Rehabilitation/Habilitation angeboten bzw. umgesetzt, die in »einem frühestmöglichen Stadium einsetzen und auf multidisziplinären Bewertungen der individuellen Bedürfnisse und Stärken beruhen« (Art. 26, Buchst. a). Der Artikel wirkt in alle Lebensfelder hinein und geht damit über den Bereich »Gesundheit« hinaus (Kreutz et al. 2012, 271). Mit dem Hinweis auf die Sachverständigen unterschiedlicher Fachrichtungen (»multidisziplinäre Bewertungen«) unter Buchst. a wird die Notwendigkeit von Kooperationen über den eigenen Zuständigkeitsbereich[8] hinaus betont. Folglich müssten die Vertragspartner*innen auch gewährleisten, dass die Möglichkeit besteht, bspw. die Flüchtlingsberatung oder die Migrationsfachdienste für eine Bedarfsfeststellung hinzuzuziehen.

Kinder und Bildung

Bereits durch die UN-Kinderrechtskonvention von 1989 ist anerkannt, dass Kinder eines besonderen Schutzes bedürfen. Dass dies in besonderer Weise für behinderte Kinder gilt, wird in Artikel 23 der UN-Kinderrechtskonvention – einem eigenständigen Artikel für die Rechte von behinderten Kindern – festgehalten. Die UN-BRK konkretisiert die besonderen Bedürfnisse behinderter Kinder und untermauert in Artikel 7, dass behinderte Kinder gleichberechtigt mit anderen Kindern alle Menschenrechte und Grundfreiheiten beanspruchen können (bspw. auch das Recht, als behindertes Kind mit eigener Meinung gehört zu werden). Vor allem der Bildungsartikel 24[9] der Konvention

8 | Im SGB IX § 10 hingegen wird offen gelassen, ob die Rehabilitationsträger mit über ihren Zuständigkeitsbereichen hinaus agierenden Fachbereichen kooperieren und diese für bestimmte Fragestellungen heranziehen sollten.

9 | Im Artikel 24 (Bildung und Erziehung) heißt es u. a. »States Parties recognize the right of persons with disabilities to education. With a view to realizing this right without discrimination and on the basis of equal opportunity, States Parties shall ensure an inclusive education at all levels. They shall ensure that:

a) Persons with disabilities are not excluded from the general education system on the basis of disability, and that children with disabilities are not excluded from free and

erweist sich als Herausforderung für die Bildungspolitik, aber auch für die Bildungseinrichtungen. Die Konvention fordert auch hier einen Paradigmenwechseln von der Integration hin zu einem »inclusive education system«. »Inclusive education system« wird in der deutschen Fassung mit »integrativem Bildungssystem« übersetzt. Während mit Integration die Anpassung an ein statisches Bildungssystem assoziiert wird, fordert Inklusion die Anpassung des Bildungssystems an die Bedürfnisse des einzelnen Kindes. Die Gewerkschaft Erziehung und Wissenschaft (GEW) und Behindertenorganisationen hatten diese Übersetzung heftig kritisiert. Sie könne uns glauben machen, das deutsche Schulsystem sei bereits »integrativ«, weil Sonder- bzw. Förderschulen schließlich in dem Auftrag handelten, die Schüler*innen in die Gesellschaft zu integrieren (zur Kritik: Wocken 2011). Allerdings ist anzumerken, dass die deutsche Übersetzung ohnehin nicht verbindlich ist. Verbindlich sind allein die arabische, chinesische, englische, französische, russische und spanische Fassung der Konvention. Daraus ergibt sich, dass Deutschland mit der Ratifizierung – auch bei anderer Formulierung – zur Schaffung eines inklusiven Bildungssystems verpflichtet ist (Kreutz et al. 2012, 246), in dem behinderte Menschen aufgrund einer Behinderung nicht vom Allgemeinen Bildungssystem ausgeschlossen werden dürfen. Durch die Wahl des Begriffs »Bildungssystem« gilt das Recht auf inklusive Bildung nicht nur in Schule, sondern auch in allen anderen Einrichtungen, die einen Bildungsauftrag haben. Ziele dieses Bildungssystems sind die volle Entfaltung der menschlichen Möglichkeiten, die Stärkung des Bewusstseins der Würde und des Selbstwertgefühls des Menschen, die Achtung vor den Menschenrechten, den Grundfreiheiten und der menschlichen Vielfalt (Art. 24, Abs. 1 Satz 2 Buchst. a) sowie behinderte Menschen zu einer wirklichen Teilhabe an einer freien Gesellschaft zu befähigen (Art. 24, Abs. 1 Satz 2 Buchst. c). So untermauert Muñoz, damals UN-Sonderberichterstatter für das Recht auf Bildung: »Bildung bedeutet vor allem die Fähigkeit, Wissen und Erkenntnis zu erwerben, um menschliches Leben würdevoll zu gestalten« (Muñoz 2009, 3). Der UN-BRK liegt also ein weiter Bildungsbegriff zugrunde, der sich auch auf lebenslanges Lernen und Erwachsenenbildung bezieht (Art. 24, Abs. 5). Eine sofortige Umsetzungspflicht

---

compulsory primary education, or from secondary education, on the basis of disability;
b) Persons with disabilities can access an inclusive, quality and free primary education and secondary education on an equal basis with others in the communities in with they live; Reasonable accommodation of the individual's requirement is provided;
c) Persons with disabilities receive the support required, within the general education system, to facilitate their effective education;
d) Effective individualized support measures are provided in environments that maximize academic and social development, consistent with the goal of full inclusion« (Office of the United Nations High Commissioner for Human Rights 2006, Art. 24).

trifft die Bundesländer nicht. Ihnen steht ein Spielraum (Art. 4, Abs. 2) für die Erörterung des hinter einer inklusiven Bildung steckenden Bildungsverständnisses zu, um darauf aufbauend Maßnahmen zur Umsetzung zu entwickeln.

Der Überblick über einzelne Artikel der Konvention zeigt ihre enorme Kraft. Mit der UN-BRK wurde eine normative Grundlage geschaffen, Behinderung nicht mehr als Tätigkeitsfeld für Randdisziplinen zu verstehen. Die Normen der UN-BRK haben den Rang einfachen Bundesrechts erhalten (vgl. Deutsches Institut für Menschenrechte 2008). Damit steht sie formal gleichrangig neben anderen Bundesgesetzen wie dem Bürgerlichen Gesetzbuch (BGB) oder den Sozialgesetzbüchern I-XII. Dies, so bemerken Kreutz et al., könne ggf. zur Folge haben, dass der Inhalt einzelner Menschenrechtsartikel der UN-BRK mit dem Inhalt anderer Gesetze kollidiert bzw. Gesetze weiterentwickelt und erweitert werden müssen (2012, 88). Demnach geht mit der Ratifizierung der UN-BRK auch der Auftrag einher, die geltenden Gesetze auf die Notwendigkeit einer Aufhebung, Weiterentwicklung oder Veränderung zu überprüfen.

Wie sich im Folgenden zeigt, dient die UN-BRK mit ihrem deutlichen »Fußabdruck der Zivilgesellschaft« (Degener 2009) den Akteur*innen der Inklusionsforschung/Inklusiven Bildung der Stärkung ihres Anliegens, eine Neuorientierung des Bildungssystems zu fordern.

1.3 Inklusive Bildung

Ein Blick in die Publikationen der Inklusionsforscher*innen-Tagung (Ifo) zeigt, dass sich nicht erst seit der Ratifizierung der UN-BRK mit den Grundsätzen Inklusiver Bildung befasst wird (ausführlich dazu Amirpur/Platte 2015). In den letzten Jahren wird verstärkt versucht, den aus der Sonderpädagogik mit Blick auf behinderte und nichtbehinderte Kinder und Jugendliche in Schule hergeleiteten Fokus auf Inklusive Bildung um intersektionale Aspekte und die Berücksichtigung von Migration (vgl. Karakaşoğlu/Amirpur 2012), sozialer Benachteiligung (vgl. Schnell 2004), Koppelung von Bildungsbenachteiligung an soziale Herkunft (vgl. Schumann 2004) und Armut- bzw. Unterversorgungslagen (vgl. Lindmeier 2004) und nonformale Bildungsbereiche (vgl. Platte 2012) zu erweitern. Dieser Bildungsdiskurs (auch gestärkt durch die UN-BRK) und die kontroverse Diskussion um die PISA-Studien stehen in einem »Spannungsverhältnis« zueinander: »In bildungspolitischen Diskussionen wird Bildung weitgehend als Synonym für ein im Unterricht generiertes Wissen, durch Unterricht beförderte Kenntnisse und Kompetenzen verwendet« (Horlacher 2010, 52). Diese »Verkopfung« der Schule wird kritisiert, eine neue Idee von Bildung sowie neue Formen der Beschulung gefordert. So formuliert z. B. Krönig: »Inklusion weigert sich aber, Erziehung und Bildung wie einen Wettlauf um scheinbar vorher bestehende (Arbeits)plätze in der Gesellschaft auszurichten. Stattdessen wird die Ansicht vertreten, Individuen sollten durch Bildung in die Lage versetzt werden, sich selbst einen in mehrfacher Hinsicht eigenen Platz in der Gesellschaft zu erschaffen« (Krönig 2013, 41f.). Bildung ist vielmehr ein bewusst zu gestaltender und nie endender Prozess, der in den Familien und anderen informellen Settings beginnt und über formale bis hin zu nonformalen Bildungsbereichen reicht (vgl. Schlüter/Strohschneider 2009). Platte kritisiert, dass die »Unschärfe« und »Widersprüchlichkeit« rund um die aktuelle bildungspolitische Inklusionsdiskussion und die gemeinsame Beschulung von behinderten und nichtbehinderten Kindern und Jugendlichen dazu führt, dass der dahinter stehende qualitative Anspruch in den Hintergrund gerate (Platte 2012, 141). Um den Begriff der Inklusiven Bildung zu konturieren, benennt sie sechs Charakteristika Inklusiver Bildung: 1. Internationale Vernetzung, 2. Bildung im Sinne der Menschenrechte, 3. Werteorientierung, 4. Veränderungen im System, 5. Partizipation und 6. didaktische Fundierung. Inklusive Bildung verlange mehr als den Zugang zu Bildungseinrichtungen, mehr als Dabeisein und Gemeinsamkeit.[10] Es gehe zudem um »die bestmögliche Entwicklung eines, einer jeden Einzelnen an gemeinschaftlichen Bildungs- und Gestaltungsprozessen, um den Wert individueller Beiträge zum Ganzen« (ebd., 159).

An diesen Prozessen muss sich nicht nur das Bildungssystem im engeren Sinne beteiligen, dem gesamten Hilfesystem kommt im Kontext von Behinderung als »Verteiler« von Ressourcen eine besondere Verantwortung zu.

1.4 Die UN-Behindertenrechtskonvention und das Hilfesystem[11]

Aichele bescheinigt der UN-BRK, eine neue Perspektive auf die Behindertenpolitik zu ermöglichen. Fortan sei diese dazu aufgefordert, die Gesellschaft aus dem Blickwinkel von behinderten Menschen zu betrachten. So werden sämt-

10 | Siehe dazu auch das Eckpunktepapier des Deutschen Instituts für Menschenrechte (2011, 7), das sich auf vier Strukturelemente bezieht, die erfüllt sein müssen, um inklusive Bildung zu realisieren: 1. Verfügbarkeit (Availability), 2. Zugänglichkeit (Access), 3. Akzeptierbarkeit (Acceptability), 4. Adaptierbarkeit (Adaptability) (dazu ausführlich auch Tomaševski 2000).

11 | In Orientierung an Kauczor sind mit Hilfesystem hier gemeint »alle Ressourcen, die auf Bundes- und Kommunalebene trägerübergreifend und im Rahmen der Selbsthilfe vorhanden sind, um durch Menschen mit Behinderung und ihre Angehörigen als Unterstützungs- und Entlastungsangebote innerhalb des sozialen Sektors, des medizinisch-therapeutischen Sektors, des Bildungssektors, aber auch im Rahmen finanzieller Entlastungsangebote in Anspruch genommen zu werden. Besonders angesprochen sind

liche Bestrebungen der Behindertenpolitik auf Menschenrechtstauglichkeit überprüft: »Der Anspruch, ihre Rechte zu gewährleisten, ist der neue Maßstab für das staatliche Handeln in Bund, Ländern und Gemeinden« (Aichele 2010). Damit ist durch die UN-Behindertenrechtskonvention eine normative Grundlage geschaffen worden, eine Beeinträchtigung nicht mehr als Anlass zu verstehen, behinderte Menschen in Sonderstrukturen unterzubringen, respektive ihnen mit diesen zu begegnen.

Die Verpflichtungen, die mit der Ratifizierung der UN-BRK einhergehen, adressieren vorrangig die Träger*innen staatlicher Gewalt. Neben den Parlamenten auf Ebene von Bund und Ländern gehören Behörden und Gerichte sowie die Körperschaften öffentlichen Rechts[12] dazu. Die Bundesländer sind im Rahmen ihrer Zuständigkeiten für die Umsetzung der Konvention verantwortlich (vgl. Aichele 2010). 2011 verabschiedete die Bundesregierung dementsprechend den Nationalen Aktionsplan Inklusion, in dem zahlreiche Handlungsfelder, die auf die unterschiedlichen Themen der UN-BRK reagieren, aufgelistet werden. Allerdings wird darin auf eine Analyse der Rechtslage in Deutschland und auf einen Vergleich mit den Inhalten des Übereinkommens verzichtet, die hätten aufzeigen können, an welchen Stellen Änderungen und Verbesserungen in der deutschen Rechtssetzung notwendig gewesen wären (Kreutz et al. 2012, 88).

Durch die Aufnahme des Themas »Migration« als eines von sieben Querschnittsthemen in den Aktionsplan Inklusion muss es in jedem einzelnen der Handlungsfelder Berücksichtigung finden. Dies hat Folgen für die Ausgestaltung der im Aktionsplan formulierten Anliegen. So bedarf es bspw. bei der Weiterentwicklung der Strukturen und Systeme in den Bereichen Prävention, Gesundheit, Pflege und Rehabilitation unter inklusiven Maßstäben auch der Berücksichtigung migrationsbedingter Heterogenität (Die Bundesregierung 2012, 17).

Die Bundesarbeitsgemeinschaft der Freien Wohlfahrtspflege (BAGFW) war daraufhin dazu aufgefordert, auf die UN-BRK im Kontext von Migration zu reagieren. So heißt es in einer gemeinsamen Erklärung der BAGFW zur »interkulturellen Öffnung und zur kultursensiblen Arbeit für und mit Menschen mit Behinderung und Migrationshintergrund« (BAGFW 2012): »Eine inklusive Gesellschaft schätzt die Vielfalt menschlicher Eigenschaften und

hier die Diagnostik-, Förder- und Bildungseinrichtungen, die verschiedenen Beratungsstellen, stationären Wohnangebote, die WfbM und der Bereich der Selbsthilfe« (Kauczor 2008, 69).

12 | Dazu zählen u. a. der Deutsche Rentenversicherungsbund, die Berufsgenossenschaft, die Agentur für Arbeit ebenso wie z. B. Universitäten, Fachhochschulen, Krankenkassen, der Medizinische Dienst der Krankenversicherung sowie staatskirchenrechtliche Körperschaften des öffentlichen Rechts.

Fähigkeiten als ihren Reichtum. Menschen mit Migrationshintergrund und Menschen mit Behinderung gehören dazu«. Des Weiteren geben die unterzeichnenden Verbände und Organisationen an, den Anspruch aller »Menschen mit Behinderung und Migrationshintergrund« auf Teilhabe zu bekräftigen, auf die besonderen Teilhabebarrieren und Benachteiligungsrisiken aufmerksam zu machen sowie Vorkehrungen anregen zu wollen, um diese abzubauen. Die Erklärung richtet sich an die Verbände selbst, die Strukturen schaffen müssten, um die Beteiligung von »Menschen mit Migrationshintergrund« und ihren Organisationen zu ermöglichen. Sie richtet sich aber auch an Dienste der Hilfen und Einrichtungen für behinderte Menschen. Diese sind dazu aufgefordert, die Zugangsbarrieren zu ihren Einrichtungen zu beseitigen und Arbeitsweisen zu entwickeln, die »die kulturelle Vielfalt« und die individuellen »Perspektiven und Bedürfnisse« berücksichtigen. Neben einer Einladung an die Migrantenorganisationen zur Mitarbeit adressiert die Erklärung auch die Politik und die Sozialverwaltungen, die »die gesetzlichen und finanziellen Rahmenbedingungen so zu gestalten [haben], dass auch Menschen mit Behinderung und Migrationshintergrund uneingeschränkt Zugang zu bedarfsgerechten Leistungen des Sozialsystems und zur vollen Teilhabe am gesellschaftlichen Leben haben.«

Offen bleibt bislang, wie sich diese Forderungen inhaltlich im Sinne der Leitidee der Inklusion füllen lassen, damit sie nicht auf programmatischer Ebene der Wertschätzung von Vielfalt verweilen (vgl. Amirpur/Platte 2015). So fragt Dannenbeck berechtigterweise, welcher Art denn die konkreten Qualitäten eines nicht näher beschriebenen Migrationshintergrunds und einer Behinderung seien, die beide Phänomene zu schätzenswert menschlichen Eigenschaften werden lassen: »Überwindet die bloße inklusionsmotivierte Entdeckung von Menschen mit Migrationshintergrund und Behinderung bereits die Zielgruppenlogik heil-, sonder-, aber auch allgemeinpädagogischer Denktraditionen und ist es in diesem Zusammenhang mit einem gut gemeinten sowie fachlich begründeten *Willen zur Anerkennung von Vielfalt* schon getan? Begründen Migrationshintergrund und Behinderung überhaupt menschliche Eigenschaften? Und weiter: Ist die handlungsmethodisch motivierte Suche nach einer richtigen (sprich: fachlich auf der Höhe der Zeit sich verstehenden) Umgangspraxis auf der Basis (an-)erkannter Vielfalt angesichts real existierender Ungleichheitsverhältnisse eigentlich dem Problem angemessen?« (Dannenbeck 2014, 88). Statt der geforderten »Wertschätzung von Vielfalt« offenbart der starke Fokus der UN-BRK auf Nichtdiskriminierung und Inklusion doch vielmehr die Notwendigkeit einer Auseinandersetzung mit der Frage: Wer wird in Deutschland wie diskriminiert und ausgegrenzt?

Kreutz et al. bemerken, dass das Gesetz zur Gleichstellung behinderter Menschen (BGG) und das Allgemeine Gleichbehandlungsgesetz (AGG) zwar darauf abzielen, Benachteiligungen und Diskriminierungen von behinderten

Menschen zu verhindern bzw. zu beseitigen, es fehle jedoch an Informationen darüber, »wo im Alltagsleben der Inhalt der Menschenrechte und Grundfreiheiten für behinderte Menschen möglicherweise missachtet wird« (2012, 88). Ferner erweitert die UN-BRK den Begriff der Diskriminierung um »die Verweigerung angemessener Vorkehrungen als Tatbestand der Benachteiligung«, der so im AGG nicht zu finden ist.[13] Doch vor allem erscheint es kaum ausreichend, Menschen allein Rechte zuzugestehen, vielmehr müssen sie – so die Verfechter*innen des Capability Ansatzes – die Befähigung erhalten, ihre Rechte auch in Anspruch nehmen zu können (vgl. Nussbaum 2002; Staub-Bernasconi 2002).[14]

1.5 Fazit

Um dem Einzelnen gerecht zu werden und partizipative Prozesse im Sinne des Anliegens der UN-BRK anstoßen zu können, bedarf es also der Sichtbarmachung von Partizipation im Weg stehenden Barrieren. So ist es für die Gestaltung inklusiver Entwicklungsprozesse im Kontext von Migration und Behinderung notwendig, Einblicke in die Lebenssituation der Betroffenen zu erhalten. Auf Erkenntnissen über die Lebenslage aufbauend, können Maßnahmen und Strategien entwickelt werden, die der Verantwortungsübernahme des Systems, wie von der UN-BRK gefordert (Platte 2012, 154), nachkommen. Strukturen, Praktiken und Kulturen (vgl. Booth/Ainscow 2011) müssen auf ihre Effektivität hin überprüft werden: Werden die bisherigen Strategien den Anforderungen partizipativer Prozesse gerecht? Grundlage dafür, das macht die UN-BRK deutlich, ist ein unter Einbezug intersektionaler Aspekte komplexes Verständnis von Strukturen und sozialen Beziehungen aus denen Gesellschaften bestehen.

Das in der UN-BRK verankerte menschenrechtliche Modell von Behinderung untermauere und fördere den vollen und gleichberechtigten Genuss der Menschenrechte durch alle Behinderten (Degener 2009, 275). Es fördere zudem die Perspektive, behinderte Menschen als »Menschenrechtssubjekte« zu sehen und bringe die Strukturen zu Tage, die sie exkludierten und verletzten. Wie sich in den weiteren Ausführungen zeigen wird, gibt es Anhaltspunkte dafür, dass es insbesondere Familien im Kontext von Behinderung und Migration verwehrt bleibt, ihre Menschenrechte wahrnehmen zu können, und sie in ihrer gesellschaftlichen Teilhabe eingeschränkt sind (vgl. Kap. 2 und 3).

13 | Siehe dazu auch einen Antrag der Fraktion Bündnis 90/die Grünen (Drucksache 18/977) vom 2. April 2014 zur Überarbeitung des AGG.

14 | Nicht zu verstehen als Qualifizierung dazu, wie jemand leben möchte (vgl. Kuhlmann 2012, 52), sondern als Empowerment unter der Berücksichtigung von Machtverhältnissen.

Um diese Teilhabebarrieren aufdecken zu können, werden für die weiteren Ausführungen das menschenrechtliche Modell von Behinderung und die UN-BRK als Maßstab zugrunde gelegt.

Nachfolgend werden die Erkenntnisse aus Untersuchungen zur Schnittstelle von Migration und Behinderung analysiert und auf ihre Relevanz für das Erkennen und Reduzieren von Barrieren für partizipative Prozesse überprüft.

2 Migration und Behinderung

Aktueller Stand der Diskussion

Wie die Ausführungen in Kapitel 1 verdeutlichen konnten, werden für die Umsetzung der UN-BRK Einblicke in die Lebenssituation von Familien im Kontext von Migration mit einem behinderten Kind bzw. Angehörigen benötigt, um potentielle Barrieren der Teilhabe sichtbar zu machen. Daran schließt sich eine weitere Verpflichtung an, die Deutschland mit der Ratifizierung der UN-BRK eingegangen ist: die »Sammlung geeigneter Informationen, einschließlich statistischer Angaben und Forschungsdaten, die ihnen [den Vertragsstaaten] ermöglichen, politische Konzepte zur Durchführung dieses Übereinkommens auszuarbeiten und umzusetzen« (Art. 31). Die Informationen werden also vor allem dazu benötigt, um auf Grundlage der Daten Möglichkeiten für die Umsetzung der UN-BRK auszuloten. Dass in diesen Informationen auch die Schnittstelle Migration berücksichtigt werden muss, ist evident – das haben die in Kapitel 1 erläuterten Grundlagen aus Präambel und Allgemeinen Grundsätzen bzw. Verpflichtungen ergeben. Das folgende Kapitel wird sich den bereits vorhandenen Informationen und dem Forschungsstand an der Schnittstelle von Migration und Behinderung widmen.

Bei einem Blick auf die bisherigen Publikationen lassen sich vier Kategorien umreißen, in denen mit unterschiedlicher Herangehensweise auf »Migration und Behinderung« reagiert wird. Es handelt sich dabei um:

- quantitative Erhebungen im Rahmen des Mikrozensus, der Schwerbehindertenstatistik und des Sozioökonomischen Panels,
- qualitative Untersuchungen älteren und neueren Datums im Rahmen von Diplomarbeiten (Kauczor 1999) und Dissertationen (Halfmann 2012, Kohan 2012) sowie aus Forschungsprojekten (Sarimski 2013),
- eine vermehrte Anzahl von Publikationen der letzten Jahre zumeist der Behindertenhilfe, wie Dokumentationen von Fachtagungen, Informationsbroschüren o.ä. (Beyer 2003, Kauczor et al. 2008),
- vereinzelte nicht repräsentative und oft unveröffentlichte Untersuchungen zu Zugang, Nutzung und Evaluierung von Angeboten der Behinderten-

hilfe, meist von Wohlfahrtsverbänden in Auftrag gegeben (z.B. Stiftung Lebensnerv 2009; Czock/Donges 2010).

Nach einem kurzen Überblick über amtliche Daten zum Kontext von Migration und Behinderung werden qualitative Untersuchungen vorgestellt und auf ihre Relevanz für die Aufdeckung von Barrieren sowie auf die Verlässlichkeit ihrer Deutungsmuster hinterfragt.

Bei der Auswahl der qualitativen Studien wird der Forschungsfrage entsprechend der Fokus auf das Merkmal »Geistige Behinderung« gerichtet. Die Entscheidung für dieses Vorgehen hat verschiedene Gründe: Zwar wird bei der Verwendung eines unspezifischen Behinderungsbegriffs die Kategorisierungsproblematik mit der »Art der Behinderung« aufgehoben, weil grundsätzlich von einer heterogenen Gruppe von behinderten Menschen ausgegangen wird. Gleichzeitig würde dieses Vorgehen bei der Auswertung der empirischen Daten Schwierigkeiten bereiten. Denn mit der »Art« und dem »Schweregrad« der Behinderung wird das Anrecht auf zusätzliche Unterstützungsbedarfe definiert. Des Weiteren scheint es gerade im Kontext einer so genannten geistigen Behinderung Tendenzen zu geben, die Barrieren der Teilhabe innerhalb der Familien zu verorten. Es wird von einer schlechteren Erreichbarkeit der Familien mit einem so genannten geistig behinderten Angehörigen durch das Hilfesystem ausgegangen (vgl. Kap. 2.2; Kap. 3.3). Um sich den dahinter steckenden Wirklichkeiten und Mechanismen nähern und Barrieren im Hilfesystem genauer benennen zu können, bleiben Körperbehinderungen oder von Behinderung bedrohte Migrant*innen, wie sie bspw. Gomolla und Radtke (2009) einbeziehen, im Sinne einer Fokussierung auf die forschungsleitende Frage der Teilhabebarrieren der Familien unberücksichtigt. Die unter Punkt 3. und 4. aufgeführten Publikationen werden in Kapitel 3.3 noch einmal unter dem Gesichtspunkt »Umgang mit migrationsbedingter Heterogenität im Hilfesystem« analysiert.

Die im Folgenden vorgestellten Publikationen arbeiten mit der Kategorie »Migrationshintergrund«. Dieses statistische »Merkmal« stellt die Forschung immer wieder vor eine Herausforderung, denn die Bezeichnung wird in verschiedenen Bereichen mit unterschiedlichen Akzentuierungen[1] gebraucht (Castro Varela/Mecheril 2010, 38f.). Der sozialwissenschaftliche Begriff des Migrationshintergrundes wurde in den 90er Jahren aufgrund veränderter gesellschaftlicher Prozesse eingeführt.[2] So wurde die Kategorie Staatsangehörigkeit für die Forschung spätestens mit dem neuen Zuwanderungsgesetz un-

1 | Ausführlich zur etymologischen Herkunft und der historischen Entwicklung von Migrationshintergrund siehe auch Scarvagilieri/Zech (2013).

2 | Er taucht das erste Mal 1998 im »Zehnten Kinder-und Jugendbericht der Bundesregierung« auf (vgl. die Bundesregierung 1998).

brauchbar, seit Eingebürgerte als Deutsche erfasst werden. Das Konzept des Migrationshintergrundes war also vor allem als statistisches Zählinstrument gedacht, um die migrationsbedingte Heterogenität der Bevölkerung bspw. in Bevölkerungsstatistiken abbilden zu können. Der »Migrationshintergrund« wird bei Personen deutscher Staatsbürgerschaft oder Ausländer*innen gleichermaßen angewendet, bei Personen, die selbst migriert sind, und bei Personen, deren Vorfahren migriert sind. Weil Menschen als Menschen mit Migrationshintergrund bezeichnet werden, die selbst keine »Wandererfahrung« haben, deutet die Verwendung der Begrifflichkeiten auch darauf hin, dass damit vor allem eine »vermutete und zugeschriebene Abweichung von Normalitätsvorstellungen in Hinblick auf Biografien, Identität und Habitus« (Castro Varela/Mecheril 2010, 38) artikuliert werden soll. Mit Hilfe des Begriffs »Migrationshintergrund« wird also auch eine Nicht-Zugehörigkeit hergestellt.

Die erziehungswissenschaftliche Migrationsforschung kritisiert die Verkürzung auf das statistische Merkmal Migrationshintergrund in gesellschaftlichen Analysen, in der »Integrationsförderung, der interkulturellen Pädagogik und der Sozialen Arbeit mit Migrationsgruppen [...], die sich adressaten- und gruppenspezifisch auf die Differenz(en) der Migrationsbevölkerung richtet und zugleich soziale Probleme der Benachteiligung vorrangig im Bildungs- und Erwerbssystem pädagogisch lösen will« (Wansing/Westphal 2014, 30). In dieser Perspektive werden Benachteiligungen – bspw. bei der Zuweisung von Förderbedarf u. ä. – als »ethnische Differenzen« gedeutet, gesellschaftliche Rahmenbedingungen bleiben unberücksichtigt und strukturelle Barrieren unentdeckt. So wird auch die Tatsache vernachlässigt, dass Individuen durch Zugehörigkeitsordnungen zu gesellschaftlichen Gruppen mit Mechanismen konfrontiert sind, die sie nicht nachhaltig beeinflussen können. Rassismus, Diskriminierung und soziale Benachteiligung sind Teil der alltäglichen Lebenserfahrung (vgl. Boos-Nünning/Karakaşoğlu 2005) mit Auswirkungen auf Eltern und ihre Kinder.

Diese Othering-Prozesse[3] als gewaltvolle hegemoniale Praxis (vgl. Castro Varela/Mecheril 2010), die hinter dem Begriff »Migrationshintergrund« stehen, die mehrwertige Verwendung des Unterscheidungsmerkmals und die zuvor herausgearbeiteten Erkenntnisse zur Gestaltung inklusiver Entwicklungsprozesse (Kap. 1) gilt es bei der Analyse und der Auswertung der bisherigen Literatur zur Schnittstelle von Migration und Behinderung zu bedenken.

---

3 | »Sich im Gegenbild des konstruierten Anderen zu definieren und dabei als zivilisierter zu imaginieren, ist ein zentraler Aspekt der Rassialisierung, der als Othering bezeichnet wird. Dabei werden vermeintliche oder tatsächliche Unterschiede zu Gruppenmerkmalen zusammengefasst und zum (kulturell, religiös oder biologisch bedingten) »Wesen« dieser Gruppe erklärt« (Attia 2014, o. S.).

2.1 Bevölkerungsdaten

In Deutschland gelten gemäß § 2 SGB IX Menschen als »geistig behindert«, »wenn [...] die geistige Fähigkeit [...] mit hoher Wahrscheinlichkeit länger als sechs Monate von dem für das Lebensalter typischen Zustand« [...] abweicht »und daher ihre Teilhabe am Leben in der Gesellschaft beeinträchtigt ist« (SGB IX § 2). Die Beantragung der amtlichen Anerkennung einer Behinderung erfolgt bei den Versorgungsämtern. Dabei wird zwischen Schweregraden von Behinderung unterschieden (20–100 in Zehnerschritten). Als schwerbehindert gelten danach Menschen, bei denen ein Schweregrad von mindestens 50 Prozent vorliegt (SGB IX § 2 Abs. 2).

Bei diesem sozialrechtlichen Behinderungsbegriff – in Abgrenzung zum wissenschaftlichen Behinderungsbegriff – bleibt kritisch anzumerken, dass bei der gutachterlichen Feststellung einer Behinderung »der Einfluss von (einschränkenden) Kontextfaktoren und ihre Wechselwirkungen mit Gesundheitsproblemen und individuellen Beeinträchtigungen weitgehend ausgeblendet« (Wansing/Westphal 2014, 25) werden. Wansing und Westphal kritisieren weiter, dass es trotz des Vorhabens, sich bei der Anerkennung einer Behinderung an gesellschaftlicher Teilhabe von behinderten Menschen und bei Bemessung des Grades der Behinderung an den zu erwartenden Auswirkungen auf die Teilhabe am Leben in der Gesellschaft orientieren zu wollen, nicht gelingt, die individuelle Lebenslage als Entscheidungsgrundlage heranzuziehen. Statt sozialwissenschaftlicher bzw. sozialpädagogischer Analysen würden weiterhin medizinische und psychologische/psychiatrische Gutachten nach Maßstäben der Versorgungsmedizinverordnung erstellt. Trotz dieser kritischen Verkürzung in der sozialrechtlichen Definition von Behinderung ist ein Bezug zu diesem Behinderungsbegriff notwendig, wenn (Unterstützungs-)Angebote geltend gemacht werden sollen. »Aus ökonomischer Perspektive dienen diese sozialrechtlichen Praktiken auch immer der Begrenzung anspruchsberechtigter Personen«, konstatieren Wansing und Westphal (ebd., 33).

Neben dem Mikrozensus liefern das Sozioökonomische Panel (SOEP), die Schwerbehindertenstatistik und die Studie zur Gesundheit von Kindern und Jugendlichen in Deutschland (KiGGS) Daten über die Schnittstelle von Migration und Behinderung.

Die Daten des Mikrozensus über behinderte Menschen[4] mit Migrationshintergrund[5] offenbaren eine Widersprüchlichkeit. Einerseits gibt es eine Überrepräsentanz von Kindern und Jugendlichen mit Migrationshintergrund an

4 | Behinderung wird im Mikrozensus als amtlich anerkannte Behinderung auf der Basis von freiwilliger Selbstauskunft in deutscher Sprache erfasst.

5 | Einen Migrationshintergrund haben im Mikrozensus alle nach 1949 auf das heutige Gebiet der Bundesrepublik Deutschland Zugewanderten, sowie alle in Deutschland gebo-

Förderschulen zu verzeichnen, vor allem an Schulen mit dem Förderschwerpunkt »Lernen«, »Sprache« und »soziale und emotionale Entwicklung«[6]. Andererseits haben nach den Daten des Mikrozensus Menschen mit Migrationshintergrund aber mit ca. 5 Prozent zu einem auffällig geringen Anteil eine amtlich festgestellte Behinderung. Im Vergleich sind es bei Menschen ohne Migrationshintergrund ca. 10 Prozent (Statistisches Bundesamt 2011a)[7]. Die hohe Zahl der durch Kriege traumatisierten und körperbehinderten Flüchtlinge könnte den Schluss zulassen, dass der Prozentsatz von behinderten Menschen mit Migrationshintergrund im Vergleich zu Betroffenen ohne Migrationshintergrund tendenziell sogar höher ist (vgl. Kauczor 2002). Westphal und Wansing weisen auf die hohe »Non-Response Rate« mit insgesamt 18 bzw. 21 Prozent bei Menschen mit Migrationshintergrund hin, denn Fragen zur Behinderung und Gesundheit erfolgen im Mikrozensus auf Basis einer freiwilligen Selbstauskunft (2012, 366) – außerdem in deutscher Sprache, was im Kontext von Migration eine zusätzliche Einschränkung bedeuten kann.

In die Schwerbehindertenstatistik werden alle Behinderungen mit einem anerkannten Grad von Behinderung mit mindestens 50 Prozent aufgenommen (Statistisches Bundesamt 2011b). Allerdings wird hier Migration nur nach Nationalität erhoben, Spätaussiedler*innen sowie Eingebürgerte werden nicht erfasst. Die Daten zeigen aber auch unter Berücksichtigung dieser »Ausfälle« noch ein deutliches Ungleichgewicht auf: Während 9,0 Prozent Deutsche mit Schwerbehinderung erfasst werden, sind es hingegen nur 4,8 Prozent Ausländer.

Im SOEP (vgl. Deutsches Institut für Wirtschaftsforschung 2009) wird der Migrationshintergrund aufgrund verschiedener Kriterien differenziert erhoben und betrachtet (ausführlich dazu siehe Westphal/Wansing 2012, 366, Tab. 1). Das Merkmal Behinderung wird zum einen auf Grundlage einer amtlich anerkannten Behinderung erfasst, hinzukommen auf Grundlage einer Selbsteinschätzung Personen mit einer chronischen Erkrankung oder mit chronischen Beschwerden. Demnach hat in etwa jeder fünfte Erwachsene mit Migrationshintergrund eine Beeinträchtigung (21 %) im Gegensatz zu 26 Prozent bei der Bevölkerung ohne Migrationshintergrund (BMAS 2013, 56). Im Teilhabebericht der Bundesregierung werden weitere Daten aus dem SOEP aufgeführt. So zeigt sich bspw., dass Menschen mit Migrationshintergrund und Behinderung einer verstärkten Armutsgefährdung ausgesetzt sind (BMAS 2013, 160, Tab. 4–43).

---

renen Ausländer und alle in Deutschland als Deutsche Geborenen mit zumindest einem nach 1949 zugewanderten oder als Ausländer in Deutschland geborenen Elternteil.

6 | Zur Diskussion um Bildungsbenachteiligung von Kindern und Jugendlichen mit Migrationshintergrund siehe z. B. Gomolla/Radtke (2009) oder Powell/Wagner (2014).

7 | 2009 haben 81 Prozent der Befragten Angaben zur Behinderung gemacht.

Die KiGGS Basiserhebung (Erfassungszeitraum 2003–2006, vgl. Robert Koch Institut 2008) erfasst Beeinträchtigung bei Kindern und Jugendlichen nach amtlicher Feststellung sowie anhand von vier Fragen zur Teilhabe und Leistungsfähigkeit bei Aktivitäten, speziellen medikamentösen Therapien und pädagogischem Unterstützungsbedarf. Danach fällt der Anteil der Kinder und Jugendlichen mit Beeinträchtigung und einem Migrationshintergrund mit etwa 6 Prozent ebenfalls geringer aus als unter den Kindern und Jugendlichen ohne Migrationshintergrund mit etwa 11 Prozent.

Die Erhebung verlässlicher Daten an der Schnittstelle von Migration und Behinderung erweist sich als Herausforderung. So weisen auch Wansing und Westphal darauf hin, dass – mit Ausnahme der Schwerbehindertenstatistik – durch das Konstrukt »Migrationshintergrund« Daten von Personen erfasst werden, die selbst nicht zugewandert sind und teilweise auch keine zugewanderten Eltern haben (2012, 368). Zudem bemängeln sie, dass aufgrund der Daten intersektionale Perspektiven nur unzureichend geboten werden. Diese Problemlage der Statistik setzt sich auch mit dem neuen Teilhabebericht der Bundesregierung fort, kann dieser bisher doch nur mit bereits vorhandenen Daten arbeiten.

Was die bislang erhobenen Zahlen verdeutlichen, ist eine Unterrepräsentanz in der Erfassung von Schwerbehinderung im Kontext von Migration und eine besondere Armutsgefährdung von behinderten Menschen mit Migrationshintergrund. Neben den oben genannten statistischen Problemen können auch andere Ursachen hinter der Unterrepräsentanz vermutet werden. So besteht die Möglichkeit, dass Familien im Kontext von Migration deutlich seltener eine Behinderung amtlich attestiert wird. Dies kann an fehlendem Wissen über die Notwendigkeit eines Attests für die Inanspruchnahme von Hilfen, anderen Hemmschwellen, schlechten Erfahrungen oder unpassenden Angeboten liegen. Das würde sich zumindest mit der Beobachtung aus der Praxis decken, die eine geringe Inanspruchnahme der Angebote der Behindertenhilfe erkennt (dazu auch die Bundesregierung 2012, 28). Möglich sind zudem ein unsicherer Aufenthaltsstatus und Diskriminierungserfahrungen mit Behörden. Aus der Unklarheit in Bezug auf die Interpretation der erhobenen Daten ergibt sich folglich ein Forschungsauftrag an der Schnittstelle von Migration und Behinderung, bei dem zu untersuchen wäre, ob eine Unterrepräsentation von Menschen mit Migrationshintergrund »bei der Erfassung der Schwerbehinderung Ausdruck von Diskriminierungen im Zugang zu sozialstaatlichen Leistungen ist, infolge dessen ihre soziale Teilhabe gefährdet bzw. behindert wird« (Westphal/Wansing 2012, 372).

Bislang werden in Praxiszusammenhängen der Behindertenhilfe vor allem so genannte Kulturkonzepte im Kontext von Migration diskutiert, die, so die Feststellung, von den hiesigen divergieren und als mögliche Ursache für die mangelnde Inanspruchnahme des Hilfesystems in Betracht gezogen werden (vgl. Van Dillen 2008; Bayer 2003). Diese werden im Folgenden dargestellt.

2.2 Die Konzentration auf religiös-spirituelle und kulturelle Konzepte

Kulturspezifische bzw. kultursensible Ansätze[8] nehmen die Heterogenität bewusst zur Kenntnis und versuchen darauf zu reagieren. Auernheimer spricht allerdings in diesem Zusammenhang von einem regelrechten »Trend der Kulturalisierung« (2002, 183). Karakaşoğlu erkennt eine Widerbelebung des Kulturdefizitansatzes gerade im Kontext von Bildungsbenachteiligung, in dem kulturalistische Bilder reaktiviert werden. Bspw. werde Eltern unterstellt, aufgrund traditionell pädagogischer Vorstellungen und einem für Migrant*innen spezifischen, angeblich kulturell bedingten Bildungsverhalten für die Benachteiligung ihrer Kinder im Bildungssystem selbst verantwortlich zu sein (Karakaşoğlu 2009a, 180). Ähnliche Bilder werden in verdichteter Form im Kontext von Migration und Behinderung verwendet. Dabei befassen sich die Autor*innen insbesondere mit Familien türkischer Herkunft bzw. muslimischer Religionszugehörigkeit in Deutschland mit dem Versuch, den Einfluss von kulturell geprägten Behinderungs- und Krankheitskonzepten auf den Umgang mit Behinderung in der Familie herauszuarbeiten. Über die Ursachen der verschärften Form der Verwendung kulturspezifischer Ansätze in der Praxis kann nur gemutmaßt werden: Es fällt auf, dass sich bislang vorwiegend die Behindertenhilfe mit der Schnittstelle von Migration und Behinderung befasst (was vermutlich mit den Verpflichtungen durch die Ratifizierung der UN-BRK zusammenhängt), während kaum Impulse aus der Migrationssozialarbeit kommen. Entwicklungen der Migrationspädagogik bzw. -forschung mit einer Kritik am Kulturdefizitansatz scheinen daher weitestgehend unbekannt zu sein.

---

8 | In dieser Herangehensweise wird die Aneignung von Grundlagenwissen als Hilfsmittel für die Interaktion zwischen Fachkräften und Migrant*innen verstanden – bspw. über Religionen, über Herkunfts- und Alltagskulturen. Gleichzeitig kann dieses Wissen über andere Kulturen zu Stereotypisierungen und Vertiefung kultureller Fremdheit führen, weil es Menschen auf bestimmte Eigenschaften festlegt (Wagner 2008, 204). Die Kultur dient dann als Erklärung für Deutungsmuster des Gegenübers, (individuelle) Handlungen, Einstellungen, Verhaltensweisen, Konflikte oder Ausdrucksweisen (vgl. IDA e. V., o. J.). Im Kontext von Behinderung bedeutet dies bspw., »sensibel die jeweiligen medizinischen Therapien und Vorerfahrungen und die spirituelle Betrachtung und Auseinandersetzung mit der Behinderung in den Herkunftsländern zu erfragen« (Kauczor 2008, 73) und diese etwa für Beratungssituationen nutzbar zu machen.

Die Ontologisierung der »muslimischen Familie« wird in zwei Schritten vollzogen: Zunächst betrachten Autor*innen verschiedener Handreichungen oder Fortbildner*innen aus dem Praxisfeld (z. B. Rauscher 2003; Kauczor 2003; Yenice-Cağlar 2008; Langenohl-Weyer o. J.; Yüksel-Karakoc o. J.; Diakonisches Werk Schleswig-Holstein 2012) allgemeine Untersuchungen, die sich mit Behinderung und Krankheitsbildern im Islam, dem Volksglauben und der Volksmedizin der islamischen Kulturkreise (böser Blick, Heiler und Hodschas, schwarze Magie etc.) befassen. So schreibt bspw. Rauscher in ihrem Aufsatz zur »Situation von türkischen Migrantenfamilien mit behinderten Kindern in der BRD«: »Für das Verstehen des Umgangs mit behinderten Kindern in türkischen Familien muss sich schließlich mit dem Bild von Behinderung, wie dies in der Religion und Kultur der Türkei gezeichnet wird, auseinandergesetzt werden« (Rauscher 2003, 410). Die Forschungen zum Umgang mit Behinderung im Islam bzw. in der islamischen Theologie und die ethnologischen Beobachtungen so genannter islamischer Kulturkreise werden in einem zweiten Schritt in diversen Publikationen und in Fortbildungen zum Kontext von Migration und Behinderung im Praxisfeld als spezifisch für eine türkische Herkunft bzw. für muslimische Familien in Deutschland beschrieben und als Ratgeber an Fachkräfte vermittelt.

Die Arbeiten zum Volksglauben und der Volksmedizin der islamischen Kulturkreise beschreiben religiös geprägte Vorstellungen, die sich mit dem Zusammenhang von Behinderung/Krankheit und Kultur auseinandersetzen. Murdock unterscheidet dabei zwischen Naturalismus, Animismus, Magie und Mystik (Murdock 1978, 449 f). So ist beispielsweise der Glaube an den bösen Blick, eigentlich aus Europa kommend (vgl. Hauschild 1982), in der Türkei, Iran und arabischen Ländern regional und in verschiedenen Bevölkerungsschichten verbreitet. Skutta beschreibt den bösen Blick als einen neidvollen Blick der anderen, der als Erklärung für ein negatives Ereignis dient. Dieser Erklärungsansatz werde immer aktiviert, wenn ein Ereignis, beispielsweise eine Behinderung durch eine Infektion o. ä., plötzlich und unerwartet auftritt (Skutta 1994, 77). In islamischen Ländern seien zudem verschiedene Formen magischer Praktiken bekannt. Die schwarze Magie diene in der türkischen Volksmedizin unter anderem als Erklärungsmodell für die verschiedensten Erkrankungen. Zum Schutz vor magischen Einflüssen werden wiederum magische Rituale z. B. durch einen Heiler durchgeführt (vgl. Assion 2004).

Allgemeine Arbeiten zur Stellung von behinderten Menschen im Islam vermitteln Leitgedanken der islamischen Soziallehre. Diese basiere auf dem Grundgedanken, dass eine zum Beispiel durch Krankheit oder Behinderung in Not geratene Person auf den Schutz der islamischen Gemeinschaft zählen könne, so Al Munaizel (1995). Hier werden auch konkrete Bezüge zum Koran hergestellt, wie im folgenden Beispiel zu sehen ist. Al Munaizel zitiert aus dem Koran die 4. und 24. Sure: »Und gebet nicht den »sufaha«[9] euer Gut, das Gott euch gegeben hat zum Unterhalt. (stattdessen) Versorgt sie mit ihm und kleidet sie und sprecht zu ihnen mit freundlichen Worten [...] Es ist kein Vergehen für den Blinden und kein Vergehen für den Lahmen und kein Vergehen für den Kranken und für euch selber, in euren Häusern oder den Häusern eurer Brüder oder den Häusern eurer Schwestern oder den Häusern eurer Vatersbrüder oder Häusern eurer Vatersschwestern oder Häusern eurer Mutterbrüder oder in denen, deren Schlüssel ihr besitzet oder eures Freundes, zu essen« (ebd., 13). Der Bezug auf die Suren soll verdeutlichen, dass behinderten und kranken Menschen in islamischen Gemeinschaften Fürsorge und Liebe entgegengebracht wird. Wie in allen anderen Religionen ist jedoch auch im Islam oftmals ein Unterschied zwischen der religiösen Lehre und dem Alltagshandeln der Gläubigen festzustellen, erklärt Al Munaizel. Diese Einschätzung teilt Ghaly und fordert: »...much work remains to be done in understanding the religious and spiritual dimensions of disability and rehabilitation. Specifically, more research is needed that examines not only the association of religious and spiritual involvement but also the ways people deploy their religion or spirituality to cope with the challenges of disability and rehabilitation« (Ghaly 2009, 3). Ghaly beschreibt zudem die Uneinigkeit unter islamischen Theolog*innen zum Thema Behinderung: »Interpretations and justifications provided to this seeming paradox by Muslim theologians shows that they varied extremely in this respect« (ebd., 249). Für die einen ist die »Zeichnung durch Gott« ein unlösbares Problem (Anti-Theodicy Approach), für die anderen, eine Gruppe von Sufis[10] und Philosoph*innen, stellt sich das Thema als unproblematisch dar. Jemand, der Gott liebt und kennt, wird keine Beeinträchtigung durch eine Behinderung empfinden. Im Gegenteil: Die Behinderung wird hier als Zeichen der Liebe Gottes verstanden, als eine »Auszeichnung durch Gott«. Zwischen diesen beiden Seiten steht die Mehrheit der islamischen Gelehrt*innen: Sie betrachten es als dringende Aufgabe der Theologie, die Existenz von Behinderung zu ergründen und zu erklären.[11]

9 | Hiermit sind alle Menschen gemeint, die aufgrund einer so genannten geistigen Behinderung oder durch andere Gründe nicht in der Lage sein sollen, ihre Gelder selbst zu verwalten.

10 | Sufis sind Angehörige des Sufismus (leitet sich ab von suf, »Wolle« und weist auf das Wollgewand des Asketen hin), des mystischen Zweiges des Islam (vgl. Schimmel 2000, 17).

11 | Diese Mehrheit der islamischen Gelehrten lässt sich zudem in drei Untergruppen aufteilen. Die Ash'ariten, die der Sunna nahe stehen, sehen die Perfektion Gottes in seiner Allmacht. Seine Taten zu hinterfragen sei gleichbedeutend mit der Hinterfragung dieser. Die Mu'taliziten, die der Schia nahe stehen, sehen die Perfektion Gottes eher in seiner Weisheit und seinem Sinn für Gerechtigkeit begründet als in seiner Allmacht.

Die oben beschriebenen Einblicke in »islamische Kulturkreise« werden schließlich als kulturelle Differenzen in der Migrationsgesellschaft erkannt und für die pädagogische Arbeit aufbereitet (z.B. Skutta 1998; Polat 2002, 69f.; Beyer 2003, 4ff.; Gültekin 1989, 75ff.; Merz-Atalik 1998, 315ff.; Yenice-Cağlar 2008, 154f.; Van Dillen 2008, 43; dazu kritisch Merz-Atalik 2008; Domenig 2001). Verschiedene Publikationen zur interkulturellen Arbeit mit so genannten Migrantenfamilien im Kontext von Behinderung empfehlen den Fachkräften, sich u.a. mit den religiös-spirituellen Konzepten auseinanderzusetzen, die sich dem Entstehen von und dem Umgang mit Behinderungen widmen (vgl. Kauczor 2008). Zudem geben diverse Handreichungen, die sich auf unterschiedliche Einrichtungen und die Religion ihrer Patient*innen und Klient*innen beziehen, »rezeptartige« Tipps zum Umgang mit muslimischen Familien (z.B. für Krankenhäuser und den medizinischen Kontext Becker et al. 2006; Rezapour/Zapp 2011; Laabdallaoui/Rüschoff 2010; für Kindergärten und andere Bildungseinrichtungen Veeser 2007; BMFSFJ o.J.).

Problematisch ist die den kulturspezifischen Ansätzen zugrundeliegende Annahme, hier lebende Migrant*innen seien ohne Unterschied von einer in sich homogenen und durch die Religion des Islam dominierten Kultur des Herkunftslands geprägt, selbst dann, wenn sie schon seit Generationen in Deutschland leben. Kulturspezifische Ansätze berücksichtigen nicht, dass Kultur veränderbar und heterogen ist. Stattdessen liefern sie die Begründung dafür, warum Familien diverse Unterstützungsangebote nicht in Anspruch nehmen, wie im folgenden Beispiel geschehen: Auf der Grundlage von Einzelfallanalysen oder einzelnen Interviews werden in der Fachzeitschrift »DAS BAND« stereotypisierende Aussagen getroffen. Beyer schildert darin die Situation einer Familie, in der eine Mutter türkischer Herkunft erzählt, wie lange es gedauert hat, bis ihr Ehemann die Behinderung des Kindes akzeptiert und auf das Aufsuchen eines Hodschas verzichtet hat. Beyer berichtet: »Diese Familie steht stellvertretend für viele türkische Familien. Schicksale wiederholen sich, Probleme ähneln einander: Väter verleugnen die Behinderung ihrer Kinder, Mütter sind überlastet. Geschwisterkinder befinden sich im Spagat […]. Mit den Worten: ›Wie kannst Du nur dein Kind weggeben, es ist doch hilfebedürftig! › und ›die eigene Mutter sorgt am besten für ihr Kind!‹ dürfen die Kinder nicht einmal in den Kindergarten«. Beyer schlussfolgert weiter: »Daher nutzen

Dennoch sei Gott für das Unglück verantwortlich, es sei aber kein Unglück in dem Sinne, da Gott keine schlechten Taten vollbringe. Das Leid habe einen weisen Zweck, den der menschliche Intellekt nicht auf Anhieb verstehen könne. Angehörige der dritten Gruppe, der die meisten Muslim*innen angehören, versuchen einen Mittelweg zu finden. Sie sehen keinen Fehler darin, die Ursachen für Behinderungen zu ergründen. Dennoch seien diese Gründe für Menschen oft nicht überzeugend, ihre Möglichkeiten im Gegensatz zur Weisheit Gottes begrenzt (vgl. Ghaly 2008, 251).

nicht alle Mütter die hiesigen Angebote« (Beyer 2003, 11). Behinderung sei tabuisiert und führe in Familien häufig zu Scham und zu Ängsten. Dies mache Beratungen schwierig und die Weitergabe von Kenntnissen über Behinderungen unmöglich, so van Dillen (2008, 43).

Den allgemeinen Kulturalisierungsprozess (unabhängig vom Behinderungskontext) beschreibt Terkessidis für den Umgang mit Migrant*innen so: »Zuerst kommt die Ausgrenzung, dann erst entsteht, im Zusammenhang mit den modernen Formen der Wissensbildung, ein Wissen über ›die Anderen‹, das wiederum eine explizit bewertende Komponente haben kann« (Terkessidis 2004, 83). Mit Hilfe einer hegemonialen Praxis werden aus einer kulturalistischen Perspektive heraus Wahrnehmungen von Verhaltensweisen ausschließlich auf eine Differenz zurückgeführt. Die Kategorie »Kultur« konstruiert Gruppen, ordnet diesen Eigenschaften zu und schafft damit die machtvolle Unterscheidung in ein »Wir« und »die Anderen« (vgl. Beck-Gernsheim 2004). Kultur kommt meistens dann ins Spiel, wenn es um die Kultur der Anderen geht, die mit der Mehrheitsgesellschaft nicht kompatibel ist, erklärt Messerschmidt. »Durch Einwanderung wird das ethnische Projekt gesellschaftlicher Zugehörigkeit brüchig, und genau dagegen richten sich die Grenzziehungen, die entlang der kulturell bestimmten Herkunft angesetzt werden« (Messerschmidt 2008, 6). Wird auf die kulturelle Herkunft der Anderen verwiesen, so ist darin eine auf Vorurteilen fußende, eindimensionale Erklärung auffälliger Beobachtungen zur angenommenen »Kultur« der als fremd wahrgenommenen Kinder und Familien enthalten. Was nicht verstanden wird und was fremd erscheint, wird mit der Andersartigkeit der »Kultur« des Gegenübers erklärt (vgl. Amirpur/Platte 2015).

Die »Migrantenfamilie«, so konstatieren Hamburger und Hummrich, wird dabei noch einmal in einer besonderen Weise zum Symbol für eine »fremde Welt«. Während der Familie im Allgemeinen »bedenkenlos sozialpolitische Funktionen von der Erziehung der nachwachsenden Generation bis hin zur Pflege der abtretenden Generation übertragen werden«, werde die Familie im Kontext von Migration zum Symbol der »Gegengesellschaft« (Hamburger/Hummrich 2007, 113): »Aus einer Migrantenfamilie zu kommen, wird stereotyp als Belastung angesehen.« Im Kontakt mit betroffenen Familien werden Kulturalisierungen häufig dann genutzt, wenn die Möglichkeiten des sozialen Handelns begrenzt zu sein scheinen. Beispielsweise wird die Ursache für die geringe Beteiligung von Kindern und Jugendlichen und ihren Familien in Bildungs- oder beratenden Einrichtungen dann kulturell-sozial, nämlich mit der »Andersartigkeit« der Familien und ihrer kulturellen Distanz zur Einrichtung erklärt – die »Migrantenfamilie«, ein Risikofaktor für das Aufwachsen des Kindes. Andere Aspekte des Sachverhalts auf Seiten der Einrichtung, wie die fehlende Selbstverständlichkeit im Umgang mit Vielfalt, die fehlende Repräsentanz von Pluralität in der Ausstattung und dem Personal der Einrichtung (vgl. Kap. 3.4) etc., geraten dabei aus dem Blick. Eine vermeintlich kulturelle, ethnische oder religiöse Herkunft bildet die Legitimation für gesellschaftliche Macht- und Dominanzverhältnisse. »Durch kulturelle Zuschreibungen wird Differenz verankert, an der sich dann, so die Annahme, Konflikte entzünden« (Messerschmidt 2008, 6). Die politischen, rechtlichen und ökonomischen Ursachen von Konflikten in der Einwanderungsgesellschaft aber werden dabei ausgeblendet (ebd., 5).

Seit einigen Jahren formulieren Wissenschaftler*innen aus Migrationsforschung (Mecheril 2008a; Rommelspacher 2008; Hamburger 2009; Karakaşoğlu 2009a, 2009b) und Heilpädagogik bzw. Inklusionsforschung (Merz-Atalik 2008; Dannenbeck 2014) Kritik an der Verwendung kulturspezifischer Ansätze. Kritisiert wird die ausschließliche Verwendung dieser Ansätze im Kontext migrationsbedingter Heterogenität bis hin zur Forderung des kompletten Verzichtes eines Rekurses auf die Kategorie »Kultur« (z. B. Diehm/Radtke 1999, Mecheril et al. 2010) und die damit einhergehenden kulturell bedingten Differenzzuschreibungen, die »zum Schauplatz für Dichotomisierung« werden (Gürses 1998, 70). Sie fordern, sich Zuschreibungen bewusst zu machen und kritisch zu reflektieren. Kulturelle Differenzen sind keine von der Konstellation von Etablierten und Außenseitern »unabhängige Ursache, sondern [...] Bestandteil und Effekt von Prozessen der Segregation, Benachteiligung und Diskriminierung« (Hormel/Scherr 2004, 35). Gerade im Gesundheitswesen scheint eine ethnische Hierarchie wirksam zu werden, die nicht nur die »individuellen Begegnungen zwischen KlientInnen und Fachpersonal prägen, sondern auch die strukturellen Maßnahmen, die eine Institution ergreift« (Rommelspacher 2008, 202).

Die Parallelen und Überschneidungen zum Behinderungsdiskurs sind deutlich:[12] Kulturspezifische Ansätze, so scheint es, sind für die Migrationspädagogik das, was für die Disability Studies (siehe Kap. 1.1) das medizinische Modell von Behinderung darstellt: Was nicht verstanden wird, was fremd erscheint, wird erstens mit der Andersartigkeit des Gegenübers erklärt und konstruiert ein »Wissen über den Anderen/die Andere«, das diesem Abweichung oder Defizite unterstellt. Eine Mehrheit erklärt infolge von »Nicht-Verstehen« Behinderung ebenso wie Migration als nicht systemimmanent (vgl. Amirpur/Platte 2015; Feuser 1996). Das vermeintliche Wissen wird dann in Strukturen, Handlungsabläufen, Regelungen und Umgangsweisen institutionalisiert, so dass, »auch wenn nicht von Migration und Behinderung die Rede ist, das hegemoniale Wissen über Behinderung und Migration und das, was es jeweils nicht ist, darin ein- und aufgeht« (Attia 2013, 14). Damit ist definiert, wer legitime Ansprüche darauf geltend machen kann, partizipieren zu dürfen (vgl. Castro Varela/Mecheril 2010). Beide Forschungszweige fordern strukturelle

12 | Dieser Absatz ist teilweise bereits erschienen in Amirpur/Platte (2015).

Maßnahmen und wissenschaftliche Perspektiven, die die Benachteiligung, Diskriminierung und Marginalisierung verursachenden Mechanismen aufzudecken vermögen – ganz im Sinne der UN-Behindertenrechtskonvention.

Einblicke in die Deutungsmuster von Familien im Kontext von Migration und Behinderung geben neuere qualitative Studien, die die Berechtigung einer Verwendung kulturspezifischer Erklärungsansätze im Kontext von Behinderung und Migration zunehmend bezweifeln lassen.

2.3 Qualitative Studien

Neben den wenig verlässlichen quantitativen Daten gibt es bislang nur wenige qualitative Daten, die die Situation von Familien im Migrationskontext mit einem behinderten Angehörigen analysieren. Die Wissenschaft hat sich bis dato kaum mit der Verknüpfung der Kategorien »Migration« und »Behinderung« befasst, vor allem fehlt es an einer intersektionalen Perspektive. Dies ist insofern nicht verwunderlich, als es bislang kaum eine Verbindung zwischen der Migrationsforschung und den Disability Studies (vgl. Kap. 2.2) bzw. der Heilpädagogik gibt (Ausnahmen bilden z. B. Amirpur/Platte 2015, Wansing/Westphal 2014, Attia 2013, Dannenbeck 2014, Karakaşoğlu/Amirpur 2012 oder zum Kontext Mehrsprachigkeit und Sprachentwicklungsstörung Rothweiler/Chilla/Babur 2010). Es existieren vereinzelte qualitative Studien zum Umgang mit Behinderung in Familien (meist türkischer Herkunft) wie die unveröffentlichte Abschlussarbeit von Kauczor (2002), ein Aufsatz von Sarimski zum Abschluss eines Forschungsprojektes (2013) oder die Dissertationen von Kohan (2012) und Halfmann (2012). Vor allem Erkenntnisse zur Lebenssituation der Familien mit Angaben zu Lebenslauf, Lebenslage, rechtlichem Status, Aufenthaltsdauer etc. werden für eine Bedarfsanalyse und eine darauf aufbauende Konzeption inklusiver Entwicklungsprozesse benötigt – auch um die Hintergründe zu dem von der Bundesregierung im Nationalen Aktionsplan Inklusion (Die Bundesregierung, 2012) konstatierten Mangel in der Inanspruchnahme von Angeboten für behinderte Menschen aufdecken zu können.

Wie Kapitel 2.2 auch gezeigt hat, scheint besonders die Betrachtung der Muslim*innen von wissenschaftlicher Relevanz zu sein. Sie bilden in Deutschland mit 4,3 Millionen Menschen eine große Gruppe, allein in Nordrhein-Westfalen leben eineinhalb Millionen Muslim*innen (MAIS NRW 2010). Unter den Migrant*innen sind sie die größte religiös-kulturell geprägte Subgruppe.

Al Munaizel hält es bspw. für offensichtlich, dass die Religion Einfluss auf Einstellungen und Verhaltensweisen gegenüber behinderten Menschen habe. Das gesamte Sozialwesen und damit auch die Arbeit mit behinderten Menschen würden in den meisten Gesellschaften maßgeblich von solchen Zusammenhängen und ihren spezifischen Folgen beeinflusst (Al Munaizel 1995, 10).

So blicken die Wohlfahrt und Fürsorge durch kirchen- bzw. kirchenähnliche Träger sowohl in Europa als auch in den islamischen Ländern auf eine lange Tradition zurück, die auch heute noch fortgesetzt wird (Khoury 1987, 1139 f.).

Die Religiosität kann auch dort zunehmen, wo »andere Wirklichkeiten« wie Krankheit oder Behinderung den Alltag und die Routinen bedrohen und der Mensch einer verlässlichen Ordnung und eines verbindlichen Sinns bedarf (Berger 2010, 155 f.). »Unbestritten ist eine wichtige Funktion religiöser Lehren u.a. in der Sinnstiftung menschlichen Handelns zu sehen; in der Fähigkeit, Vorgänge zu deuten, die ansonsten sinnlos blieben, und somit die erfahrbare Wirklichkeit verstehbar zu strukturieren« (Uslucan 2010, 388). So kann die Religion bspw. eine Behinderung in der Familie verstehbar machen.

Wenn es aber beispielsweise an einer Vorstellung von Prädestination fehlt[13], kann die Religion ihre kompensatorische Wirkung verlieren. Religion kann demnach als Resilienzfaktor[14] im Umgang mit Krankheit und Behinderung im Spezifischen oder mit Schicksalsschlägen im Allgemeinen eine wichtige Rolle spielen und Verhaltenssicherheit geben (vgl. Luhmann 1982; Tan 1999; Berger 2010; Uslucan 2010). Daher ist im Kontext der vorgelegten Untersuchung dieser Faktor hypothetisch in den Blick zu nehmen – bei aller Vorsicht, die geboten ist, einfache, aus der Religion abgeleitete Erklärungen herzuleiten. Denn gleichzeitig zeigen neueren Untersuchungen des »Religionsmonitors« (Bertelsmann Stiftung 2013), dass die Einstellungsmuster von Muslim*innen sich kaum von Angehörigen anderer Konfessionen unterscheiden. So werden bspw. Sicherheits- und Traditionswerte durch Werte des Individualismus, der Selbstentfaltung und des Strebens nach Hedonismus (was bei Muslim*innen sogar im Vergleich zu anderen Konfessionsgruppen am stärksten ausgeprägt ist) ersetzt.

Wie bereits oben veranschaulicht, werden religiös-kulturelle Kontroversen und Differenzen vor allem im Sozialbereich meist dem Islam und einer islamisch geprägten Sozialisation zugeschrieben, allerdings ohne dass den pro-

13 | Der sechste der islamischen Glaubensartikel spricht von der göttlichen Vorsehung. Muhammad soll seinen Gefährt*innen aber empfohlen haben, sich mit der Frage der Prädestination nicht allzu sehr zu befassen, weil diese so manchen Altvorderen irregeführt habe und folglich auch manchen Zeitgenossen zu irritieren vermag (vgl. Khoury 1987, 856).

14 | Resilienzforscher*innen gehen davon aus, »dass sich Resilienz bzw. resilientes Verhalten dann zeigt, wenn ein Mensch eine Situation erfolgreich bewältigt hat, die als risikoerhöhende Gefährdung [...] eingestuft werden kann« (Fröhlich-Gildhoff/Rönnau-Böse 2011, 9). Resilienz, so Fröhlich-Gildhoff und Rönnau-Böse, sei an zwei Bedingungen geknüpft: 1. Es besteht eine Risikosituation. 2. Das Individuum bewältigt diese positiv aufgrund vorhandener Fähigkeiten. Resilienz entwickelt sich dabei in einem Interaktionsprozess zwischen Individuum und Umwelt.

fessionellen Berater*innen entsprechende fundierte Informationen über die Relevanz der Religion im Leben der Betroffenen vorliegen würden. Neuere Studien bezweifeln den Stellenwert religiös-kultureller Deutungsmuster beim Umgang mit Behinderung im Kontext von Migration. In Sarimskis (2013) qualitativer Untersuchung[15] z. B. schildern 16 Eltern türkischer Herkunft ihre Erfahrungen mit der Diagnosemitteilung und sprechen über ihre Schwierigkeiten, die Ärzt*innen zu verstehen (ebd., 6 ff.). Weil ihre Suche nach Unterstützungsmöglichkeiten ergebnislos bleibt, entscheiden sie sich häufig, ihre Kinder zusätzlich in der Türkei untersuchen zu lassen. Die Studie beschreibt die Enttäuschung der Eltern, weil die Suche nach einem Platz in einem integrativen Kindergarten erfolglos blieb: »Die haben mich echt im Stich gelassen. Und ich habe gedacht: die will niemand haben, darf die denn nie unter Kinder?« (Ebd., 9) Der Verdienst der Studie besteht darin, dass sie betont, wie wenig die Differenzkategorie Kultur »als Zauberformel« (Rose 2012, 44) dienlich ist, denn Sarimski findet in den Aussagen der Eltern keinerlei Hinweise auf traditionelle Deutungsmuster oder Heilungserwartungen. Trotz dieses Hinweises kommt es auch hier zu verkürzten Schlussfolgerungen: In derselben Studie werden außerdem elf Fachkräfte aus Frühförderstellen und Schulkindergärten zu ihren Erfahrungen in der Zusammenarbeit mit Eltern türkischer Herkunft befragt. Die Fachkräfte stellen fest, dass Eltern türkischer Herkunft Sondereinrichtungen meist ablehnend gegenüber stehen: »Im Unterschied zu deutschen Eltern kommt es allerdings auch langfristig oft nicht zu einer positiveren Einstellung gegenüber der Sonderschule« (Sarimski 2013, 12). Mit dieser Einschätzung bestätigen sie die vorher dargestellten Ausführungen der Eltern. Grund für die Ablehnung, so die Vermutung der Fachkräfte, sei das Erleben der Behinderung des Kindes als eine Schande. Sie beobachten, dass die Familien »bei der Konfrontation mit Behinderung ihr Kind ganz kurzfristig zurückschicken« (ebd., 10). Diese Reaktion sei typisch für die Eltern, die kein deutsch sprächen, kaum »Ahnung vom kulturellen Rahmen« des deutschen Hilfesystems hätten und zudem konservativ seien. Es zeigt sich, dass auch hier die Barriere sehr deutlich innerhalb der Familie ausgemacht wird. Fachkräfte aktivieren kulturalistische Deutungsmuster zur Erklärung des elterlichen Verhaltens. Der Autor des Aufsatzes schließt sich affirmativ dieser Deutung an und hinterfragt sie nicht kritisch. Hätte er die Aussagen der Fachkräfte in Beziehung zu den vorher getätigten Aussagen der Eltern und ihrem Wunsch nach einer integrativen Einrichtung bzw. Beschulung gesetzt, wäre deutlich geworden, dass die Eltern sehr wohl hohe Bildungsaspirationen aufweisen und keinesfalls die Behinderung ihrer Kinder kulturspezifisch als »Schande« erleben.

15 | Die Rezension der Studie von Sarimski ist bereits erschienen in Amirpur (2015a).

Neben der hohen Bildungsaspiration werden die elterlichen Bemühungen von dem Wunsch nach Teilhabe ihrer Kinder am gesellschaftlichen Leben begleitet. So bleiben diese spezifischen Vermutungen der Fachkräfte im Aufsatz unkommentiert. Stattdessen werden in der Zusammenfassung folgende Hinweise für die Zusammenarbeit mit Eltern benannt: Frühförderkräfte sollten im Gespräch mit ihnen weniger über Fördermöglichkeiten, Prognosen und Diagnosen sprechen, als über Probleme im Alltag. Eltern sollten dazu ermutigt werden, Wünsche zu äußern, bei »welchen Alltagssituationen ihnen eine Veränderung des kindlichen Verhaltens am wichtigsten wäre [...] Es empfiehlt sich, die Beratung dann zunächst auf diese Verhaltensauffälligkeiten auszurichten, sodass Eltern sie als unmittelbar hilfreich für ihren Alltag erleben können, und erst später auf Fragen der Entwicklungsförderung zurückzukommen« (ebd., 13 f.). Überspitzt formuliert: Um den Kindern eine Förderung zukommen lassen zu können, müssen die Eltern zunächst gelockt und dann überlistet werden. Solche Interventionen sind fragwürdig, weil sie paternalistisch konnotiert sind: »Prominenter Weise wird dabei ein Mangel konstatiert, der das ›Wohl‹ bestimmter Personen einschränkt; nämlich ein Mangel an Einbezug, an Unterstützung oder eben [...] an ›Integration‹. Die zumeist mit einem mechanischen (Be-)Handlungsverständnis verknüpfte und die bestehende Ordnung unhinterfragt zum Maßstab nehmende Leitfrage lautet dann: ›Was muss getan werden, um MigrantInnen besser zu integrieren, einzubeziehen etc.‹« (AG Sprache und Rassismuskritik 2012, o. S.). Auch wenn diese paternalistischen Interventionen wie im oben genannten Fall das Wohl des Kindes im Blick haben, sind diese, so die Mitglieder der AG Sprache und Rassismuskritik, aber dann unzulässig, wenn sie auf der Grundlage irrtümlicher Annahmen – wie diese, dass die Förderung ihrer Kinder von Eltern im Kontext von Migration kulturbedingt nicht gewünscht werde – misslingen.

In ihrer Studie über jüdische, aus der damaligen Sowjetunion stammende Kontingentflüchtlinge, die einen Angehörigen mit einer so genannten geistigen Behinderung betreuen (Kohan 2012), vergleicht Kohan die Situation der Familien in der ehemaligen Sowjetunion mit ihrer Situation heute in Deutschland. Ziel der Studie war es, herauszufinden, ob für diese Personengruppe durch die Migration und die Behinderung des Angehörigen von einer doppelten Belastung gesprochen werden kann. In der größer angelegten Studie führte Kohan in fünf Familien, die alle an einem Projekt zur Integration von behinderten Menschen in das jüdische Gemeindeleben der Zentralwohlfahrtsstelle der Juden in Deutschland teilnahmen, qualitativ orientierte Interviews durch und wertete in einer Sekundäranalyse zusätzlich 60 schriftlich ausgefüllte Fragebögen von 60 Familien aus der ehemaligen Sowjetunion mit einem Angehörigen mit einer amtlich festgestellten geistigen Behinderung aus. Ihr Ziel war es, ein Bild der Situation der Familien vor der Migration und nach der Migration herauszuarbeiten. Dabei kommt sie zu dem zentralen Ergebnis, »dass nicht zwangsläufig von einer doppelten Belastung gesprochen werden kann, da der betroffene Personenkreis so schwierigen Bedingungen in der ehemaligen Sowjetunion ausgesetzt war, dass er den Umgang mit seinen behinderten Angehörigen in der Bundesrepublik als eine klare Verbesserung erlebt« (Kohan o.J., 1). Damit rückt Kohan von einer defizitorientierten und problemzentrierten Sichtweise auf den Kontext Migration und Behinderung als kumulierende Belastungsfaktoren ab. Es ist jedoch fraglich, ob die von der Autorin gewählte Fragestellung und das Forschungsdesign mit einem Vergleich in Prä- und Post-Migration eine allgemeine Aussage über eine geringere Belastung der Familien in Deutschland zulässt. Schließlich waren nach dem Zerfall der Sowjetunion die Familien in den ehemals sowjetischen Ländern zum einen einem erstarkenden Nationalismus und Antisemitismus ausgesetzt. Zum anderen gab es kein funktionierendes System der Behindertenhilfe. Sie hatten dort keinerlei Unterstützung und zum Großteil nicht die Möglichkeit, ihre Kinder überhaupt auf eine Schule zu schicken. Das Ergebnis der Studie – die Verbesserung der Situation in Deutschland im Vergleich zu der in den Ländern der ehemaligen Sowjetunion – ist deswegen naheliegend. Zudem ist fraglich, ob grundsätzlich von einer doppelten Belastung als additive Aspekte gesprochen werden kann oder ob Migration und Behinderung stattdessen nicht Wirkungen zeigen »als sich durchdringende Relation« (Attia 2013, 8). Denn übersehen werden könnte dabei die Komplexität einer Gesellschaft, in der bspw. Migrant*innen mit einem unsicheren Aufenthaltsstatus und Beeinträchtigung nicht die gleichen Leistungen erwarten können wie andere Menschen mit Beeinträchtigung (vgl. Amirpur 2013, Attia 2013) – um nur eines von vielen Beispielen zu nennen.

In ihrer biographisch rekonstruktiv angelegten Studie beschreibt Halfmann[16] (2012) anhand von Einzelfallstudien die Lebenswelten von vier Familien unterschiedlicher Herkunft (Chile, Portugal, Türkei, Bosnien und Herzegowina) und einem Kind mit so genannter komplexer Behinderung. Im Vordergrund der Studie stehen die Familien »mit ihren subjektiven Relevanzsetzungen und Deutungsmustern in Bezug auf das Themenfeld Migration und Behinderung« (ebd. 42). Der Fokus ihrer Untersuchung gilt der Perspektive der Eltern bezüglich erstens spezifischer Bedarfe hinsichtlich des deutschen Hilfesystems und den sich daraus ergebenden Anforderungen an die Behindertenhilfe, zweitens migrationsspezifischer Barrieren des Zugangs zu Angeboten und drittens der Zuschreibungs- und Erwartungsmuster der Familien gegenüber dem Hilfesystem (ebd., 42). Halfmann arbeitet heraus, dass das Hilfesystem für die von ihr befragten Familien eine »wesentliche Rolle im Verarbeitungsprozess der Behinderung« einnehme und zur »Wiedererlangung alltäglicher Handlungs-

16 | Eine Zusammenfassung der Rezension der Studie ist bereits erschienen in Amirpur (2015b).

fähigkeit« beitrage (ebd., 197). Vor allem familienunterstützende Maßnahmen werden als positiv bewertet, weil den Familien entgegen vorherrschender Annahmen keine weiteren Verwandten als kollektives Unterstützungssystem zur Verfügung stehen (ebd., 198 f.). Allerdings erwähnen die Familien auch Mängel in der Beratung und machen auf Informationsdefizite aufmerksam.

In Bezug auf kulturelle Deutungsmuster kommt Halfmann zu dem Ergebnis, dass

- keine kulturellen Wahrnehmungen und Bewertungen auf die Sichtweisen oder Einstellungen in Bezug auf die Behinderung benannt werden,
- innerhalb der Familien keine kulturspezifischen Ansätze wie der böse Blick o. ä. zum Tragen kommen (lediglich der Glaube an das Schicksal tritt bei einer muslimischen Mutter auf),
- im Bewältigungsprozess im Umgang mit der Behinderung des Kindes keine kulturspezifischen Aspekte deutlich werden.

Die Ergebnisse der Analyse der Einzelfälle zeigen also ähnlich wie bei Sarimski (2013), dass Bewältigungsstrategien entgegen der vorherrschenden Annahme im Hilfesystem (vgl. Kap. 2.2; 3.3) von kulturspezifischen Mustern abweichen. Als Gründe für das Zustandekommen der Ergebnisse vermutet Halfmann den frühen Kontakt betroffener Familien zum Hilfesystem: Durch die komplexe Behinderung ihrer Kinder seien Eltern gezwungen, den Kontakt zu medizinischen Versorgungsstrukturen aufnehmen und sich mit den hiesigen Sichtweisen zu Behinderung auseinandersetzen zu müssen. Durch die Verknüpfung einer herkunftsspezifischen mit einer »deutschen Perspektive« entwickelten die Eltern eine »bikulturelle Perspektive« auf Behinderung (Halfmann 2012, 196). Eltern lernten über die medizinische Versorgung und könnten sich auf diese Weise frühzeitig mit der deutschen Struktur der Behindertenhilfe auseinandersetzen. Eine Ausnahme können nach Halfmann allerdings Ärzt*innen bilden, die aus demselben Herkunftsland kommen, wie die sie aufsuchenden Familien: Ob kulturspezifische Ansätze in der Behandlung zum Tragen kommen, könne davon abhängig sein, wo sie ihre Ausbildung absolviert haben. Diese Schlussfolgerung wirft die Frage auf, was eine Perspektive zu einer »deutschen« werden lässt und wie sich dieses Alleinstellungsmerkmal strukturiert, das sich von einer »herkunftsspezifischen« Sichtweise auf Behinderung unterscheiden lässt. Hier bleiben die Familien im Exotikmodus (vgl. Rose 2012)[17]. Für ihre Annahmen werden keine empirischen Daten als Belege herangezogen.

17 | Fraglich ist zudem, warum Eltern es schaffen sollen, sich »anpassen« zu können, hier beschäftigte Ärzt*innen, die als Ärzt*innen mit einem Migrationshintergrund positioniert werden, diesen Schritt aber nicht vollziehen können.

Die Annahme einer Kulturdifferenz zwischen Herkunftsland und Deutschland unterstützt weiterhin die »Besonderung« von Familien im Migrationskontext und eine Asymmetrie der Zuschreibungen (Rommelspacher 2008, 118). Während der Mehrheitsgesellschaft universelle Werte unterstellt werden, wird den Herkunftsländern von Migrant*innen eine für behinderte Menschen kaum förderliche Umgebung zugeschrieben. Diese ethnozentristische Perspektive auf die Analyseergebnisse kann dazu führen, dass Ressourcen aus dem Herkunftsland, die den Familien möglicherweise zusätzlich zur Verfügung stehen, nicht gesehen werden (und, wie Sarimski gezeigt hat, Fachkräfte weiterhin davon ausgehen, dass sich der durchaus häufig vorhandene Kontakt zum Herkunftsland nachteilig auf die behinderten Kinder auswirken könne). Transmigrationen gehören zur lebensweltlichen Realität und Alltagspraxis in der Migrationsgesellschaft. Pendelmigrationen und die Nutzung des transnationalen Raumes heben das Konzept von einfacher Aus- und Einwanderung auf, erläutert Pries. Migrant*innen stehen mit unterschiedlichen Räumen in Kontakt und bestimmen in diesen aktiv mit: Der »Lebenshorizont- und Erwerbsverlauf« kennzeichnet sich durch Pluri-Lokalität »innerhalb eines neuen, offenen, hybriden und in gewisser Hinsicht kosmopolitanen Transnationalen Sozialen Raum[es]« (Pries 1997, 141).

Mit der unterstellten »Lernfähigkeit«, der Vorstellung einer Überwindung kultureller Deutungsmuster der Eltern, werden bedeutsamere Faktoren und Erkenntnisse zum Umgang mit Behinderung wohlmöglich verschleiert. Z. B. die Frage, ob die Unterscheidung von sogenannten »Migrantenfamilien« gegenüber »Nicht-Migrantenfamilien« in Bezug auf den Kontext Behinderung überhaupt brauchbar und eine notwendige Kategorisierung darstellt und ob nicht weitere Heterogenitätsdimensionen für eine genaue Analyse hinzugezogen werden müssen, um den Einfluss auf den Umgang mit Behinderung herausarbeiten zu können. Zudem wird hier von einem Wissen ausgegangen und den betroffenen Familien aufoktroyiert, wie als Familie optimal mit der Behinderung des Kindes umzugehen sei. Dies, so zeigt das folgende Kapitel, ist bei Familien mit behinderten Angehörigen keine unübliche Praxis.

2.4 Fazit

Durch die Ratifizierung der UN-BRK ist Deutschland erstens die Verpflichtung eingegangen, verlässliche Daten zur Lage von behinderten Menschen an der Schnittstelle von Migration zur Verfügung zu stellen. Zweitens hat sich Deutschland verpflichtet, Strukturen so zu verändern und Maßnahmen flächendeckend so zu etablieren, dass eine höhere Partizipation von behinderten Menschen im Migrationskontext gewährleistet werden kann.

Doch hier zeichnen sich Mängel ab: Die Daten zur geringeren Feststellung einer Behinderung im Kontext von Migration werden dahingehend interpretiert, dass sie seltener Angebote des Hilfesystems in Anspruch nehmen und sie mit Barrieren im Hilfesystem konfrontiert sind. Gesicherte Erkenntnisse können die quantitativen Daten aufgrund der Schwierigkeit, Daten im Kontext von Migration und Behinderung zu erheben, allerdings nicht liefern.

Erste qualitative Erhebungen zeigen, dass sich diese Form der Datenerhebung im Besonderen eignet, gängige Klischees an der Schnittstelle von Migration und Behinderung zu hinterfragen und Einblicke in die Lebenssituation der Familien zu liefern. Sie unterstreichen die große Bedeutung des Hilfesystems für die Eltern, die sich mehr Unterstützung wünschen.

Allerdings bedarf es hier einer mehrdimensionalen Analyse der Ergebnisse, damit es nicht zu verkürzten Schlussfolgerungen kommt. Die Ausführungen haben ergeben, dass dieser Aufgabe bislang nur unzureichend nachgekommen wurde. So können die Beispiele für kulturalistische Ansätze sowohl im Praxisfeld als auch in der empirischen Bearbeitung des Themas »Migration und Behinderung« und der Bezug zur Kulturalismuskritik der Migrationsforschung in Kapitel 2.2 zeigen, dass die beiden Diskurse parallel zueinander existieren und die Behindertenpädagogik sowie ihre Forschungszweige die Impulse aus der kritischen Migrationsforschung offenbar bislang nur wenig aufgenommen hat.

Zudem ist unklar,

- wie sich das Hilfesystem ausrichten muss, um die von den Eltern gewünschte Unterstützung gewährleisten zu können,
- inwieweit das statistische Merkmal »Migrationshintergrund« überhaupt eine relevante Heterogenitätsdimension im Kontext von Behinderung darstellt,
- ob es besonderer Maßnahmen im Kontext von Migration bedarf und wie diese ausgestaltet werden müssten.

Das führt zu der Frage, unter welchen Bedingungen Familien im Allgemeinen die Angebote des Hilfesystems wahrnehmen und unter welchen Bedingungen sich Familien im Hilfesystem zurechtfinden müssen. Dafür werden im folgenden Kapitel Forschungsergebnisse zu »Familien im Hilfesystem« vorgestellt. Schließlich werden bisherige Strategien zum Umgang mit migrationsbedingter Heterogenität im Hilfesystem betrachtet und den Forderungen der UN-BRK bzw. den Ideen zur Gestaltung inklusiver Entwicklungsprozesse sowie der kritischen Migrationsforschung gegenüber gestellt.

3 Strukturen, Zugänge und Barrieren im Hilfesystem

Im folgenden Kapitel werden Forschungsergebnisse zu Familien im Hilfesystem vorgestellt – um den aktuellen Forschungstand abzubilden und um diese Erkenntnisse den im empirischen Teil dieser Arbeit gewonnenen Befunden zum Kontext Migration gegenüberzustellen. Darüber hinaus werden bisherige Strategien zum Umgang mit migrationsbedingter Heterogenität im Hilfesystem betrachtet. Die Rahmung bilden dafür Forderungen der UN-BRK und die Ideen zur Gestaltung inklusiver Entwicklungsprozesse.

3.1 Die Familie im Hilfesystem – Forschungsperspektiven im Wandel

Obwohl in den letzten Jahrzehnten einige Untersuchungen zur Lebenssituation von Familien mit einem behinderten Angehörigen durchgeführt worden sind, werden diese aus heutiger Sicht größtenteils als unzureichend betrachtet. Zwar kann seit den 1990er Jahren von einer Art Paradigmenwechsel in der Betrachtung der Familien gesprochen werden – von einer defizitorientierten (die »behinderte Familie«, die »Sonderfamilie«, Ross 1967; Cholschreiber 1980) und psychologisierenden (Stegie 1988) Sichtweise auf die Familien hin zu einer Ressourcenorientierung (Engelbert 1989, Heckmann 2004) – dennoch finden heute immer noch selten gesellschaftliche Rahmenbedingungen und deren Einfluss auf die Familien Berücksichtigung (kritisch dazu Cloerkes 2007). Die Rolle des Hilfesystems, die Art des Zugangs und die Möglichkeiten der Inanspruchnahme, die angewandten Formen der Hilfen und ihre Wirkung sind Thema von nur wenigen Untersuchungen. Die mangelhafte Ressourcenorientierung und die Beachtung der Strukturebene in den empirischen Arbeiten ist vor allem deswegen verwunderlich, als durchaus bereits in den 1970er und 80er Jahren Arbeiten im Kontext der Soziologie der Behinderung und Integrationspädagogik entstanden, die genau dies bemängeln (z. B. Thimm 1974) bzw. neue Perspektiven auf Behinderung ermöglichten (Feuser 1981).

Die Geburt eines behinderten Kindes kann Auswirkungen auf unterschiedliche Ebenen des Familienlebens haben. Dabei ist anzunehmen, dass diese Veränderungen – systemisch betrachtet – grundsätzlich alle Familienmitglieder betreffen. Dennoch finden in empirischen Untersuchungen bislang vor allem die Mütter Berücksichtigung (Jonas 1990, Fröhlich 1993, Krause 1997, Büker 2009, Sarimski 2013), während z. B. den Vätern lange Zeit nur wenig Beachtung geschenkt wurde. Zu vermuten sind hinter dem als sekundär betrachteten Einfluss der Väter auf das Kind traditionelle Rollenverständnisse des Elternseins (Cloerkes 2007, 291). Neueren Studien zu Väterrollen ist es zu verdanken, dass Aussagen über einen geringen Bezug zum Kind, dem geringen Einfluss des Vaters auf Erziehung, Bildung und Partizipation des Kindes revidiert werden können (Hinze 1991, Kallenbach 1994).

Das wissenschaftliche Interesse gilt schwerpunktmäßig der Kernfamilie und ihren Krisen. Doch vor allem die quantitativen Erhebungen zeigen, dass Erkenntnisse zur Lebenssituation der Familien an der Oberfläche verweilen (kritisch dazu Thimm 2006). Büker kritisiert zudem die vielen qualitativen Untersuchungen zugrunde liegende eindimensionale Betrachtungsweise und die fehlende Berücksichtigung von Rahmenbedingungen für »Bewältigungsprozesse«. Von der Behinderung des Kindes unabhängige Problemlagen werden so in den Analysen ausgeblendet: »Damit werden sowohl das Kind als auch die Familie in unzulässiger Weise auf das Charakteristikum der gesundheitlichen Störung reduziert« (Büker 2010, 58). In den meisten Fällen findet eine Eingrenzung auf die Bewältigung krankheits- und behinderungsbezogener Herausforderungen statt, alltags- und biographiebezogene Herausforderungen werden hingegen vernachlässigt. Schließlich träfen Belastungen immer schon auf bestimmte objektive Lebensbedingungen wie das Einkommen, die Wohnsituation, die Erwerbstätigkeit. Diese können sich dann mit der »Herausforderung Behinderung« [...] »ungünstig verbinden« (Beck 2006, 8). Vereinzelt werden Zusammenhänge zwischen einem sozialen Status und dem Umgang mit Behinderung angedeutet, allerdings in einer defizitorientierten Perspektive (Hohmeier/Veldkamp 2004; Thimm 2006). Weitere Heterogenitätsdimensionen und deren Einfluss auf partizipative Prozesse sowie eine mehrdimensionale Betrachtungsweise, die unterschiedliche Ebenen (z. B. Makro- und Mesoebene, Mikroebene und Repräsentationsebene) und deren Wechselwirkungen in eine Analyse zu Benachteiligung und Ungleichheit einbezieht, sind kaum zu finden.

Die Annahme der Unveränderlichkeit einer schlechten Lage der Familien wird heute beanstandet. Die Familien seien durch die Behinderung zwar mit höheren Anforderungen konfrontiert, aber nicht generell gefährdet, in eine Krise zu geraten (z. B. Engelbert 1999; Eckert 2002; Beck 2006; Büker 2010). Der Perspektivwechsel ist sprachlich dadurch gekennzeichnet, dass in der Forschung zunehmend weniger von Belastungen, denn von Herausforderungen und Benachteiligungen gesprochen wird, mit denen die Familien nach der Geburt des Kindes konfrontiert sind (so auch Heckmann 2004, Hintermair 2002). Schmid unterscheidet dabei drei Bereiche, in denen Benachteiligungen spürbar sind:

- in der *psychosozialen Versorgung* von Eltern, die sich deutlich von der bei Familienmitgliedern von kranken Kindern unterscheide,
- in der *Inanspruchnahme von finanziellen Leistungen*, für die bspw. – im Gegensatz zur Pflege alter Menschen – die Pflegezeiten oft willkürlich berechnet werden würden und
- in der *Nachsorge vor Ort* (ambulante Betreuung, Finanzierungsfragen, psycho-soziale Dienste etc.), die eine starke Eigeninitiative der Eltern erfordere (Schmid 1997, 62 f.).

Auch vor dem Hintergrund der Forderungen der UN-BRK (Kap. 1) zur Optimierung des Hilfesystems für die Gestaltung und Entwicklung inklusiver Prozesse ist es notwendig, die Benachteiligungen und Belastungen genauer zu betrachten. Dafür wird im Folgenden einschlägige Literatur zu »Familie und Behinderung« vorgestellt, die sich auf das Hilfesystem bezieht und strukturelle Rahmenbedingungen in den Blick nimmt.

3.2 Das Hilfesystem – Förderer von Partizipation und Autonomie?

Nicht nur die UN-BRK hat die Rolle des Hilfesystems für die Verbesserung der Partizipationschancen von behinderten Menschen und ihren Familien herausgestellt, auch diverse qualitative Studien (einige in Kombination mit standardisierten quantitativen Erhebungen), die sich mit Familien mit behinderten Angehörigen befassen, betonen die Bedeutung des Hilfesystems (Engelbert 1999 und 2003; Eckert 2002; Thimm/Wachtel 2002; Beck 2006; Büker 2010). Anhand der Studien können aber auch Barrieren ausgemacht werden, die den Familien bei der Inanspruchnahme von Angeboten im Weg stehen. Im Folgenden werden die Ergebnisse aufgezeigt und überprüft, inwieweit die Erkenntnisse für den Kontext von Migration und Behinderung und die Forschungsfrage nutzbar gemacht werden können.

Der Stellenwert des Hilfesystems in der Lebensgestaltung der Familien

Eine entscheidende Rolle des Hilfesystems im Umgang mit einem behinderten bzw. einem chronisch kranken Angehörigen kann Büker anhand ihrer Interviews mit Müttern festmachen (vgl. Büker 2010). Sie erkennt im »Kompetenzerwerb« rund um das Thema Behinderung das zentrale Element der »Bewältigung« einer Behinderung/chronischer Krankheit und arbeitet Bedingungen heraus, die den Erwerb der Kompetenzen ermöglichen. In ihrer qualitativen Studie hat sie Mütter nach ihren Herausforderungen und Handlungserfordernissen im Alltag mit einem behinderten/chronisch kranken Kind, dem daraus resultierenden konkreten Bewältigungshandeln der Mütter, nach deren Veränderungen im Bewältigungshandeln im Zeitverlauf sowie nach dem Prozess des Kompetenzerwerbs befragt (ebd., 157). Ihren Ergebnissen zufolge eignen sich die Mütter ihrer Untersuchung im Laufe des Lebens mit dem Kind Wissen an. Sie lernen über die Behinderung des Kindes, über Bedürfnisse und Möglichkeiten. Neben der Erschließung der Behinderung durch das Lesen einschlägiger Literatur bilden eine zweite wichtige Informationsquelle die Kontakte zu professionellen Akteur*innen. In Gesprächen mit dem Hilfesystem, mit Ärzt*innen und Therapeut*innen wird Wissen erworben, der Austausch mit Gleichbetroffenen unterstützt zusätzlich (ebd., 167ff.). Die von den Müttern erlernten Kompetenzen umfassen dabei folgendes Wissen:

- *theoretisches Wissen* wie diagnosebezogenes und medizinisch-pflegerisches Wissen oder sozialrechtliche Kenntnisse,
- *handlungspraktische Fähigkeiten und Fertigkeiten* wie pflegerische und therapeutische Fertigkeiten, Managementkompetenzen und Gestaltungs-kompetenzen,
- *personale Kompetenzen* wie Durchsetzungs- und Beharrungsvermögen, Geduld, Frustrationstoleranz, Kommunikationskompetenz und Verhandlungsgeschick.

Der Lernprozess ist an der Lebenswirklichkeit der Familien orientiert und dehnt sich auf alle Lebensbereiche aus. Er bezieht sich auf die Behinderung ebenso wie auf das Familienleben, den Alltag, das Berufsleben, die Identität und die Biographie der Eltern. Der Lernprozess folge keiner festgelegten Systematik, stattdessen orientierten sich Inhalt und Umfang an den auftretenden Notwendigkeiten sowie an der Fähigkeit, in der jeweiligen Situation Neues aufnehmen zu können. Lernprozesse stünden in einem engen Zusammenhang mit der kindlichen Entwicklung – neue Anforderungen erforderten neue Kenntnisse.

Auch in Eckerts qualitativer Studie, in der er 15 Interviews mit Eltern über ihre Erfahrungen mit Fachkräften geführt hat, wird deutlich, dass die Eltern das Hilfesystem als wichtige Quelle ansehen, um sich Wissen anzueignen. Die Eltern wollen die Informationen zu fachlichen Angeboten nutzen, um diese »in die häusliche Lebenswelt« zu transferieren (Eckert 2002, 232 f). Dabei ist den Eltern besonders wichtig, eine umfassende Aufklärung zu behinderungsspezifischen Fragen zu erhalten, eine Aufklärung zur Gestaltung angemessener und differenzierter Konzepte der Förderung und Betreuung sowie Angebote familiärer Entlastung und zu Möglichkeiten der Selbsthilfe. Wenn es den Müttern beim ersten Schritt noch um die »Rückgewinnung der Handlungsfähigkeit« geht, wünschen sie sich in einem zweiten die »Rückgewinnung der Selbstbestimmung und Gestaltungshoheit des eigenen Lebens und um das Leben des Kindes« (Büker 2010, 165), stellt Büker in ihrer Studie zur Lebenssituation der Mütter fest. Hier deutet sich bereits eine Problematik an, die später noch aufzugreifen sein wird: Zwar wird die Beziehung zu professionellen Akteur*innen als notwendig erachtet, gleichzeitig aber auch als belastend empfunden. Die ambivalenten Gefühle ergeben sich aus der Deutungshoheit der Expert*innen über die Situation, so Büker. Die Mütter fühlten sich ihnen ausgeliefert. Einen Ausweg aus dieser Situation gebe es nur, wenn sie sich die Fähigkeiten aneignen, die die professionell Tätigen ihnen anfangs noch voraushaben. Diese eignen sich die Mütter der Studie zum Wohle des Kindes, der Familie und zum eigenen Wohl an, um wieder selbstbestimmt agieren zu können. Vor allem aber erkennen sie, dass das Hilfesystem nur begrenzt Unterstützung bietet und sie im Grunde auf sich alleine gestellt sind.

Büker hat schließlich auf Grundlage ihrer qualitativen Erhebung mit 27 Müttern, die ein Kind mit »komplexer Pflege- und Versorgungsanforderung«[1] haben, ein Modell zum Bewältigungshandeln von Müttern entwickelt. In fünf Phasen zeichnet sie nach, wie der Lernprozess Einfluss auf die »Bewältigung der Behinderung« ausübt und hebt damit noch einmal die Rolle des Hilfesystems in der Lebensgestaltung hervor:

In der *ersten Phase der Blockierung* im Lernprozess kommen Informationen und Aufklärungsversuche bei den Müttern nicht an, zu sehr sind sie mit der Verarbeitung der Botschaft über die Beeinträchtigung ihres Kindes befasst. Allerdings, so gibt Büker zu bedenken, sind die Mütter in dieser Zeit besonders gefordert, müssen weitreichende Entscheidungen für das Kind treffen (bspw. operative Eingriffe, Therapien, Fördermaßnahmen), so dass eine Widerherstellung ihrer Handlungsfähigkeit dringend notwendig ist. In der *zweiten Phase* sind sie in hohem Maße davon abhängig, dass ihnen Dritte sagen, was sie zu tun haben. In dieser *Phase der Anpassungsbemühungen* lernen die Mütter zumeist passiv, indem sie Anweisungen und Ratschlägen folgen. Aber sie erkennen, dass sie die Abhängigkeit vom Hilfesystem nicht weiter bringt. Bereits hier haben sie enttäuschende Erfahrungen gemacht und bemerkt, dass auch Fachkräfte oftmals keine Antwort auf ihre spezifischen Fragen haben. In der *dritten Phase* wird den Müttern bewusst, dass sie sich der Situation stellen müssen, denn nur so kann »ein einigermaßen geordnetes Weiterleben«

1 | Dieser Begriff stammt aus den Gesundheitswissenschaften und meint in dieser Studie insbesondere Kinder mit einer schweren Mehrfachbehinderung und chronischer Krankheit.

auf Dauer gelingen. Die Strategien zur Bewältigung müssen sie größtenteils alleine entwickeln, den Müttern werde in dieser Phase bewusst, dass sie im Wesentlichen auf sich alleine gestellt sind. Sie erlernen eine Reihe von Fähigkeiten und Wissen im Umgang mit der Behinderung des Kindes. Büker stellt in dieser Phase des Lernprozesses einen *sukzessiven Kompetenzaufbau* fest, der sich auf die Re-Organisation des Alltages und die krankheits- bzw. behinderungsbedingten Anforderungen bezieht: »Aktives Lernen wird nun zur zentralen Handlungsstrategie« (ebd., 168). Unterschiedliche Formen des Lernens werden angewandt, so dass von einer *Routinisierung* im Umgang mit den Herausforderungen gesprochen werden kann: Die Behinderung ist nun Teil des Lebens der Mutter, Fähigkeiten zum Umgang mit der Behinderung sind inkorporiert. In der *vierten Phase* wird das Lernen aus Erfahrung oder durch Zufall nun zur vorherrschenden Lernform. Die Kompetenz der Mütter und der vertraute Umgang – auch mit Krisen – steigen mit dem Alter der Kinder kontinuierlich an, so dass nicht mehr nur von einer Meisterung der Herausforderung gesprochen werden kann, vielmehr wird die Behinderung des Kindes als Normalität in den Alltag integriert. Für die *letzte Phase* ist eine weitgehende Stabilität des Lebens charakteristisch. Mütter haben sich zu *Spezialistinnen* für das Leben mit ihrem chronisch kranken bzw. behinderten Kind entwickelt. Ihr Wissen über das Kind ist gekennzeichnet durch eine hohe Expertise, die von Individualität geprägt ist, »gepaart mit Fachwissen und Vertrautheit mit den persönlichen Eigenarten des Kindes« (ebd., 162). Situationen im Behinderungsgeschehen werden nun intuitiv erfasst.

Der Gewinn der Untersuchung Bükers liegt vor allem darin, dass sie bislang vernachlässigte Aspekte in der Forschung aufarbeitet. Sie berücksichtigt strukturelle Gegebenheiten und stellt die Schlüsselrolle des Hilfesystems zur Initiierung partizipativer Prozesse hervor. Sie zeigt, dass Familien spezifische und hochwertige, am Lebenslauf orientierte Unterstützungsangebote durch das Hilfesystem benötigen – so wie es auch die UN-BRK fordert. Voraussetzung dafür ist, dass Barrieren abgebaut, Ressourcen tatsächlich vorhanden sind und dass sie positiv genutzt werden können. Damit Familien aktiv auf ihre Umwelt zugreifen können, müssen sie das Hilfeangebot kennen und es annehmen wollen (dazu auch Beck 2006, 9 f.).

Gleichzeitig bringt die Konstruktion und Bezugnahme auf Phasenmodelle Probleme mit sich. Auch wenn hier im Gegensatz zu älteren Modellen (kritisch dazu Cloerkes 2007; Engelbert 1989; Jonas 1990) strukturelle Gegebenheiten zur »Bewältigung von Behinderung« berücksichtigt werden, bleibt der grundsätzlich diffizile Charakter modellhafter Darstellungen von »Bewältigung« erhalten. So steht am Ende des Phasenmodells ein fremdbestimmtes Ziel, das Eltern als quasi logische Folge der vorhergehenden Phase zu erreichen haben (Hinze 1991, 173). Bei der Anwendung der Modelle in Beratungssituationen besteht die Möglichkeit, dass vorschnell Annahmen bezüglich familiärer Handlungsmotive getroffen und missinterpretiert werden können. So können z. B. Widerstände von Eltern als eine Nicht-Bewältigung der Behinderung des Angehörigen abgetan werden. Auch vermögen die Modelle kaum, die hinter einer Behinderung steckende Konstruktion aufzudecken – sowie es das menschenrechtliche Modell von Behinderung schafft (vgl. Kap 1.1). Stattdessen spielt die Vorstellung einer »Andersartigkeit« (vgl. Feuser 1996) des behinderten Menschen und der Behinderung des Kindes als zu bewältigendes Ereignis sowie die daraus resultierenden Implikationen für die Lebensgestaltung der Familien Normalisierungspraktiken in die Hände (dazu kritisch Prengel 2006). Vor allem aber stellt sich die Frage, inwieweit ein Modell zum Bewältigungshandeln, das auf empirischen Ergebnissen der »Weißen«, »deutschen« Durchschnittsfamilie aufbaut, beim Zusammentreffen unterschiedlicher Heterogenitätsdimensionen – z. B. im Kontext migrationsbedingter Heterogenität – überhaupt anwendbar ist (dazu auch Büker selbstkritisch 2010, 172). So scheint es in einer Gesellschaft, die von zunehmender Pluralität gekennzeichnet ist, vielmehr der Flexibilität auf Seiten der Fachkräfte und Einblicken in individuelle Lebenswirklichkeiten zu bedürfen, denn starrer Modelle zur Erklärung der Lebenslagen von Familien.

Des Weiteren sei darauf hingewiesen, dass ein Kompetenzerwerb im Wissen um den Umgang mit Behinderung allein nicht ausreichend zu sein scheint, um Barrieren in der Teilhabe zu reduzieren. Übersehen werden dabei gesellschaftliche Macht- und Dominanzstrukturen. Kompetenzen hängen von einer Zuerkennung ab, die wiederum beeinflusst ist von der sozialen Einbezogenheit, der konkreten Geschichte des Akteurs/der Akteurin, ihren Positionen im entsprechenden Feld (Ziemen 2002, 279). Kompetenzen zu erkennen, erfordert, Wahrnehmungs- und Bewertungsschemata wirksam werden zu lassen, so Ziemen. Die Analyse von Kompetenzen beinhaltet demnach auch eine Rekonstruktion der sozialen Verhältnisse (zum Zusammenhang von sozialem Status und Anerkennung von Kompetenzen in pädagogischen Settings siehe Belmont/Pawlowska/Vérillon 2010, 71 und zur Abhängigkeit von Zuständigkeiten siehe Merl 2013, 35 f.). Somit ist Kompetenz »nicht ausschließlich auf der subjektiven/individuellen Seite als Fähigkeit oder Eigenschaft des sozialen Akteurs zu verorten. Vielmehr ist Kompetenz als Relation aufzufassen« (Ziemen 2002, 279). Hier wird in der eigenen Untersuchung zu prüfen sein, ob die Kompetenzen der Eltern möglicherweise durch die Verwobenheit der Strukturkategorien Migration und Behinderung, in der Interaktion mit Behörden, Ärzt*innen und Fachkräften unerkannt bleiben und welche Folgen dies für Eltern und Kind impliziert.

Dennoch ist es den Studien von Büker und Eckert gelungen, mit Hilfe qualitativer Daten den Blick auf die Bedürfnisse der Familien zu wenden und hier konkreten Handlungsbedarf aufzuzeigen. Sie heben den Stellenwert des Hilfesystems bei der Durchsetzung grundlegender Rechte von behinderten

Menschen hervor (vgl. Kap. 1). Dies richtet den Blick auf die Frage, inwieweit das Hilfesystem tatsächlich den Bedürfnissen der Familien nachkommt. Dafür werden im Folgenden Publikationen hinzugezogen, die sich mit Familien und den Barrieren im Hilfesystem befassen.

Barrieren im Hilfesystem[2]

Deutschland hat ein sehr ausdifferenziertes, institutionalisiertes Hilfesystem. Gleich zu Beginn – nach der medizinischen Feststellung einer Beeinträchtigung – sehen sich die Eltern mit einer Vielzahl von Institutionen konfrontiert (Rauh 1984, 6). Über die Art und Weise der Maßnahmen für ihre Kinder müssen die Eltern nach der Geburt in der Regel unvorbereitet entscheiden. Dabei sind sie davon abhängig, dass ihnen ihre Möglichkeiten von Akteur*innen des Hilfesystems – möglichst in persönlichen Gesprächen – vermittelt werden. Etwa ein Fünftel der von Rauh befragten Mütter haben diesen Kontakt als sehr belastend erlebt. Vor allem der zeitliche Aufwand wird hier als schwierig zu bewerkstelligen benannt. Die Mütter in Bükers Untersuchung beklagen, nicht umfassend beraten und systematisch begleitet worden zu sein. In der Untersuchung von Thimm/Wachtel (2002), die bundesweit Unterstützungssysteme (z. B. anhand von Dokumentenanalysen, regionalen Bestandsaufnahmen, Expert*innen- und Elternbefragungen) untersucht haben, zeigen sich große Lücken im Bekanntheitsgrad diverser Angebote der Behindertenhilfe (wie des Familienunterstützenden Dienstes, der Freizeitangebote, Ferienbetreuung etc.). Rudimentäre Informationen führten dazu, dass die behinderungsspezifische Kenntnisse an der Oberfläche blieben. Gerade in der frühen Phase nach der Diagnose stellt Büker eine Orientierungslosigkeit der Mütter fest (Büker 2010, 101). Engelbert erkennt zudem ein grundsätzliches Problem in der Hilfegestaltung und der Kommunikation zwischen Eltern und Hilfesystem. Ausgehend von der Annahme, dass Angebot und Bedarf nicht optimal zusammenpassen, hat Engelbert anhand von Einrichtungsbefragungen, Expert*innen- sowie Elterninterviews in Nordrhein-Westfalen die Unzufriedenheit der Eltern näher untersucht und sich mit der Frage befasst, wie es in einem Hilfesystem mit sehr stark ausdifferenzierten Leistungen für Familien zu einer Belastung durch die Nutzung von Hilfen kommen kann (Engelbert 1999, 12). Es scheint, so Engelbert, dass die Maßnahmen sich nicht in den Familienalltag integrieren lassen. Um überhaupt Unterstützung zu erhalten, müssten sich die Familien an die Erfordernisse der sozialpolitischen Leistungserbringung anpassen, diese Anpassung gehe wiederum mit einer Gefährdung der Familie einher. So sei es nicht die Behinderung des Kindes, die das Familienleben belaste, vielmehr sei es die Antwort der Gesellschaft auf die Behinderung des Kindes und ihre Vorgaben, wie damit umzugehen sei. Diese würden das Familienleben ins

---

2 | Zur Definition von Hilfesystem siehe Kapitel 1.

Wanken bringen und die Familie dazu zwingen, ihr Leben an familienfremde Strukturen anpassen zu müssen.

Bei der Betrachtung des Hilfesystems in Deutschland ergibt sich also eine Ambivalenz: Einerseits soll das Hilfesystem das Kind in seiner Entwicklung und die Familie bei der Erziehung des Kindes unterstützen. Dafür soll das Kind eine auf seine Bedürfnisse zugeschnittene Förderung erhalten, Eltern sollen im Familienalltag entlastet werden – sowohl finanziell als auch personell – mit dem Ziel, für das Kind und für die Eltern Autonomie und Selbstbestimmung zu erreichen. Andererseits wird das Hilfesystem so zum Teil der Familie und erhält Einblicke in intime Bereiche des Familienlebens (Engelbert 2003, 217). Das Kind hat permanent Kontakt zu Professionellen, die sich um seine optimale Entwicklung bemühen. Die Leistungen des Kindes sind unter ständiger Beobachtung, das Kind wird durch den Kontakt zu besonderen Hilfen, die sich von den Kontakten in der Kindheit von nichtbehinderten Kindern deutlich unterscheiden, weiter separiert. Eltern stehen unter einem enormen Förderdruck. Sie befinden sich in einer besonderen Situation, in der sie als die Unwissenden gelten, die sich Informationen über ihr Kind bei Fremden einholen müssen. Folglich ist der Kontakt zum Hilfesystem zwar notwendig, wenn auch nicht immer hilfreich. Aber durch ihr Verantwortungsgefühl dem Kind gegenüber hoffen die Eltern immer wieder auf das Hilfesystem. Die Folgeprobleme, die sich im Familienleben durch die Inanspruchnahme von Hilfen ergeben, so das Ergebnis der Studie von Engelbert, werden in Kauf genommen, um alles für die Entwicklung des Kindes tun zu können (Engelbert 1999, 274). Engelbert bezeichnet das Verantwortungsgefühl der Eltern als »Hemmschuh«, der verhindert, dass problematische Beziehungen zum Hilfesystem nicht abgebrochen oder Verbesserungen gefordert werden.

In einer anderen Untersuchung arbeiten Hohmeier und Veldkamp Faktoren heraus, die Einfluss auf die Inanspruchnahme von Hilfen ausüben können: Sie sehen einen Zusammenhang zwischen der »Schichtzugehörigkeit« und dem Kontakt zum Hilfesystem (Hohmeier/Veldkamp 2004, 235). Eltern mit einem höheren sozialen Status hätten keine Probleme, sich im Hilfesystem zurechtzufinden und weniger Schwierigkeiten im Kontakt zu Fachkräften. Eltern mit einem niedrigen sozialen Status hingegen hätten Probleme in der Kontaktaufnahme und in der Kommunikation mit Ärzt*innen, Ämtern und Behörden. Eine bestmögliche Förderung komme deswegen oftmals zu kurz. Tiefergehende Analysen zu den Zugangsbarrieren bleiben hier allerdings aus. So können bspw. auch der Faktor »Sprache« und die verschiedenen »Register« der Professionellen, die fachsprachlich sind und dem bildungsbürgerlichen Sprachregister näher sind als dem Alltagssprachlichen, Eltern mit einem niedrigeren sozialen Status den Zugang erschweren. Thimm führt die Kommunikationsbarrieren zwischen Hilfesystem und Familien auf ein »unterentwickeltes Aufstiegsstreben in den Unterschichten« zurück, das kaum zu besonderen Rehabilitationsanstrengungen motiviere (Thimm 2006, 136). Eine weitere Interpretation der Ergebnisse von Hohmeier/Veldkamp liefert Beck: »Statusmerkmale wie der Bildungsabschluss oder der Erwerbsstatus spielen eine wesentliche Rolle für den Erhalt sozialer Ressourcen im Sinne des leichteren Zugangs [...] In unserer Gesellschaft wird Personen mit höherem Status auch besser geholfen und sie werden mehr respektiert« (Beck 2006, 9).

Die Informiertheit über verfügbare Leistungen und deren Nutzung ist abhängig von der Schulbildung und der Berufsposition, bemerkt Engelbert. Die Chancen der Bewältigung gelingt bei den Personen besser, die sich eine »Art standardisiertes Wissen aus Schulbesuch und Berufstätigkeit angeeignet haben« (Engelbert 1999, 282). Das Unterstützungssystem habe es bislang nicht geschafft, Versorgungslücken zu schließen. Insbesondere die soziale Position der Mutter sei für die Inanspruchnahme von Hilfen ausschlaggebend. Mütter seien diejenigen, die den Kontakt zum Hilfesystem herstellten und hielten: »Ihre Kompetenzen sind der Schlüssel zu den gesellschaftlichen Unterstützungs- und Fördersystemen«, schlussfolgert Engelbert (ebd., 279). Männer haben durch die meist höhere Berufsposition die Möglichkeit, sich Kompetenzen, die im formellen Hilfesystem benötigt werden, anzueignen, während Frauen, insbesondere wenn sie als Hausfrauen weniger in berufliche Netzwerke, die über die unmittelbare häusliche Umgebung hinausreichen, tätig sind, systematischen Beschränkungen unterliegen. Vor allem die Situation von alleinerziehenden Müttern im Kontext von Behinderung ist häufig kritisch und das Kind von Armut bedroht (dazu auch Büker 2010).

Engelbert erkennt einen Zusammenhang zwischen dem sozialen Netzwerk und dem Hilfesystem: Ein dauerhafter Kontakt zum Hilfesystem gelingt bei den Familien besser, die innerhalb der Familie und im sozialen Netzwerk einen stärkeren Zusammenhalt spüren: »Die enge Verzahnung formeller und informeller Unterstützungsleistungen lässt die Chancen einer Integration in Familie und Freundeskreis vor allem aber zu einem wichtigen Ungleichheitsfaktor werden« (Engelbert 1999, 282). Dieses Ergebnis gewinnt im Migrationskontext besondere Bedeutung: Vor allem Personen, die als Einzelpersonen migriert sind, können oftmals nicht auf Beziehungen dieser Art zurückgreifen. Problematisch wird es, wenn diese Ressourcen von Seiten des Hilfesystems bei der Gestaltung von Unterstützungsleistungen für die Familien vorausgesetzt werden, ohne zu wissen, wie sich die Situation in den Familien faktisch darstellt.

Die Eltern in Engelberts Studie haben ein umfassendes Beratungs- und Informationsangebot vermisst. Sie wünschen sich einen Zugang zu einer Stelle, die dauerhaft als Ansprechpartnerin fungiert und entweder selbst Informationen weitergeben oder aber an andere Stellen verweisen kann. In diesem Zusammenhang kritisiert Beck, dass Informationsmaterialien kaum verständlich, nicht leicht zugänglich und meist nicht aktuell und vollständig sind (Beck

2006, 9). Hier ist zu ergänzen, dass auch die Fachleute des Hilfesystems auf Informationen für den Kontext von Migration und Behinderung angewiesen sind, denn gerade hier wird ein spezifisches Fachwissen zu rechtlichen Rahmenbedingungen benötigt, das in Beratungszusammenhängen kaum vorhanden ist.

Beanstandungen im medizinischen Bereich, so Engelbert, haben die Eltern vor allem im Hinblick auf die fachliche Kompetenz, auf den Zugang zu Informationen und auf die Sensibilität der Fachkräfte – besonders im stationären Bereich (Engelbert 2003, 215 f.). In Behörden und bei Krankenkassen werden die Entscheidungen über Unterstützungsleistungen zu wenig transparent gemacht. Ansprüche können nur durchgesetzt werden, wenn Eltern eine große Eigeninitiative und Widerstandswillen zeigen und sich durchsetzen können. Leistungen, die angekündigt werden, ließen sich letztlich nur mit großer Kraft der Eltern durchsetzen.

Dies gelte insbesondere für integrative Angebote, z. B. integrative Kitas, aber auch für Unterstützungsmaßnahmen wie den Familienunterstützenden Dienst oder medizinische und therapeutische Hilfen. Viele Eltern kennen im Schulbereich weder Angebote noch die rechtlichen Möglichkeiten (Thimm/Wachtel 2002, 230 ff.). Es gibt nahezu nirgends unabhängige Ansprechpartner*innen, die neutral und umfassend als Anlaufstelle dienen können. Albers kommt zu dem Ergebnis, dass es gerade die Übergange zur Kindertageseinrichtung oder Schule sind, die für Eltern Belastungssituationen darstellen. Viele Eltern sorgen sie sich um die Qualität der Förderung in integrativen Einrichtungen oder im Gemeinsamen Unterricht. Gleichzeitig wünschen sie sich eine integrative Einrichtung und eine gemeinsame Beschulung von behinderten und nichtbehinderten Kindern, weil sie Sorge vor einer gesellschaftlichen Isolation ihrer Kinder haben. Doch »die Behördengänge, das Vorsprechen bei Kostenträgern und Leistungserbringern, das Suchen nach Krippen und Kindergärten, die ein Kind mit Behinderung aufnehmen wollen, und die Auseinandersetzung mit den dabei entstehenden Hürden bestimmen den Alltag der Familie« (Albers 2011, 106). So sei es nicht verwunderlich, dass sich Eltern nach langer Suche und Ablehnungen, oftmals für eine Sondereinrichtung entscheiden würden. Zudem werde ihr Kind in integrativen Einrichtungen bzw. im Gemeinsamen Unterricht immer wieder mit Aussagen darüber konfrontiert, dass es langsamer sei oder im Vergleich zu Mitschüler*innen einen erhöhten Förderbedarf habe.

Anhand der Beispiele zeigt sich, dass viele Familien mit Barrieren konfrontiert sind, deren Reduzierung meist außerhalb ihres Einflussbereichs steht. So können Unterstützungsleistungen für das Kind oder den Angehörigen, um partizipieren und autonom handeln zu können, zu spät oder gar nicht ankommen – auch wenn die Eltern kompetent agieren und sich Wissen angeeignet haben.

Bei einem Vergleich des Forschungsstandes zu »Familien ohne und mit Migrationshintergrund« im Kontext von Behinderung lassen sich Unterschiede in der Interpretation von Forschungsergebnissen feststellen: Erstere wurden bislang meist psychologisierend und pathologisierend zur »belasteten behinderten Familie« (Kap. 3.1) gemacht – hier steht die Kategorie Behinderung, das behinderte Kind, das nicht »bewältigt« werden kann, im Mittelpunkt der Deutungen. Im Diskurs um Migration und Behinderung findet eine Verschiebung statt. Hier wird weniger die Behinderung als Belastung, denn der »kulturelle Umgang« mit Behinderung fokussiert: Die Herstellung der »sich selbst benachteiligenden Migrantenfamilie mit einem behinderten Kind« vollzieht sich durch Kulturalisierungen (Kap. 2.2). Verbunden sind beide Interpretationen dadurch, dass sie zu einer »Besonderung« der Familien beitragen und nur selten strukturelle Rahmenbedingungen berücksichtigen.

Wie das Hilfesystem auf migrationsbedingte Heterogenität reagiert, ob die neueren Erkenntnisse der Migrationsforschung mit einer kritischen Betrachtung der strukturellen Rahmenbedingung oder ob kulturspezifische Ansätze eine Rolle spielen, wird im folgenden Kapitel bearbeitet.

3.3 Der Umgang mit migrationsbedingter Heterogenität im Hilfesystem

Im Nationalen Integrationsplan der Bundesregierung wird der Verbesserungsbedarf im Hinblick auf die Teilhabe von »Menschen mit Migrationshintergrund« am Gesundheitssystem konstatiert. Das betrifft insbesondere den Zugang zu Angeboten, das Gesundheitswissen und die Gesundheitskompetenzen. Denn obwohl »das Gesundheitssystem für alle Bevölkerungsgruppen unabhängig von ihrer Herkunft offen [steht] [...] nutzen bildungsferne und sozial schwächere Menschen mit Migrationshintergrund die Angebote der Gesundheitsvorsorge und der Gesundheitsversorgung weniger als andere« (Die Bundesregierung 2007b, 29). Dies gelte auch im Hinblick auf Angebote für zugewanderte behinderte Menschen (ebd., 29).

Boos-Nünning bemerkt: »Beim Aufwachsen eines behinderten Kindes werden die Eltern mit Migrationshintergrund allein gelassen« (Boos-Nünning 2011, 46 f.). Das zeigten lokale Erhebungen zur Inanspruchnahme von Hilfen. Als Gründe dafür nennt Boos-Nünning die fehlende und unzureichende Vernetzung zwischen Behindertenhilfe, Bildungseinrichtungen und Migrantenorganisationen. Dabei verweist sie auf die unveröffentlichte Pilotstudie zur Situation in Nordrhein-Westfalen von Czock/Donges (2010), die aufzeigt, dass sich »Personen mit Migrationshintergrund« in erster Linie an Einrichtungen für Behinderte (186 Nennungen), weniger an Fachdienste für Migration (52 Nennungen) und kaum an Migrantenorganisationen (13 Nennungen) wenden (ebd., 47). Vermutet wird, dass es sich bei den Anfragen an die Einrichtungen für behinderte Menschen wahrscheinlich um Versorgungsfragen handelt, weil präventive Angebote kaum wahrgenommen wurden. Boos-Nünning führt aus: »Die weitaus meisten Einrichtungen der Behindertenhilfe waren nicht auf einem Kenntnisstand, dass sie den Migrationsfamilien Unterstützung hätten bieten können. [...] Nur in ganz wenigen Einrichtungen wurde z. B. mit Migrantenorganisationen kooperiert. Die Fachdienste für Migration haben zwar Kontakte zur Zielgruppe, aber – ebenso wie die Migrantenorganisationen – wenige Kompetenzen in Fragen von behinderten oder von Behinderung bedrohten Kindern und Jugendlichen« (ebd., 47).

In den letzten Jahren sind eine Reihe von lokalen Initiativen und Projekten entstanden (ausführlich dazu siehe Münch 2010, 10 f.). Doch die ehemalige Beauftragte der Bundesregierung für Migration, Flüchtlinge und Integration Böhmer konstatiert: »Es wird noch vieler Anstrengungen bedürfen, bis aus einem Flickenteppich mit vielen Gute-Praxis-Beispielen eine tragfähige und verlässliche Struktur entsteht, in der Gesundheit und Migration eine Querschnittsaufgabe für alle im Gesundheitswesen Tätigen wird. Um diese interkulturelle Öffnung zu erreichen, sind [...] alle Entscheidungsträger im deutschen Gesundheitswesen – neben dem Bund, die Länder, die Krankenhausgesellschaften und Krankenkassen, die Wohlfahrtsverbände und andere Leistungserbringer zum Handeln aufgerufen« (die Bundesregierung 2007a, 137). Mit ihrer Kritik benennt Böhmer zum einen eine Reihe von Institutionen und Organisationen, die für die Entwicklung von Strategien zum Umgang mit migrationsbedingter Heterogenität verantwortlich sind. Sie fordert zudem, dass diese nicht mehr länger als Zusatzaufgabe wahrgenommen werden dürften, sondern es vielmehr einer flächendeckenden Querschnitt-Implementierung bedürfe. Doch solange die von ihr angesprochene verlässliche Struktur nicht existiert, wird den »Gute-Praxis-Projekten« und ihren Erfahrungen weiterhin Aufmerksamkeit geschenkt – auch um weitere Erkenntnisse zur Lebenssituation von Familien im Kontext von Behinderung und Migration zu erhalten.

Ein Beispiel für ein Gute-Praxis-Projekt ist der Treffpunkt für türkischstämmige Migrantinnen und Migranten zu mehrsprachigen Beratungs- und Austauschzwecken des BHH Sozialkontors (Hamburg). Die Evaluation des Projektes gibt Informationen zu potentiellen effektiven Zugängen zu Angeboten. Diese zeigt, dass die meisten der Besucher*innen den Treffpunkt auf informellem Wege aufsuchten, nämlich weil Freund*innen, Verwandte oder Bekannte ihnen von der Einrichtung erzählt hatten. Besonders gut gelang zudem die Ansprache durch die behandelnden Ärzt*innen oder durch das Krankenhaus, die Ansprache über Flyer war hingegen weniger effektiv. Auch die Vernetzung mit den Moscheegemeinden führte kaum zu zusätzlichen Besuchen. Dieses Ergebnis ist insofern nicht verwunderlich, als nur wenige Familien in religiösen Zentren organisiert sind (vgl. Bertelsmann Stiftung 2008 und 2013). Allerdings führte die Kooperation mit den Gemeinden nach eigenen Angaben zu einem Vertrauensvorschuss bei den Familien (Münch 2010, 29). Der Treffpunkt wurde vor allem zu Beratungszwecken aufgesucht. Dabei ging es u.a. um Hilfen für Familien mit behinderten Kindern, pädagogische Betreuung im eigenen Wohnraum und Wohnassistenz. Die Einrichtung bot außerdem offene Angebote, wie Frühstückstreffen, Männertreffen, Ausflüge, Parties und Konzerte sowie die Gestaltung islamischer Feste an. Zudem fanden Seminare zu häuslicher Pflege oder Deutschkurse statt. Die Evaluation des Projektes ergab, dass die Klient*innen den Treffpunkt vor allem deswegen aufsuchten, weil er als »geschützter Raum« wahrgenommen wurde, an dem »Hilflosigkeit und Isolation« aufgefangen werden konnten (ebd., 36).[3] Mit ihrem zielgruppenspezifischen Angebot haben die Projektinitiator*innen auf einen spezifischen Bedarf unmittelbar reagiert. Zwar war bei ihnen ein Bewusstsein darüber vorhanden, mit ihrem Projekt eine Parallelstruktur geschaffen zu haben, sie sahen aber für die Teilnehmenden der Angebote eine hohe integrative Wirkung erzielt, weil die Beratungen im Treffpunkt den einzigen Zugangsweg zu den »Mainstream-Angeboten« der Ambulanten Dienste darstellten.[4]

Folglich bedarf es auch einer Betrachtung dessen, welche Bemühungen die Träger so genannter Mainstream-Angebote unternehmen, um eine interkulturelle Öffnung[5] ihrer Dienste zu befördern. In diversen Publikationen

3 | Aus den Projekterfahrungen konnten konkrete Handlungsempfehlungen entwickelt werden. So wird u.a. empfohlen den Kontakt zur ethnischen Community aufzubauen, einen zentral gelegenen Treffpunkt zu schaffen, bei örtlichen Einrichtungen zu werben, muttersprachliche Mitarbeiter*innen mit »interkultureller Kompetenz« zu beschäftigen, sich auf psychische Problemlagen einzustellen (hohe Sensibilität der Mitarbeitenden), von Beginn an ein Basisangebot und eine diskriminierungsfreie Einrichtung zu schaffen, Geselligkeit zuzulassen und zu fördern, Männer durch spezifische Angebote anzusprechen (Münch 2010, 37 ff.).

4 | Parallelstrukturen sind charakteristisch für Pilotprojekte. Um von Effektivität und Nachhaltigkeit sprechen zu können, ist der Kontakt zu Regeldiensten so systematisch aufzubauen und zu erweitern, dass die Erkenntnisse der Pilotprojekte nutzen, um das Angebot der Regeldienste zu erweitern und damit die migrationsspezifischen Bedarfe zu decken.

5 | Der Begriff der interkulturellen Öffnung markiert ein strategisches Konzept, das bisweilen unterschiedlich inhaltlich gefüllt wird. Grundsätzlich ist damit ein Schwerpunkt der Organisationsentwicklung gemeint. So erläutert Karakaşoğlu im Hinblick auf Schulentwicklung: »Dabei wird Interkulturelle Öffnung als eben jene Strategie der Verbesserung von Schulqualität auf allen Handlungsebenen (s. u.) verstanden, die unter den genannten gesellschaftlichen Bedingungen einen wesentlichen Beitrag zur Steigerung von Chancengleichheit und Chancengerechtigkeit darstellt« (Karakaşoğlu et al. 2011, 3).

werden Hinweise zur aktuellen Diskussion um eine interkulturelle Öffnung des Hilfesystems gegeben. Zunächst wird darin nach Gründen für eine geringe Inanspruchnahme der Angebote gesucht: Neben Sprachbarrieren herrsche Misstrauen, Unsicherheiten im Umgang mit Behörden, Anträgen, Beratungsstellen, Fördereinrichtungen und Interessengemeinschaften. Zudem bestehe Angst vor Benachteiligung durch das Ausländergesetz, wenn Hilfen in Anspruch genommen werden (vgl. Yenice-Cağlar 2008). Des Weiteren werden wie in Kapitel 2.2 bereits erläutert, Annahmen zu einem kulturspezifischen Umgang mit Behinderung als Barriere im Hilfesystem aufgeführt. So heißt es: »Die deutsche Gesellschaft und das deutsche Wohlfahrtssystem haben einen spezifischen Umgang mit Behinderung und Behinderten entwickelt, der die Behindertenhilfe in ihrer heutigen Form geprägt hat. Viele MigrantInnen kennen aus ihrem Herkunftsland jedoch andere Formen des Umgangs mit Behinderung. Zum anderen haben viele jedoch in ihrem Herkunftsland schlechte Erfahrungen mit Hilfsstrukturen gemacht oder sind mit den Angeboten der deutschen Behindertenhilfe unzureichend vertraut« (Münch 2010, 7). Es seien also vor allem die Erfahrungen aus dem Herkunftsland und Orientierungen an den dortigen Strukturen der Behindertenhilfe, die eine Nutzung der Angebote in Deutschland verhindern (siehe auch Lanfranchi 1998; Merz-Atalik 1998; Kauczor 2008). Die fehlende institutionelle Unterstützung im Herkunftsland – meist wird auch hier die Türkei genannt – begründe den Wunsch, das Kind ausschließlich in der Familie zu betreuen. Die Sichtweise der Familien orientiere sich an der Herkunftskultur. So hätten sie nur unzureichende Kenntnisse darüber, was die deutsche Behindertenhilfe sei und z. T. gar keine Kenntnisse über Therapiemöglichkeiten. Lanfranchi geht von einem Fallbeispiel eines Jungen (diesmal spanischer Herkunft) aus, dessen Eltern die so genannte geistige Behinderung des Sohnes nicht akzeptieren wollen, wenn er ein bei so genannten Migrantenfamilien ambivalentes Gefühl gegenüber der Behindertenhilfe in Deutschland zu erkennen vermag: »Es geht einerseits um die große Bewunderung gegenüber den gut ausgebauten heilpädagogischen, medizinischen, psychologischen und sozialen Möglichkeiten, andererseits um die Angst vor der Entfremdung, der Entmündigung, der Zerstörung des Lebensplans. Die Bewunderung wird abgelöst durch ein Mißtrauen gegenüber fremden Rationalitätsmodellen, gegenüber einem anderen Krankheits- und Heilsverständnis« (Lanfranchi 1998, 121).

Die Familien seien zurückhaltend, sich dem überwiegend deutschsprachigen Personal zu öffnen und sich ihm anzuvertrauen, es mangele an Vertrauen in die interkulturellen Kompetenzen des Personals. Van Dillen erläutert weiter: »Ein Problem [...] ist, dass im Westen Rehabilitation und die Hilfsmit-

Zum Begriff der Interkulturellen Öffnung siehe auch Handschuck/Schröer (2008, 159) sowie Kapitel 3.4.

tel zum Ziel haben, die Selbstständigkeit von Menschen mit Behinderung zu fördern. Im Gegensatz zur Attitüde bei Migranten, die viel Wert auf Fürsorge und Pflege legen. Diese beiden Attitüden und Meinungen stoßen heftig aufeinander« (van Dillen 2008, 43)[6]. Aus einer Art Pflichtgefühl heraus kümmerten sich Eltern um die Kinder, sodass Fürsorge und Pflege in Opposition zur Selbstständigkeit stünden. Begründet wird dies auch mit der Strukturiertheit patriarchalischer Gesellschaften, in denen behinderte Menschen – ebenso wie Frauen – häufig verkindlicht würden: »Und eben auch Menschen mit Behinderungen erleben immer wieder, dass ihnen nicht einfach Hilfe angeboten wird, sondern dass sie im Nu vereinnahmt werden, dass plötzlich über ihren Kopf hinweg entschieden wird [...]« (Stoecker 2006, 14).

Boos-Nünning kritisiert, dass die Sichtweise, Barrieren in den »Migrationsfamilien« in den Mittelpunkt zu stellen, bei den Einrichtungen der Behindertenhilfe sehr verbreitet sei. Die Mängel des Hilfesystems, sich nicht oder ungenügend an den Bedürfnissen der Adressat*innen zu orientieren, würden hingegen nicht gesehen – obwohl sie die Inanspruchnahme der Hilfe auch verhinderten. Die Autorin problematisiert, dass

- die Beratungsstellen weder über genügend Personal aus den Herkunftskulturen bzw. über deutsche Berater*innen mit Kenntnissen in der Sprache der Eingewanderten verfügen,
- Eltern mit Migrationshintergrund selten Ansprechpartner*innen für ihre Anliegen finden und deswegen auch die Einrichtungen meiden,
- die speziellen Einrichtungen für Migrant*innen zwar muttersprachliche Sozialbetreuer*innen eingestellt haben, diese jedoch nicht über spezielle Kenntnisse in den Bereichen, in denen die Familien Rat und Hilfe suchen, verfügen, z. B. über das Thema Behinderung (Boos-Nünning 2011, 54),
- die von pädagogischen Fachkräften als traditionell bezeichneten Werte wie Familialismus, Religiosität, Respekt und eine traditionelle Sexualmoral in Wirklichkeit durchaus einem Wandel unterliegen. Dieser Wandel fordert zu einer Auseinandersetzung mit den noch vorherrschenden stereotypisierenden Vorstellungen der Mehrheitsgesellschaft auf (ebd., 5),

Neben einer Befremdung von Migrant*innen durch eine Überbetonung kultureller Unterschiede (vgl. Kap. 2.2), kritisiert Gaitanides, komme hinzu, dass es für Einzelne nicht »ins Weltbild« passe, dass »Transferleistungen an ›Ausländer‹« gehen sollen (2008, 40). Dieses »Etabliertenvorrecht der angestamm-

6 | Seine Erkenntnisse gewinnt van Dillen aus Literaturrecherchen und kleineren Projekten, die er in den Niederlanden zur interkulturellen Öffnung der Regeldienste durchgeführt hat. Eine empirische Belegbarkeit für seine Aussagen kann er allerdings nicht liefern (vgl. dazu van Dillen 2008, 41 f.).

ten Deutschen« führe dazu, dass die Notwendigkeit der Zugangsverbesserung nicht erkannt werde. In einer Untersuchung von Okken et al. (2008) zeigt sich z. B., dass bei Begutachtungen von Personen türkischer Herkunft durch den Medizinischen Dienst der Krankenversicherung (MdK) die Feststellung einer Pflegebedürftigkeit tendenziell mit der Vergabe einer niedrigeren Pflegestufe einhergeht als bei anderen Begutachtungen. So wurden insgesamt mehr Familien türkischer Herkunft in die niedrigste Pflegestufe (Pflegestufe I) eingestuft, als Familien nicht-türkischer Herkunft.

Auch Kommunikationsschwierigkeiten in Beratungssituationen werden auf die Verwurzelung der Familien in ihren traditionellen Werten zurückgeführt. Weitere Heterogenitätsdimensionen und Kernaufgaben einer interkulturellen Öffnung, wie die Umgestaltung von Organisationen und Diensten mit dem Ziel, sich mit der Realität der Migrationsgesellschaft zu befassen (vgl. Boos-Nünning 2011, Karakaşoğlu et al. 2011), bleiben dabei unberücksichtigt. Völlig fehlt im Diskurs um Migration und Behinderung bspw. die Auseinandersetzung mit rechtlichen Rahmenbedingungen bei einem prekären rechtlichen Status (vgl. Der Paritätische 2009).

Bei der Betrachtung der bisherigen Strategien des Hilfesystems in Bezug auf migrationsbedingte Heterogenität zeigt sich also, dass vor allem kulturspezifische Ansätze Berücksichtigung finden, mit Hilfe derer versucht wird, den Familien zu begegnen. Schwierig ist, dass bislang noch keine verlässliche Datenbasis Hintergründe für die geringe Nutzung des Hilfesystems liefern kann. Im Praxisfeld[7] finden dementsprechend auch schwerpunktmäßig Fortbildungen zu kulturellen Deutungen im Umgang mit Behinderung als »interkulturelle Sonderkompetenz« statt, weil diese als Voraussetzung für einen professionellen Umgang mit Nutzer*innen des Hilfesystems gelten (Rommelspacher 2008, 115) und weniger eine Auseinandersetzung mit diskriminierenden Strukturen und intersektionalen Dimensionen im Kontext von Migration und Behinderung – wie neuere inklusive interkulturelle Konzepte verlangen.

---

7 | Hier eine exemplarische Zufallsauswahl von aktuellen Veranstaltungen zum Kontext »Migration und Behinderung«: Medizin-ethische Tagung der Katharina Kasper-Stiftung mit dem Titel: »Andere Länder, andere Sitten. Kulturspezifische Fragen und Antworten zu Schwangerschaft und Behinderung in ärztlicher und beraterischer Praxis«, Vallendar, Mai 2014; Fortbildung: »Migration – Kultur – Behinderung« des Instituts für inklusive Entwicklung, Gelsenkirchen, November 2013; »Behinderung und Migration – kultursensibel beraten«, Lebenshilfe Baden-Württemberg, Bayern und Rheinland-Pfalz, Erlangen, Oktober 2014.

3.4 Inklusive interkulturelle Entwicklungsprozesse im Hilfesystem

Wie bereits in Kapitel 2.2 und 3.3 erläutert, sehen Expert*innen der Migrationsforschung die Verwendung kulturspezifischer Ansätze kritisch und fordern einen veränderten Fokus auf migrationsbedingte Heterogenität, durch den kulturelle Zuschreibungen vermieden, Differenz und Ungleichheit unterschieden, Ungleichheiten benannt und paternalistische Haltungen überwunden werden, d. h., dass Migrantinnen und Migranten als handlungsfähige Subjekte gesehen werden (vgl. Broden 2003). Attia (2009) empfiehlt, die Entscheidung, Differenz bei migrationsbedingter Heterogenität zu fördern oder zu vernachlässigen, vom jeweiligen situativen Kontext abhängig zu machen. Schließlich sei eine ethnische oder kulturelle Herkunft nur eine Bezugsgröße im Leben der Familien. Vielmehr, so Attia weiter, ginge es darum, sich einbringen zu können mit seinen lebensgeschichtlichen Erfahrungen, ohne auf diese reduziert und festgelegt zu werden: »Es geht um die Möglichkeiten, sich zu repräsentieren und zu artikulieren – und nicht permanent auf die gleiche Weise von anderen ein- und ausgegrenzt zu werden und nur dann gehört zu werden, wenn ich dem Klischee entspreche – oder aber es heftig mit Füßen trete« (ebd., 22). Rommelspacher fragt nach den Folgen für die »kulturell Anderen«, wenn sie nicht dem Bild entsprechen, das man sich von ihnen gemacht hat (2008, 199 f.). Mecheril befürwortet den Ansatz einer interkulturellen Dimension zum Beispiel in der Pädagogik. Er lehnt jedoch die Reduktion auf »Kultur« als zentrale Differenzdimension ab, wenn sie von einer unveränderbar gegebenen kulturellen Andersheit ausgeht und dabei eine rechtliche und sozialstrukturelle Ungleichheiten einschließende intersektionale Perspektive ausblendet (vgl. Mecheril 2004 und 2008b).

Die Forderungen der erziehungswissenschaftlichen Migrationsforschung werden durch die Ratifizierung der UN-BRK gestützt und bestärkt. So umreißt z. B. Krönig den in der Konvention fest verankerten Gedanken der Inklusion, der die Grundlage für Veränderungsprozesse im Hilfesystem bildet, mit Hilfe der drei Begriffe »Barrierefreiheit«, »Platzierungsverbot« und »Kategorisierungsverzicht« (Krönig 2013, 41 f.):

- *Barrierefreiheit*: Um eine Barrierefreiheit gewährleisten zu können, bedarf es einer Anpassung der Strukturen an das Individuum. »Inklusive Ansätze«, so Krönig, »ignorieren und verkennen die Realität nicht, sondern nehmen es auf sich, Gegebenheiten oder deren Wahrnehmung bzw. Konstruktion zu ändern.«
- Das *Platzierungsverbot* bezieht sich auf das Verhältnis von Individuum und Gesellschaft. Die Markierung einer Platzierung gehe einher mit einer

kommunikativen Problematisierung Einzelner, ihrer Stigmatisierung bis hin zu Diskriminierungen, die sich schließlich in Separation ausdrückt.

- Mit einem *Kategorisierungsverzicht* streben inklusive Ansätze nach »Enthaltung von Kategoriebildungen, um Personen als Individuen im Sinne von ganzheitlichen Einzelnen anzuerkennen, denen als solche eine unteilbare Würde zukommt« (ebd., 42).

Dannenbeck äußert seinen Unmut über das häufig vorhandene Missverständnis, Inklusion sei eine Spezialqualifikation. Er fordert eine kritische Rezeption des häufig pädagogisch verkürzten und normativen Inklusionsverständnisses. Inklusion sei nicht nur eine Erhöhung von Integrationsquoten behinderter Menschen an Regelschulen oder auf dem Arbeitsmarkt, sondern eine menschenrechtlich fundierte Wertorientierung allen sozialen Handelns und gesamtgesellschaftliche Herausforderung. Dabei sind »Inklusionsmaßnahmen« nicht zu verstehen als eine Optimierung der Partizipationschancen von als begrenzt integrierbar angesehenen Gruppen, sondern als kritische Betrachtung bestehender struktureller und institutioneller Verhältnisse (Verfügbarkeit, Zugänglichkeit, Akzeptierbarkeit, Anpassungsfähigkeit[8]) und der Ermöglichung und Sicherstellung von Selbstbestimmung und anerkennendem Umgang. Eine Inklusionsorientierung, so Dannenbeck, beinhalte die Bereitschaft, sich mit der Dialektik von Anerkennung von Vielfalt und der Reproduktion von Differenz auseinanderzusetzen (Dannenbeck 2014, 88).

Neuere Ansätze zur interkulturellen Bildung bzw. zum Umgang mit migrationsbedingter Heterogenität verbinden sich in der Zielsetzung mit diesem Inklusionsansatz (ausführlich dazu Amirpur/Platte 2015 und Karakaşoğlu/Amirpur 2012). Sie verweisen auf die Notwendigkeit der Veränderung institutioneller Rahmenbedingungen und einer Analyse von diskriminierenden und rassistischen Strukturen. So schreiben Karakaşoğlu et al. über Strategien zur interkulturellen Schulentwicklung: »Um interkulturelle Kompetenz zu befördern, setzen sich die aktuelleren Ansätze interkultureller Bildung sehr viel stärker mit den strukturellen und institutionellen Gegebenheiten auseinander« (Karakaşoğlu et al. 2011, 8). Es bedürfe der Anpassung von Einrichtungen in ihren Strukturen, Methoden, Curricula und Umgangsformen an die in vielen Dimensionen pluralen Lebensformen. Einrichtungen sollten also ihren Blick auf die Bedürfnisse der Kinder und ihrer Familien richten, um die adäquate Förderung ihrer Bildungschancen zu sichern und Partizipation zu ermöglichen. Und auch Terkessidis bezeichnet in seinem Programm »Interkultur« – ähnlich wie Krönig – Barrierefreiheit als zentrales Element von Veränderungsprozessen: Institutionen müssen sich so verändern, dass sie den Individuen – unabhängig von zugeschriebenen oder mitgebrachten

8 | Vgl. Kapitel 1.3: »4-A-Scheme«.

Unterschieden – den Zugang und die Teilhabe ermöglichen (2010, 141f.). Es geht also nicht um eine Eingliederung von Minderheiten in bestehende Institutionen, vielmehr, so Terkessidis, gehe es darum »den Kern der Institutionen zu befragen, sie daraufhin abzuklopfen, ob die Räume, die Leitideen, die Regeln, die Routinen, die Führungsstile, die Ressourcenverteilung sowie die Kommunikation nach außen im Hinblick auf die Vielheit gerecht und effektiv sind« (2010, 132). Terkessidis spricht sich für einen »radikalen Umbau der Institutionen« mit dem Ziel der »radikalen Interkulturellen Öffnung« aus, die eine umfassende Neuorientierung verlangt. Bezugspunkt interkultureller Bildung ist immer die Institution und ihre Kultur – gemeint sind damit immer die Prinzipien einer Einrichtung und nicht ethnische Gemeinschaften. In ihrer Handreichung zu Migration und Bildung nennen Karakaşoğlu et al. vier Handlungsebenen, die es für eine Interkulturelle Schulentwicklung zu beachten gilt. Deren Kerngedanken lassen sich durchaus auf das Hilfesystem und die Behindertenhilfe im Allgemeinen anwenden. In Anlehnung an Karakaşoğlu et al. braucht es Maßnahmen

- auf *personaler Ebene* (z. B. Aus- und Weiterbildung von pädagogischen Fachkräften, des Personals des Sozial- und Gesundheitswesens und des Verwaltungspersonals zu migrationsgesellschaftlichen Themen),
- auf *inhaltlicher* (auch didaktischer und curricularer) *Ebene* (z. B. bez. des Leitbilds und des Profils der Einrichtung, bez. der Inhalte und Maßnahmen von Projekten und Unterricht sowie der Öffnung für migrationsspezifische Bedarfe),
- auf *struktureller/organisatorischer Ebene* (Zugänge, Kooperationen, Vernetzung),
- auf der *sozialen Ebene* (mit der Optimierung von Kommunikations- und Interaktionsprozessen verschiedenster Akteur*innen).

Auch diese Anhaltspunkte zu einer Neuausrichtung und zur Entwicklung einer neuen Einrichtungskultur entsprechen der Zielsetzung inklusiver Entwicklungsprozesse. Booth und Ainscow sprechen im Index für Inklusion – einem Arbeitsinstrument zur Qualitätsentwicklung in Bildungseinrichtungen – von Kulturen (auch hier ist die Kultur der Einrichtung gemeint), Strukturen und Praktiken als Dimensionen inklusiver Entwicklungsprozesse (vgl. 2011). Mit Hilfe des Index, der Fragen zu allen Bereichen von Bildungseinrichtungen stellt, sollen Barrieren in den Einrichtungen sichtbar gemacht und Ideen zum Abbau der Barrieren entwickelt werden. In der Praxis wird der Index heute über den schulischen Bereich hinaus angewendet. So konstatieren Hinz und Boban ein breites Spektrum unterschiedlicher Methodenzugänge und Erfahrungen, die von Kitas über die Weiterentwicklung einzelner Schulen, der Planung von Studiengängen an Hochschulen, bis hin zur Basis landesweiter Unterstützungssysteme für inklusive Entwicklung reichten (Boban/Hinz 2013)[9]. Für die Implementierung interkultureller Strategien (Terkessidis) bzw. inklusiver Entwicklungsprozesse (Booth/Ainscow) sehen die Autorinnen und Autoren die Notwendigkeit, ein Bewusstsein für die Relevanz bestimmter Themen zu schaffen. Dieser Bewusstseinsschaffung geht allerdings zunächst eine Erforschung des Ist-Zustandes voraus (Terkessidis 2010, 143). Auch die UN-BRK hat als Grundlage für die Ausarbeitung politischer Konzepte zur Durchführung dieses Übereinkommens die Sammlung von Forschungsdaten gefordert (vgl. Kap. 1 und Art. 31 der UN-BRK). Gerade im Kontext von Migration und Behinderung mangelt es an Informationen über die Möglichkeiten zur besseren Erreichbarkeit und Beratung sowie zur Entlastung der Familien.

3.5 Fazit

Das Hilfesystem hat zum einen eine entlastende Funktion für die Gesamtfamilie, zum anderen soll es behinderte Menschen dabei unterstützen, ihre Menschenrechte durchsetzen und wahrnehmen zu können. Die Unterstützung der Gesamtfamilie und die Förderung des behinderten Angehörigen in Partizipationsprozessen ist eine gesamtgesellschaftliche Aufgabe, der das Hilfesystem bislang nicht ausreichend nachkommt. So zeigen neuere Studien, dass der Kontakt zu entsprechenden Institutionen ein hohes Maß an Geduld und Durchsetzungskraft auf Seiten der Familien erfordert. Wie hoch familiäre Belastungen sind und inwieweit Unterstützung angenommen werden kann, unterscheidet sich von Familie zu Familie und hängt von der individuellen Lebenslage ab. Dabei spielen Faktoren wie der Zusammenhalt in der Familie, das soziale Netz und der Zugang zur Unterstützung eine Rolle. Vor allem sozioökonomische Faktoren beeinflussen die gesamte Familiensituation. Es liegt nahe, dass Familien, die Erfahrungen mit Rassismus und rassistischen Diskriminierungen[10] gemacht haben, Familien, die mit lingualen Machtstruk-

9 | Diese Beobachtungen aus der Praxis aufgreifend und auf Basis der Entwicklungen und Erfahrungen mit verschiedenen Versionen des Index für Schulen, Kindertageseinrichtungen (GEW 2006) und Kommunen (MSJG 2011), wird gerade an einer neuen Ausgabe des »Index für Inklusion« gearbeitet (Erscheinungstermin 2017).

10 | Ich verstehe Rassismus als eine Form der willkürlichen Markierung von Unterschieden (wie Hautfarbe, Religion, Nationalität), die dazu verwendet wird, um sich gegenüber anderen abzugrenzen. Die Markierung dient dazu, »soziale, politische und wirtschaftliche Handlungen zu begründen, die bestimmte Gruppen vom Zugang zu materiellen und symbolischen Ressourcen ausschließen und dadurch der ausschließenden Gruppe einen privilegierten Zugang« zu sichern (Rommelspacher 2009b, 25). Es handelt sich bei Rassismus demnach um ein »Prädikat, das Denkinhalten, Handlungen, Personen,

turen im Hilfesystem konfrontiert sind, Familien mit einem niedrigen sozialen oder einem schwierigen rechtlichen Status durch die Situation der Migration verschärften Benachteiligungen ausgesetzt sind. Bislang gibt es aber nur wenige Erkenntnisse aus der Forschung, die sich differenziert mit dem Zusammenhang zwischen Barrieren im Hilfesystem und den unterschiedlichen Lebenslagen der Familien auseinandersetzen. Mit der Vernachlässigung oben benannter Kerndimensionen, struktureller Rahmenbedingungen sowie eines einseitigen Bezugs auf das kulturell »Andere« zur Erklärung von Barrieren wird ein Othering-Prozess gefördert, der Barrieren aufgrund des statistischen Merkmals »Migrationshintergrund« vor allem innerhalb der Familie identifiziert.

Für die Initiierung inklusiver Entwicklungsprozesse, derer sich Deutschland durch die Ratifizierung der UN-BRK verpflichtet hat, bedarf es neuer Perspektiven – das zeigen die Ausführungen in Kapitel 3.4. Inklusion erfordert Veränderungen auf unterschiedlichen Ebenen (interkulturelle Entwicklung) respektive in unterschiedlichen Dimensionen (Index für Inklusion) von Organisationen. Ein weites Verständnis von Inklusion negiert oben dargestellte Ansätze interkultureller Öffnung nicht, sondern bezieht sie in Entwicklungsprozesse des Hilfesystems ein – als eine Dialektik von Anpassung der Institutionen an die Individuen und die gleichzeitige Notwendigkeit, Dimensionen von Migration (wie rechtliche Aspekte, Sprache oder ethnische Herkunft) zu berücksichtigen. Um die Auswirkungen von Rassismus, Diskriminierung und sozialer Benachteiligung auf Familien und ihre Kinder in der Entfaltung ihrer Persönlichkeit und die Barrieren in partizipativen Prozessen berücksichtigen zu können, werden die ergänzenden Fachkompetenzen wie die Migrationspädagogik bzw. -forschung benötigt.

Um erkennen zu können, wie sich Einrichtungen für die Gestaltung partizipativer Prozesse verändern müssen, braucht es daher zunächst eine Analyse dessen, wann und wie Bedürfnisse verletzt werden und welche Folgen diese Verletzungen haben können (vgl. Staub-Bernasconi 2002). Bezogen auf die Schnittstelle von Migration und Behinderung verlangen die ethnischen Hierarchien im Hilfesystem (vgl. Rommelspacher 2008) nach einem veränderten thematischen Fokus in den Forschungsfragen. Im Folgenden soll dargestellt werden, ob und wie das Konzept der Intersektionalität, das den Anspruch erhebt, das Zusammentreffen mehrerer Kategorisierungen im Kontext von Benachteiligung zu berücksichtigen, als analytischer Bezugsrahmen dienlich sein kann, um den zuvor konstatierten Forschungslücken zu begegnen.

Symbolen und Institutionen zugeschrieben werden kann« (Schrödter 2014, 54). Diskriminierungen beruhen auf diesen Formen kategorialer Unterscheidungen (vgl. Scherr 2012).

4 Analytischer Bezugsrahmen

Ein analytischer Bezugsrahmen soll in der empirischen Sozialforschung zu einer theoretischen Sensibilität und der Fähigkeit beitragen, empirisches Material in theoretische Begriffe zu übertragen (vgl. Glaser/Strauss 1998). Das theoretische Vorwissen soll als »Linse« dienen, durch die das empirische Material betrachtet bzw. die empirische Realität wahrgenommen wird (ebd., 32). Dabei ist es notwendig, während des Erhebungsprozesses auf die Daten und die theoretische Rahmung flexibel zu reagieren. Schließlich können durch die Erhebung neue Perspektiven, Verhaltensmuster und Beobachtungen zu Tage gebracht werden, die wiederum einer neuen theoretischen Einordnung bedürfen. So wie auch in der hier vorliegenden Arbeit geschehen: Wie bereits in der Einleitung erläutert, richtete sich die Forschungsfrage zunächst auf den Stellenwert der islamisch geprägten Sozialisation im Umgang mit Behinderung in muslimischen Familien, folglich wurde ein religionssoziologischer Zugang für das empirische Material gewählt. Nach einigen Interviews stellte sich aber heraus, dass sowohl die Forschungsfrage als auch der Zugang unbrauchbar für die von den Familien vermittelten Themen und ihre selbst gesetzten Schwerpunkte sind: Die Familien thematisierten vor allem die Benachteiligungen, denen sie im deutschen Hilfesystem ausgesetzt sind und die ihren Partizipationsmöglichkeiten und denen der behinderten Angehörigen im Wege stehen. Diese erste Erkenntnis führte zu einer neuen Suche nach Möglichkeiten der theoretischen Einordnung in einem Fundus von Theorien. Als besonders geeignet für die Bearbeitung des empirischen Materials stellte sich schließlich die Intersektionalitätstheorie heraus. Im Folgenden sollen die Gründe für die Auswahl dieser theoretischen Rahmung erläutert und das Konzept vorgestellt werden. Dafür muss zunächst das in den vorangegangenen Kapiteln herausgearbeitete Forschungsdesiderat vergegenwärtigt werden:

Wie in Kapitel 3.4 dargelegt, bedarf es für die Gestaltung inklusiver Entwicklungsprozesse im Hilfesystem einer Ist-Stand-Analyse zur Situation von Familien im Kontext von Migration und Behinderung, um im Sinne der UN-BRK an der Ausarbeitung politischer Konzepte zum Umgang mit migrationsbedingter Heterogenität im Hilfesystem arbeiten zu können. Die Ausführungen zum Stand der Forschung haben allerdings gezeigt, dass bisherige Untersuchungen es kaum vermögen, differenziert auf die Schnittstelle von Migration und Behinderung zu blicken und Einblicke in die Lebenssituationen der Familien zu geben, um Bedarfe feststellen zu können. So fehlt es an

- einer *mehrdimensionalen Perspektive* bzw. der Berücksichtigung von mehreren Ebenen (gesellschaftliche Sozialstrukturen, Prozesse der Identitätsbildung und kulturelle Symbole) auf Behinderung und Migration,
- dem Einbezug *unterschiedlicher Heterogenitätsdimensionen,*
- einer *Analyse der Wechselwirkungen* zwischen der Wahrnehmung einer Behinderung und den gegebenen strukturellen Rahmenbedingungen sowie
- einer *kritischen Analyse* der Relevanz einer Kategorie »Kultur« oder »Religion« bzw. des statistischen Merkmals »Migrationshintergrund« im Umgang mit Behinderung.

Im Folgenden sollen diese Erkenntnisse zu einem analytischen Bezugsrahmen verdichtet werden, der mit einer veränderten Perspektive auf Migration und Behinderung zu blicken vermag.[1]

4.1 Der Intersektionalitätsansatz als Zugang zu inklusiven Entwicklungsprozessen

Die Ausführungen zum Stand der Forschung haben gezeigt, dass bislang eine mehrdimensionale Perspektive auf die Schnittstelle von Migration und Behinderung fehlt, obwohl deren Relevanz bereits erkannt wurde. Die UN-BRK (vgl. Kap. 1) untermauert, dass für die Reduzierung von Barrieren und für die Ermöglichung von Teilhabe a) eine fundierte Auseinandersetzung mit unterschiedlichen Zugehörigkeiten und b) Wissen über spezifische gesellschaftlich konstruierte Barrieren erforderlich sind. In Kapitel 2 und 3 konnte aufgezeigt werden, dass die »Besonderung« von Familien mit einem behinderten Kind bzw. Angehörigen und die zum Umgang mit migrationsbedingter Heterogenität im Hilfesystem eine »Tradition der Zuschreibungspraxen« offenbaren, die in ihrer Ausgrenzungspraxis im Kontext von Migration und Behinderung deutliche Parallelen, aber auch Unterschiede aufweisen. Gemeinsam ist ihnen der Dreischritt der Ausgrenzung mit 1. der Deutung des Anderen, 2. der Schaffung von Identitäten durch hegemoniales Wissen und 3. der Institutionalisierung von Zuschreibungen (vgl. Amirpur/Platte 2015). Die Folge der Institutionalisierung von Zuschreibungen, so beschreibt Scherr, ist die Diskriminierung

1 | Die Ausführungen zu den »Traditionen der Zuschreibungspraxen« sind zum Teil bereits veröffentlicht in Amirpur/Platte (2015).

bestimmter Personengruppen: »Durch Diskriminierung werden auf Grundlage jeweils wirkungsmächtiger Normalitätsmodelle und Ideologien Personengruppen unterschieden und soziale Gruppen markiert, denen der Status des gleichwertigen und gleichberechtigten Gesellschaftsmitglied bestritten wird. Dies geht einher mit einer Einschränkung der Anerkennung der Angehörigen dieser Gruppen als Individuen, die moralisch, politisch, rechtlich und kulturell als vollwertige Menschen betrachtet werden. In der Folge erscheint es in der Logik der Diskriminierung als zulässig, die Diskriminierten ökologisch, politisch, rechtlich und kulturell zu benachteiligen, ihnen grundlegende Menschenrechte mehr oder weniger umfassend vorzuenthalten« (Scherr 2012, 18). Dass es eine gesamtgesellschaftliche Aufgabe ist, diesen Diskriminierungen entgegen zu treten – auch im Hinblick auf die Ratifizierung der UN-BRK (vgl. Kap. 1) – ist evident.

Um den Ausgrenzungspraktiken begegnen zu können, fordern Vertreter*innen der Migrations- und Behindertenpädagogik (und der Behindertenbewegung) sowie ihrer Forschungszweige, Ethnizität oder Behinderung nicht länger als Erfahrungshorizonte und Differenzen nicht länger als individuelle und gruppenbezogene Eigenschaften zu betrachten. Die Ungleichheit provozierenden Machtverhältnisse geraten in einer ausschließlich normativ-pädagogischen Herangehensweise und in der Betonung von Verschiedenheit als naturgegebene Selbstverständlichkeit und Ressource in programmatischen Plädoyers für die Wertschätzung von Vielfalt aus dem Blick. Inklusive Entwicklungsprozesse erfordern die Enttarnung hegemonialer Praxis hinter den oben beschriebenen »Othering-Prozessen« und der mit diesen geschaffenen Barrieren. Dabei sollten die hinter einer zugeschriebenen Zugehörigkeit zu einer Strukturkategorie (bspw. durch ein statistisches Merkmal oder durch eine Diagnose und eine Verwobenheit miteinander) sich verbergenden Diskriminierungs- und Benachteiligungspraxen aufgezeigt werden. Neben der Analyse von Subjektivierungsprozessen unter den Bedingungen oben genannter Strukturen bedarf es der »Analyse von Möglichkeitsformen und Formen der Veränderung von Zugehörigkeitsordnungen und Herrschaftsstrukturen, sowie des Widerstands gegen sie und in ihnen« (Mecheril et al. 2013, 49).

Im Index für Inklusion (2011) schlägt Booth vor, Alliances/Bündnisse für die Gestaltung inklusiver (Schul-)Prozesse zu schließen. Diese interdisziplinären Bündnisse vermögen es, die Benachteiligung, Diskriminierung und Marginalisierung verursachenden Mechanismen aufzudecken. Durch die Zusammenführung von Erkenntnissen aus unterschiedlichen Forschungsperspektiven können aus den Erfahrungen wechselseitig Synergien entwickelt sowie Barrieren unterschiedlicher Art vor Augen geführt werden.

Die Herausforderung dieser Arbeit ist es demnach, die Traditionen der Zuschreibungspraxen und die daraus resultierenden Ausgrenzungsmechanismen im Kontext von Migration und Behinderung in der Analyse der Forschungsergebnisse zu berücksichtigen – d.h. unterschiedliche Kategorien[2] zusammen zu denken, bei gleichzeitiger Berücksichtigung der Spezifika in der Hervorbringung der jeweiligen Konstruktion (vgl. Attia 2012) –, um die Barrieren in der Partizipation der Familien und ihrer Autonomiebestrebungen aufdecken zu können. Die Intersektionalitätstheorie bietet eine Perspektive, die nicht nur ein Zusammendenken unterschiedlicher Differenzlinien und Kategorien ermöglicht, sondern auch ihre Überschneidungen und Wechselwirkungen berücksichtigt. So können erst unterschiedliche Zuschreibungspraxen in ihrer Verwobenheit zu spezifischen negativen Statuszuweisungen führen (Amirpur 2013; Schildmann 2012).

4.2 Der Intersektionalitätsdiskurs – Ein Überblick

Die folgenden Ausführungen geben einen kurzen Überblick über den aktuellen Intersektionalitätsdiskurs[3], mit dem Ziel, Erkenntnisse für die Ausgestaltung des analytischen Bezugsrahmens der hier vorliegenden Arbeit zu erhalten.

Das Konzept der Intersektionalität[4] nimmt soziale Differenzierungen und Hierarchisierungen in den Blick und stellt die Frage, in welcher Weise Un-

2 | In Anlehnung an Winker und Degele verstehe ich unter Kategorien (auch Strukturkategorie) die strukturell verankerte Unterscheidung zwischen Gruppen, die durch Kategorien wie Geschlecht, Klasse, Migration oder Behinderung markiert sind (Winker/Degele 2009, 38). Unter Differenzlinie respektive Differenzkategorie verstehe ich hingegen mit Hall eine Unterscheidung, die das Verhältnis zu sich selbst bestimmt, wie »Ich« und »die Anderen«. Zur Konstruktion von Identität kann diese Unterscheidung sowohl bewusst als auch unbewusst vollzogen werden – mit der »radikalen und beunruhigenden Erkenntnis«, dass »die ›positive‹ Bedeutung jeder Bezeichnung – und somit ›Identität‹ – nur über die Beziehung zum Anderen, in Beziehung zu dem, was sie nicht ist, zu gerade dem, was von ihr ausgelassen wird, konstruiert werden kann […]« (Hall 2004, 171). Diese beiden Differenzierungen stehen selbstverständlich in Wechselwirkung zueinander.

3 | Wobei eine vollständige Abbildung der ausdifferenzierten Intersektionalitätsdiskussion im Rahmen dieser Arbeit nicht geleistet werden kann. Einen Überblick über die internationale Diskussion bieten Lutz et al. (2010).

4 | Der Begriff der Intersektionalität geht auf die US-amerikanische Juristin Kimberlé Crenshaw zurück, die ihn in den 1980er-Jahren im Kontext des Black Feminism eingeführt hatte. Sie stellte fest, dass schwarze Frauen in den USA einer spezifischen Form von Diskriminierung ausgesetzt sind, die sich von der Diskriminierung weißer Frauen oder schwarzer Männern unterscheidet und die aufgrund des Zusammenwirkens der Kategorien »Schwarz« und »Frau« entstehen (vgl. Crenshaw 1989; zur Genese des Begriffs siehe auch Walgenbach 2010). Als Aktivistin und Theoretikerin ging es Crenshaw

gleichheiten und gesellschaftliche Differenzierungen etwa nach »Klasse«, »Geschlecht«, »Ethnie«, aber auch nach »Alter«, »Behinderung«, »sexueller Orientierungen« sowie viele weitere Kategorien in Wechselbeziehungen miteinander stehen und sich aufgrund ihrer Überkreuzungen gegenseitig abschwächen oder verstärken können. Damit impliziert der Ansatz, die isolierte Betrachtung von Kategorien und Differenzlinien überwinden und die Interdependenzen in heterogenen Gesellschaften verstehen zu wollen. Dabei geht es nicht um die Anerkennung multipler Identitäten, wie »der Migrantin« oder »des behinderten Migranten«, sondern um die »gewaltvollen Effekte«, denen Subjekte ausgesetzt sind (Gutiérrez Rodriguez 2011, 78). Ziel der Intersektionalitätstheorie ist es, ein theoretisches Fundament für die Analyse dieser »Verwobenheiten« oder »Überkreuzungen« zur Verfügung zu stellen (Klinger/Knapp 2005; Knapp 2005). Die additive Perspektive wird ersetzt durch den Fokus auf das gleichzeitige Zusammenwirken von Benachteiligungen durch Kategorisierungen und die Analyse ihrer Wechselwirkungen (Walgenbach 2012, 81). Das bedeutet, dass bspw. Migration und Behinderung nicht als additive Faktoren zu verstehen sind, sondern vielmehr als solche, die Wirkungen zeigen »als sich durchdringende Relation« (Attia 2013, 8). Bei getrennter Betrachtung der jeweiligen Kategorisierungen werden die Komplexitäten einer Gesellschaft nicht erfasst (vgl. Kap. 2.3).

Eine große Uneinigkeit besteht bei den Vertreter*innen der Intersektionalitätstheorie über Anzahl, Wahl und Benennung der zu berücksichtigenden Referenzkategorien. McCall, die den Intersektionalitätsansatz als »the most important theoretical contribution that womens's studies [...] has made so far« (2005, 1771) bezeichnet, unternimmt einen Systematisierungsvorschlag der Debatte und unterscheidet zwischen Vertreter*innen

- *antikategorialer Ansätze*: Dazu zählen dekonstruktivistische und poststrukturalistische Ansätze, welche Kategorisierungen vehement zurückweisen und die kategoriale Konstruktion von sozialer Wirklichkeit problematisieren.
- *intrakategorialer Ansätze*, die die Fragen von Benachteiligungen in einer Kategorie und deren Differenzen innerhalb dieser Kategorie bearbeiten (ebd., 1780 f.). Sie kritisieren Homogenisierungen innerhalb einer Kategorie und fordern zu Differenzierung auf (bspw. Unterschiede innerhalb der Kategorie Migration zwischen sozioökonomischem Hintergrund, Bildungshintergrund, rechtlichem Status etc. zu berücksichtigen). Die Ansätze sind insbesondere auf der Mikroebene angesiedelt (Bührmann 2009, 33 f.).

darum, komplexe Gesellschaftslagen aufzudecken und diese »Entdeckungen« in einem juridischen Diskurs für Rechtsansprüche fruchtbar zu machen (Gutiérrez Rodriguez 2011, 79).

- *interkategorialer Ansätze*, die mit den existierenden Analyse- bzw. Strukturkategorien arbeiten. Sie sind vor allem auf der Makroebene zu finden (ebd., 33). Im Fokus der Analysen sind hier Ungleichverhältnisse auf der Ebene der Sozialstrukturen, die durch ein differenziertes Kategoriensystem abgebildet werden sollen (McCall 2005, 1773).

Die innerdeutsche Diskussion kreist insbesondere um die Frage, welche und wie viele Kategorien in der Intersektionalitätstheorie Berücksichtigung finden sollten. Die meisten Ansätze verwenden die klassische Trias »Rasse«, »Klasse« und »Geschlecht« (z. B. Klinger 2003) und stellen diese in einen Bezug zu sozialer Ungleichheit. Degele und Winker ergänzen die Kategorie »Körper«: »Denn sowohl Alter wie körperliche Verfasstheit, Gesundheit und Attraktivität sind in den letzten Jahrzehnten vor allem bezogen auf Arbeit immer bedeutsamer geworden und entscheiden über die Verteilung von Ressourcen« (Winker/Degele 2007, 7). Lutz und Wenning dagegen beziehen 13 Kategorien der Differenz bzw. Resultate von Konstruktionen in die Analyse ein, halten diese allerdings für unvollständig: »Gender«, »Sexualität«, »Race/Hautfarbe«, »Ethnizität«, »Nationalität/Staat«, »Kultur«, »Klasse«, »Gesundheit«, »Alter«, »Sesshaftigkeit/Herkunft«, »Besitz«, »Geografische Lokalität (West/Rest)«, »Religion (religiös/säkular)«, »gesellschaftlicher Entwicklungsstand (modern/traditionell)« (vgl. Lutz/Wenning 2001). Butler hat gleichwohl schon in den 90er Jahren auf das »embarrassed ›etc.‹ at the end of the list« hingewiesen (Butler 1990, 143). Rommelspacher sieht die deduktive Herangehensweise bei der Bestimmung von Kategorien kritisch: »Je mehr Kategorien einzubeziehen sind, desto deutlicher wird das Problem, ihre jeweilige Relevanz zu bestimmen. Umso fragwürdiger wird damit auch die Praxis, diese vorab festzulegen. Vielmehr erscheint es sinnvoll, sich an ihrer Bedeutung für die Gesellschaft zu orientieren und dabei die Kriterien und Verfahren offenzulegen, nach denen diese empirisch bestimmt wird« (Rommelspacher 2009a, 9).

Die Diskussion um die zu berücksichtigenden Kategorien und die Auflistung von unterschiedlichsten Differenzlinien in einer intersektionalen Analyse setzt die Vertreter*innen der Intersektionalitätstheorie mitunter der Kritik aus, mit ihren Einlassungen einer Reifizierung beizutragen (z. B. Emmerich/Hormel 2013). Hormel fordert bspw. den »Konstruktionscharakter« der Kategorien »Ethnie« und »Kultur« und deren Einbettung in Hierarchien und Ungleichheitsstrukturen zu berücksichtigen (Hormel 2011, 96; siehe dazu auch Kap. 2.2). Sie kritisiert, dass die Begriffe »Ethnie« und »Kultur« als Sammelbegriffe (für z. B. Habitus, Religion, Sprache, Hautfarbe, Staatsbürgerschaft) verwendet werden und dazu beitragen, zu verallgemeinern und gesellschaftliche Verhältnisse zu ethnisieren bzw. zu kulturalisieren. Dies, so haben die Ausführungen zum Stand der Forschung gezeigt, geschieht auf besondere Art und Weise im Kontext von Migration und Behinderung. Allerdings beziehen sich die dort vorgestellten Arbeiten nicht auf die Intersektionalitätstheorie, sondern scheinen vielmehr unreflektiert und affirmativ auf die Kategorisierungen durch Migration und Behinderung zurückzugreifen.

Die Vertreter*innen der Intersektionalitätstheorie entgegnen, mit dem Anspruch zu arbeiten, Kategorien bzw. Differenzlinien als politische Artikulationsform, als sozialwissenschaftliches Beobachtungsschema und analytische Instrumente zu nutzen, sie stellen also keine Auflistung von Vielfalt dar (vgl. Hagemann-White 2011). Auch Scherr kennzeichnet die Intersektionalitätsdiskurse als »hoch politisierte Diskurse, für die der Anspruch grundlegend ist, Prinzipien einer universalistisch verstandenen, menschenrechtlich fundierten Moral als Grundlage der Gesellschaftsgestaltung zu beanspruchen« (Scherr 2012, o. S.). Scharathow z. B. erkennt die Notwendigkeit, Differenzlinien und Kategorien zu benennen, um nach ihren »gesellschaftlichen und personellen Funktionen oder den Strukturen und Mechanismen ihrer Produktion befragt werden zu können« (Scharathow 2010, 106). Auch Lutz erklärt, dass sich die Intersektionalitätstheorie gegen jegliche Form naturalisierender Zuschreibungen wendet. Sie plädiert für die genaue Untersuchung sozialer Positionierungen (Lutz 2001, 221). In der Intersektionalitätstheorie – und das macht die Attraktivität des Ansatzes aus – werden im Gegensatz zum Heterogenitäts- oder Diversityansatz Strukturen von Diskriminierungen und Benachteiligungen nicht negiert oder vernachlässigt (ebd., 237). Statt von einer Anerkennung von Vielfalt zu sprechen, rücken beim Intersektionalitätsansatz Macht- und Ungleichheitsstrukturen in den Fokus der Analyse. Damit steht die Intersektionalitätstheorie in Abgrenzung zum Diversity-Ansatz[5] in einer »herrschaftskritischen Tradition« (Smykalla/Vinz 2011, 11), die Differenzen als diskriminierungsrelevante Positionierungen im sozialen Ungleichheitsgefüge identifiziert (vgl. dazu auch die Forderung von Hormel 2011).

Das Konzept der Intersektionalität nach Degele und Winker wendet sich gegen die Begriffe »Ethnie« und »Kultur«. Die Autorinnen präferieren »Rasse« als provokante Bezeichnung für migrationsbedingte Heterogenität. Mit der Verwendung dieses Begriffs solle nicht die Existenz von Rassen vermittelt, sondern die soziale Konstruktion betont werden. Sie halten die Verwendung anderer Kategorien wie »kulturelle Identität« oder »Ethnie« für einerseits unverfänglicher, aber eben auch für unpolitisch. Eine Folge ist, dass rassistische Ausgrenzungen und Diskriminierungen »tendenziell verschleiert und auch salonfähig« gemacht werden (Winker/Degele 2009, 47). So erläutert auch Messerschmidt: »Durch kulturalistische Wahrnehmungsmuster wird Rassismus unsichtbar gemacht, während zugleich die rassistischen Identifizierungen beibehalten werden können, indem sie als kulturelle Unterschiedlichkeit

5 | Zur Kritik am Diversity- und Heterogenitätsansatz und der Konstruktion »individualisierter Vielfalt« siehe Emmerich/Hormel (2013).

dargestellt werden« (Messerschmidt 2007, 64). Winker und Degele betrachten Forschungen im Intersektionalitätskontext als politisch und die Kategorie »Rasse« als Teil der politischen Arbeit. Angehörige der Kategorie teilen Erfahrungen aufgrund kultureller und ethnischer Fremdzuschreibungen. Rassismen seien als Herrschaftsverhältnisse zu verstehen, die auf strukturellen Machtasymmetrien »zwischen durch symbolische Klassifikationen zu ›Rassen‹ gewordenen Menschengruppen« beruhen (Winker/Degele 2009, 48).

Rommelspacher hingegen hält den »Rasse«-Begriff für problematisch, weil er »eindimensional auf ein ›Außen‹ im Sinne kolonialer Ausbeutung und Eroberung« festgelegt sei und dabei andere Rassismen außer Acht lasse wie den Antisemitismus, den Antiziganismus oder aber den Rassismus im foucaultschen Sinn, der in Form von »Biomacht« den Volks-»Körper« optimieren möchte (Rommelspacher 2009a, 7). Dieser Kritik sei ergänzend hinzugefügt, dass auch die Formen des antimuslimischen Rassismus bzw. der Islamfeindlichkeit im Rasse-Begriff kaum Beachtung finden. Kerner kritisiert die »strategische« Verwendung des Rasse-Begriffs und hält eine antirassistische Kritik, die auf Rassebezüge weitestgehend verzichtet, für umsetzbar. Sie bezieht sich dabei auf die rassismustheoretischen Arbeiten von Memmi, der die Verwendung des Rasse-Begriffs unterlässt und mit dem Begriff der »Differenz« auskommt (Kerner 2009, 114).

Auch die Relevanz der Kategorie »Behinderung« wird in der Intersektionalitätsforschung hinterfragt: Ist »Behinderung« eine eigenständige Kategorie (vgl. Schildmann 2011) oder sollte sie unter einen ähnlichen Sammelbegriff wie dem der Ethnie, nämlich der Kategorie »Körper«, subsummiert werden (vgl. Winker/Degele 2009; Waldschmidt, 2010)? Schildmann sieht bei Verwendung des Körper-Begriffs das Anliegen gefährdet, auf Diskriminierungen von behinderten Menschen aufmerksam machen zu wollen, und kritisiert, dass eine Behinderung auf Körperstrukturen und -funktionen reduziert wird, andere Begrenzungen der individuellen Aktivität und der gesellschaftlichen Partizipation, insbesondere auf dem Feld der Leistung, aber außer Acht gelassen werden. Baldin bemerkt, dass auch die Etablierung der Disability Studies in Deutschland zunächst kaum dazu geführt habe, dass Behinderung Eingang in die Analysen der Intersektionalitätsforschung erhalten habe und die eigenständige Relevanz der Kategorie erkannt wurde (Baldin 2014, 59). Erst in den letzten Jahren erkennt er dank der »PionierInnenarbeit« Einzelner (z. B. Raab 2007, Köbsell 2010) eine Bewegung, Behinderung in den Diskurs einbeziehen zu wollen – von einer Etablierung, so Baldin, könne allerdings kaum gesprochen werden.

Mit der Ambition, die kontroverse Diskussion in der Intersektionalitätsforschung durch eine theoretische Fundierung und gleichzeitig durch eine Methodologie voran bringen zu wollen, haben Winker und Degele ein Mehrebenenmodell entwickelt, das die vorher benannten Stränge im Intersektionalitätsdiskurs in einem Konzept miteinander zu verbinden vermag. Diesem Modell wird im Folgenden ausführlich Aufmerksamkeit geschenkt, scheint es doch als »Linse« (und damit als analytischer Bezugsrahmen) für die Bearbeitung der Schnittstelle von Migration und Behinderung Möglichkeiten zu schaffen, um die vorher konstatierte Forschungslücke zu schließen.

4.3 Die Idee einer Mehrebenenanalyse in der Intersektionalitätsforschung

Im Fokus der Diskussion um Intersektionalität steht in den letzten Jahren auch die Frage, wie sich Macht- und Dominanzverhältnisse durchsetzen und festigen können. Die Auseinandersetzung mit Macht- und Dominanzstrukturen bedeutet konsequenterweise, sich nicht nur mit einzelnen Gruppierungen zu befassen. Wenn im Rahmen einer mehrdimensionalen Betrachtung keine gesamtgesellschaftliche Einbettung erfolgt, sollte es aber zumindest einen Hinweis auf die Verortung im Gesamtzusammenhang geben (vgl. Rommelspacher 2009a). Eine reine Biographieanalyse mittels narrativer Interviews zum Beispiel lässt die Einbettung von Lebensgeschichten in soziale Strukturen aus dem Blick geraten (vgl. Nohl 2013). Die Erkenntnis einer bis dato erfolgten Vernachlässigung von unterschiedlichen Untersuchungsebenen (Winker/Degele 2007, 2) veranlasste Winker und Degele dazu, soziale Praxen zum Ausgangspunkt bzw. zum Gegenstand der Analyse zu machen. Sie bieten für die Aufdeckung von Ungleichheiten und Diskriminierungen eine qualitative Mehrebenenanalyse an, die sowohl gesellschaftliche Sozialstrukturen inklusive Organisationen und Institutionen (Makro- und Mesoebene), Prozesse der Identitätsbildung (Mikroebene) als auch kulturelle Symbole (Repräsentationsebene) beinhaltet: »[Wir] [...] verstehen Theorien als Werkzeuge, die uns helfen, gesellschaftliche Zusammenhänge besser zu durchdringen. Deshalb verbinden wir unsere intersektionale Ungleichheitsanalyse mit methodologischen Überlegungen und einem Vorschlag, wie diese in die empirische Praxis umsetzbar ist« (Winker/Degele 2009, 8). So verbinden die Autorinnen das Anliegen einer umfassenderen Theoriebildung in Kombination mit der Schaffung eines Analyseinstruments für die empirische Forschung, um die Bedeutung verschiedener Differenzkategorien bei Phänomenen und Prozessen unterschiedlichster Art zu ergründen. Mit ihrem Ansatz zielen sie zudem darauf ab, Vielfältigkeit zu berücksichtigen und zugleich Beliebigkeit bei der Auswahl von Kategorien bzw. Differenzlinien vermeiden zu wollen (ebd., 206). Sie leiten dafür die Relevanz und Gewichtung der einzelnen Kategorien aus den unterschiedlichen Analyseebenen ab (ebd., 18 f.). Die Ebenen werden für die Analyse unterschieden, stehen aber in einem engen Wechselverhältnis.[6]

Auf *gesellschaftlicher Strukturebene* gilt es, wissenschaftliche Disziplinen zusammenzubringen, die sich bislang kaum gegenseitig wahrnehmen. Wie der Stand der Forschung zeigen konnte, gilt dies insbesondere für die Verknüpfung von Migration und Behinderung. Die Herausforderung auf dieser Ebene besteht darin, die Bedeutungen und Funktionen von Kategorien bzw. Kategorisierungen in verschiedenen Kontexten zu erkennen und die damit verbundenen Herrschaftsverhältnisse sichtbar zu machen. Degele und Winker bestimmen dafür auf der Strukturebene eine begrenzte Anzahl relevanter Kategorien. Bedeutsam sind für sie vier Herrschaftsverhältnisse, die sie entlang der Kategorien Geschlecht, Klasse, Rasse und Körper mit Alter, körperliche Verfasstheit, Gesundheit und Attraktivität[7] fest machen: Heteronormativismen, Klassismen, Rassismen und Bodyismen. Die Kategorien gelten als so genannte Strukturkategorien, die demnach deduktiv und herrschaftssoziologisch aus der Gesellschaftsanalyse eines modernen Kapitalismus hergeleitet werden. Die Strukturkategorien verteilen gesellschaftliche Ressourcen ungleich auf verschiedene Personengruppen, so die Annahme. Die zentrale Frage lautet in diesem Analyseschritt (bspw. für die Analyse eines Gesprächs, eines Interviews o. ä.): Mit welchen sozialen Strukturen (bspw. gesetzlichen Regelungen) und gesellschaftlichen Positionierungen sind die Gesprächspartner*innen durch die Zugehörigkeit zu verschiedenen Strukturkategorien konfrontiert?[8] Dabei wird keine der Sozialstrukturen als zentral hervorgehoben,

---

6 | Die Idee, mehrere Ebenen in eine Analyse einzubeziehen, ist keineswegs neu. Die Begrenztheit eindimensionaler Ansätze haben bspw. Bourdieu und Giddens aufgegriffen. In ihren Arbeiten plädieren sie für eine Vermittlung zwischen Struktur- und Identitätsebene (vgl. Bourdieu 1976; Giddens 1995). Neu ist aber das systematische Vorgehen und die Berücksichtigung der dritten Ebene mit symbolischen Repräsentationen, die die diskursiven Praxen beinhaltet.

7 | Sie gehen davon aus, dass die vier Strukturkategorien zum Erhalt kapitalistischer Gesellschaften beitragen, weil sie in einem kapitalistischen System zur möglichst kostengünstigen Verwertung der Ware Arbeitskraft beitragen (Winker/Degele 2009, 51).

8 | Helsper, Hummrich und Kramer (2010) befürworten in ihrem Plädoyer für die forschungspraktische Durchführung eines Mehrebenenvergleichs an dieser Stelle eine Methodentriangulation, bei der Daten der Strukturebene als Teil des Forschungsprojektes analysiert werden. An dieser Stelle stimme ich aber mit Nohl überein, der darauf hinweist, dass dieses Vorgehen in Forschungsprojekten unabdingbar scheint, wo Passungsverhältnisse rekonstruiert und typisiert werden sollen (bspw. Schulkulturen o. ä.). Wenn es aber lediglich darum gehe zu untersuchen, wie die Strukturen höherer Sozialebenen auf einer niedrigeren Ebene erfahren und sinnhaft gemacht werden, könne ein Mehrebenenvergleich auch monomethodisch angelegt sein (Nohl 2013, 114).

vielmehr fokussieren Winker und Degele auf ihre Verwobenheiten. Zudem können die Herrschaftsverhältnisse je nach Kontext unterschiedliche Bedeutungen haben. Abgesichert werden die Herrschaftsverhältnisse durch »handlungsorientierende und strukturbildende Normen und Ideologien«, die auf der Ebene der symbolischen Repräsentationen analysiert werden sollen.

Die symbolische Repräsentationsebene, die diskurstheoretisch hergeleitet wird, bezieht sich auf Normen bzw. Ideologien, die das Handeln beeinflussen. Mit Hilfe der Strukturkategorien – Klasse, Geschlecht, Rasse, Körper – sollen auf dieser Ebene hegemoniale Normen und Stereotype herausgearbeitet werden, die Individuen tagtäglich performativ hervorbringen, die zur eigenen Subjektivierung beitragen und gleichzeitig Macht- und Herrschaftsverhältnisse stützen, so die Autorinnen (Winker/Degele 2007, 9). Deswegen sei es für eine intersektionale Analyse unabdingbar, Normen, Werte und Stereotype herauszuarbeiten und auf die Wirkmächtigkeit von Diskursen hinzuweisen. In diesem Schritt geht es also darum, »Verweise – zustimmend, ablehnend, uneindeutig, indifferent – auf soziale Strukturen, also auf Institutionen, Organisationen oder Gesetze zu identifizieren« (Winker/Degele 2009, 85). Am Beispiel von Rassismen wird deutlich, wie mit Hilfe von Konstruktionen Erklärungen für soziale Unterschiede herangezogen werden – und das trotz der herrschenden Gleichheitsideologie, bei der das Subjekt in »neoliberalistischer und meritokratischer Manier« dazu aufgerufen wird, durch Leistungswillen Erfolge erzielen zu müssen. So wird mit Verweis auf den kulturellen Hintergrund und die Unvereinbarkeit von Kulturen eine »naturgegebene Differenz« gestützt, die einen Herrschaftsanspruch legitimiert (ebd., 56; vgl. dazu auch die Kritik der Migrationsforscher*innen in Kap. 2.2). Die symbolische Repräsentationsebene wirkt auf die gesellschaftliche Strukturebene genauso wie auf die Ebene der Identitätskonstruktionen.

Für die *Identitätsebene,* die in Anlehnung an situative Ansätze wie den »doing difference«-Ansatz (vgl. Fenstermaker/West 2002) hergeleitet wird, braucht es eine größere Offenheit, weil hier unterschiedlichste Differenzlinien zum Tragen kommen. Durch fortschreitende Individualisierungsprozesse sei eine Beschränkung auf drei oder vier Differenzlinien wenig sinnvoll (Winker/Degele 2007, 5). Zudem können bestimmte »Identitätskategorien« für Individuen in bestimmten Lebenssituationen eine eher marginale Rolle spielen. Dies gilt es, in einer Analyse zu berücksichtigen. Die Differenzlinien dieser Ebene werden daher induktiv im Rahmen des Forschungsprozesses gewonnen. Im Mittelpunkt steht die Frage, wie sich die Gesprächspartner*innen positionieren (z. B. als arm oder reich) und wie sie sich von Anderen abgrenzen (»Ich als Migrantin...«): »Identität unterscheidet zwischen dem Selbst und dem Anderen – ob aufgrund von Sprache, Territorialität, Geschlecht oder anderem« (Winker/Degele 2009, 59). Winker und Degele gehen davon aus, dass »fixe Zuordnungen an Stabilität verlieren und unterschiedlichste Brüche und Widersprüche zu beobachten sind«. Die Abgrenzungen zu Anderen wirken dann unterstützend, um Unsicherheiten und eigene Sicherheiten wieder zu erhöhen. Als Beispiel führen sie den Zugang zum Erwerbsmarkt an, der nicht mehr von einem formalen Abschluss und der Qualifikation abhängig sei, sondern davon, wie es dem Einzelnen gelänge, sich zu präsentieren. Vor allem eine rassistische Ausgrenzungspraxis entlang der Kategorien nationalstaatliche Zugehörigkeit, Ethnizität und Religion hätten an Bedeutung hinzugewonnen. Mit Rückgriff auf Stuart Hall erläutern die Autorinnen den Prozess der Abgrenzung zu Anderen, bei dem die Konstitution des Selbst über die Abgrenzung von Anderen mit dem Ergebnis verläuft, dass sich die Anderen selbst als Andere wahrnehmen und positionieren. Identitäten werden also nicht nur konstruiert, sie werden auch reproduziert und verstärken damit gleichzeitig hegemoniale symbolische Repräsentationen und materialisierte Strukturen.

Für eine Analyse gilt es nun, die *Wechselwirkungen* der Kategorien und Differenzlinien auf den drei unterschiedlichen Ebenen herauszuarbeiten. Dabei, so Winker und Degele, solle analysiert werden, in welche Strukturen und symbolische Kontexte die sozialen Praxen eingebunden sind, wie sie Identitäten hervorbringen und verändern. Dabei gilt es zu berücksichtigen, dass die herausgearbeiteten Differenzlinien bzw. Differenzkategorien nicht alle gleich wichtig sind. So hinge die Relevanz der Kategorien zum einen vom Untersuchungsgegenstand, zum anderen von der jeweiligen Untersuchungsebene ab. Wechselwirkungen bzw. der Zusammenhang von Kategorien werden sich unterschiedlich gestalten, je nachdem, welche Untersuchungsebene im Vordergrund steht. Die Herausforderung, so die Autorinnen, bestehe darin, die Wechselwirkungen unterschiedlicher Kategorien auf den drei benannten Ebenen »in den Blick zu bekommen und ins Zentrum der Analyse zu stellen« (Winker/Degele 2007, 4).

Winker und Degele haben mit der Ausdifferenzierung dreier Ebenen, auf denen Differenzkategorien angesiedelt sind, die Diskussion maßgeblich befruchtet und liefern mit ihrer mehrdimensionalen Perspektive auf Intersektionalität einen wertvollen Beitrag für die aktuelle Debatte. Sie verdeutlichen mit ihrem Ansatz, dass der Fokus einer Intersektionalitätstheorie nicht auf den Akteur und die Akteurin gerichtet sein sollte, sondern auf das Feld und den sozialstrukturellen Kontext sowie die Wechselwirkungen miteinander. Durch die Mehrebenenanalyse kann bspw. die Komplexität von Migrationsprozessen gerade in Bezug auf Behinderung verdeutlicht werden. Es wäre verkürzt, die Sozialisation einer Familie isoliert von den strukturellen Bedingungen zu betrachten. Strukturen können auch einen begrenzenden Rahmen schaffen und die Handlungsmöglichkeiten der Familien einschränken. Neben der Beschreibung von Diskriminierungen können mit Hilfe der Mehrebenenanalyse zudem Widerstände und Widersetzungen gegenüber Stigmatisierungen und strukturellen Verhältnissen aufgedeckt werden.

4.4 Fazit

Die Intersektionalitätstheorie verfolgt das Ziel, Ansatzpunkte für politisches Handeln bzw. die Notwendigkeiten der strukturellen Veränderung aufzuzeigen. Als Rahmung stärkt sie so die mit der vorliegenden Arbeit verfolgten Ziele, deren Ausgangspunkt die Ratifizierung der UN-BRK darstellt (vgl. Kap. 1), und die Erkenntnis, Forschungsergebnisse bereitstellen zu müssen, um inklusive Veränderungsprozesse im Hilfesystem (vgl. Kap. 3.4) anschieben zu können.

Die ersten Interviews mit Eltern haben gezeigt, dass es eines veränderten Fokus, einer anderen, neuen analytischen Brille für die Schnittstelle von Migration und Behinderung bedarf. Die Familien thematisieren vor allem Benachteiligungen, Erfahrungen mit Ausgrenzungen und Diskriminierungen. Gleichzeitig erweckt der erste Eindruck, dass sich die Lebenslagen der Familien komplex gestalten und die Ausgrenzungen auf unterschiedlichen Ebenen wirksam werden.

Der Rückgriff auf die Intersektionalitätstheorie nach Winker und Degele (2009) ermöglicht es, sich dieser Vielschichtigkeit systematisch zu nähern. Die Kombination des Mehrebenenmodells mit der Erkundung von biographischen Narrativen eignet sich dabei im Besonderen, weil so die Komplexität gesellschaftlicher Positionierungen und biographischer Prozesse aufgedeckt werden kann. Mit Eppenstein und Kiesel sehe ich darin die kulturalismuskritische Sicht »radikalisiert« (Eppenstein/Kiesel 2012, 108), weil der Ansatz explizit die Forderung der Migrations- und Behindertenpädagogik sowie ihrer Forschungszweige aufgreift, Zuschreibungspraxen zu enttarnen und den Bezug zu Migration und Behinderung in den Kontext diskriminierungsrelevanter Positionierungen zu stellen. Dabei verfolgt der Intersektionalitätsansatz zwei Ziele: die wissenschaftliche Analyse von sozialen Ungleichheitslagen verbunden mit ihrer politischen Artikulation und der Suche nach Möglichkeiten für die Aufhebung von Marginalisierungen, um die Unterstützung von Lebenschancen und eine veränderte Praxis zu erreichen (Crenshaw 2010; Eppenstein/Kiesel 2012). Dieses Ziel entspricht dem der hier vorliegenden Arbeit. Neben diesem Anliegen besteht aber das weitere Anliegen, Ressourcen der Familien aufzudecken und Formen des Widerstandes aufzuzeigen, die in der bisherigen Forschung kaum Beachtung gefunden haben. Die kritische Diskussion um den »Rasse«-Begriff aufgreifend, aber auch, weil ich den Ressourcen-Fokus begrifflich abbilden möchte, spreche ich weiterhin nicht von »Rasse« als Strukturkategorie, sondern operiere mit dem Begriff der »Migration«. Diese Untersuchungskategorie wird in Anlehnung an die kritische Migrationsforschung (vgl. Castro Varela/Mecheril 2010) verwendet. Es handelt dabei um einen übergeordneten Begriff, der die Pluralisierung der (deutschen) Gesellschaft durch grenzüberschreitende Zuwanderung ebenso umfasst wie die Herausforderung, sie als Kerndimension in politische, rechtliche und sozial-ethische

Handlungsmaßstäbe einzubeziehen (ebd., 35f.). Darin inbegriffen sind auch die durch Migration beeinflussten gesellschaftlichen Veränderungs- und Entwicklungsphänomene. Gleichzeitig weist der Begriff auf den institutionellen Umgang mit gesellschaftlicher Partizipation und dem Zugehörigkeitsmanagement hin.

Zudem greife ich die Kritik von Schildmann (2012) auf und plädiere für eine direkte Berücksichtigung der Kategorie Behinderung, statt der von Winker und Degele präferierten indirekten Bezugnahme (Behinderung fällt bei ihnen unter den Sammelbegriff Körper). Ohnehin scheint mir bei der Frage der zu berücksichtigenden Differenzkategorien auf der Strukturebene für die hier vorliegende Untersuchung die Anmerkung von Knapp am schlüssigsten: »Es scheint in der Intersektionalitätsdebatte einen wachsenden Konsens auch in der lang debattierten Frage zu geben, ›wie viele‹ so genannte ›Differenzkategorien‹ in Rechnung zu stellen seien. Der sich (endlich!) herauskristallisierende Konsens besteht darin, festzustellen, dass diese Frage unsinnig ist, weil sie nicht generell beantwortet werden kann [...] Die Frage hängt schlicht davon ab, was man wissen möchte und wie man sich dem annähert« (Knapp 2011, 266). Ausgehend von strukturwirksamen relevanten Kategorien, mit der die Analyse in der hier vorliegenden Arbeit beginnt, werden sukzessive weitere relevante Kategorien in ihrer Interdependenz einbezogen. Da das Forschungsinteresse der hier vorliegenden Arbeit den Familien mit einer tatsächlichen Migrationserfahrung – die Familien zählen allesamt zur ersten Einwanderergeneration – und einem Kind, das auf einer Förderschule beschult wird, gilt, richtet sich das Hauptaugenmerk vor allem auf die beiden Strukturkategorien Migration und Behinderung. Was aber selbstverständlich impliziert, dass bei der Analyse der empirischen Daten auch immer die »andere Frage« gestellt wird (»to ask the other question« [vgl. Davis, 2008]), also bspw. bei der Analyse hegemonialer Strukturen im Kontext von Migration auf Klassen- oder Geschlechtsverhältnisse zu achten sein wird.

5 Die empirische Untersuchung

Ziel der empirischen Untersuchung ist es, bisher in der Literatur nicht berücksichtigte Einblicke in die Lebenssituation von Familien mit einer Migrationsgeschichte und einem behinderten Kind, ihre Orientierungen und den Umgang mit Behinderung zu erhalten. Diese sollen Aufschluss über die Interdependenzen zwischen der Wahrnehmung einer Behinderung und den strukturellen Rahmenbedingungen geben, um die Erkenntnisse für inklusive Entwicklungsprozesse fruchtbar zu machen. Bevor das Vorgehen der empirischen Untersuchung dargelegt wird, soll im Folgenden die Auswahl des biographischen Zugangs, der Fokus in den Interviewauswertungen und der Nutzen im Hinblick auf die Zielsetzung erläutert werden.

5.1 Die biographische Forschung als Zugang

Die qualitative Methode der biographischen Forschung (auch häufig als Biographieforschung oder biographische Methode bezeichnet) befasst sich mit den lebensgeschichtlichen Erfahrungen von Menschen.[1] Während die subjektiven Lebensgeschichten analysiert werden, wird angenommen, dass in der Konkretheit des individuellen Falls Allgemeingültiges verborgen liegt (Alheit 1992, 20). Es geht also weniger um die individuelle Persönlichkeit, als um die soziale Strukturiertheit von Lebensläufen. Biographische Forschungsansätze fokussieren auf den sozialen Akteur, die soziale Akteurin als Einzelne*n, und betrachten seine und ihre deutende Welt- und Selbstauslegung und -aneignung (Rose 2012, 223) sowie seine und ihre Verarbeitung gesellschaftlicher und milieuspezifischer Bedingungen zu einem spezifischen Zeitpunkt und deren »Reaktualisierung im Forschungssetting« (Tuider 2011, 240).

Die erzählte Biographie wird dabei als »ein soziales Konstrukt« verstanden »[...], das Muster der individuellen Strukturierung und Verarbeitung von Erleb-

1 | Einen Überblick über die Geschichte der biographischen Forschung bietet Fuchs-Heinritz (2009, 85-128).

nissen in sozialen Kontexten hervorbringt, aber dabei immer auf gesellschaftliche Regeln, Diskurse und soziale Bedingungen verweist [...]« (Völter et al. 2005, 7). Damit liefert die biographische Forschung einen Zugang bzw. einen Beitrag für die Gestaltung inklusiver Entwicklungsprozesse, bei denen es vorrangig um das komplexe Verstehen der Strukturen und sozialen Beziehungen von Gesellschaften geht (vgl. Kap. 3.4). Im Mittelpunkt des Interesses von Inklusion, so Degener und Mogge-Grotjahn, stehen die Handlungsgesamtchancen von Menschen in ihren jeweiligen Lebenslagen (2012, 62).

Mit der biographischen Forschung als Zugang zu Inklusion gelingt es, »abstrakte gesellschaftliche Kategorien und vorschnelle politische Erwartungen« auseinanderfallen zu lassen, »sobald man sich auf die Subjekte und ihre Lebensgeschichte einläßt, deren Verläufe und Haltungen allemal komplexer sind, als es die meisten unserer theoretischen Hypothesen vorsehen. Daraus kann man sich induktive Schübe für komplexere historische Theorien erhoffen« (Niethammer 1980, 10). So konnten auch die Ausführungen zum Stand der Forschung zeigen, dass es bislang an einer differenzierten Auseinandersetzung mit der Lebenssituation von Familien im Kontext von Migration und Behinderung fehlt. Stattdessen herrschen vor allem im Praxisfeld Stereotype, die die komplexe Lebenslage der Familien kaum abbilden (vgl. Kap. 2.2 und 3.3).

Der biographische Zugang schafft es zudem, die Voraussetzungen von Handlungsfähigkeit und aktiver Lebensgestaltung unter Bedingungen von Ausgrenzung und Diskriminierung stärker in den Vordergrund zu rücken, konstatieren die Anhänger*innen der kritischen Migrationsforschung Mecheril und Rose (2012, 119) und Ofner (2013, 271). Anhand des biographischen Zugangs können die in den Familien vorhandenen Beständigkeiten, Brüche, Machtverhältnisse, Handlungsspielräume und Möglichkeiten aufzeigt werden.

Wenn biographische Forschung auf die Rekonstruktion sozialer Praxen in einzelnen Biographien abzielt, dann wird dabei »eine Dialektik von Individuellem und Gesellschaftlichem vorausgesetzt sowie das Zusammenspiel von sozialer Struktur und kollektivem Regelsystem einerseits und individueller Sinnkonstruktion in einer je spezifischen (Forschungs-)Situation andererseits analysiert« (Tuider 2011, 240). Wie diese Dialektik ausformuliert wird, so Völter et al., ist von der ausgewählten Bezugstheorie abhängig (Völter et al. 2005, 8). Das biographische Interview allein vermag es nicht, zu enttypisieren (Niethammer 1978, 458). Die Analyse des Forschungsstandes konnte die Notwendigkeit einer Verknüpfung von biographischer Forschung als Zugang und der Intersektionalitätstheorie als Bezugsrahmen verdeutlichen: Es wurde ersichtlich, dass es den wenigen Arbeiten zu Migration und Behinderung an einer intersektionalen Perspektive fehlt. Es geht nicht um die Frage, wer ist der Migrant/die Migrantin, sondern darum, in welchem Kontext sich die Person als Migrantin darstellt und die Migration von ihr eingesetzt wird bzw. er/sie sich als Migrant/in adressiert sieht (vgl. für den Kontext Geschlecht Lutz/Davis 2005). Zudem, das haben die Ausführungen in Kapitel 4 gezeigt, braucht es bei der Analyse der biographischen Darstellungen den »intersektionalen Blick« auf das Konstrukt der Biographie, weil sich Identitätskonstruktionen und Macht- und Dominanzverhältnisse intersektional überschneiden: »Im Rahmen der Biografieforschung kann es mittlerweile zum Usus des methodischen Vorgehens gezählt werden, dass nicht eine, sondern mehrfache Zugehörigkeiten und deren Zusammenwirken in biografischen Erzählungen analysiert werden«, so Tuider (2011, 239). Dualistische Konstruktionen gilt es in der biographischen Forschung zu überwinden. Durch den analytischen Bezugsrahmen der Intersektionalitätstheorie gelingt es, die häufig geäußerte Kritik an der Individuumszentriertheit von biographischer Forschung und der Vernachlässigung gesellschaftlicher Strukturen zu begegnen (z. B. Bourdieu 1990). In diesem Sinne wird mit dem biographischen Zugang in dieser Arbeit ein gesellschaftsanalytischer Anspruch (Dausien 2006, 26) verbunden, denn eine Analyse und Rekonstruktion der Erfahrungs- und Erlebniswelten der sozialen Akteur*innen (Fischer-Rosenthal/Rosenthal 1997, 411 f.).

5.2 Erhebung und Auswertung

Die Vorüberlegungen und Besonderheiten des erhobenen Materials, die schließlich zur Wahl von Erhebungsmethode und Gestaltung der Auswertungsschritte geführt haben, werden im Folgenden dargelegt. Diese beziehen sich auf den sprachlich-kulturell pluralen Kontext, in dem die Daten erhoben worden. Daran anschließend folgen die Erläuterungen zu den Erhebungs- und Auswertungsschritten der vorliegenden Untersuchung.

5.2.1 Zu den Besonderheiten der erhobenen Daten: Eine qualitativ-empirische Forschungsarbeit in einem sprachlich-kulturell pluralen Kontext

Im Folgenden werden einige Besonderheiten im Interview exemplarisch dargestellt, die sich als sprachlich-kulturelle Besonderheiten identifizieren lassen und die es bei »interkulturellen Forschungsansätzen« für die Auswahl der Methoden zu berücksichtigen gilt.

Besonderheiten in der Erhebung: Einwirkungen auf den Gesprächsfluss

Hat sich bereits im Vorgespräch am Telefon[2] gezeigt, dass es von Vorteil für die Befragten sein könnte, das Interview in den Muttersprachen (persisch/türkisch) der Eltern zu führen, begleitete mich ein Dolmetscher zu den Inter-

2 | Wurde im Vorfeld (durch die Angaben der vermittelnden Lehrkräfte oder des Arztes/der Ärztin) deutlich, dass die Eltern über geringere Deutschkenntnisse verfügen, übernahm bereits an dieser Stelle der Dolmetscher die Telefonate.

views. Zur Vermeidung einer unangenehmen Situation für die Eltern durch die Frage, ob die Anwesenheit eines Dolmetschers notwendig sei, habe ich mich dazu entschieden, anhand des Vorgesprächs selbst eine Beurteilung vorzunehmen.[3] Im Telefonat habe ich die Eltern dann darüber informiert, dass mich ein Dolmetscher begleiten wird. Zu Beginn des Gesprächs wurde dann die Möglichkeit angeboten, die Interviews auf Deutsch oder auch auf Persisch bzw. Türkisch zu führen. Dieses Angebot wurde von allen Interviewpartner*innen genutzt – auch wenn die Befragten zeitweise zwischen den Sprachen hin- und her wechselten (Code-Switching). Dadurch hatten die Eltern die Gelegenheit, ihre Sichtweisen und ihre Gefühle differenziert zum Ausdruck zu bringen (vgl. Enzenhofer/Resch 2011). Zudem erwies sich die Wahlmöglichkeit in Anbetracht des emotional besetzten Themas als wichtige Grundlage, um eine vertrauensvolle Atmosphäre zu schaffen. Das bedeutete allerdings auch, dass das Gespräch durch den Dolmetscher zwischenzeitlich unterbrochen werden musste, damit er mir die Kerninhalte (vor allem bei türkischsprechenden Befragten[4]) übersetzen konnte.

Diese Herausforderungen habe ich zugunsten eines interkulturellen Forschungsansatzes und -feldes in Kauf genommen. So sehe ich den Gewinn der mehrsprachigen Interviews darin, fundierte Erkenntnisse für das bislang in der Forschung vernachlässigte Thema »Migration und Behinderung« zu erhalten. Dieser Vorteil ist meiner Einschätzung nach größer als die Einschränkungen, die sich durch den Zwischenschritt des Dolmetschens bzw. Übersetzens ergeben können. Zumal in diesem Fall Ressourcen vorhanden waren, die ich habe nutzen können, weil mein Vater mich als Dolmetscher zu den Gesprächen begleiten und bei Rückfragen zu Übersetzungen zur Seite stehen konnte. Allerdings gilt es, die Besonderheiten, die sich durch mehrsprachige Interviews ergeben, in der Auswertung zu berücksichtigen.

Zur Erhebung der empirisch qualitativen Daten wurden im Hinblick auf das beschriebene Erkenntnisinteresse der vorliegenden Studie und den gewählten Zugang der biographischen Forschung (teil-)narrative Interviews geführt. Mit Hilfe dieser Interviewform soll eine (autobiographische) »Stegreiferzählung des selbsterfahrenen Lebenslaufs« (Schütze 1984, 78) angeregt werden. Allerdings zielen die Interviews nicht darauf ab, die Ganzheit der Familiengeschichte und ihre Deutungsmuster zu erfassen. Durch eine einschränkende Erzählaufforderung wurde der Fokus auf den Zeitraum nach der Geburt des

3 | In einem Fall allerdings erwies sich meine Entscheidung, auf einen Dolmetscher zu verzichten, als Fehler. Hier hätte ein Dolmetscher höchst wahrscheinlich zur Entlastung der Interviewten und zur Ermöglichung von differenzierten Aussagen beigetragen.

4 | Ich selbst habe nur rudimentäre Kenntnisse im Türkischen. Meine Persischkenntnisse sind dahingehend ausreichend, als dass ein Wort-für-Wort-Dolmetschen nicht notwendig war.

oder der behinderten Angehörigen gerichtet. Dabei setzen die Interviewpartner*innen – so wie es das narrative Interview vorsieht (vgl. Kleemann et al. 2013) – ihre eigenen Schwerpunkte. Es kann vorkommen, dass in einem Interview das Kind ganz klar im Mittelpunkt der Erzählung steht, in einem anderen vielleicht aber die Eltern und die Veränderung ihres Lebens.

Einige Interviews weisen stellenweise – auch aufgrund einer Übersetzungssituation, der fehlenden Erfahrung der Eltern, ihre Biographie zu schildern oder schlichtweg aufgrund einer zurückhaltenden Persönlichkeit der Befragten – weniger narrative Elemente im strengen Sinne auf wie sie bspw. bei dieser Form des Interviews üblich und z. B. für eine fallrekonstruktive Analyse nach Rosenthal[5] Voraussetzung sind, so dass diese Form der Auswertung nicht zur Verfügung stand. Zudem erforderte es für die Erhebung der Daten eine gewisse Flexibilität, das Gespräch in Gang zu bringen bzw. am Laufen zu halten. So musste mit dem Erhebungsdesign zeitweise flexibel auf die Interviewten reagiert werden. Die folgende Gesprächssituation ist ein Beispiel dafür, wie von der durch die Erhebungsmethode ursprünglich geforderten Zurückhaltung der Interviewerin abgewichen werden musste. Auch hier sind die Eltern gebeten worden, ihre Geschichte zu erzählen, mit dem Hinweis, dass ich sie nicht unterbrechen werde. Obwohl die Eltern sich gegenseitig ergänzten, geriet das Gespräch ins Stocken. Eine Fortsetzung des Gesprächs wäre nicht möglich gewesen, wenn ich nicht weitere erzählgenerierende Fragen gestellt hätte (8, 4 M/V)[6]:

[...] Ich würde gerne erfahren, wie es Ihnen ergangen ist. Wie es Ihnen und Ihrer Familie geht. Dafür würde ich Sie bitten, einfach mal zu erzählen, wie denn alles angefangen hat mit Fatih.

Vater: [türk.] Erst mit drei Jahren haben wir verstanden, worum es geht, weil das Kind nicht gesprochen hat.

Mutter: [türk.] Erst im Kindergarten haben wir dann mitbekommen, dass irgendetwas nicht stimmt [schweigt].

---

5 | Hierbei wird versucht, die Genese der Fallgeschichte zu entschlüsseln und »bei der Analyse der biographischen Selbstpräsentation die Genese der Darstellung in der Gegenwart, die in ihren thematischen und temporalen Verknüpfungen prinzipiell von der Chronologie der Erlebnisse differiert, zu rekonstruieren« (Rosenthal 2003, 144). Damit werde der Versuch unternommen, dem Verhältnis von Erlebnis, Erinnerung und Erzählung gerecht zu werden.

6 | Hinweis zur Abkürzung: Interview Nr. 8, ab Zeile 4, es sprechen M (Mutter) und V (Vater).

Da war er drei Jahre alt, ja?

Mutter: [türk.] Ja, genau. Da haben wir ihn dann zur Klinik genommen. All diese Laufereien, die ganze Geschichte ging dann erst los. Wie wir mit dem Kind umgehen sollten. Ergotherapie. [schweigt]

Um welche Behinderung handelt es sich denn?

Vater: [dt.] Nicht nur sprachlich.

Mutter: [türk.] Lernschwierigkeiten und auch Sprachschwierigkeiten. [dt.] Ungefähr 4 Jahre zurück.

Vater: [türk.] Es geht um seinen Kopf. Sprach- und Lernzentrum ist nicht entwickelt. [schweigt]

Er war also in einem normalen Kindergarten und da hat man das festgestellt?

Mutter: [dt.] Nicht normal. [türk.] Sie haben dann gemerkt, dass etwas nicht stimmt und haben ihn in anderen Kindergarten gegeben. [schweigt]

In einen Sonderkindergarten? Also einen heilpädagogischen?

[...]

Besonderheiten in der Übersetzung

Nicht nur die Interviews, auch die erhobenen Daten wurden schließlich von einem gerichtlich beeidigten Dolmetscher, Übersetzer (Muttersprache farsi und azeri) und Turkologen/Sprachwissenschaftler ins Deutsche übersetzt (zum Kompetenzprofil professioneller Übersetzer*innen siehe auch Enzenhofer/Resch 2011, 16 ff.).[7] Durch die Übersetzung haben die Interviews aber unweigerlich eine Glättung erfahren, auch wenn durch die Auswahl des Übersetzungsverfahrens sehr genau darauf geachtet wurde, diese so gering wie möglich zu halten. Wortwörtliche Übersetzungen sind aber nicht immer möglich. Die Translationswissenschaft greift diese Schwierigkeit auf und arbeitet grundsätzlich nach der Devise: »Eine Übersetzung – so wörtlich wie möglich und so frei wie nötig«. Reiß reicht diese Empfehlung nicht aus. Es sei unklar, »[...] wo genau die Wörtlichkeit aufhört und die Freiheit (welche?) zu beginnen hätte« (Reiß 1985, 275). Sie selbst macht das Übersetzungsverfahren von der

---

7 | Bis auf eine Ausnahme – dort wurden die Daten aber nochmals durch einen professionellen Übersetzer geprüft.

Textsorte abhängig und unterscheidet inhaltsbetonte (logische), formbetonte (ästhetische) oder appellbetonte (dialogische) Texte voneinander.[8] Gleichwohl lassen sich die Textsorten nicht immer klar voneinander trennen. So kann es innerhalb eines Textes immer wieder zu Vermischungen kommen: In einem Abschnitt kann die Darstellung des Appells überwiegen, in einem anderen geht es insbesondere um die Vermittlung von Inhalten. Grundsätzlich lässt sich aber die Textform für diese Untersuchung und die Forschungsfrage, die sich schwerpunktmäßig mit der Aufdeckung von Barrieren im Hilfesystem befasst, als inhaltsbetont festlegen – mit Abweichungen und Vermischungen, je nach Kontext.

Notwendigkeiten einer Abweichung vom Original erkennt Reiß insbesondere bei appellbetonten rhetorischen Texten (ebd., 48).[9] So wirken bspw. Übertreibungen, die im Persischen und Türkischen durchaus üblich sind, in der deutschen Übersetzung befremdlich.[10] Zum Beispiel hat eine Befragte des Samples (Nr. 9) gerne auf Übertreibungen zurückgegriffen, wenn sie über den Ärger mit dem Pflegepersonal oder mit ihrer Tochter spricht: »Ich wollte sie aus dem Fenster werfen«; »Ich möchte sie töten.« »24 Stunden bin ich immer wach. Von Abend bis Morgen«, erläutert sie, um ihrer psychischen Belastung Ausdruck zu verleihen. Diese Aussagen wurden zwar ins Deutsche übersetzt und nicht an Sprachgewohnheiten im Deutschen angepasst, aber bei der Auswertung als rhetorisches Mittel in einem sprachlich-kulturellen Kontext erkannt.

Besonderheiten in der Auswertung

Dort, wo Eltern Deutsch sprachen, deren Muttersprache nicht deutsch war, konnten die Interviews nicht durchgehend mit Hilfe einer Narrationsanalyse[11] bearbeitet werden, für die die formalsprachliche Gliederung der Daten, wie sie Schütze (1983) und später in modifizierter Form Rosenthal (2003) für narrative Interviews vorschlagen, notwendig gewesen wäre. Denn »sprachliche Marker« können in Interviews mit Nicht-Muttersprachler*innen nicht unbedingt auf

8 | Dabei stützt Reiß sich auf die Einteilung der Sprache nach Karl Bühler in Darstellung, Ausdruck und Appell (Reiß 1971, 32).

9 | Dabei bezieht sie sich auf Reden Fidel Castros, bei denen ein »demagogischer Betäubungseffekt« bei einer wortwörtlichen Übersetzung ins Deutsche wohl sehr viel schneller eintreten würde, als im spanischen Original. Das Spanische ist weniger nüchtern und resistenter gegenüber seiner Rhetorik.

10 | So wurde die deutsche Sprache nach der überladenen und bombastischen Rhetorik im Nationalsozialismus nüchterner (vgl. Braun 2007 und Klemperer 2010).

11 | Mit Hilfe von »sprachlichen Markern« unterscheidet Schütze im ersten Schritt der Narrationsanalyse zwischen den drei sprachlichen Darstellungsformen »Erzählung«, »Argumentation« und »Beschreibung«.

eine bewusst gewählte sprachliche Darstellungsform des narrativen Interviews hinweisen. Um einige Beispiele zu nennen: Eine Interviewpartnerin mit persischer Muttersprache hat in ihren Ausführungen oft »weil« verwendet. Mit Schütze würde man hier annehmen, es folge eine Argumentation mit der Klärung eines kausalen Zusammenhangs. Die Beispiele zeigen allerdings den fehlenden kausalen Zusammenhang:

»Aber ich muss wirklich sagen, ich muss immer gucken, was in der Schule los ist. Weil er hat natürlich Glück, er hat unheimlich tolle Klassenlehrerin. Und das funktioniert. Aber nicht bei allen Lehrern« (2, 154 M).

»Dann hatten wir mit der Grundschule sehr viel Glück gehabt. Weil es gab eine Eingangsklasse erstens und dann vier Grundschuljahre, und wir haben eine sehr sehr tolle Lehrerin gehabt. Also sie war sehr gut für Omid. Weil es war für ihn etwas langweilig vom Stoff her« (2, 85 M).

»Und die überall in N-Straße wollten nochmal Stempel. Die meinte hier oder weiß ich nicht. Weil jedes Mal, jedes Monat war ich da: ›Bitte, haben sie Stempel oder haben sie Arbeit?‹ Stempel Stempel« (9, 1043 M).

In den folgenden Beispielen wird ein »dann«, das eigentlich auf eine Erzählung hinweist, für eine Beschreibung bzw. Argumentation verwendet.

»Das heißt, es gibt keine Möglichkeit. Eine Lehrerin für so viele Kinder. Dann hat man jeden Tag sehr viel Probleme« (2, 83 M).

»Dann hab ich sie dort angemeldet und seit dann bin ich zufrieden bis jetzt« (10, 37 M).

Statt systematisch wurde deswegen eher sporadisch mit dem Instrument der Narrationsanalyse gearbeitet.

Dass sich die Eltern beim Sprechen in einer Sprache, die sie auf einem niedrigeren Sprachniveau erlernt haben, nicht in dem Maße differenziert ausdrücken können, wie es ihnen in ihrer Muttersprache gelänge, ist evident. Auch das gilt es bei der Auswertung des Materials – sofern sie ins Deutsche wechselten – zu berücksichtigen. Das wird an folgendem Beispiel deutlich, in dem mir eine Mutter von der Schulschließung einer arabischen Schule berichtet.

»Dann kommt die Probleme, wegen die K-Schule. Weil, dass sie erzeugt Terroristen. Ich hab das Gefühl nicht, weil mein Kinder sind ganz normal. Äh, meine dritte Sohn war auch in türkische Schule, ähh lybische, die ist in K-Straße. Dort gibt es eine lybische.

Aber damals hatte viele Probleme angefangen mit die Schule aus arabische Gründe. Sie haben Genehmigung von Schulamt nicht gegeben« (10, 434 M).

Mit ihren Ausführungen möchte die Mutter erläutern, dass die lybische Regierung keine Genehmigung für die Weiterführung der Schule erteilt hat und die Finanzierung eingestellt hat. Dieser Sachverhalt wird allerdings erst durch Kontextwissen verständlich.

An einem weiteren Beispiel zeigt sich, dass auch Faktoren wie Verzweiflung und Aufregung in den Interviews dazu führen konnten, dass die Beherrschung der Sprache, korrekte Formulierungen sowie eine Strukturierung der Erinnerung in der Zweitsprache innerhalb eines Interviews nachgelassen haben, insbesondere dann, wenn die Sprache erst spät erlernt bzw. nicht verinnerlicht worden ist. Das Sprachniveau wechselte im Gespräch immer wieder und zeigte sich abhängig von den jeweiligen Themen und seiner emotionalen Besetzung:

»Dann hat mich gesehen, dann hat es mit Nagellack angefangen ... Mich terrorisiert. Damals hat Frau Moin mich so kennengelernt. Hat in Therapeuten mit Depressiontabletten diese Frau. Weil, ich wollte die Frau schlagen. Bin ich aufgestanden. Da war in der hinter ein Tisch. Bin ich reingegangen, habe ich gesagt: ›Ok wenige Haare hat, jetzt ist mein Hand, dann hast du kein Kopf. Nein, ich glaub, du spielst mit mir.‹ Wo denn wollte ich diese Frau umbringen? Da hat es nur Glück gehabt. Frau Moin hat angefangen, hat gesagt: ›Wir unterstützen diese Frau.‹ ... Meine Vater ist gestorben. Ich bin allein hier und mein Vater war wirklich meine Geliebte. Und ich hab das jedes Mal mir Papier gegeben, Stempel, Stempel, wo ich arbeiten gehen sollte« (9, 1035 M).

Diesen Fallstricken konnte mit dem Angebot, in der Muttersprache sprechen zu können, entgegen gewirkt werden, wenngleich die Eltern natürlich nicht daran gehindert wurden, zwischendurch ins Deutsche zu wechseln.

Durch die oben sprachlich-kulturell beschriebenen Formen der Redekunst, die Deutschkenntnisse der Interviewpartner*innen auf unterschiedlichem Niveau, aber auch durch die Glättung, die die übersetzten Texte erfahren haben, schien ebenfalls ein »Auseinandernehmen« des Textes und das Suchen nach latenten Sinnstrukturen, wie es die objektive Hermeneutik vorsieht und dabei jedes Wort »auf die Goldwaage« legt (Kleemann et al. 2013, 126), für diese Untersuchung ungeeignet.

Bei der Analyse der Schwerpunktsetzungen der aus dem Stehgreif entwickelten Erzählung[12] muss berücksichtigt werden, dass ich, wie bereits er-

12 | Schütze z. B. misst der Schwerpunktsetzung der Stehgreiferzählung, also der von den Befragten ohne vorherige Planung und Überlegung begonnene Darstellung der Erlebnisse, eine besondere Bedeutung für die Auswertung und Interpretation bei (Schütze 1983).

wähnt, an manchen Stellen in das Interview eingegriffen habe, um es in Gang zu halten. Schulze (2006) betrachtet dies als unproblematisch, wenn dem Erfahrungsvorrat eine größere Selbstständigkeit zugestanden wird, als bei vielen Biographieforscher*innen zumeist üblich (vgl. dazu auch Denzin 1989). Er bezweifelt, dass jenes, »was als Erfahrungsaufschichtung oder Erfahrungszusammenhang angesehen wird, ein derart konstantes Gefüge darstellt und dem biographischen Subjekt jeweils – wenn auch unbewusst – so präsent ist, dass es dasselbe immer wieder in derselben Weise erzählt« (Schulze 2006, 103). Schulze vermutet hinter der Auswahl und der Schwerpunktsetzung der einzelnen Erzählung vielmehr ein »Durcheinander, in dem mal diese mal jene Erinnerung oben auf liegt und in dem man mal an dieser und mal an jener Stelle zu suchen beginnt.« Dieses »Durcheinander« sehe ich auch durch meine erzählstimulierenden Fragen begünstigt.

Die oben dargestellten Besonderheiten werden bei der Wahl des Auswertungsinstrumentes berücksichtigt. Zudem wird – je nach vorliegendem Material – flexibel auf die Möglichkeiten der Auswertung reagiert.

Besonderheiten beim Feldzugang

Die Gespräche fanden, bis auf eine Ausnahme, zu Hause bei den Familien und überwiegend in entspannter und familiärer Atmosphäre statt. Zu den Terminen brachte ich Süßigkeiten mit, wir tranken erst Tee und sprachen über Belangloses. Auch die Tatsache, dass ich meinen Vater zum Dolmetschen der Interviews mitbrachte, trug zur Auflockerung der Situation bei. Was meinen persönlichen Zugang zum Feld anbelangt, zeigt sich, dass ein möglicher Vertrauensvorsprung durch die Möglichkeit, bei mir eine iranische Herkunft (Marker »Name« und »Phänotyp«) mit islamischer Religionszugehörigkeit anzunehmen, kontextabhängig war. Wurden bspw. bei Familien iranischer Herkunft detaillierte Fragen zur Flucht, zur Motivation der Migration, zur Tätigkeit im Herkunftsland o. ä. gestellt, konnte meine Herkunft durchaus hinderlich sein – ist die iranische Diaspora doch dahingehend gespalten, als sie sich ebenso aus Gegner*innen wie auch Befürworter*innen des ehemaligen Schah-Regimes wie auch der heutigen Islamischen Republik Iran zusammensetzt. Fragen zur Migrationsmotivation wurden mir dann erst unter der Voraussetzung beantwortet, dass ich selbst viel von mir persönlich preisgab. Zugleich ließ sich aber feststellen, dass schnell eine vertrauensvolle, fast familiäre Atmosphäre hergestellt werden konnte, ging es bspw. um die Situation ihrer Kinder oder Benachteiligungserfahrungen in Deutschland und ihre Stellung in der Gesellschaft. Dort sind viele der Interviewten von einem gemeinsamen Erfahrungshorizont ausgegangen, der sie dazu motivierte, offen zu sprechen – an einigen Stellen wurde sogar explizit auf den Vertrauensvorschuss hingewiesen, den ich aus Sicht der jeweiligen Interviewten genoss.

5.2.2 Interview und Transkription

Das Interview wurde grundsätzlich offen geführt. Dabei versuchte ich, lediglich erzählgenerierende Fragen einzusetzen (vgl. Kallmeyer/Schütze 1977). Mit Hilfe der Eingangsfrage bzw. -aufforderung: »Ich möchte Sie bitten, einfach mal zu erzählen, wie es mit der Geburt von ... angefangen hat«, wurde der Zeitraum eingegrenzt, über den berichtet werden sollte. Die auf diese Erzählaufforderung folgende Haupterzählung gilt es, nicht durch Detailierungsfragen zu unterbrechen (Rosenthal 2003, 142). Nahm die Haupterzählung einen größeren Raum ein, musste sie für eine Übersetzung des bisher Gesagten unterbrochen werden. Erst nach dem Hauptteil wurden Nachfragen gestellt. Gleichzeitig wurden für die Interviews überschaubare Leitfragen zu bestimmten Themen vorbereitet, die aber nicht abgearbeitet wurden, sondern mehr als Gedächtnisstütze dienten. Die Strukturierung des Gesprächs habe ich grundsätzlich versucht, den Befragten zu überlassen. So hatten sie zunächst Gelegenheit, die für sie relevanten Themen zur Sprache zu bringen. Kam es aber zu Stockungen im Gespräch, habe ich die vorbereiteten Stichpunkte hinzugezogen und zumeist versucht, erzählgenerierende Fragen zu verschiedenen Themenkomplexen zu stellen. Es gibt jedoch, wie bereits beschrieben, auch Stellen im Interview, bei denen es mir nicht gelang, mich vorsichtig auszudrücken und direktive Fragen zu vermeiden. Dies gilt es in der Interpretation des Materials zu berücksichtigen.

Die Verschriftlichung wurde sehr genau vorgenommen, ist aber auch an einer guten Lesbarkeit orientiert. So wurde auf die Partiturschreibweise verzichtet und darauf, grundsätzlich alle parasprachlichen Äußerungen im Transkript zu markieren. Stattdessen sind lediglich solche enthalten, die für die Auswertung der Interviews relevant erscheinen.

5.2.3 Zusammensetzung des Samples und Feldzugang

Für die Erhebung wurde darauf verzichtet, eine Vergleichsgruppe ohne Migrationshintergrund hinzuzuziehen. Stattdessen wird für eine Charakterisierung von Migrationsspezifika auf bereits vorhandene Forschungsergebnisse zur Lebenssituation von Familien mit behinderten Angehörigen im Hilfesystem zurückgegriffen (vgl. Kap. 3.2).

Muslimische Familien (türkisch, iranisch/sunnitisch, schiitisch)

Für die Auswahl der Fälle wurde die Vorgabe berücksichtigt, einerseits vergleichbare, andererseits unterschiedliche objektive Kriterien auszuwählen (Kelle/Kluge 2010, 93). Von der Literatur beeinflusst war die Auswahl des Feldes zunächst von der Idee geleitet, dass der islamischen Sozialisation im Praxisfeld von Fachkräften der Behindertenhilfe ein hoher Stellenwert im Kontakt mit muslimischen Familien zugeschrieben wird (z. B. Rauscher 2003; Kauczor 2003; Yenice-Cağlar 2008; Langenohl-Weyer o. J.; Yüksel-Karakoc o. J.; Diakonisches Werk Schleswig-Holstein 2012). In der Erstellung des Exposés für diese Arbeit sind so nach Deutschland migrierte Familien mit islamischer Religionszugehörigkeit in den Fokus des Interesses gerückt. Für die differenzierte Bearbeitung der Forschungsfrage, die sich zunächst – wie bereits an einigen Stellen erwähnt – mit dem Stellenwert der islamisch geprägten Sozialisation beim Umgang mit Behinderung befasste, wurden also muslimische Familien für das Sample ausgewählt. Allerdings wurden eine unterschiedliche Herkunft (türkisch/iranisch) und konfessionelle Zugehörigkeit (Schiiten/Sunniten) bei der Auswahl der Interviewpartner*innen einbezogen, um zu prüfen, inwiefern Religiosität oder eine herkunftsspezifische Prägung bzw. eine Kombination auf die Einstellung zu Behinderung Einfluss haben. Familien türkischer und iranischer Herkunft unterscheiden sich hinsichtlich ihrer Konfession und ihrer Religiosität (vgl. Bertelsmann Stiftung 2008). Die ursprünglich erarbeitete Forschungsfrage ist auch der Grund dafür, dass die Interviewten gegen Ende der Interviews um ihre Einschätzung zum Nutzen eines islamischen Wohlfahrtsverbandes im Kontext von Behinderung gebeten werden – sofern sie nicht eigeninitiativ auf die Bedeutung der Religion zu sprechen gekommen sind. Obwohl diese Frage zum Teil mit einer starken Attribuierung einherging, ist diese auch nach Veränderung der Forschungsfrage konsequent in allen Interviews gestellt worden, um eine bessere Vergleichbarkeit zwischen diesen erzielen zu können.

Die Familienkonstellationen der Interviewpartner*innen waren vielfältig: Es waren Paare, alleinerziehende Mütter oder die alleinerziehende Großmutter. Die Entscheidung, wer an den Interviews teilnimmt bzw. im Raum anwesend ist, wurde der Familie überlassen. In den meisten Fällen (ausgenommen Alleinerziehende) waren Mutter und Vater, zeitweise die Kinder, einmal auch (neben Eltern und Kind) die Großmutter zugegen. Damit leistet die vorliegende Arbeit keinen umfassenden Blick auf Familien, weil die Kinder selbst nicht befragt wurden. Die Auswahl fiel aufgrund der Forschungsfrage auf die ihre Söhne und Töchter anwaltschaftlich im Hilfesystem vertretenden Eltern. Schließlich waren es insbesondere die Othering-Prozesse, denen die Eltern (bzw. Großeltern) an der Schnittstelle von Migration und Behinderung ausgesetzt sind, die zu dem Forschungsinteresse geführt haben, die dahinter steckenden Mechanismen genauer zu untersuchen.

Förderschule »Geistige Entwicklung«

Die empirische Untersuchung widmet sich den Kindern und ihren Eltern, die auf einer Förderschule beschult werden. Dabei handelt es sich fast ausschließlich um Förderschulen mit dem Förderschwerpunkt Geistige Entwicklung, zwei Kinder bzw. Jugendliche besuchen eine Förderschule mit dem

Schwerpunkt Sprache bzw. Hören, beide haben aber ebenfalls eine diagnostizierte bzw. zugeschriebene so genannte geistige Behinderung. Wie bereits in Kapitel 2.1 zur Begründung der Schwerpunktsetzung bei der Auswahl des Forschungstandes dargelegt, bin ich mir darüber im Klaren, dass ein unspezifischer Behinderungsbegriffs die Kategorisierungsproblematik mit der »Art der Behinderung« aufheben könnte, weil so die Heterogenität von behinderten Menschen anerkannt wird. Mein Weg, der auf den ersten Blick den Eindruck einer Homogenisierung von behinderten Menschen erwecken mag, hängt aber mit der Forschungsfrage und den strukturellen Rahmenbedingungen zusammen, die in der Arbeit analysiert werden sollen. Denn schließlich wird über die »Art« und den »Schweregrad« der Behinderung das Anrecht auf zusätzliche Unterstützungsbedarfe im Hilfesystem definiert. So können bei Barrieren im Hilfesystem bessere Vergleiche gezogen werden. Ein weiterer, durchaus pragmatischer Grund war, dass ich den durch meine Tätigkeit im Praxisfeld an einer Förderschule mit dem Förderschwerpunkt Geistige Entwicklung vorhandenen Zugang zum Feld nutzen konnte. Zudem, auch das wurde in Kapitel 2 dargelegt, scheint es gerade im Kontext einer so genannten geistigen Behinderung und Migration Tendenzen des Hilfesystems zu geben, die Barrieren der Teilhabe innerhalb der Familien zu verorten bzw. den Eltern zuzuschreiben, die mit der Vorstellung der Relevanz von kulturspezifischen Ansätzen zum Umgang mit »geistiger Behinderung« verbunden wird.

Theoretical Sampling

Bei der Zusammensetzung des Samples war der Gedanke leitend, durch die Berücksichtigung unterschiedlicher Heterogenitätsdimensionen im Kontext von Migration und Behinderung eine Forschungslücke zu füllen. Um zu vermeiden, dass verkürzte Schlussfolgerungen über die Ursachen von Einstellungsmustern und den Umgang mit Behinderung gezogen werden, musste die Gruppe heterogen zusammengesetzt werden. Hier konnte ich nicht auf Erfahrungen bzw. Forschungsergebnisse darüber zurückgreifen, welche Heterogenitätsdimensionen für die Schnittstelle von Migration und Behinderung relevant sind. Entsprechend des Theoretical Sampling der Grounded Theory (Strauss/Corbin 1996, 148 ff.) erfolgten die Fallauswahl und die Analyse deswegen gleichzeitig, die Auswahl weiterer Fälle wurde von der Analyse des empirischen Materials beeinflusst. Beim Theoretical Sampling werden Untersuchungseinheiten miteinander verglichen, die entweder relevante Unterschiede oder große Ähnlichkeit aufweisen (dazu auch Kelle/Kluge 2010). Nachdem bspw. die erste Gesprächspartnerin eine Mutter war, die seit ihrem dritten Lebensjahr in Deutschland lebte, das Bildungssystem folglich in Deutschland durchlaufen hatte, wurde eine Familie gesucht, deren Migration nach Deutschland zu einem deutlich späteren Zeitpunkt erfolgte. Durch Zufall tauchte in dem Sample eine Mutter mit Fluchterfahrung auf, deren Lebenssituation als besonders prekär einzustufen und die mit besonderen Formen von Barrieren konfrontiert ist. Um die Relevanz des Faktors »rechtlicher Status« für den Umgang mit Behinderung auf breiterer Datenbasis herausarbeiten zu können, wurde nach weiteren Familien mit einem schwierigen rechtlichen Status gesucht. Das Sample setzte sich auch unter dem Begriff »geistige Behinderung« sehr heterogen zusammen: Die den Kindern und Jugendlichen bzw. jungen Erwachsenen zugeschriebenen Behinderungen reichen von Down-Syndrom, »geistige Retardierung aufgrund von Frühgeburt« bis hin zu frühkindlichem Autismus und Asperger Syndrom. Drei Elternteile waren zum Zeitpunkt der Einwanderung noch recht jung, eine Mutter hat das Bildungssystem in Deutschland durchlaufen, andere wiederum haben ihre Kinder noch im Herkunftsland geboren und sind nach der Geburt migriert. Auch die Gründe der Migration sind unterschiedlich: Eltern sind für das Studium nach Deutschland gekommen, andere kamen im Rahmen der Arbeitsmigration in den 70er Jahren oder sind aus ihrem Herkunftsland geflohen. Die Eltern unterscheiden sich folglich hinsichtlich ihres rechtlichen Status, ihrer Nationalität und ihrer Aufenthaltsdauer. Das Sample ist zudem heterogen was die Bildungshintergründe der Eltern (gemeint ist damit ein formaler Bildungsabschluss) sowie ihre Sprachkenntnisse im Deutschen betrifft. Allerdings gibt es nur drei Familien, in denen Deutschkenntnisse eines höheren Sprachregisters (zwischen B2-C2 nach dem europäischem Referenzrahmen für Sprachen) vorhanden waren.

Die Kriterien für die Auswahl des jeweils nächsten Falls wurden »nach Maßgabe der im Forschungsprozess entstehenden Hypothesen und Theorien definiert« (Kelle/Kluge 2010, 43). Dadurch können Vergleiche zwischen den Familien angestellt, Ähnlichkeiten und Unterschiede herausgearbeitet werden, die den Einfluss unterschiedlicher Heterogenitätsdimensionen nicht vernachlässigen.

Der Abschluss des Theoretischen Samplings folgt dem Prinzip der Sättigung. Glaser und Strauss sprechen von diesem Prinzip, das sowohl bei der Wahl der Interviewpartner*innen Anwendung finden soll, also im Rahmen des Samplings, wie auch im Auswertungs- bzw. Kodierungsprozess selbst. Wenn keine neuen Erkenntnisse mehr gewonnen werden, ist anzunehmen, dass eine Sättigung erreicht ist (dazu auch Flick 1995, 82). Bspw. sah ich diese Sättigung für die Differenzlinie »rechtlicher Status« nach dem dritten Interview mit einer Familie mit unsicherem Aufenthaltsstatus gegeben, weil sich zeigte, dass sich die Lebenssituation der Familien ähnlich darstellte und sich keine neuen, für die Forschungsfrage relevanten, Phänomene entdecken ließen.

Es lässt sich zusammenfassend festhalten, dass sich das Sample homogen zusammensetzt, was die Religion, ihre tatsächliche Migrationserfahrung und die Beschulung ihrer Kinder (Förderschule, meist Förderschwerpunkt Geistige Entwicklung) betrifft. Differenzierungen existieren aber hinsichtlich der Herkunft der Familien, der Anzahl der Familienmitglieder, ihrer Konfession, ihrer Religiosität, des Migrationszeitpunktes, des sozioökonomischen und des rechtlichen Status, ihrer vorhandenen Deutschkenntnisse und der Form der diagnostizierten bzw. zugeschriebenen Behinderung.

Die Akquise

Durch meine Tätigkeit an einer Förderschule mit dem Förderschwerpunkt Geistige Entwicklung hatte ich die Möglichkeit, Lehrkräfte auf Familien anzusprechen mit der Bitte, ihnen einen türkisch/deutsch- bzw. persisch/deutschsprachigen Elternbrief mitzugeben. Weitere Familien wurden über das Schneeballsystem gefunden. Kolleg*innen anderer Förderschulen und eine Ärztin sowie ein Arzt iranischer Herkunft, die insbesondere von Familien türkischer und iranischer Herkunft aufgesucht werden, haben mich dabei unterstützt. An dieser Stelle muss auf eine weitere Besonderheit hingewiesen werden: Ein mich unterstützender Arzt hat den Elternbrief an eine Mutter weitergeben, deren Kind eine chronischen Krankheit hat, die in den ersten beiden Lebensjahren tödlich ist. Obwohl in dem Brief explizit Eltern von Kindern, die auf einer Förderschule beschult werden, angesprochen wurden, hat sich die Mutter gemeldet und eine Teilnahme am Interview gewünscht. Weil das Interview neue, weiterführende Aspekte in Bezug auf Religiosität und den Prozess des »Behindertwerdens« einbringt, wird es in das Sample als »Exkurs« aufgenommen.

5.3 Auswertungsverfahren: Die Verknüpfung von Grounded Theory und intersektionalem Mehrebenenmodell

»Eindeutige Regeln für Auswertung und Interpretation biografischer Interviewtexte gibt es nicht«, konstatiert Fuchs-Heinritz (2000, 284). Bedeutsam für den Umgang mit biographischen Interviews sei, dass Datenanalyse und Auswertung oft nicht von vorhergehenden Arbeitsschritten zu trennen sind. Dieses Vorgehen entspricht der von Glaser und Strauss in den 1960er Jahren entwickelten »Grounded Theory«. Datenerhebung und Datenauswertung hängen in der Grounded Theory eng zusammen. So wurde auch für die Auswertung (was sich logisch aus der Übernahme der Methodik zur Zusammensetzung des Samples ergab) auf die Methodik der Grounded Theory (im Folgenden GTM) zurückgegriffen. Das »Hin- und Herbewegen« im Forschungsfeld, die Forderung von Glaser und Strauss nach einem ständigen Dialog von theoretischen Annahmen und gewonnenen Daten, eignet sich besonders für Forschungsfelder, über die bislang nur wenig bekannt ist (vgl. Alheit, o. J.).

Ausschlaggebend für die Wahl der Methode war aber insbesondere der Hintergrund, dass Glaser und Strauss mit der GTM den Anspruch verbinden, nicht die Theorie um des Theoriewillens bilden zu wollen, sondern um ihrer Bedeutung für die Praxis. Es geht ihnen darum, aus der Empirie Leitkonzepte für die Praxis, für pädagogisches Handeln zu entwickeln. Damit verbindet sich die GTM in ihrem Anliegen mit den bisher aufgezeigten analytischen (Intersektionalitätstheorie) und rechtspolitischen (UN-BRK) Bezügen der hier vorliegenden Arbeit.

So wird im Folgenden als besonderer Fokus für die Auswertung der empirischen Daten auch eine Verbindung zwischen dem Forschungsstil der GTM mit dem analytischen Instrument der Mehrebenenanalyse nach Winker und Degele hergestellt. Auf diese Weise werden Fragen an die Interviews herangetragen, die den Kerngedanken des Intersektionalitätsansatzes entsprechen und der Zielsetzung nahe kommen, Barrieren in der Teilhabe an der Schnittstelle von Migration und Behinderung aufzudecken. Auch Degele und Winker empfehlen ein iteratives, ein sich zyklisch wiederholendes Vorgehen, »das nach Durchlauf eines, mehrerer oder aller Schritte wieder von vorne beginnt beziehungsweise Schritte zurückgeht, um sie nochmal zu durchlaufen« (Winker/Degele 2009, 88). Die einzelnen Schritte der Auswertung sollen im Folgenden dargestellt werden.

Die GTM mit Wurzeln in der Chicagoer Schule des Symbolischen Interaktionismus wurde von Glaser und Strauss (1967) in den Sechzigerjahren entwickelt und später von Glaser (1978)/Strauss und Corbin (1996) modifiziert. Die GTM als Verfahren der sozialwissenschaftlichen Hermeneutik[13] nimmt sich eines Ausschnitts der sozialen Welt an und entwickelt davon ausgehend theoretische Konzepte und Modellierungen, die dabei »fortwährend rekursiv an die Erfahrungsebene« zurückgebunden werden (Breuer 2010, 39). Zentral für diesen Forschungsstil[14] sind (ebd., 41):

---

13 | Strauss und Corbin fordern eine hermeneutische Kompetenz, eine theoretische Sensibilität: Es gehe darum, den Daten Bedeutung zu verleihen. Es braucht die Fähigkeit, zu verstehen und das Wichtige vom Unwichtigen zu trennen (Strauss/Corbin 1996, 25). Boehm beschreibt die Funktion der Hermeneutik als Reflexion, »deren Ziel darin besteht, die naiven Dogmatismen oder perspektivischen Engführungen der wissenschaftlichen Methodik jeweils deutlich zu machen und dadurch neue Fragedimensionen zu öffnen und insgesamt die Fragwürdigkeit und Andersartigkeit der Sache gegenüber dem methodischen Zugriff weiter aufrecht zu erhalten (Boehm 1978, 8). Zur wissenschaftlichen Wirklichkeitserschließung durch die Hermeneutik siehe z. B. Gadamer/Boehm (1978).

14 | Mit der Verwendung des Begriffs Forschungsstil weisen Breuer und andere darauf hin, dass es bei der GTM nicht um eine »monolithische universale Methodologie« han-

1. Die Art des Kodierens: Das Erstellen von theoretischen Konzepten, die einen Erklärungswert für die untersuchten Phänomene besitzen.
2. Das theoretische Sampling (wie bereits zuvor erläutert, ist für die GTM die Annahme grundlegend, dass Datenerhebung und Datenauswertung im Sinne des Theoretical Sampling eng miteinander verflochten sind, weil die Auswahl weiterer Untersuchungspartner*innen auf den Auswertungen der bisher erhobenen Daten basiert).
3. Die Vergleiche, die zwischen den Phänomenen und den Kontexten gezogen werden und aus denen erste Konzepte (verallgemeinernde Sprachausrücke für empirische Phänomene) erwachsen.

Der Vorgehensweise der GTM entsprechend wurde zunächst eine sehr offene Frage an das erhobene Interview gestellt und offen kodiert (vgl. Hülst 2010): Welche Geschichte wird im Leben mit dem behinderten Kind erzählt? Es wurde also kein vorgefertigtes Kategorienschema an die Texte herangetragen, stattdessen wurde das Material – so wie es die GTM vorsieht – analytisch aufgebrochen. Phänomene, die sich in einzelnen Textstellen zeigen, wurden mit einem Kode[15] gekennzeichnet: »Die grundlegenden analytischen Verfahren mit denen das erreicht wird, sind: das Stellen von Fragen an die Daten und das Vergleichen hinsichtlich Ähnlichkeiten und Unterschieden zwischen jedem Ereignis, Vorfall und anderen Beispielen für Phänomene. Ähnliche Ereignisse und Vorfälle werden benannt und zu Kategorien gruppiert« (Strauss/Corbin 1996, 54 f.). Die grundlegenden Fragen lauten dabei: Wer? Wann? Wo? Was? Wieviel? Warum? (Ebd., 59)

Nach der Entwicklung von Kodes aus dem Material habe ich im Rahmen einer vertieften sequentiellen Analyse für die Kategorienbildung[16] und Dimensionalisierung weitere Fragen an die einzelnen Sequenzen gestellt. Dafür habe ich mich des praxeologischen Intersektionalitätsansatzes mit einer Methodologie von Winker und Degele (2009) bedient, die ein Mehrebenenmodell zur Analyse von Interviews anbieten, um so den besonderen Fokus des In-

delt, sondern dass sie sich vielmehr durch eine »Vielfalt von Erkenntnisvarianten« auszeichnet (Breuer 2010, 39, siehe dazu auch Legewie/Schervier-Legewie 2004).

15 | Bei einem Kode handelt es sich um vorläufige Abstraktions- und Benennungsideen von Phänomenbeschreibungen, im Laufe des Kodierprozesses entstehen aus Kodes Kategorien.

16 | Kategorien stellen die theoretische Grundbegrifflichkeit einer entwickelten GT dar. Die Kategorien werden im Laufe der Theorieausarbeitung in einer Modellstruktur konfiguriert. Den Kategorien werden Eigenschaften bzw. Dimensionen zugewiesen, die die Ausprägung der Kategorie beschreiben.

tersektionlitätsansatzes an die Daten heranzutragen[17]. Da bereits in Kapitel 4 die unterschiedlichen Ebenen ihres Modells ausführlich dargestellt wurden, beschränken sich die folgenden Ausführungen auf die methodologische Vorgehensweise. In Anlehnung an Winker und Degeles Modell wurden aus den drei Ebenen abgeleitete Fragen generiert und an das Interview gestellt (Winker/Degele 2009, 99 ff.):

Ebene 1) Identitätskonstruktionen herausarbeiten: Wie sieht sich die/der Interviewte? Welche Differenzkategorien sind für die Identitätsbildung der jeweiligen Person/Familie bedeutsam? Überschneiden sich die Differenzkategorien? Wie positionieren sich die Interviewpersonen, wie stellen sie sich dar?[18]

Ebene 2) Symbolische Repräsentationen identifizieren: Welche Normen, Werte und Ideologien spielen im Leben der Interviewten eine Rolle? Gibt es Werte und Normen, die ihr Handeln beeinflussen? Welche stereotypen Bilder finden z. B. Erwähnung?

Ebene 3) Bezüge zu Sozialstrukturen finden: Gibt es Hinweise innerhalb des Interviews, die sich auf die Strukturebene beziehen? Welche Konstruktionen von gesellschaftlichen Strukturen nehmen Einfluss auf die alltäglichen Praxen von Identitätskonstruktionen? Nehmen die Interviewten einen positiven oder negativen Bezug auf gesetzliche Regelungen? Kritisieren oder würdigen die Interviewten einzelne Institutionen und Organisationen bzw. deren Akteur*innen?

Schließlich werden die wichtigsten Identitätskonstruktionen (Merkmale für Wichtigkeit sind z. B. Häufigkeit oder Position im Interview) und deren Wechselwirkungen auf den Ebenen herausgearbeitet. Dabei wird nicht nur die Überschneidung von Kategorien analysiert, sondern auch die Verwobenheit der drei Ebenen dargestellt. Hier gilt es außerdem zu klären, ob sich die Strukturkategorien gegenseitig negativ verstärken oder vielleicht sogar abschwächen.

Die emergierten Kategorien, die mit dem zusätzlichen Fokus der Mehrebenenanalyse gewonnen wurden, sind schließlich chronologisch angeordnet

17 | Dieser Schritt ist ähnlich dem des axialen Kodierens der GTM, mit dem bereits vorhandene Kodes differenziert, Verbindungen zwischen den Kodes hergestellt und diese zu Kategorien zusammengefasst werden. »Es geht hier darum, Systematiken für An-/Ordnung und das In-Beziehung-Setzen der herausgearbeiteten Kategorien zu entwickeln« (Breuer 2010, 84). So werden beim axialen Kodieren die zuvor aufgebrochenen Kodierungen auf andere Weise wieder zusammen gefügt. Eine Kategorie wird dabei auf ihre Bedingungen spezifiziert, die das Phänomen verursachen.

18 | Dieser Schritt, so Winker und Degele, ähnle dem »offenen Kodieren« in der GTM (Winker/Degele 2009, 83).

und in einer themenzentrierten Familiengeschichte dargestellt worden. Wie im Folgenden zu sehen sein wird, stellen die einzelnen Überschriften der jeweiligen »Familiengeschichte« die herausgearbeiteten Kategorien sowie ihre jeweilige Dimension dar.

Im Rahmen einer Triangulation der Interpretationsschritte konnte ich mich bei der Analyse der Interviews auf verschiedene Foren und Instanzen stützen, was angesichts der häufig auch emotional sehr ergreifenden Lebensgeschichten unerlässlich war. Dazu zählen das Kolloquium »Interkulturelle Bildungsforschung« an der Universität Bremen unter Leitung von Prof. Dr. Yasemin Karakaşoğlu, die Montagsrunde Kölner Inklusionsforscher*innen um Prof. Dr. Andrea Platte und der Austausch mit dem mich zu den Interviews begleitenden Dolmetscher Dr. Manutschehr Amirpur. Diese Austauschmöglichkeiten und »Tools« betrachte ich als Bestandteil der Umsetzung einer reflexiven Grounded Theory (zum Begriff und zur Qualität einer reflexiven GTM siehe Breuer 2010). Neben diesen persönlichen Austauschmöglichkeiten führte ich ein Forschungstagebuch, in das ich Eindrücke aus den Interviews, neue Ideen, Erfahrungen, Fragen, Stolpersteine, die vorläufigen Ergebnisse der Interviewauswertungen und die Anregungen der oben genannten Personen eintrug. Diese Notizen zog ich in der Vorbereitung der nächsten Interviews hinzu.

5.4 Elf Familiengeschichten im Kontext von Migration und Behinderung

In diesem Kapitel werden die Analysen der Interviews dargestellt. Es folgen elf themenzentrierte Familiengeschichten, die in der Reihenfolge der Befragung angeordnet werden. Wie in Kapitel 5 erläutert, stellen die Überschriften die herausgearbeiteten Kategorien bzw. ihre Dimensionen dar. Jeder Darstellung gehen ein Abschnitt mit Hintergrundinformationen zu den Interviewten und zum Interviewsetting sowie eine Beschreibung des Kernthemas voraus. Am Ende jeder Familiengeschichte erfolgt eine Zusammenfassung der Analyse.

Da ich den Familien eine Anonymisierung zugesichert habe, wurde ihr Name geändert. Aus Gründen der besseren Lesbarkeit wird der Vor- und Nachname nur bei den Personen genannt, die zum Interviewzeitpunkt die Volljährigkeit erreicht haben.

Die folgende Tabelle zeigt die Interviewpartner*innen in der Reihenfolge ihrer Befragung.

*Tabelle 1: Interviewpartner*innen*

NR.	Name	Interviewpartner*in & Familienstand	Beruf der Eltern	Migration	Vorname & Alter d. Angehörigen	Zugeschriebene Diagnose	Anzahl Kinder	Herkunft
1	Mutlu	Mutter (zeitw. 1 Sohn) verheiratet	Mutter: Angestellte im Dienstleistungssektor Vater: Haus- u. Familienarbeit	70er Jahre	Eren, 12	Frühkindlicher Autismus	3	türk.
2	Mostafawy	Mutter verheiratet	Mutter: Sozialpädagogin Vater: Arzt	1984	Omid,16	Asperger Syndrom	2	iran.
3	Kolat	Mutter alleinerz. (geschieden)	Mutter: Haus- u. Familienarbeit, Musikerin (ohne Arbeit)	2002	Rana, 14	Frühkindlicher Autismus	3	türk.
4	Bahmani	Mutter, Vater verheiratet	Mutter: Haus- u. Familienarbeit Vater: Fahrer	1998	Schayan, 20 Schahriar, 14	Keine vorhanden	2	iran.
5	Moini	Mutter, Vater verheiratet	Mutter: Haus- u. Familienarbeit Vater: arbeitsuchend, Haus- u. Familienarbeit	Mutter: 1998 Vater: 1985	Khalil, 11	Geistige Retardierung nach Frühgeburt	2	iran.
6	Karimi	Großmutter alleinerz. (Adoption der Enkelin)	Großmutter: Haus- und Familienarbeit	2000	Puran, 13	Geistige Retardierung	2	iran.
7	Özdemir	Mutter, Vater, Großmutter verheiratet	Mutter: Haus- u. Familienarbeit Vater: pensionierter Fabrikarbeiter, heute: Haus- u. Familienarbeit	Ende der 60er Jahre	Berkin, 18	Down-Syndrom	2	türk.
8	Yildirim	Mutter, Vater verheiratet	Mutter: Haus- u. Familienarbeit Vater: Schichtdienst/Fabrik	1982	Fatih, 8	Geistige Retardierung	3	türk.
9	Faridzadeh	Mutter alleinerz. (geschieden)	Mutter: Haus- u. Familienarbeit	1993	Naime, 36	Geistige Retardierung nach Autounfall	4	iran.
10	Akgün	Mutter verheiratet	Mutter: Haus- u. Familienarbeit Vater: Gemüsehändler	1993	Nermin, 11	Geistige Retardierung, Hörschädigung	1	türk.
11	Ataman	Mutter, (zeitw. 1 Tochter) verheiratet	Mutter: Haus- u. Familienarbeit Vater: Verkäufer	1993	Dilek, 6 Monate	SMA	4 verstorb. 1	türk.

5.4.1 Güner Mutlu und ihr Ringen um Anerkennung und Partizipation

Hintergrundinformationen

Güner Mutlu ist mit drei Jahren nach Deutschland migriert. Sie ist heute 51 Jahre alt und lebt mit ihren drei Söhnen und ihrem Mann in einem Vorort einer Großstadt mit einem hohen Migrant*innenanteil. Sie ist stellvertretende Filialleiterin einer Bäckerei und dadurch im Schichtdienst tätig. Ihr Mann, wie sie türkischer Herkunft[19], ist aufgrund eines Bandscheibenvorfalls in Frührente. Die beiden älteren Söhne Cihan, 16, und Ilkay, 17, besuchen die Realschule bzw. das Berufskolleg. Der jüngste Sohn Eren ist zum Interviewzeitpunkt 12 Jahre alt und besucht eine Förderschule mit dem Schwerpunkt Geistige Entwicklung. Bei Eren wurde im Alter von sechs Jahren ein frühkindlicher Autismus diagnostiziert.

Das Interview wurde auf Deutsch geführt, anwesend waren die Mutter und zeitweilig die Söhne Cihan und Eren.

Kernthema: Internalisierung hegemonialer Normen als Befähigungsstrategie

Güner Mutlus Erzählung handelt von ihrem anfänglichen Gefühl des Nicht-Mitgenommen- und Überwältigtwerdens der sie umgebenden Institutionen der Behindertenhilfe und von den Entscheidungen ihren Sohn betreffend, die über ihren Kopf getroffen werden sollten. Sie gibt an, sich im Rahmen ihrer Möglichkeiten zur Wehr gesetzt zu haben. Erfolgreicher scheint aber die Behindertenhilfe gewesen zu sein: Güner Mutlu gibt die Widerstände auf. Heute ist sie völlig assimiliert im System: Sie übernimmt affirmativ Erwartungen des Systems an ihre Konformität bzw. Kompatibilität. Dafür hat sie Diskurse zu »Problemen« mit Familien türkischer Herkunft im Hilfesystem und hegemoniale Normen zum Umgang mit Behinderung internalisiert, die sie nun versucht an andere migrierte Familien weiterzugeben. Im Interview inszeniert sie sich als wissend. So nehmen die Schilderungen ihrer Wissensbestände rund um das Thema Behinderung (auch im Kontext von Migration) einen großen Raum ein.

Die Suche nach einer Diagnose: Verbale Konter – Güner Mutlus Antwort auf Bevormundungen

Als Eren vier Jahre alt ist, wird die Mutter misstrauisch, weil ihr Sohn noch nicht spricht. Die Eltern suchen daraufhin den Kinderarzt auf, der sie beruhigt und ihnen nahe legt, mehr mit dem Jungen zu sprechen und zu lesen, um seine Entwicklung zu fördern. Güner Mutlu berichtet: »Ich sagte [dem Arzt], wir sind eine Großfamilie, bei uns wird nur geredet« (1, 6 M). Kurz darauf mel-

19 | Über den Migrationszeitpunkt des Mannes ist nichts bekannt.

den die Eltern Eren im Kindergarten an. Bereits nach dem zweiten Tag in der Einrichtung erhalten sie einen Anruf der Erzieherin mit der Mitteilung: »[...] ›Ihr Kind ist anders‹« (1, 15 M). Auf diese unvermittelte »Besonderung« ihres Sohnes durch die Erzieherin reagiert die Mutter ärgerlich:

»[dt.] Ich sag: ›Wie anders?‹. ›Ja, Ihr Kind ist anders‹. ›Ja was denn, ist mein Kind ein Monster oder was?‹. Aber ich hab mich wirklich mit der in die Haare gehabt. Also, weil die konnte mir nicht erklären, die konnte gar nichts, die sagte nur: ›Ihr Kind ist anders, Ihr Kind gehört nicht hierhin‹« (1, 12 M).

Güner Mutlu akzeptiert die Äußerung der Erzieherin nicht, ihre »Diagnose« hält sie für kaum fundiert. Aufgrund ihrer Beobachtungen kündigt die Erzieherin der Mutter an, ihr Sohn müsse künftig einen »Geistigbehinderten-Kindergarten« besuchen: »[dt.] Und da war ich erstmal gar nicht so am Zug, da war ich wirklich stocksauer. Schon die Art und Weise, wie sie ankam« (1, 23 M). Zwar ist Güner Mutlu selbst mit dem Verdacht zum Kinderarzt gegangen, dass Erens Entwicklung im Vergleich zu ihren älteren Söhnen anders verläuft, auf die Zuschreibungen und die defizitorientierte Sichtweise der Erzieherin aber reagiert sie empört. Güner Mutlu fühlt sich als gleichwertige Gesprächspartnerin nicht ernst genommen und muss feststellen, dass über ihren Kopf hinweg geurteilt wird. Sie zweifelt an den Kompetenzen der Erzieherin, begibt sich dennoch gemeinsam mit der Leitung des Kindergartens auf die Suche nach einer neuen Einrichtung und nach Antworten. Weil sie bereits einen Tag der offenen Tür an einer Förderschule mit dem Schwerpunkt Geistige Entwicklung miterlebt hatte, schließt sie zunächst diese Form der Beschulung bzw. den Besuch eines heilpädagogischen Kindergartens aus: »[dt.] Da hab ich gesagt, nee, also mein Kind kommt da auf keinen Fall hierhin, weil da wird er ja also noch behinderter, als er ja jetzt schon angeblich sein soll« (1, 34 M). So entscheidet sich die Mutter zunächst, Eren in einem integrativen Kindergarten anzumelden. Zwar seien die Kinder mit einer Behinderung auf einer gesonderten Etage, aber doch wenigstens in dem gleichen Gebäude untergebracht, begründet sie ihre Entscheidung. Aber es bleiben Zweifel, ob es sich um die richtige Einrichtung für ihr Kind handelt. Sie vereinbart einen weiteren Termin in der heilpädagogischen Einrichtung »B-Kindergarten«.

»[dt.] Und dann sind wir hin und der Eren war auch da. Der ist dann einfach überall gewesen, hat ihm sehr gut gefallen, davon abgesehen. Und die Leiterin vom Kindergarten [die Leiterin des alten Kindergarten] sagte dann nur: ›Also dieses Kind ist anders und das ist behindert und er macht dieses, er macht jenes.‹ Und da hat die Frau [Leiterin von B-Kindergarten][...], die hat dann nur gesagt: ›Erstens mal beurteilen wir die Kinder nicht von dritten Personen, sondern wir machen das selber.‹ [...] Die Leiterin vom Kindergarten dort hat gesagt: ›Nee, dritte Personen interessieren uns nicht, wir machen das selber und gucken, wie die Kinder sind.‹ Und dann wurde sie mal ganz ruhig und hat gesagt: ›Dann ja, dann lasse ich sie mal alleine, dann können sie das ja selber ausmachen.‹ Da habe ich gesagt, der ist hier aufgehoben, also da kenn ich nix« (1, 46 M).

Die von der Kindergartenleitung des B-Kindergartens geäußerte Kritik gegenüber der Leiterin des bisherigen Kindergartens, ist für Güner Mutlu eine Wohltat, fühlte sie ihren Sohn dort ungerecht behandelt, vorschnell etikettiert und ausgesondert. Die Aussage der Kindergartenleitung, die vorgibt, sich für Eren Zeit zu nehmen und die Kinder nicht vorschnell kategorisieren zu wollen, beeindruckt die Mutter und bewegt sie dazu, Eren im heilpädagogischen Kindergarten anzumelden. Sie ist zufrieden mit der Arbeit und Betreuung der Einrichtung. Innerhalb eines Jahres lernt Eren einige Worte zu sprechen.

Die nächste Hürde stellt für die Familie die weitere Beschulung dar. Im Gesundheitsamt wird den Eltern mitgeteilt, dass eine »normale Schule« (1, 66 M) für ihren Sohn nicht in Frage käme. Gleichzeitig haben die Eltern zu dem Zeitpunkt noch keine genaue Diagnose erhalten. So wurde Güner Mutlu im Kindergarten lediglich mitgeteilt, Eren habe eine Entwicklungsverzögerung. Eren wird also vom Regelschulsystem ausgeschlossen, mit der Begründung, er sei behindert, ohne dass eine Nennung der konkret festgestellten Behinderung stattgefunden hätte. Schließlich rät die Ärztin im Gesundheitsamt den Eltern, sich an ein Autismus-Therapie-Zentrum zu wenden, um dort eventuell eine Erstdiagnose zu erhalten. Damals ist Eren bereits fünf Jahre alt. Nachdem dort der Verdacht geäußert wird, dass bei Eren ein frühkindlicher Autismus vorliegen könne, wird er an eine Psychologin überwiesen. Die Mutter kritisiert die Art und Weise, wie diese an eine Diagnostizierung Erens herangeht. Sie berichtet, dass die Psychologin bereits in der ersten Sitzung – nach dem Versuch der Erfassung einer klinischen Symptomatik durch Intelligenztests – die Diagnose »geistig behindert« stellt. Die Psychologin fragt die Mutter daraufhin:

»[dt.] [...] Ob mir das [die geistige Behinderung] was ausmachen würde. Da habe ich gesagt: ›Das ist erstens mal mein Kind, egal ob behindert oder nicht behindert. Daran wird sich auch nichts ändern. Also, ob ich mich damit abfinden würde?‹ Ich sag: ›Logisch würde ich mich damit abfinden, aber ich möchte jetzt wissen, worauf sie das jetzt gestützt haben.‹ ›Ja, was man ihm sagt, macht er nicht.‹ Da hab ich gesagt: ›Erstens mal, das, was er kann, macht er nicht. Sie müssen ihn schon herausfordern‹« (1, 83 M).

Die Psychologin äußert ihre Einschätzung sehr direkt und zieht sofort die Möglichkeit in Betracht, die Mutter könne sich gegen ihre Diagnose und Erens Normabweichung sperren, statt sich mit der Situation abfinden zu wollen. Auf die sehr direkte und unvermittelte Frage der Psychologin, ob es Güner Mutlu »etwas ausmachen würde«, dass ihr Sohn behindert sei, gibt ihr die Mutter zu verstehen, dass es in dieser Situation nicht um ihre eigene Gefühlslage und ihre Akzeptanz bzw. das Abtasten eines potentiellen Widerstandes gegenüber ihrem Sohn gehe, die Psychologin habe vielmehr die Aufgabe, eine fundierte Diagnose abzugeben. Unbeeindruckt von einer Fachlichkeit weiß Güner Mutlu dem Dominanzverhalten der Psychologin etwas entgegenzusetzen: Ihre Expertise und die Nähe zu ihrem Sohn. Sie kennt Erens Möglichkeiten, ist zudem nicht auf den Mund gefallen. Sie kritisiert die von der Psychologin angewendeten Methoden zur Feststellung einer so genannten geistigen Behinderung und lässt schließlich durch ihre Argumentation die Effektivität der psychologischen Diagnoseinstrumente als zweifelhaft erscheinen. Die Psychologin reagiert schließlich auf die Intervention der Mutter und wendet andere Verfahren an:

»[dt.] Und dann hat sie gesagt: ›So, ja ok, er ist nicht geistig behindert, das steht schon mal fest und gut, dass sie mir gesagt haben, dass er Herausforderungen haben will.‹ Oh, ich sag: ›Wie zum Teufel kommt man als Psychologin dahin? Das ist für mich unbegreiflich‹« (1, 95 M).

In der zweiten Sitzung deutet die Psychologin an, dass Eren Symptome eines frühkindlichen Autismus mit zusätzlichen Merkmalen des Asperger-Syndroms aufweist. Daneben hat Eren Epilepsie. Die Mutter beschreibt, er habe »Händeschütteln und ins Licht gucken von dem einen und dieses Klugheit-Dingens von dem anderen« (1, 110 M).

Weiter auf der Suche nach einer Diagnose werden Eren und die Eltern an eine psychiatrische Klinik verwiesen, um dort ein Gutachten über seine Verhaltensauffälligkeit erstellen zu lassen. Einerseits sind die Gespräche für die Mutter eine Belastung, weil sie die Herangehensweise als kaum nachvollziehbar und defizitorientiert empfindet, andererseits benötigt sie Antworten, erkennt sie doch, dass Eren sich im Vergleich zu ihren beiden älteren Söhnen anders verhält. Doch auch der Gutachter der psychiatrischen Klinik will sich nicht festlegen. So wird bei Eren immer noch keine Diagnose gestellt, diese, so wird der Mutter im Gesundheitsamt erläutert, sei aber die Voraussetzung dafür, dass er einen Platz an einer Regelschule hätte bekommen können. Güner Mutlu erläutert:

»[...] das hatte mir auch die vom Gesundheitsamt gesagt, dass das nicht geht. Er wäre wirklich behindert. Und da sollte ich doch erst ne Diagnose stellen lassen. Ja, und keiner konnte mir eine erste Diagnose stellen« (1, 129 M).

Hier zeigt sich erneut, dass das Etikett »Behinderung« und eine Diagnose als Schlüssel zur Partizipation verstanden werden. Weil Eren diese Diagnose nicht vorweisen kann, soll er schlussendlich auf einer Förderschule mit dem Schwerpunkt Geistige Entwicklung beschult werden.

Zugang zum Bildungssystem: Das Bekenntnis zum »sonderpädagogischen Förderbedarf« als Entlastung

Nach längeren Überlegungen entscheiden sich die Eltern für eine Beschulung an einer Förderschule mit dem Schwerpunkt Geistige Entwicklung, die einen zusätzlichen Autismus-Schwerpunkt hat. Auch wenn die Mutter Zweifel hat, ob eine Förderschule das Richtige für ihren Sohn ist:

»[dt.] Da war ich mir eigentlich auch nicht sicher, weil ich dachte, naja unter schwer Körperbehinderten, ob der Sohn das dann durchhält oder ob er nachahmt, weil er wollte dann ja alles nachmachen, ob er anstatt jetzt vorwärts geht, wieder rückwärtsgeht. Das war dann immer so dieses ›wenn, und‹, aber dann haben wir uns doch für die Schule entschieden, Gott sei Dank« (1, 122 M).

Die Konstruktion bzw. Herstellung der Behinderung ihres Sohnes geht einher mit der Abgrenzung Erens von körperlich behinderten Menschen und der Betonung seiner Potentiale. Diese Entwicklungspotentiale scheint sie bei anderen behinderten Kindern nicht zu entdecken. Sie sieht in ihnen stattdessen die Gefahr, dass ihre Abweichungen von der Norm für Eren einen Nachahmungswert besitzen und er auf der Förderschule weniger Ansporn haben könnte, sich weiterzuentwickeln. Eine andere Form der Beschulung – bspw. im Gemeinsamen Unterricht – steht ihr aber nicht zu Verfügung.

Neben dieser Zuschreibung von besonderen Fähigkeiten steht ihre Erleichterung, sich mit Erens Beschulung auf der Förderschule abgefunden zu haben. Dieses Gefühl interpretiert sie als Teil ihres Bewältigungsprozesses (»Gott sei Dank« wurde er dort beschult, 1, 126 M). Sie veranschaulicht, wie sie die Etikettierung durch einen sonderpädagogischen Förderbedarf bzw. Erens Kategorisierung regelrecht befreit hat. Als sie sich bei einer Begebenheit für das Verhalten von Eren in der Öffentlichkeit rechtfertigen muss, weil er »jeden antatscht«, sagt sie plötzlich:

»[dt.] ›Das Kind ist behindert.‹ Boah, wie ich das das erste Mal gesagt habe [lacht]. Gut. Da hat schon, also ich habe lange Zeit dieses ›behindert‹, ›Behindertenwort‹ gar nicht mal in den Mund genommen. Das ist wirklich gewöhnungsbedürftig. Wirklich gewöhnungsbedürftig. Wenn man's dann drin hat, dann ist es eigentlich auch scheiß egal, dann kann man auch eigentlich erzählen. Sach ich auch, wenn ich irgendwo hingehe, dann sach ich, das Kind ist behindert. Auch wenn wir in der Türkei im Urlaub. Dann sagen die: ›Du darfst das nicht anfassen!‹ Ich sach: ›Das Kind ist behindert.‹ ›Ja, ach so, wusste ich nicht, dann komm, darfst anfassen.‹ Die haben das zu akzeptieren und fertig. Der hat die Erlaubnis. Der darf das [lacht]« (1, 789 M).

Eren trifft mit seinem Verhalten auf das Unverständnis seiner Umwelt und seine Mutter sieht sich gezwungen, sich und das Verhalten ihres Sohnes erklären zu müssen. Es kostet sie anfangs Überwindung, als sie aber bemerkt, Eren auf diese Weise eine Art Freibrief verschaffen zu können, verspürt sie eine Erleichterung, sie findet es »gut«. Sie kritisiert das Verhalten ihrer Umwelt nicht, die ihr vermittelt, Erens Abweichungen von der Norm nicht zu dulden, und sie dazu zwingt, sich erklären zu müssen. Stattdessen leitet sie der Gedanke, eine Hürde überwunden zu haben, die Eltern eines behinderten Kindes grundsätzlich überwinden müssen, wollen sie von einer erfolgreichen Bewältigung bzw. Akzeptanz der Behinderung des eigenen Kindes sprechen. Wie später zu sehen sein wird, fordert sie das Beschreiten dieses Prozesses auch von anderen Familien ein.

Als Eren sechs Jahre alt ist, erhält er erstmals in der Schule die für Autist*innen vorgesehene Förderung – nach Auffassung der Mutter hätte diese schon viel früher beginnen müssen. Sie ist immer noch ärgerlich auf den Kinderarzt, schließlich hätte dieser

»[dt.] früh genug erkennen müssen. Weil der kennt alle meine Kinder von Geburt an. Wir haben ihn ja schon jetzt 18 Jahre und da hätte ich mir schon gewünscht, dass man, nicht dass ich ihn halt ansprechen musste wegen seiner Sprache und seinem Verhalten, weil das war ja schon auffällig und ...« (1, 622 M).

Heute erkennt sie im Kinderarzt die zentrale Stelle, von der sie sich mehr Unterstützung und Klarheit erhofft hätte. Auch in Bezug auf die Epilepsie ihres Sohnes.

Pflegerische und ärztliche Anforderungen: Alles unter Kontrolle

Die Mutter beschreibt die Panik der Familie, als sie das erste Mal einen epileptischen Anfall ihres Sohnes erleben, er plötzlich die Augen verdreht, keine Luft mehr bekommt und seine Lippen blau anlaufen. Sie rufen den Krankenwagen und hoffen im Krankenhaus auf Antworten. Die Auseinandersetzungen mit den Ärzt*innen sind von Konflikten geprägt. Die Eltern sind unruhig und wollen schnelle Antworten, diese werden ihnen aber nicht geliefert. Die Mutter unternimmt parallel eigene Recherchen, ihre Stütze ist hierbei das Internet, durch das sie einen Zugang zu Informationen erhält. Die Untersuchungen im Krankenhaus ergeben schließlich, dass Eren sich selbst in Trance versetzen kann, bspw. durch blinkendes Licht. Er bekommt Medikamente verschrieben, die ihm im Falle eines Anfalles verabreicht werden sollen. Bei seinem nächsten Anfall ist Güner Mutlu durch ihre Recherchen vorbereitet:

»[dt.] Und ich hatte ja recherchiert, Gott sei Dank, und so war ich geteilt. Sie [zeigt auf eine Schulter] sagte mir: ›Dein Kind stirbt, der kriegt keine Luft.‹ [zeigt auf die andere Schulter] Und die sagte mir: ›Ruhig, der kriegt Luft, da passiert nix. Nur die Ruhe bewahren.‹ Aber in dem Moment kann man's nicht, da ist man wirklich hektisch und da hab ich nur noch gesagt, erst mal dieses Mittelchen [haben die Ärzte verschrieben] verabreicht und dann hab ich die Kinder anrufen lassen und gesagt: ›Macht bitte, ruft den Arzt, dass er kommt, dat Kind kriegt keine Luft.‹ Aber so innerlich war ich dann, der kriegt seine Luft, der Sauerstoff geht weiter, keine Panik. Aber mein Mann hatte Panik. Der hat, der klopfte dann nur noch und versuchte ihm dann die Hand auch. Ich sach: ›Lass dat Kind, mach nix, dat is normal.‹ Und dann machte er Mund-zu-Mund-Beatmung, weil er schon ganz blaue Lippen hatte und total blau war. Aber dat is, der Körper reagiert, und wenn der Körper reagiert, der ringt zwar nach Luft, aber der Körper bekommt Luft, und es geht auch normaler Sauerstoff zum Gehirn rüber, also da passiert wirklich nix« (1, 688 M).

Güner Mutlu inszeniert sich hier, wie in weiteren Belegerzählungen, als die Mutter, die alles unter Kontrolle hat, die Expertin, die sich Wissen angeeignet hat und Vernunft walten lässt, während ihr Mann wie in diesem Beispiel seinen Instinkten unterliegt. Um diesen Expertinnenstatus zu erlangen, zapft sie für den Erhalt von Informationen neue Quellen an, die sie selbstsicher werden lassen. Von den Institutionen hat sie nur wenig Informationen zur Verfügung gestellt bekommen und ist kaum beruhigt worden, aber sie ist versiert im Umgang mit digitalen Medien und beschafft sich auf diesem Weg die Informationen, die sie benötigt. Diese Informationen gibt sie dann weiter an alle, die mit Eren in Kontakt stehen. So habe sie auch die Schule informiert und ihnen die Vorgehensweise bei einem Anfall erklärt. Heute, erläutert sie, mache sie sich auch keine Sorgen mehr.

Erziehung zur Selbstständigkeit: Zwischen Anspruch und Wirklichkeit

Güner Mutlu ist mit der Ausbildung in der Schule zufrieden. Während Eren zu Hause eher träge wirkt und die Mutter glaubt, er verstehe nicht richtig, scheint er in der Schule ein anderes Bild von sich zu präsentieren. Dort rechnet er, schreibt und spricht in ganzen Sätzen. Als die Mutter das Zeugnis ihres Sohnes sieht und auf dem Elternsprechtag davon hört, ist sie überrascht und stolz:

»[dt.] Zu Hause macht er den Doofen! [lacht] Nichts tuend, nichtsahnend, also wirklich, zu Hause ist er wirklich so, als würde er nix verstehen und nix tun und ... Zuhause wird er auch wie ein Pascha ... Davon abgesehen, aber wenn ich dann richtig böse bin, dann sagt er auch: ›Mama ist böse, Mama ist ganz böse.‹ Ich sag: ›Ja, Mama ist ganz böse.‹ ›Komm schmusen!‹ Dann ist wieder alles dahin. [lacht] Ja, er ist schon ein raffiniertes Kerlchen« (1, 152 M).

Güner Mutlu berichtet, Eren habe die Familie fest im Griff, er werde »betätschelt von allen Seiten« (1, 165 M) und kenne »keine Grenzen« (1, 169 M). Dabei gesteht sie selbstkritisch ein, dass sich dieses Vorgehen nicht förderlich auf seine Erziehung auswirke. Sie wolle stattdessen mit der gesamten Familie dazu beitragen, dass er selbstständiger werde. Damit deutet sie an, zwar großen Wert auf die Erziehung Erens zu legen, die Umsetzung allerdings schwierig ist. Zufrieden ist sie aber mit Erens zweisprachiger Erziehung, die sie wie selbstverständlich zuhause fördern. Er sei »nicht schlecht« (1, 192 M) und könne zwischen den beiden Sprachen übersetzen.

Zugang zum Bildungssystem: Eine vertrauensvolle und partnerschaftliche Beziehung

Güner Mutlu pflegt einen engen Kontakt zur Schule, zum Schulbegleiter und anderen Mitarbeiter*innen, die Eren umgeben, wie der Busbegleiterin oder dem Mitarbeiter des Familienunterstützenden Dienstes (FUD)[20]. In einem »Übergabeheft« tauschen sich Klassenlehrerin und Mutter fast täglich über Neuigkeiten in der Schule und zuhause aus. Güner Mutlu vertraut der Lehrerin:

»[dt.] Ich sag schon der Frau A. immer, sie fragt dann immer: ›Soll ich das machen, und was denken sie?‹ Ich sage: ›Sie kennen den Eren am besten, also jetzt von der Schule her, und wenn sie meinen, es ist richtig für ihn, dann machen sie es einfach. Schicken sie mir die Blätter, ich unterschreibe.‹ ›Ja, aber ich muss es ihnen sagen.‹ ›Ja, dann stellen sie sich vor, sie haben es mir gesagt, und schicken es mir‹ [lacht]« (1, 196 M).

Kürzlich ist Erens Klassenlehrerin auf die Mutter zugegangen, um ihr nahe zu legen, Eren auf einer Regelschule beschulen zu lassen. Er erhalte in der Schule zwar Einzelförderung, allerdings könne die Lehrerin ihm kaum noch etwas beibringen. Die Mutter gibt an, überrascht über die Aussage zu sein, ist gleichzeitig glücklich, weil ihrem Sohn die Möglichkeit eröffnet wird, an einer Gesamtschule einen Regelschulabschluss machen zu können. Die Mutter vertraut der Schule, überlässt den Lehrkräften einen großen Handlungsspielraum und nimmt in der Bildung ihres Sohnes eher einen passiven Part ein. Auf die Mitteilung der Lehrerin reagiert sie: »Gut, wenn sie meint, der schafft das, dann machen wir das« (1, 764 M). Während sie sich zu Beginn der »Behindertenkarriere« Erens auf der Suche nach der Diagnose, Kindergarten- und geeignetem Schulplatz überrumpelt und nicht mitgenommen fühlte, vermittelt ihr die Schule heute, dass ihre Meinung wichtig ist, dass sie ernst genommen wird und dass die Schule das Beste für Eren im Sinn hat.

---

20 | Bei dem Familienunterstützenden Dienst (im Folgenden FUD) handelt es sich um ein Angebot der Behindertenhilfe, wodurch Familien bei der Betreuung des Kindes unterstützt werden. Kinder und Jugendliche werden in ihrer Freizeit, in den Ferien, zu Veranstaltungen, Arztterminen begleitet. Diese Angebote finden entweder sporadisch oder regelmäßig statt. Zudem gibt es Beratungsangebote für die Eltern.

Was die Zukunft Erens betrifft, hat sich Güner Mutlu noch keine weiteren Gedanken gemacht. Zwar wünscht sie sich, dass Eren selbstständiger wird, dass er einen Schulabschluss machen und arbeiten kann (Handwerk oder Informatik), aber der Gedanke, dass Eren irgendwann das Elternhaus verlassen wird, scheint für sie undenkbar: »Den würd ich nie abgeben, nee« (1, 519 M). Der ältere Bruder mischt sich daraufhin in das Interview ein und bedeutet ihr, dass Güner Mutlu irgendwann Eren wird gehen lassen müssen. Auf diese Einmischung reagiert die Mutter mit: »Der bleibt hier. Ganz in meiner Nähe« (1, 523 M).

Die Familie: Gute Beziehungen im inneren und erweiterten Familienkreis

Güner Mutlu schwärmt von ihrem Sohn, ist stolz auf ihn und lobt seine Lern- und Anpassungsfähigkeit (1, 759 M). An anderer Stelle betont sie, dass sie Eren auch so lassen möchte, wie er ist, er sei schließlich behindert und das gelte es zu bedenken. Bei ihren Söhnen vermisst sie diese Einsicht zeitweise. Einerseits wird Eren verwöhnt, andererseits behandeln ihn die Geschwister »als wäre er ein ganz normaler Junge« (1, 172 M). Dem Verhalten der Geschwister steht die Mutter mit ambivalenten Gefühlen gegenüber. Zwar hält sie es für richtig, dass die Brüder ihn nicht wie einen Behinderten behandeln, trotzdem müssten die Brüder sich damit abfinden, dass er nun einmal behindert sei und »er wird sich auch nicht bessern in der Hinsicht, er wird immer Autist bleiben« (1, 175 M). Zudem ärgert sich Güner Mutlu über ihre beiden älteren Söhne, die immer weniger mit Eren und stattdessen mehr mit ihren Freunden unternehmen. Die Mutter befürchtet, Eren könne sich vernachlässigt fühlen – schließlich sei er »vernarrt« in seine Brüder – und fordert von ihren älteren Söhnen ein, sich auch weiterhin um Eren zu kümmern.

Wenig berichtet Güner Mutlu über den Vater Erens und seine Rolle zu Hause. So scheint es vor allem sie zu sein, die den Kontakt zu Institutionen und Behörden hält und Organisatorisches regelt. Allerdings ist es der Vater, der sich um den Sohn zu Hause kümmert, weil er durch seine frühe Verrentung nicht mehr berufstätig ist. Güner Mutlu hingegen ist in ihrem Job in der Bäckerei mit Schichtdienst stark eingebunden.

Die Familie hat weitere Verwandte in Deutschland und sie sind in den erweiterten Familienkreis gut eingebunden. Allerdings hat es in der Familie von Güner Mutlu zunächst an Akzeptanz gefehlt. Während die Schwiegereltern »kein Problem damit [mit der Behinderung]« (1, 368 M) hatten, habe ihre eigene Mutter der Familie des Ehemannes Vorwürfe gemacht, »[...] weil's in unserer Familie ja keine Behinderten gibt, das gibt es nur in seiner Familie [lacht]« (1, 369 M). Auch hier zeigt sie sich resolut und bricht abrupt den Kontakt zu ihrer Mutter ab. Heute haben sich die Situation und das Verhältnis indes wieder normalisiert.

Zugang zu Hilfen: Völlig integriert

Auf der Suche nach einer geeigneten Schule für Eren wenden sich die Eltern auf Empfehlung der Ärztin des Gesundheitsamtes an die Behindertenbeauftragte der Stadt. Dort wird den Eltern in einer für sie schwierigen Situation Rat und kompetente Hilfe an einer zentralen Anlaufstelle angeboten. Die Behindertenbeauftragte klärt die Eltern über ihre und Erens Rechte auf und unterstützt die Familie bei Antragsstellungen für den Behindertenausweis, kümmert sich darum, dass die Familie Vergünstigungen der Stadt für behinderte Menschen erhält, beantragt Kostenübernahmen bei der Krankenkasse z. B. für Erens Windeln und empfiehlt der Mutter, einen FUD zu beantragen. Einmal pro Woche kommt ein Mitarbeiter des FUD und unternimmt Ausflüge mit Eren. Zudem fährt Eren mit einem Träger der Behindertenhilfe regelmäßig in den Urlaub: »[dt.] Wenn er sich geärgert, fühlt sagt er: ›Eren in Urlaub fahren.‹ [lacht]. Da erpresst er mich schon« (1, 248 M).

Der Familie Mutlu ist es möglich gewesen, sich ein gut funktionierendes Netzwerk aufzubauen. Die Unterstützung durch die Behindertenbeauftragte hilft den Eltern. Sie lernen so, welche Möglichkeiten ihnen für Eren offen stehen und mit welchen Institutionen sie sich auseinander setzen müssen. Zusätzlich bildet sich die Mutter fort und belegt z. B. Kurse zur Gestützten Kommunikation[21], die sie gemeinsam mit ihrem Sohn besucht. Güner Mutlu weiß demnach die vorhandenen Strukturen durch die Beratung der Behindertenbeauftragten zu nutzen, von denen sie auch abhängig ist. Sie schöpft ihre Möglichkeiten aus und ist froh über den Beistand, der sie vor allem zu Beginn entlastet hat. Um den Nutzen und die Wirksamkeit einer solchen Unterstützung wissend, möchte sie die sich erarbeitete Expertise an andere Familien weitergeben.

Engagement für Migrant*innen: Die Verantwortungsübernahme als Reaktion auf eigene Ausgrenzungserfahrungen

Güner Mutlu kritisiert die Strukturen, in denen Hilfen für Familien nur eröffnet werden, wenn konkret danach gefragt wird. Dabei nimmt sie im Besonderen die Schulen in die Pflicht:

> »[dt.] Die Informationen muss man sich wirklich suchen. Da muss auch die Schule mitarbeiten und sagen, hier das sind unsere Familien. Und die halten sich in allem zurück. Also dann kann man z. B. einspringen und kann sagen, ok, ich kann hingehen, kann mit denen reden. Da habe ich auch kein Problem mit« (1, 726 M).

21 | Bei der Gestützten Kommunikation (Facilitated Communication) handelt es sich um eine Methode aus dem Spektrum der Unterstützten Kommunikation, die es ermöglicht, bei kommunikativen Beeinträchtigungen durch gestütztes Zeigen z. B. auf Objekte, Bilder oder Buchstaben zu kommunizieren (weitere Informationen z. B. Probst 2009).

Eigeninitiativ nimmt sie spontan Bezug auf Familien im Kontext von Migration, ohne dass diese im Interview vorher explizit benannt wurden, und vermittelt, dass sie neben den mangelhaften schulischen Strukturen auch ein Problem in den Familien erkennt, die gehemmt seien, sich an Behörden und Institutionen zu wenden. Hier setzt ihre Aktivität ein: Sie versteht sich als ethnisch Verwandte und Türöffnerin zu den Familien. Güner Mutlu beginnt, im Internet über weitere »Behinderungsformen« zu recherchieren. Sie sammelt »alles, was es an Behinderungen gibt« – auch auf Türkisch. Damit, »falls jemand so eine Behinderung hat, dass er sich das durchlesen kann« (1, 269 M). Nach einiger Zeit entscheiden sich Herr und Frau Mutlu, ihr Engagement in einem stärker institutionalisierten Rahmen weiter zu führen und gründen einen Verein, der als Selbsthilfeorganisation betroffene Familien unterstützen soll. Den Auslöser des Engagements für andere Familien beschreibt die Mutter wie folgt:

»[dt.] Eigentlich durch die ... Wir haben ja ein Jahr lang wirklich so rumrecherchiert und gedacht: ›Oh Gott, warum wir?‹ [lacht]. Und die Schwierigkeiten, die man da hat und die Ahnungslosigkeit, was es alles gibt und wovon man wirklich keine Ahnung hat. Überhaupt die Rechte und Pflichten und alles Mögliche, das hat man erst gemerkt, wenn man im Internet recherchiert. Und dann hatte ich auch in der Schule einige Gespräche« (1, 248 M).

Die persönlichen Erfahrungen, die sie mit der Suche nach Informationen und mit dem Wunsch nach Klarheit zur Diagnose des Sohnes gemacht haben, motivieren die Eltern, sich zu betätigen, Verantwortung zu übernehmen und anderen Familien eine Unterstützung anzubieten. Heute sind sie gut vernetzt und haben rege Kontakte ins Hilfesystem, die sie anderen Familien weitergeben möchten. Aber es sind auch die Pflichten, die die Mutter auf Seiten der Familien noch nicht ausreichend verstanden sieht.

Engagement für Migrant*innen: Die Reproduktion von »Expert*innenwissen« als Anerkennungsstrategie

Ihr Angebot richten die Eltern vor allem an Familien türkischer Herkunft. Auf Veranstaltungen zum Thema »Migration und Behinderung« organisiert Güner Mutlu Informationsstände und stellt Informationen aus dem Internet (Wikipedia) bereit, die sie an die Eltern verteilt. Sie höre von den beratenden Stellen im Hilfesystem häufig, dass gerade Familien türkischer Herkunft ihre Beratungsangebote kaum nutzten:

»[dt.] Die [Mitarbeiterin bei der Diakonie] hatte mir dann immer gesagt: ›Wir haben so viele türkische Familien, die Antrag stellen und am nächsten Tag die Schwiegermutter anruft und sagt, wir brauchen ihre Hilfe nicht.‹ Weil sie es nicht akzeptieren. Und gerade der Sohn, der Sohn kann keine behinderten Kinder haben, das geht einfach nicht, das ist immer die Schwiegertochter, die das veranstaltet. Aber das hatte ich Gott sei Dank in meiner Familie nicht. Ich kenne Familien, wo das wirklich also ganz drastisch ist und wenn ich dann manchmal in den türkischen Kanälen, da gibt's auch manchmal so Recherchen und Reportagen, und wenn ich da sehe, wie die behinderten Kinder eingesperrt werden und angekettet werden, in der Scheune leben müssen und ach nee, da muss was passieren. Und mittlerweile ist die Türkei wirklich schon so weit, dass die Akzeptanz da ist, dass auch Hilfe gemacht wird, und das wollte ich hier eigentlich auch« (1, 291 M).

Die Ablehnung von Hilfe sehen Güner Mutlu und die Beratung der Behindertenhilfe in der fehlenden Akzeptanz der Behinderung und in der Kultur der Familien begründet. Sie gibt an, solche Schwierigkeiten in ihrer eigenen Familie nicht zu kennen, widerspricht damit aber ihren eigenen Angaben. Schließlich berichtet sie zuvor, dass ihre eigene Mutter die Behinderung Erens nur schwerlich habe akzeptieren können. Eine Erklärung für ihre eigene Widersprüchlichkeit könnte sein, dass sie das Verhalten der Mutter nicht in einen Zusammenhang mit einer »Kultur« bzw. einer kulturell bedingten Verhaltensweise (bspw. eines vererbbaren Stigmas, als Zeichen oder Zeichnung durch Gott) bringt, sondern mit einem individuellen Fehlverhalten der Mutter. Möglich ist auch, dass sie ihren Expertinnenstatus durch keine negativen Nebeneffekte (bspw. durch Interventionen der eigenen Familie) beeinträchtigt wissen möchte. Um eine Erklärung für ihr Engagement zu nennen, greift sie auf kulturspezifische Deutungen zu Behinderung in Familien türkischer Herkunft/in der Türkei zurück, die von den sie beratenden Fachkräften als in den Familien relevant benannt werden oder die in Sendungen im türkischen Fernsehen dokumentiert werden. Allerdings weist sie an anderer Stelle darauf hin, dass die Türkei sehr fortschrittlich im Umgang mit behinderten Menschen sei, und sie sich das für »hier« – gemeint sind Familien türkischer Herkunft in Deutschland – ebenfalls wünsche (1, 300 M).

Güner Mutlu reproduziert das vermeintliche Wissen der Behindertenhilfe über Familien türkischer Herkunft. Statt die Deutungen der Mitarbeiterin abzulehnen und kritisch zu reflektieren, fühlt sie sich geschmeichelt. War sie früher den Macht- und Dominanzstrukturen im Hilfesystem ausgeliefert, wird sie heute als Gesprächspartnerin auf Augenhöhe und Expertin anerkannt, die über kulturspezifische Kompetenzen und einen Zugang zu den Familien verfügt. Ihr wird bedeutet, dass sie sich durch ihre progressiven Umgangsweisen mit ihrem Sohn von anderen Familien unterscheidet. Indem sie die Deutungen affirmativ übernimmt, grenzt sie sich von einer konstruierten Gemeinschaft von Familien ab, die über das Merkmal einer türkischen Herkunft zusammengehalten werden und die sie als rückschrittlich markiert. Eine Unterscheidung zwischen Menschen, die in der Türkei und die in Deutschland leben, trifft sie nicht – eine solche scheint für sie auch nicht zu gelten. Denn an anderer Stelle spricht sie von einem ›Wir‹, wenn sie sich auf Menschen in der Türkei bezieht: »[dt.] Wir haben behinderte Menschen und wir haben Sport, machen auch sehr viel Sport und Wettbewerbe [in der Türkei]« (1, 362 M). Sie positioniert sich als Ausländerin, verbindet dies an anderer Stelle mit einem moralischen Appell, untereinander zusammenzuhalten und sich solidarisch verhalten zu müssen. Dabei beschreibt sie einen Konflikt zwischen ihren Söhnen und den Söhnen einer Familie türkischer Herkunft:

»[dt.] Und da habe ich gesagt: ›Hörma, ihr seid Ausländer. Auch wenn ihr auf dem Papier deutsch seid, aber ihr seid Ausländer. Und Ausländer sollten normalerweise miteinander und nicht gegeneinander‹« (1, 733 M).

Die von ihr gezeichneten Bilder über eine Gemeinschaft von Familien türkischer Herkunft stehen in einem engen Zusammenhang mit ihrem Bedürfnis, sich als kompetente Mutter darzustellen, die die Behinderung ihres Sohnes gut bewältigt hat. Dafür greift sie affirmativ auf einen mächtigen Diskurs um reaktionäre Einstellungen der Familien türkischer Herkunft zurück, der im Hilfesystem in Deutschland anzutreffen ist und durch den die betroffenen Familien und ihre Herkunft diskreditiert werden (vgl. Kap. 2.2 und Kap. 3.3). Güner Mutlu hat es sich zur Aufgabe gemacht, die Familien zu informieren und unterweisen. Sie zieht aus den Angaben der Behindertenhilfe (Diakonie) den Schluss, Aufklärungsarbeit in den Familien leisten zu müssen und plausibilisiert so ihr Handeln, sich für andere einsetzen zu wollen. Damit betont sie indirekt ihre Kompetenzen, ihr Verantwortungsbewusstsein, aber auch ihre Überlegenheit den anderen Familien gegenüber, denn in ihrer Familie sind fortschrittliche Umgangsweisen mit behinderten Menschen Realität. Um diese Überlegenheit zu untermauern, benennt sie mit Hilfe einer Kontrastierung an einer anderen Stelle ein konkretes Beispiel aus ihrem Bekanntenkreis, bei dem Eltern sich weigern, den Behindertenausweis für ihre Tochter zu beantragen mit der Begründung, sie habe keine Behinderung[22].

»[dt.] Und das will die Familie nicht akzeptieren, weil das zweite Kind ist gesund. Sie [die »behinderte Tochter«] spielt alleine draußen, man kann sie alleine lassen, und deswegen ist das also für die kein Grund, dass das Kind behindert ist. Sie ist nur, weil die anderen Schulen halt keinen Platz haben, ist sie auf dieser Schule. Und das finde ich sehr schade, also das ist, die müssen damit leben, aber die tun so, als wär dat Kind ganz nor-

22 | Zufälligerweise ist mir dieses Beispiel bekannt, ich kenne die Familie und die Diskussion darüber, ob die Tochter einen sonderpädagogischen Förderbedarf hat oder nicht. Auch die Lehrkräfte des Mädchens sind darüber geteilter Ansicht.

mal und behandeln's auch so. Nee, könnt ich nicht. Ich mein, ich versuch ihn auch ein bisschen normal zu behandeln, aber ich weiß, dass er behindert ist und …« (1, 331 M).

Hier wie in weiteren Belegerzählungen zeigt sich, dass Güner Mutlu die Vermeidung des »Behindertenwortes« (1, 790 M) und des Gesprächs über »das behinderte Kind« als Schwäche der Eltern betrachtet. Dieses Stadium weiß sie für sich bereits überwunden, hat sie doch heute keine Probleme mehr damit, ihren Sohn als behindert zu bezeichnen. Sie deutet die Verhaltensweise der Familie als ein Nichtakzeptieren-wollen und vermittelt eine feste Vorstellung davon, welche Qualität die Bewältigung einer Behinderung haben muss. Damit knüpft sie indirekt an die Herangehensweise der Psychologin im Erstgespräch für die Erstellung der Diagnose an, die ihr vermittelt hat, dass die Verwendung bzw. Vermeidung des Wortes »geistig behindert« in einem Zusammenhang mit einer Akzeptanz der Behinderung des Kindes steht. Zudem bedient sie sich fachlicher Diskurse der Behindertenhilfe, in dem gewisse Merkmale des Verhaltens als ein nicht verarbeitetes Verhältnis zur Behinderung des eigenen Kindes interpretiert werden (vgl. Kap. 3.2). Die Internalisierung der fachlichen Diskurse lässt sich mit ihrer engen Verbundenheit und dem regen Kontakt zum Hilfesystem erklären, in dem sie als Mittlerin zwischen den Strukturen der Behindertenhilfe und so genannten Migrantenfamilien wahrgenommen wird.

Die Arbeit im Verein muss sie nach einiger Zeit ruhen lassen, weil sie sie nicht mehr bewältigen kann. Zu viele Anfragen von Familien habe es gegeben, aber zu wenig Bereitschaft von weiteren Eltern, sich ehrenamtlich zu betätigen.

Religion: Sinnstiftung – Gottes Auserwählte

Güner Mutlu kommt von selbst auf ihr Verhältnis zu Gott zu sprechen. Auf die Frage, ob sie schon früher Kontakt zu behinderten Menschen gehabt habe, die darauf abzielte, Näheres über ihr »Konzept« von Behinderung zu erfahren, das ihr Handeln leitet, entgegnet sie:

»[dt.] Ja, in G-Stadtteil. Wir kamen eigentlich immer gut zurecht. In der Nachbarschaft waren eigentlich mehrere behinderte Kinder. [unverständlich] Und ähm. Ich hab schon mongolische Kinder [gemeint Kinder mit Down-Syndrom] immer so gern gemocht. Weil die immer so'n Lächeln drauf haben. Und da hat der liebe Gott gesagt: ›Ja, wenn du behinderte Kinder magst, dann hast du jetzt eins‹ [lacht]« (1, 754 M).

Güner Mutlu empfindet behinderte Kinder, vor allem Kinder mit Down-Syndrom, als Bereicherung und betont, sich an der glücklichen Reaktion, die sie ihr entgegenbringen, zu erfreuen. Auch hier greift sie auf einen Diskurs zum »Nutzen« der Integration von behinderten Kindern zurück, der besonders in der Diskussion zur Umsetzung eines Gemeinsamen Unterrichtes von Befürworter*innen vertreten wird: Behinderte Kinder (vor allem die mit Down-

Syndrom), so die Annahme, vermögen es, ihrer Umgebung Lebensfreude zu vermitteln und gelten deswegen als Bereicherung bspw. für den Gemeinsamen Unterricht (z. B. Caspari 2010; Kozjek 2010; Stemmer 2013). Ihre positive Einstellung gegenüber behinderten Menschen bringt sie zudem mit einer ihr außergewöhnlichen Gabe bzw. Einstellung in Zusammenhang – eine Vorstellung, die ihr Kraft und Selbstbewusstsein verleiht. Weil sie »Sympathien« für behinderte Menschen hegt, hat Gott sie auserwählt: Gott würdigt ihre Kompetenzen, schließlich fordere der Islam, »dass man auf Behinderte eingehen soll« (1, 785 M). Folglich können kaum noch Zweifel an der Richtigkeit ihrer Handlungen aufkommen.

Zusammenfassung

Güner Mutlus erste Schritte zu Behörden, zu Ärzt*innen und in Institutionen waren eine Belastung für sie. Sie fühlte sich von den Akteur*innen des Hilfesystems überrumpelt, kaum ernst genommen und schlecht informiert. Diese anfänglichen Erfahrungen nehmen im Interview einen größeren Raum ein. Das Internet und ihre Kompetenzen im Umgang mit dem Medium ermöglichen es ihr aber, das Fachwissen, das nur der Fachwelt zugänglich ist, für sich – und später auch für Andere – nutzbar zu machen. Als sie eine zentrale Anlaufstelle der Stadt findet, die ihrer Familie den Weg weist, und Eren auf eine Förderschule kommt, bessert sich die Situation der Familie. Hier lässt sich ein Schnitt in ihrer Erzählung feststellen. Familie Mutlu hat fortan gute Kontakte zum Hilfesystem und feste Ansprechpartner*innen, die die Familie begleiten. Zunächst spricht sich Güner Mutlu gegen die Sonderstrukturen des deutschen Kindergarten- und Schulsystems aus, wollte Eren lieber in einer integrativen Einrichtung wissen. Sie bemerkt dann aber, dass Erens Abweichung von einer Norm bspw. im Regelkindergarten und der integrativen Einrichtung zu stark thematisiert wird (vgl. zur verschärften Erfahrung von Anomalität in integrativen Klassen auch Kuhlmann 2012) und die pädagogischen Fachkräfte sich nicht kompetent genug im Umgang mit ihrem Sohn zeigen. Die Entscheidung für eine heilpädagogische Einrichtung und später auch für eine Förderschule hängen mit einer bei Güner Mutlu wahrgenommenen unvoreingenommen Herangehensweise der Heil- und Sonderpädagog*innen zusammen, mit der sie Eren begegnen. Güner Mutlu erläutert, dass es länger gedauert habe, bis sie ihren Sohn vor anderen als behindert habe bezeichnen können. Heute empfindet sie es als ihre persönliche Errungenschaft, wenn sie von Eren als ihrem »behinderten Kind« spricht. Sein Verhalten Außenstehenden damit erklären zu können, hat sie entlastet. Entlastend ist außerdem der Gedanke, Gott habe sie auserwählt, weil sie einen besonderen Zugang zu behinderten Menschen habe. Prägend scheinen die Kontakte zum Hilfesystem und ihre Recherchen im Internet für den Umgang mit der Behinderung von Eren gewesen zu sein, da sie sich heute bei der Bewertung anderer – vor allem türkischer – Familien der Diskurse des Praxisfeldes zur Bewältigung und Akzeptanz von behinderten Angehörigen bedient. Bei ihren Beschreibungen rekurriert sie – wenn auch unbewusst – auf Phasenverläufe zum Bewältigungshandeln von Behinderung, mit denen im Praxisfeld häufig gearbeitet wird (vgl. Kap. 3.2).

Eingangs thematisiert Güner Mutlu die Kategorie Behinderung insbesondere auf der Strukturebene. Sie beschreibt ihre Konflikte mit der institutionalisierten Hilfe und ihre Fremdheit im Umgang mit Behörden und Antragsstellungen. Zudem betont sie die Barrieren, mit denen sie auf der Suche nach adäquaten Informationen über die Behinderung und Diagnose Erens konfrontiert war. Zwar besitzt Güner Mutlu keinen höheren formalen Bildungsabschluss, sie ist aber sprachlich versiert. In Deutschland aufgewachsen, hat sie hier auch das Bildungssystem durchlaufen. Sie ist in der Lage, zu reagieren und ihre Meinung zu artikulieren, so dass sie sich gegen unfaire Behandlungsweisen selbstbewusst zur Wehr setzen kann.

Im Laufe der Zeit, in der sie sich in der Behindertenhilfe bewegt, internalisiert Güner Mutlu das diskursive Wissen des Hilfesystems um den »kompetenten« Umgang mit Behinderung. Sie vertritt die Ansicht, dass die Etikettierung eines behinderten Menschen durch seine Angehörigen als zentraler Faktor für eine Bewältigung der Behinderung gilt (vgl. Kap. 3.2). So lebt sie offensiv eine Identität als glückliche Mutter eines behinderten Kindes. Grundlage und Strategie ist ein positives Bekenntnis zu Erens Behinderung, das sie auch von ihrer eigenen Familie einfordert.

Die Ansprache als türkische Mutter durch das Hilfesystem und die stereotypen Äußerungen über eine ihr zugeschriebene Community, die ihre behinderten Kinder nicht akzeptiere und deswegen den Zugang zu Angeboten verweigere, reflektiert sie nicht kritisch, sie hat aber Auswirkungen auf ihre Identitätskonstruktion und die Normen und Werte, die ihr Handeln leiten. So positioniert sie sich offensiv auf der Ebene der Identitätskonstruktion als »Ausländerin«, als Frau türkischer Herkunft. Sie hegt den Wunsch, die von ihr konstatierte Leerstelle im Hilfesystem zu füllen und den Familien türkischer Herkunft, die keinen Kontakt zum Hilfesystem haben, unterstützend und beratend zur Seite zu stehen. Auch das mit der symbolischen Bezeichnung »mein behindertes Kind« verbundene Gefühl der Entlastung möchte sie nun an andere Familien weitergeben. Sie fordert Solidarität und beschwört einen Zusammenhalt in der ethnischen Community.

Zudem verleiht sie ihrer Identität Ausdruck: als Mutter türkischer Herkunft mit behindertem Kind, die es vermag, fortschrittlich mit ihrem Sohn umzugehen. Dies führt zu einer verstärkten Betonung ihrer eigenen Akzeptanz gegenüber der Behinderung ihres Sohnes. Auch die Gründung einer Selbstorganisation kann als Folge der Ansprache als »Türkin« verstanden werden. Sie möchte als progressiv gesehen werden, von den anderen Eltern Anerkennung erhalten, aber auch vom Hilfesystem, von dem sie abhängig ist, als kompetent wahrgenommen werden und sich nicht dem Verdacht aussetzen, die vom Hilfesystem geforderte Akzeptanz von Erens Situation sei bei ihr nicht vorhanden. Ihr Engagement in der Selbstorganisation für Familien türkischer Herkunft kann demnach neben dem Wunsch nach Anerkennung und Solidarität auch als eine Strategie gedeutet werden, der Gefahr vorzubeugen, aufgrund ihrer Herkunft und ihres behinderten Kindes eine Zugehörigkeit zur »Vormoderne« (vgl. Gutiérrez Rodríguez/Boatcă/Costa 2010) zugeschrieben zu bekommen.

5.4.2 Fariba Mostafawy und ihr Sohn – Techniken zwischen Normalisierung und Befähigung

Hintergrundinformationen

1984 sind Fariba und Ahmad Mostafawy aufgrund der politischen Situation in Iran nach der Revolution 1979 nach Deutschland ausgewandert. Sie sind somit in der »dritten Phase« der postrevolutionären Auswanderung aus Iran nach Deutschland gekommen. In dieser Phase sind insbesondere Personen nach Deutschland geflüchtet, die als Abiturient*innen keinen Platz an einer iranischen Hochschule erhalten haben, oder die als Studierende den politischen »Säuberungen« an Hochschulen entkommen wollten, oder die Sympathisant*innen und Personen aus dem Umfeld der Opposition waren (Ghaseminia 1996, 153). Fariba Mostafawy beginnt in Deutschland ein Studium der Sozialpädagogik, das sie erfolgreich abschließt. Ihr Mann hat in Deutschland sein Medizinstudium fortgesetzt, heute ist er praktizierender Allgemeinmediziner. 1985 bekommen sie einen Sohn, der zum Interviewzeitpunkt 26 Jahre alt ist. 1995, damals ist Fariba Mostafawy 36 Jahre alt, erwartet sie ihr zweites Kind. Omid, der heute 16 Jahre alt ist, hat das Asperger Syndrom. Er geht auf eine Förderschule mit dem Förderschwerpunkt Sprache. Nachdem sie mit der Geburt von Omid aufgehört hatte zu arbeiten, ist Fariba Mostafawy heute wieder als Sozialpädagogin tätig, allerdings nur vier Stunden am Tag. Die Familie ist gut situiert, lebt in einem Eigenheim in einem wohlhabenden Stadtteil.

Das Gespräch ist das einzige im Rahmen dieser Untersuchung, das nicht in den eigenen vier Wänden der Familie stattgefunden hat. Fariba Mostafawy zog es vor, zu mir nach Hause zu kommen, um Omid nicht mit neuen Eindrücken und meinem Besuch zu überfordern. Das Gespräch fand auf Deutsch statt.

Kernthema: Die Migration als Transformationstradition[23] und das Streben nach Reduktion eines Benachteiligungsmerkmals

Kernthema des Gesprächs ist Fariba Mostafawys Präsentation als sehr gut informierte Frau und Mutter, als Expertin des Asperger-Syndroms, die im Interview aufzeigt, wie sie ihre Expertise einsetzt. Ihre Strategie: Das Ermöglichen

23 | Zum Begriff siehe Apitzsch (1999).

von guter Bildung, Förderung, Erziehung bei gleichzeitigem Arrangement mit den vorhandenen Institutionen und unauffälligem Bewegen innerhalb dieser. Ihr Ziel ist, dass das Asperger-Syndrom als Benachteiligungsmerkmal seine Relevanz verliert. Dabei leitet sie der Gedanke, ihren Sohn auf diese Weise »zukunftsfest« machen und das Projekt des sozialen Aufstiegs in Deutschland weiterverfolgen zu können. Dafür nutzt sie alle ihr zur Verfügung stehenden Ressourcen, die vor allem sie selbst als Sozialpädagogin einbringt.

Diagnose: Im Spannungsfeld von Behinderung und Enthinderung

Auf die Erzählaufforderung, doch einmal zu berichten, »wie alles angefangen hat mit Omid« entsteht eine längere Erzählsequenz, die sie mit der Schwangerschaft beginnen lässt. Mit ihren 36 Jahren zählt die Schwangerschaft von Fariba Mostafawy zu den Risikoschwangerschaften, aufgrund derer sie zusätzliche Untersuchungen wie die Amniozentese »wegen Downsyndrom« (2, 11 M) durchführen lässt. Da das Risiko einer Fehlgeburt in Kauf genommen wird, die eine Fruchtwasseruntersuchung mit sich bringen kann, scheint die Annahme nicht unwahrscheinlich, dass ein Schwangerschaftsabbruch aufgrund einer Behinderung für Frau und Herrn Mostafawy denkbar gewesen wäre. Dies wäre als Hinweis darauf zu werten, dass das Leben mit einem behinderten Kind von dem Ehepaar als problematisch bewertet wird.

Als Omid zur Welt kommt, verläuft zunächst alles unauffällig. Lediglich die »Sprachentwicklung« empfinden die Eltern als »nicht so passend« (2, 13 M). Diese Verzögerung erklären sie sich anfangs mit dem mehrsprachigen Aufwachsen ihres Sohnes. Diese, so die Mutter, sei gerade bei mehrsprachig aufwachsenden Jungen keine Seltenheit. Dass sie diese Verzögerung schon früh bemerken, begründet Fariba Mostafawy mit ihrem eigenen und dem beruflichen Hintergrund ihres Mannes. Sie verstehen sich als Expert*innen in der Beobachtung, haben beide aber keine Erfahrung mit dem »Störungsbild« wie »stereotype Bewegungen« oder das »Fixieren bestimmter Sachen«, und können daher die Symptome, die sie als Symptome des Asperger Syndroms markiert, zunächst nicht einordnen (2, 18 M).

Nach ihrer Elternzeit meldet Fariba Mostafawy ihren Sohn in einem Regelkindergarten an. Dort wird festgestellt, dass Omid Schwierigkeiten hat, sich in die Gruppe zu integrieren u.a. weil er sich nicht artikulieren kann. In dieser Zeit werden die Eltern auf eine mögliche Normabweichung aufmerksam gemacht.

»[dt.] Dann habe ich ihn rausgenommen aus dem Kindergarten und habe ihn in Betriebskindergarten, wo weniger Kinder in der Gruppe waren. Bis ich dann durch Gesundheitsamt eine integrative Platz, in so eine Integrationsgruppe, mit 15 normale und fünf Kinder halt Kinder mit halt mit irgendwelche Behinderung oder Störung im Montessori-Kindergarten in T-Stadtteil bekommen habe« (2, 28 M).

Bereits in dieser Sequenz deutet sich an, dass Fariba Mostafawy aktiv ist und Einsatz zeigt, um ihren Sohn die Möglichkeit zu eröffnen, in einer guten Umgebung betreut zu werden. Dafür nutzt sie die ihr zur Verfügung stehenden Ressourcen, die sich neben den finanziellen Möglichkeiten auch aus ihrer pädagogischen Expertise ergeben. Mit ihren Unternehmungen ist Fariba Mostafawy erfolgreich: Omid erhält einen Platz in einem Montessori-Kindergarten, der, so ihre Einschätzung, aufgrund der Gruppengröße und der fachlichen Kompetenz der pädagogischen Fachkräfte sehr gut für seine Bedürfnisse geeignet sei. Durch den Kindergarten wird Fariba Mostafawy dann auch auf das »Störungsbild« Autismus (2, 19 M) aufmerksam gemacht. Sie wendet sich an das Autismus-Therapie-Zentrum der Stadt und nach diversen Untersuchungen wird bei dem vierjährigen Omid schließlich das Asperger-Syndrom diagnostiziert. Ein Jahr später beginnt die Suche nach einem geeigneten Schulplatz für Omid.

Kindergarten und Schule: Im Spannungsfeld von Bildung und Erziehung

»[dt.] [...] was ist mit der Schule, wo kommt er wohl hin, was passiert. Und optimal ist natürlich, dass die Kinder zusammen sind. Wenn es die Gegebenheit da ist, aber meistens ...« (2, 59 M).

Diese »optimalen« Gegebenheiten, in der behinderte und nichtbehinderte Kinder gemeinsam beschult werden, kann Fariba Mostafawy nicht finden. Sie weiß um die Diskriminierungen behinderter Menschen und sorgt sich, dass ihr Sohn Hänseleien ausgesetzt sein und ausgenutzt werden könnte. Sie habe viel darüber gelesen, wie unerträglich die Pausensituation für autistische Kinder sein könne. Zudem seien die Bedingungen in der Regelschule durch eine längere Erkrankung der Förderschullehrerin schwierig gewesen. Sie empfindet diese Zeit selbst als hektisch. Diese Hektik entsteht durch die Sorge, eine (falsche) Entscheidung zu treffen, die für den Sohn nicht die bestmögliche Förderung bedeuten könnte. Sie hat Angst davor, loszulassen und fürchtet den Gedanken, nicht jeden Moment bei ihm sein zu können, um ihn zu schützen (2, 69 M). Auch deswegen entscheidet sich Fariba Mostafawy für die sichere Variante: Omid kommt auf eine Förderschule mit dem Schwerpunkt Sprache, die vier Jahrgangsstufen hat. Mit dieser Schule hätten sie »sehr viel Glück gehabt«, so die Mutter (2, 85 M). Die Klassenlehrerin sei »sehr gut für Omid« (2, 87 M). Sie kümmere sich auch um »andere Sachen«, die nicht nur mit Lesen, Schreiben, Mathematik oder Allgemeinwissen zu tun hätten. Sie sorge nicht nur für die Bildung der Kinder, sondern auch für deren Erziehung. Sie achte darauf, dass Omid gute Bedingungen vorfindet und er die Geschehnisse im Unterricht verfolgen kann. Als die Lehrerin z. B. bemerkt, dass Omids Aufmerksamkeit bisweilen nachlässt, wird für ihn eine Schulbegleitung beantragt. Fariba Mostafawy kann so ihre Verantwortlichkeit mit der Schulbegleiterin teilen. Für sie ist es sehr entlastend, Omid in der Schule gut aufgehoben zu wissen.

Schwierig wird für die Familie abermals die Zeit, in der Unklarheit über die weitere Beschulung von Omid herrscht: »Man muss sich gut überlegen, was das Kind braucht und es ihm anzubieten. Das sind Phase, wo sehr schwer sind« (2, 425 M). Fariba Mostafawy sucht sechs Monate lang nach einer für Omid geeigneten weiterführenden Schule und hospitiert in unterschiedlichen Schulformen. Dafür nutzt sie die Unterstützung des Hilfesystems. Sie sucht eine Autismusexpertin der Stadt auf, die sie zeitweise bei den Hospitationen begleitet. Sie besucht Gesamtschulen, Realschulen, Förderschulen und Privatschulen in einem Umkreis von 50 km. In ihrem Bestreben, dem Sohn Teilhabe zu ermöglichen, muss sie Grenzen identifizieren: Die Schul- und Klassengrößen, die sie vorfindet, traut sie Omid nicht zu. Sie entscheidet sich schließlich doch für eine Förderschule mit dem Schwerpunkt Sprache in einer 35 km entfernten Großstadt.

Auch dort bekommt er eine Schulbegleitung zugeteilt, mit der Fariba Mostafawy sehr zufrieden ist – auch weil eine gute Zusammenarbeit zwischen Mutter und Schulbegleiterin existiert, die sich regelmäßig fortbilde und Wissen über das Asperger-Syndrom vorweisen könne. Ziel der Begleitung von Omid ist es, seine Selbstständigkeit so zu fördern, dass die Stunden der Schulbegleitung immer weiter reduziert werden können. Dass Omid heute keine Schulbegleiterin mehr hat, sei sein eigener großer Wunsch gewesen: »Er hat immer gefragt, warum muss jemand für mich da sein?« (2, 153 M).

Gut funktionierende Strukturen und ihr selbst aufgebautes Expertinnenwissen sind es, die der Mutter dazu verhelfen, in ihrem Handeln und Denken ruhiger zu werden. Sie eignet sich vor allem durch Lesen von Fachliteratur und Autobiographien autistischer Menschen Wissen über das Asperger-Syndrom an, wird sicherer und weniger ängstlich. Zweifellos ist sie die Hauptperson, die sich um den Sohn kümmert. Der Vater wird im Gespräch kaum thematisiert. Er hat die Rolle des »Beruhigers« eingenommen, der die Mutter immer wieder daran erinnert, dem Sohn mehr Zeit zu geben. Diese Verteilung der Rollen wird von ihr nicht in Frage gestellt. Sie kümmert sich aber nicht nur als Mutter um ihren Sohn, Fariba Mostafawy ist gleichzeitig auch Lehrerin und Therapeutin.

Sie gibt an, Omid zeigen zu wollen, wie viel er könne, welche Talente und Fähigkeiten er habe, nicht nur, weil sich die Mutter erhofft, dass ihr Sohn selbstständiger werde und sein »Störungsbild« abnehmen könnte. Der Sohn leidet darunter, dass er die akademische Laufbahn, die quasi als Tradition in der Familie konstant verfolgt wird, nicht fortführen kann. Sein Vorbild sei der große Bruder, der Abitur gemacht habe und heute studiere. Aber auch sie hatte andere Pläne für Omids Bildungsweg:

»[dt.] Für mich war am Anfang schwer zu akzeptieren, überhaupt zu verdauen, was los ist. Das Kind ist nicht mal drei und man erwartet so Sachen und wartet. Und die Zeit. Es ist sehr schwer zu akzeptieren. Man macht sich natürlich verrückt. Man möchte eine Schiene haben. Und denkt, wenn das Kind studiert. Und man erwartet gar nicht, dass es nicht passiert. 150 Prozent. Und in einer Akademikerfamilie ist noch schlimmer. Weil man zu perfekt ist« (2, 366 M).

Mit ihrer Äußerung inszeniert Fariba Mostafawy ihre Familie als Akademiker*innenfamilie mit hohen Zielen und grenzt sich im Kontext von Bildungsaspirationen von nicht-akademischen Familien mit einem behinderten Kind ab. Die Akzeptanz des Asperger-Syndroms von Omid sei für sie noch schwerer gewesen, weil sich ihre Familie durch ein Streben nach Perfektion auszeichne. Damit greift sie auf eine Differenzierung von Familien mit behinderten Kindern der Soziologie der Behinderten/Behindertenpädagogik zurück, die den Zusammenhang der »Schichtzugehörigkeit« und dem Streben nach Perfektion andeuten[24].

Daneben kann es sich hier auch um ein Migrationsphänomen handeln. So ist die Entscheidung zur Migration motiviert durch die Möglichkeit, ein besseres Leben führen und den Kindern eine bessere Zukunft als im Herkunftsland bieten zu können (vgl. Hamburger 1994): Die Migration als »Transformationstradition« (vgl. Apitzsch 1999) und als »familiales Aufstiegsprojekt«, in dem die »geographische Mobilität der Eltern« durch die »soziale Mobilität der Kinder« weitergeführt wird (Hummrich 2006, 97). Hier wird zu prüfen sein, ob sich der Wunsch nach familiärem Aufstieg bzw. wie hier nach Statuserhalt (unter Bedingungen größerer Herausforderungen als im Ursprungskontext, wie Anerkennung von Abschlüssen, Sprachbarriere etc.) von Nichtakademiker*innen- und Akademiker*innenfamilien unterscheidet.

Wenn Omid traurig darüber ist, die akademische Laufbahn nicht einschlagen zu können, tröstet Fariba Mostafawy ihn und redet ihm gut zu. Gleichzeitig – scheinbar geleitet von dem von ihr erwähnten Perfektionismus – baut sie den Druck auf den Sohn weiter auf: »Und ich muss tatsächlich immer wirklich wissen, was in der Schule los ist ... Und ich kann nicht so einfach so alles so laufen lassen« (2, 156 M). Sie kontrolliert die Fortschritte des Sohnes, ob er die Lernziele in der Schule wird einhalten können und bemängelt, dass ihre Hinweise zu Omids Leistungen und Schwierigkeiten, dem Unterricht zu folgen, in der Schule nicht ernst genommen werden: »Ich habe festgestellt, da kannst du nicht mehr weiter diskutieren« (2, 440 M). Diese Mängel versucht sie zuhause auszugleichen. »Ich kann dem Lehrer ja nicht sagen [, dass sie unzufrieden

24 | Der Soziologe Cloerkes (2007, 296) beruft sich bei der Beschreibung dieses Zusammenhangs auf den unveröffentlichten Forschungsbericht von Windszus (1972) zur Lebenssituation von Familien mit behinderten Kindern und Jugendlichen.

ist] ... ich mache mich nur unbeliebt« (2, 199 M). Sie befindet sich in einem Abhängigkeitsverhältnis mit der Schule, denn es beunruhigt sie, wenn es mit der Zusammenarbeit nicht klappt: »Ich brauche immer Zusammenarbeit« (2, 428 M). So bleibt sie unauffällig und beschwert sich nicht, um die Lehrkräfte nicht gegen sich aufzubringen und die Zusammenarbeit und den Informationsfluss nicht zu gefährden. Stattdessen lernt sie mit ihrem Sohn, liest mit ihm Romane, »trainiert« ihn, weil er, so ihre Begründung, sehr viel davon profitieren könne (2, 210 M). Das stellt Fariba Mostafawy zugleich vor vielfältige Herausforderungen: Auch für sie sind das Lösen mathematischer Aufgaben und das Verstehen der Textaufgaben »nicht so selbstverständlich« (2, 442 M). Es sind Inhalte, die sie neu erlernen muss. Zudem koste es »viel Auseinandersetzung« mit ihrem Sohn und »viel Kraft« (2, 451 M), Omid zu motivieren: »Das war eine Arbeit. Wir haben jeden Tag gelernt.« Hatte Omid durch seine Entwicklung die Unterstützung durch eine Schulbegleiterin überflüssig gemacht, so nimmt nun die Mutter diese Rolle ein. Der Wunsch, ihrem Sohn das Mitkommen im Unterricht zu ermöglichen, führt zu diesem Rollentausch, der ihr selbst auch nicht verborgen bleibt: »Eigentlich bin ich jetzt sein Schulbegleiter« (2, 456). Doch ihrer Ansicht nach hat sie keine Wahl, bezweifelt sie doch die Kompetenz einiger Lehrender und kritisiert:

»[dt.] Und deshalb, das sind so Probleme, dass die Schulen wenig Ahnung haben, die Lehrer. Ich denke, die Information und die Bildung in diesem Bereich, wenn die Kinder etwas anders sind, ist unheimlich wichtig« (2, 143 M).

Der Umgang mit dem Asperger Syndrom: Im Spannungsfeld von Freiheit und Einengung

»Uns war diese Störungsbild überhaupt nicht bekannt. Mittlerweile ist viel mehr geworden. Weil man weiß ja auch so, was los ist. Man macht sich Gedanken, ob es intellektuelle ist« (2, 51 M).

Die Sorge darüber, dass ihr Sohn kognitiv beeinträchtigt sein könnte, wird ihr genommen, als sie bemerkt, dass Omid besondere Talente und Fähigkeiten hat, wie sie an mehreren Stellen im Gespräch betont. Dadurch kann sie Omid von anderen behinderten Kindern abgrenzen. Auf die Frage, ob sie von dem Begriff Autismus vorher schon einmal gehört habe, erwidert Fariba Mostafawy:

»[dt.] Überhaupt nicht, noch nie. Ich hatte mich nie damit beschäftigt. Ich habe das Wort Autismus nie gehört. Das ist natürlich auch nicht gut. Ich habe wirklich sehr sehr schlimme Zeit durchgemacht. Als er Kindergarten, da hat einmal wegen Schule ... Die K-Schule war ja bei uns in der Nähe. [Schule mit Schwerpunkt Geistige Entwicklung].

Haben Sie da auch hospitiert?

Mutter: Nein! Ich habe gesehen, welche Kinder dahin kommen. Ich möchte nicht, dass Sie mich falsch verstehen. Und als die Kindergartenleiterin die Name von Schule mir genannt hat, da habe ich die ganze Nacht nur geweint. Sie hat nur gesagt: ›So, überlegen sie sich K-Schule.‹ Da habe ich gesagt: ›Nein, mein Kind gehört nicht dahin‹. Man muss auch, also wenn es nicht anders geht, geht natürlich nicht, aber wenn ein Kind etwas anderes verdient hat oder geeignet ist, dann sollte man nicht den Schritt zurückgehen« (2, 287 M).

Der Vorschlag der Kitaleitung, ihren Sohn auf einer Förderschule mit Schwerpunkt Geistige Entwicklung beschulen zu lassen, schockiert die Mutter zutiefst. Sie hat die Kinder auf der Schule beobachten können und betrachtet ihren Sohn dieser Gruppe nicht nur als nicht zugehörig, sie findet, er habe diese Schulform aufgrund seiner besonderen Fähigkeiten nicht »verdient« und – anders als die anderen Kinder – die Eignung, andere Schulen besuchen zu können. Auch hier kann ihre negative Assoziation (Rückschritt bei etwaiger Beschulung auf einer Förderschule mit dem Schwerpunkt Geistige Entwicklung) wie bereits zuvor als Migrationsphänomen – das Streben nach Aufstieg bzw. Schichterhalt – gedeutet werden. Fariba Mostafawy legt großen Wert darauf, das Etikett »Behinderung« zu vermeiden: Ihr Sohn soll nicht der Gruppe der behinderten Kinder zugeordnet werden (z.B. auch 2, 30 M oder 147 M). An vielen weiteren Belegerzählungen finden sich Hinweise darauf, dass sie nicht möchte, dass ihr Sohn als behindert wahrgenommen wird. Sie verbessert mich, als ich ihren Sohn als Autisten etikettiere: »Man sagt auch High-Functioning, autistische Züge bei Omid« (2, 472 M). Damit greift sie auf den Diskurs zur Einordnung des Asperger Syndroms zurück, der sich zwischen den Polen »Genie« und »Entwicklungsstörung« bzw. »Behinderung« bewegt.[25] Sie meidet kategorisierende Bezeichnungen, so z. B. als sie von einem Freund von Omid spricht: »Er ist auch so etwas wie Omid« (2, 203 M). Sie unterlässt es auch, mit dem erweiterten Familienkreis über Omid in Bezug auf das Asperger-Syndrom zu sprechen oder ihm durch einen Behindertenausweis eine Beeinträchtigung amtlich attestieren zu lassen und erläutert ihre Motive wie folgt:

»[dt.] Man kann wirklich nicht über Problemen mit allen reden. Auch wenn ich meine Familie hier hätte. Ich darf das auch nicht. Wenn Omid als Erwachsen ist. Ich kann für ihn nicht entscheiden, was ich erzählen darf. Beispiel ist Behindertenausweis. Ich habe keinen beantragt. Das muss er entscheiden. Ich weiß nicht, was er dazu sagt. Wenn

25 | Eine Auflistung der verschiedenen Klassifikationen von Autismus liefert Autismus Deutschland e. V. (Autismus Deutschland e. V. o. J.).

er 18 ist. Ich hätte so oder so nicht über diese Dinge geredet. Dann sehen ihn alle als anders« (2, 560 M).

Die Mutter gibt zum einen vor, ihrem Sohn selbst die Entscheidung überlassen zu wollen, was er von sich preisgibt, aus Sorge, er könne ihr nachher vorwerfen, zu viel mit anderen über ihn gesprochen zu haben. Gleichzeitig erklärt sie – ohne ihre genauen Motive zu nennen – nicht mit anderen Menschen über Omid sprechen zu wollen. Dazu zählt sie auch erweiterte familiäre Netzwerke. Kontakte außerhalb der Kernfamilie betrachtet sie nicht als Möglichkeit der Entlastung, sondern als zusätzliche Bürde. Weil sich die Migration in ihrer Familie nur auf die Kernfamilie (und den Bruder des Ehemanns, der aber weiter weg wohnt) beschränkt hat, vereinfacht es ihr die Migrationssituation, unerwünschten Fragen aus dem Weg gehen zu können und das Asperger-Syndrom Omids in der Familie nicht thematisieren zu müssen. Auch an anderen Stellen im Gespräch lassen sich Hinweise finden, wieso sie die Gespräche außerhalb der Kernfamilie und mit unbeteiligten Personen meidet:

»[dt.] Für mich war wichtig, was zu tun war, zu machen. Und dass ich es rechtzeitig mache. Zum Beispiel, was ich geleistet[26] habe, dass ich mich nicht geschämt habe, trotz vieler unschöner Situationen in der Arztpraxis, im Sportverein, bei einem Fest. Ich habe das Kind mitgenommen und ihn mit integriert, auch wenn es Schwierigkeiten da waren. Dass ich gesagt habe, mein Kind ist wie jede andere Kind. Muss zum Schwimmkurs gehen, laufen gehen, Musik – Omid spielt wunderschön Klavier – und dass er auch beim Schulfest auch spielt, wenn es auch nicht so 100 Prozent funktioniert. Dass er da ist. Man muss sich nicht schämen. Oder Besuch bekommen. Dass man soziales Leben hat. Wie oft habe ich ihn in der Stadt verloren. Er läuft einfach weg. Hätte ich ihn nicht mehr mitnehmen sollen in die Stadt? Ich hätte mich nicht verziehen, wenn ich das nicht gemacht hätte. Und dann sieht man ja auch am Selbstbewusstsein von Kind, wie er sich dann traut« (2, 567 M).

Es ist schwer für sie, ihren Sohn überall mithinzunehmen und Gefahr zu laufen, von ihrer Umwelt kritisch beäugt zu werden, wenn Omid sich abweichend der herrschenden Normvorstellung verhält. Diese Gefühle sind nicht ungewöhnlich, liest man andere Berichte von Eltern mit Kindern, deren Abweichung von einer Norm zunächst nicht so offensichtlich ist, wie bspw. bei

26 | An dieser Stelle könnte bei der Interpretation des Interviews die Verwendung des Begriffs der »Leistung« einer besonderen Betrachtung unterzogen werden. Da diese begriffliche Verwendung aber auch der Tatsache geschuldet sein kann, dass Fariba Mostafawys Muttersprache nicht Deutsch ist, wird hier eine tiefergehende Analyse ausgespart.

einem Down-Syndrom (vgl. Büker 2010). An anderer Stelle verortet sie die negativen Reaktionen, die sie und Omid erfahren, als migrationsspezifisch.

Während die Mutter anfangs ihr Leben darstellt, ohne sich als Migrantin zu positionieren, tritt der Migrationskontext nach meiner sie direkt als Migrantin adressierenden Frage (»Glauben Sie, dass es für Sie in Deutschland schwerer ist, dass Sie einer doppelten Belastung ausgesetzt sind? Als Migrantin?«) in ihrer Beschreibung deutlich zutage. Meine Frage ist hier als Experiment zu verstehen, das darauf abzielt, eine Reaktion auf diese Adressierung zu erzielen. Interessanterweise stellt sie plötzlich Ausgrenzungserfahrungen, von denen sie vorher als Mutter eines behinderten Kindes gesprochen hat (die Ausgrenzung aufgrund einer Behinderung), in den Kontext rassistischer Diskriminierungen, den sie vorher aber nicht explizit benannt hat (»[...] ich sagte Ihnen bereits [...]«). So reagiert Fariba Mostafawy:

»[dt.] Es ist schwer zu sagen. Diese Mentalität hier. Wenn Omids Auffälligkeiten im Alltag gesehen werden, ich sagte Ihnen bereits, hatte ich schon mal das Gefühl gehabt. In ein Arztpraxis oder woanders. Dass, wenn die gesehen haben, mein Aussehen, dass sie denken, mein Kind ist schlecht erzogen oder verwöhnt. Da wollte ich anfangs gar nicht mehr raus mit ihm. Aber wenn Sie jetzt meinen bei Behörden, das ist [schweigt]« (2, 553 M).

Heute gibt sie an, diese Scham überwunden zu haben. Sie habe sich vorgenommen, dass ihr Sohn wie jedes andere Kind groß werden solle. Doch auch hier deutet sich das Spannungsfeld an, in dem sie sich bewegt. Denn sie ist gleichzeitig weiterhin bemüht, Omid beizubringen, sich möglichst unauffällig zu bewegen. Dafür bedarf es immer wieder ihrer Intervention: »Er war so distanzlos. Wo ich eine Zeit ihn therapieren musste« (2, 69 M). Sie gibt an, erfreut über Omids Bemühungen zu sein, seine Abweichung von der Norm so gering wie möglich halten zu wollen: »Ich finde gar nicht schlecht, dass er auch so zum Beispiel, wenn er über irgendwas redet, dass er seine Gedanken auf eine Reihe bringt« (2, 187 M).

Wie die Belegerzählungen zeigen, nutzt Fariba Mostafawy keinerlei soziale Netzwerke, die in einem Zusammenhang mit ihrem Sohn und dem Asperger-Syndrom stehen. Auf die Netzwerke ist sie im Hinblick auf Unterstützung auch nicht angewiesen, da die Kernfamilie ausreichend Ressourcen aufbringt, sich um Omid kümmern zu können.

Der Umgang mit dem Hilfesystem: Eigene Ressourcen ermöglichen den Zugang

Der sozioökonomische Status der Familie, ihr Bildungshintergrund, ihre Deutschkenntnisse und das Wissen, auf das Fariba Mostafawy als Sozialpädagogin und ihr Mann als Arzt zurückgreifen können, verhelfen der Familie und

Omid zu einer privilegierten Situation. Die Eltern haben sämtliche zur Verfügung stehenden Ressourcen eingesetzt, um Omid zu unterstützen.

Doch obwohl sie viele Möglichkeiten für ihren Sohn berücksichtigen und ausschöpfen, hat Fariba Mostafawy sich gerade zu Anfang mehr Hilfestellungen gewünscht. Sie habe Unterstützung benötigt, um sich im Hilfesystem zurechtzufinden (2, 351 M) und um mehr zur Ruhe kommen zu können (2, 343 M). Mehrmals spricht sie von einer Unruhe – vor allem zu Anfang – in der sie weder Mutter noch Vater sein konnten (2, 45 M). Sie habe den Wunsch gehabt zu erfahren, wie es mit ihrem Sohn weitergehen könne: »Wir waren alle unsicher und auch der Bruder und das Kind merkt alles« (2, 348 M). Diese Unsicherheit habe die ganze Familie belastet: »Zwischen Geschwistern, Partnern, Oma. Dann gibt es dauernd Meinungsverschiedenheit« (2, 345 M). Wenn sie sich an Institutionen wendet, trifft sie auf ein distanziertes Verhalten, das sie einer »Mentalität« (2, 553 M) in Deutschland zuschreibt. Die fehlende emotionale Bindung habe sie ein Gefühl von Sicherheit vermissen lassen. So ist sie dann auch vor allem mit den Institutionen zufrieden, die ihr Mut und Omid eine Besonderheit bzw. besondere Fähigkeiten zusprechen (2, 356 M).

Es werde Familien erschwert, die passenden Hilfen zu finden, kritisiert die Mutter. Ohne Standards, Konzepte oder eine zentrale Anlaufstelle – so vermutet sie – ist es für Familien im Migrationskontext, die wenig Deutsch sprechen oder nicht die Ressourcen aufbringen können, Informationen selbst zu suchen oder sich Wissen anzueignen, noch viel schwieriger. Dieses Stadium scheint Fariba Mostafawy jedoch überwunden zu haben: Sie weiß um ihre privilegierte Stellung. Fühlt sie sich dieser Gruppe zwar selbst nicht zugehörig, so kann sie doch die Wahrnehmung eines Migrationshintergrundes durch Andere nicht vermeiden. Diese werden durch Diskriminierungserfahrungen transportiert. Es sind »unschöne« Situationen in Arztpraxen oder anderen Orten, in denen aus Omid plötzlich ein schlecht erzogener oder verwöhnter Junge einer Migrantin wird und die Fariba Mostafawy und ihren Sohn anfangs in die Isolation treiben. Auch solche Situationen führen dazu, dass Fariba Mostafawy Vieles unternimmt, um ihrem Sohn Auffälligkeiten abzugewöhnen. Es ist aber auch die Angst um seine Zukunft, weil sie nicht wissen, »was passiert mit ihm« (2, 43 M), wenn sie sich nicht mehr kümmern können. Fariba Mostafawy möchte ihm zur Unabhängigkeit verhelfen und gleichzeitig vor der Umwelt schützen.

Zusammenfassung

Die anfängliche Unsicherheit und Einschüchterung, die sich auch aus Diskriminierungserfahrungen aufgrund des Zusammenwirkens der Strukturkategorien Migration und Behinderung ergeben haben, konnte Fariba Mostafawy ablegen. Dazu verholfen haben ihr vor allem ihr sozioökonomischer Status sowie ihre und die fachliche Expertise ihres Mannes. Durch diese Ressourcen, ihre Deutschkenntnisse und ihre professionelle Sprache hat Fariba Mostafawy mit der Zeit gelernt, wie sie innerhalb der vorhandenen Strukturen agieren kann, so dass sie die ihrer Meinung nach für Omid besten Bedingungen schaffen kann. Mit den Jahren hat sie einen Expertinnenstatus erworben, Kindergärten und Schulformen lernt sie problemlos kennen, in dem sie sich Kenntnisse über Möglichkeiten der Unterstützung im Hilfesystem eigenständig verschafft und Expertisen für eine Beratung einfordert. Die selbstständige Erschließung ist für sie zwar eine Herausforderung, der sie sich aber gewachsen fühlt. Mittels einer Autismusexpertin verschafft sie sich und ihrem Sohn Zutritt zu den von ihr als geeignet erachteten Bildungseinrichtungen. In diesen als passend befundenen Systemen angekommen, bemerkt sie jedoch Mängel, die ihrem Ziel im Weg stehen. Statt diese zu kritisieren, verfolgt sie die Strategien der Herstellung von Harmonie und Eintracht und des Marsches durch die Institutionen. Wenn sie mit Lehrinhalten und Umgangsweisen nicht einverstanden ist, bleibt sie passiv, verhält sich unauffällig und unaufdringlich, um eine Exklusion durch das System zu vermeiden. Da sie durch ehrenamtliche Positionen selbst zu einem Teil des Schullebens wird, ist sie in der Lage, Mängel dingfest zu machen und sie schließlich selbst auszugleichen. Für die Bildung und Erziehung von Omid fordert sie kaum Ressourcen und Unterstützung von außen ein, sondern nutzt die ihr als gut situierte und gebildete Familie vorhandenen Möglichkeiten, »Enthinderungsstrategien«[27] zu planen und durchzuführen.

Inhalt ihrer Erzählung sind vor allem die sie leitenden Normen und Werte sowie die damit verbundenen Identitätskonstruktionen. Im Vordergrund steht dabei ihre Selbstrepräsentation als akademische Familie, ihre Suche nach und Förderung von Entwicklungsmöglichkeiten für Omid, die sich durch die erfahrenen Diskriminierungen als Mutter iranischer Herkunft und eines Kindes mit Asperger-Syndrom sowie durch das Motiv des Statuserhalt (unter Bedingungen von Migration) zu verstärken scheinen.

Eine nicht-akademische Laufbahn Omids war in ihrem Lebensentwurf nicht vorgesehen. Sämtliche Bemühungen zielen darauf ab, den dadurch potentiell entstehenden »Schaden« und die Beeinträchtigung in der Familienbiographie zu minimieren, die Abweichung von der Norm so gering wie möglich zu halten – auch um ihren Sohn vor Diskriminierungen zu schützen, denen er als »behinderter Jugendlicher mit Migrationshintergrund« ausgesetzt ist. Dies stellt sich als große Herausforderung dar. Von Beginn an bemüht sie sich, Omid die beste Förderung zukommen zu lassen, um den »Schritt zurück« zu vermeiden. Sie gibt an, ihm alle Chancen und Freiheiten ermöglichen zu wollen. Doch es geht ihr nicht nur um eine Form von Befähigung wie es bspw. im Capability Ansatz (vgl. Kap. 1 und Sen 1992; Nussbaum 2006) gefordert

27 | Dieser Ausdruck ist abgeleitet von dem an der Ev. Hochschule Ludwigsburg existierenden »Beauftragten für Enthinderungsfragen«.

wird: Um ein Teil dieser Gesellschaft werden zu können, erwartet sie auch von Omid Unauffälligkeit und Anpassung. Dabei versucht sie allerdings immer im Blick zu haben, was für ihren Sohn zumutbar ist und was nicht. Eine für sie zentrale Erkenntnis nach den ersten gemeinsamen Jahren mit Omid ist, dass er für einen Anpassungsprozess Zeit benötigt und sie ihn nicht hetzen darf. Um für ihn weitere Zeit gewinnen zu können, hält sie die Verwandtschaft von ihm fern und versucht eine Etikettierung zu verhindern, sei es durch die Verwendung einer etikettierungsfreien Sprache oder der Vermeidung struktureller Maßnahmen wie der Beantragung eines Behindertenausweises. Auf eine Unterstützung durch das Hilfesystem ist sie ohnehin nicht angewiesen: Die Familie ist sozioökonomisch so gut aufgestellt, dass sie die Versorgung Omids alleine stemmen kann. Fariba Mostafawy hält ihrem Sohn den Rücken frei, bis er den Prozess der Reduktion seiner Normabweichung vollzogen hat. Dafür bildet sie Omid aus, erzieht und therapiert ihn und handelt dabei nach dem mittlerweile stark kritisierten[28] Prinzip der Normalisierung. Dabei wird davon ausgegangen, dass »die Norm des normalen Lebens, der die Mehrheit der Bevölkerung entspricht, optimal sei und daß es für behinderte Personen darum gehe, ebenfalls gemäß dieser Norm zu leben« (Prengel 2006, 157). Der Lebensform der Mehrheit, so Prengel, werde universelle Gültigkeit zugesprochen. Fariba Mostafawy wendet diese Techniken der Normalisierung auch an, weil sie weiß, dass ihr Sohn darunter leidet, in der Akademiker*innenfamilie nicht mithalten zu können. Doch besteht die Gefahr, dass sich nicht zwangsläufig die erwünschte Selbstständigkeit des Sohnes entwickelt, sondern vielmehr, »dass endlose Trainings dazu führen, abhängig zu machen und zu manipulieren« (Nirje 1994, 21).

5.4.3 Salma Kolat und ihr Verlust von Ressourcen durch die Migration

Hintergrundinformationen

Rana Kolat wird 1997 in der Türkei geboren. Sie lebt mit ihren Eltern in einer türkischen Großstadt. Als Rana Kolat 22 Monate alt ist, wird bei ihr ein frühkindlicher Autismus diagnostiziert. Ihre Mutter, Salma Kolat, ist als Musikerin und als Kurdin in der Türkei politisch aktiv. 2002 trennt Salma Kolat sich von ihrem Mann. In diesem Jahr ist sie auch gezwungen, mit ihrer damals vierjährigen Tochter Rana aufgrund einer akuten Bedrohungssituation[29] als politisch Asylsuchende nach Deutschland zu fliehen. Obwohl sie einige Jahre

---

28 | Die Heterogenität behinderter Menschen, so die Kritik, stehe im Vergleich zum Inklusionsgedanken nicht explizit »im Mittelpunkt aller theoretischen Überlegungen und praktischen Vorhaben« (Prengel 2006, 157).

29 | Genauere Umstände sind nicht bekannt.

später einen deutschen Pass erhält, sind ihr Reisen in die Türkei aufgrund ihrer politischen Aktivitäten nicht mehr möglich.

Heute hat Salma Kolat zwei weitere Kinder, David, 5, und Lea, 3, aus einer anderen Beziehung. Rana ist mittlerweile 14 Jahre alt. Mit dem Vater der beiden Kinder lebt Salma Kolat heute nicht mehr zusammen. Sie ist alleinerziehend und wohnt mit ihren drei Kindern in einer drei-Zimmer-Wohnung in einem sozial benachteiligten Vorort einer Großstadt. Sie ist nicht erwerbstätig. Rana geht auf eine Förderschule mit dem Förderschwerpunkt Geistige Entwicklung. David und Lea besuchen zurzeit den Kindergarten.

Anwesend im Interview war nur Salma Kolat. Das Interview fand auf Türkisch statt.

Die von Salma Kolat erzählte Biographie lässt sich in die Zeit vor und nach der Migration einteilen. So erfolgt die folgende Darstellung ihrer Geschichte auch in zwei Teilen.

Kernthema: Hartnäckigkeit, der transnationale Raum und der importierte Expertinnenstatus als Ressource und kompensatorische Strategie

In dem Interview spricht Salma Kolat über den Verlust von Ressourcen durch eine prekäre Migrationssituation und ihres sozialen Netzwerkes sowie über den Verlust der Anerkennung ihres Expertinnenstatus‹ in Bezug auf ihre Tochter. Durch Hartnäckigkeit erhält sie Zugang zu Unterstützungsmöglichkeiten, doch die sich durch den Kontext von Migration und Behinderung verstärkenden Ausgrenzungs- und Diskriminierungserfahrungen münden in einer gesellschaftlichen Isolation der Familie.

Teil 1) Türkei: Erarbeitung eines Expertinnenstatus

Die Diagnose: Wunsch nach Gewissheit

»Ja, gut. Mit 22 Monaten wurde die Diagnose leichter Autismus festgestellt. Natürlich am Anfang, wenn die Kinder gerade geboren oder noch sehr klein sind, kann man noch nicht genau sagen, was das Ganze ist. Bis man dann irgendwann die Entwicklung feststellt. Wenn die anderen Kinder anfangen zu reden, stellt man bei diesen Kindern keine Entwicklung fest« (3, 10 M).

Salma Kolat bemerkt sehr früh, dass bei ihrer Tochter »die Sache« nicht so »läuft« (3, 41 M). Zur Erläuterung ihrer Aussage stellt sie die Entwicklung »anderer« Kinder der Entwicklung »dieser« Kinder kontrastierend gegenüber. Die Abweichung Ranas von einer Normentwicklung steht für die Mutter fest. Durch ihre Beobachtungen angetrieben, beginnt sie sich zu informieren und mit Entwicklungsstörungen zu befassen. Ein von ihr aufgesuchter Psychologe versucht sie zu beruhigen, aber sie bleibt misstrauisch. Sie beobachtet die Tochter weiterhin in der Interaktion mit anderen Kindern, vergleicht Ranas Entwicklung mit der von Kindern ihres Freundeskreises.

»[türk.] Ich habe dann angefangen darüber zu lesen und hatte dann eine Vermutung. Als sich meine Vermutung dann auch bestätigt hat, bin ich daraufhin zum Arzt gegangen und die haben das dann auch festgestellt. Weil ich selbst die Vermutung hatte. Ich hatte drei Bücher gelesen, habe die ganzen Symptome, die ich dort gelesen habe, bei ihr festgestellt und bin mit diesen Vermutungen zum Arzt. Für sie war das ungewöhnlich, dass jemand schon in diesem Alter [des Kindes] solche Vermutungen äußert. Weil es ja eigentlich erst in einem höheren Alter festgestellt wird. Aber ich hatte da ja Übereinstimmungen im Verhalten gefunden« (3, 121 M).

Nach Literaturrecherchen und der Aneignung von Wissen über Verhaltensstörungen bei Kindern überprüft sie, ob die Symptome eines Autismus auch bei Rana zu finden sind. Als sie ihre Vermutung bestätigt sieht, geht sie erneut zum Arzt und äußert ihre Diagnose. Salma Kolat ist sich ihrer Sache sicher: Sie präsentiert sich als die Expertin, die bereits früh um die Bedarfe ihrer Tochter weiß. In der Uniklinik lässt sie sich dann auch nicht abweisen. Sie trägt ihre Zweifel vor, bis Rana eine offizielle Diagnose und eine Bestätigung ihrer Annahmen erhält. Der »frühkindliche Autismus« wird dadurch zu einem ungewöhnlich frühen Zeitpunkt diagnostiziert. Durch die lange Beschäftigung und Auseinandersetzung mit der Entwicklungsstörung erlebt sie die Diagnose nicht als Schock: Es geht ihr nicht mehr darum herauszufinden, ob oder welche Behinderung ihre Tochter hat, sondern lediglich um den Erhalt einer Bestätigung ihrer Vermutung von offizieller Seite.

Bildung und Erziehung: Förderung und Entwicklung als Schlüssel zur Partizipation

Zentrales Thema der anfänglichen biographischen Erzählung ist Salma Kolats Sorge um Rana. Sie schildert außerdem ihre Suche nach geeigneten Bildungssettings und ihre Suche nach einer Entlastung für sich.

»[türk.] Natürlich fängt damit ein sehr schwieriges Leben an. Es ist in der Tat so, so ein Leben ist ziemlich schwer. Insofern als man eben nicht sein eigenes Leben lebt, sondern sein Leben nach den Bedürfnissen des Kindes richtet« (3, 14 M).

Mit ihrer Wahrnehmung der Abweichung von einer Normentwicklung, die sie aus der Beobachtung und dem Vergleich mit anderen Kindern ableitet, beginnen die Schwierigkeiten. Doch auch diese sind für sie nicht überraschend, sie sind »natürlich« und eine logische Folge. Schwer ist das Leben, weil die eigenen Bedürfnisse zurückgestellt und sich nach den Bedürfnissen des Kindes gerichtet werden müsse. Ihre Tochter könne ihre Bedarfe nicht äußern, nicht sprechen, sie könne nicht eigenständig zur Toilette gehen.

»[türk.]Wenn ich dann irgendeine positive Seite dazu sagen sollte, dann ist das die Anhänglichkeit gegenüber der Mutter. Das vielleicht bereichert einen auch als Mutter. Aber sonst gibt es nur Sorgen für den Verlauf des Lebens« (3, 22 M).

Neben der Sorge, Rana eine nicht auf ihre Bedürfnisse und Möglichkeiten zugeschnittene Bildung und eine gute medizinische Versorgung ermöglichen zu können, habe sie außerdem Angst um Ranas Zukunft und um ihr Leben nach dem Tod der Mutter:

»[türk.] [...] die ganze Sorge richtet sich darauf, was, wenn ich nicht mehr kann? Was, wenn ich sterbe, wenn ich krank bin, wer soll sich dann um das Kind kümmern? Es gibt hier natürlich Einrichtungen, die das Kind nehmen, aufpassen, aber in einer Welt, in der sie nicht mal die normalen, die nichtkranken Kinder schützen können, wie soll dann so ein Kind in so einer Situation bestehen? Das ist meine ständige Sorge« (3, 25 M).

Es ist zu vermuten, dass sie die Befürchtungen insbesondere auf heute kontextualisiert (»Es gibt hier natürlich Einrichtungen«) und sie den sorgenvollen Blick in die Zukunft vor allem auf die gegenwärtige Situation und das Leben in Deutschland bezieht. Denn neben den Aussagen über ihre Sorgen stehen andere, in denen sie angibt, die Familie und sie selbst hätten sich in der Türkei gut auf die Situation einstellen können (»das konnten wir schultern«, 3, 47 M). Die Mutter leitet der Gedanke, ihrer Tochter Partizipation durch eine gute Förderung ermöglichen zu können. Zwar gibt es in der Türkei zu dieser Zeit keine differenzierten staatlichen Angebote für behinderte Menschen, die finanziellen Möglichkeiten der Familie erlauben es aber, privat eine Betreuung (»Nanny«) zu engagieren. Rana beginnt früh mit Therapien und wird in einer Krabbelgruppe angemeldet.

Sozioökonomischer Status: Schlüssel zur Förderung und Entwicklung

Direkt zu Beginn des Interviews demonstriert die Mutter, dass sie keineswegs intendierte, aus einer Art Altruismus heraus ihr Leben selbstlos in den Dienst der Erziehung ihres Kindes zu stellen. So baut sie sich in der Türkei ein funktionierendes Netzwerk auf, das sie unterstützt. Als finanziell gut aufgestellte Mutter einer autistischen Tochter kann sie in der Türkei gut leben. Sie ist berufstätig als Musikerin und besitzt gemeinsam mit ihrem Ehemann ein soziales Netzwerk – bestehend aus einem Freundeskreis und sie unterstützenden Eltern. Salma Kolat inszeniert sich als selbstbewusste, finanziell unabhängige und selbstständig handelnde Frau. Durch ihre Möglichkeit, außerfamiliäre Hilfen in Anspruch nehmen und eine Betreuerin engagieren zu können, kann sie weiterhin ein selbstbestimmtes Leben führen, was der politisch engagierten Frau besonders wichtig ist. Mit ihrer Äußerung »Man hat ja Freunde gehabt« (3, 36 M) deutet sie schon zu Beginn des Interviews an, dass das sie damals umgebende stabile Netzwerk heute der Vergangenheit angehört.

Teil 2) Deutschland: Expertinnenstatus ohne Anwendungsmöglichkeit

Der rechtliche Status: Von Stillstand, Ausgrenzungen und Rückschritten

2002 ist sie dann aufgrund ihrer politischen Aktivität in der Türkei gezwungen, mit der vierjährigen Rana das Land zu verlassen. Die Trennung vom Ehemann geschieht in etwa zeitgleich. Sie kommt als alleinerziehende Mutter mit Rana nach Deutschland und beantragt für beide Asyl.

Durch die Migration erfährt ihr Leben eine Zäsur: Sie erleben den Wandel von einer guten wirtschaftlichen Lage mit einem sie stützenden sozialen Umfeld in der Türkei hin zu einer radikalen sozioökonomischen Abstufung in Deutschland, wo sie auf sich allein gestellt ist. Rana und Salma Kolat werden in einem Wohnheim für geflüchtete Menschen untergebracht.

»[türk.] Das Leben in einem Asylheim ist eigentlich ein ganz schwieriges Leben. Die Menschen werden zusammengewürfelt. Es sind normale Menschen, es sind u. a. auch Kriminelle. Da kannst du dich nicht so direkt noch mehr um dein Kind kümmern, als du es normalerweise machen würdest. Wenn man dann auch noch ein autistisches Kind hat, kommt man sich machtlos vor. Das Leben selbst ist dort schon schwierig. Und mit so einem Kind wird das Problem noch viel viel größer. Du kannst das Kind nicht ins Krankenhaus bringen, du bist nicht im Stande, viel für das Kind zu tun« (3, 210 M).

Salma Kolat ordnet sich implizit den »normalen Menschen« im Heim zu und grenzt sich von anderen, ggf. auch »kriminellen« Bewohner*innen des Heimes ab. Die Heterogenität unter denen, die die Unterkunft bewohnen, mache das Leben schwer. Neben den existentiellen Anliegen, wie die Besorgung eines Wohnraumes, Geld für den Unterhalt, Kleidung und ärztliche Versorgung, kommen Schwierigkeiten durch die Beeinträchtigung der Tochter hinzu. Die Schilderungen der Mutter deuten auf eine große psychische Belastung hin, der sie durch das Leben in der Unterkunft ausgesetzt sind. Es ist naheliegend, dass dort die für Menschen mit Autismus grundlegenden Voraussetzungen für partizipative Prozesse wie geregelte Abläufe, Rückzugsmöglichkeiten, Ruhe und eine Förderung, die eine Isolation Ranas verhindert, nicht mehr gegeben sind. So empfindet Salma Kolat insofern Machtlosigkeit, als sie nunmehr keine Möglichkeit hat, für Rana eine gute Unterbringung, eine umfassende medizinische Versorgung zu erwirken oder weitere Bildungs- und Fördermaßnahmen durchzuführen. Durch die rechtlichen Rahmenbedingungen für Geduldete (vgl. Bundesamt für Migration und Flüchtlinge 2014) kann Rana an die in der Türkei bereits begonnenen Therapien in Deutschland nicht anknüpfen:

»[türk.] Es ist zwar sehr früh erkannt worden [der Autismus des Kindes] und dort hat man auch schon mit Therapien angefangen. Aber die Situation in Deutschland, meinetwegen hat sich die Sache dann hinausgezögert. Da war dann ein ziemlicher Abstand« (3, 131 M).

Die Mutter ist aufgrund des rechtlichen Status' mit staatlichen Regulierungen konfrontiert, die massiv in ihre Möglichkeitsräume und die von Rana eingreifen. In den zweieinhalb Jahren im Flüchtlingsheim bzw. in der Zeit des unsicheren Aufenthaltsstatus' hat Rana keine Option, eine außerfamiliäre Betreuung in Anspruch zu nehmen. Dieses Angebot habe lediglich für die »normalen Kinder« bestanden (3, 209 M). Allerdings macht Salma Kolat dafür weder das deutsche System und die gesetzlichen Regulierungen, bspw. das Asylbewerberleistungsgesetz und die restriktiven Maßnahmen, die mit einem Duldungsstatus in Deutschland einhergehen, noch die Bedingungen, die ihr das Bleiben in der Türkei unmöglich machten, verantwortlich. Stattdessen sucht sie die Schuld für die schwierige Situation als Asylsuchende bei sich selbst. Sie hadert mit der Entscheidung, sich in der Türkei als politische Aktivistin betätigt zu haben. Sie trage die Verantwortung dafür, ihr Kind in diese Situation gebracht zu haben (»meinetwegen«, 3, 133 M, »Gewissensbisse« 3, 139 M).

»Von 2002 bis 2006 gab es gar keine Ausbildung, Erziehung in dem Sinne« (3, 61 M). 2006 beginnt Rana schließlich mit der Schule. Sie besucht fortan eine Förderschule mit dem Schwerpunkt Geistige Entwicklung.

Auch nachdem sich die rechtliche Situation verbessert, bleiben Salma Kolat und ihre Kinder sozial herabgestuft. Sie lebt mit ihren (mittlerweile) drei Kindern in einfachen Verhältnissen. Die Ausübung eines Berufs ist für Salma Kolat völlig ausgeschlossen:

»[türk.] Nein, das ist gar nicht möglich. Hier habe ich auch keinen Beruf an sich in Deutschland. Die Dinge, die ich in der Türkei gemacht habe, kann ich hier nicht machen. Ich habe mich mit Musik befasst. Wenn ich keine Hochschulausbildung habe, kann ich damit hier nichts anfangen« (3, 109 M).

Keiner Erwerbstätigkeit nachgehen zu können, hänge mit der fehlenden Anerkennung ihrer bisherigen beruflichen Tätigkeit in der Türkei zusammen, als Musikerin/Musikdozentin ohne Hochschulabschluss habe sie in Deutschland keine Chance. Die Tatsache, dass sie als alleinerziehende Mutter von drei Kindern – davon ein Kind mit einem hohen Pflegebedarf – keine Möglichkeit hat, eine Tätigkeit aufzunehmen, spricht sie nicht an.

Merkmal Sprache bzw. »kein Deutsch«: Ausgrenzungs- und Diskriminierungserfahrungen

In mehreren Belegerzählungen schildert Salma Kolat Ausgrenzungen, die sie aufgrund ihrer fehlenden Kenntnisse des Deutschen erlebt hat. Ihre Deutschkenntnisse haben im Leben von Salma Kolat Einfluss auf unterschiedliche Bereiche, wie sich am Beispiel des rechtlichen Status und dem Kontakt zu ihrem Umfeld zeigt.

Salma Kolat bemerkt, dass sich das Ausgrenzungs- und Diskriminierungsmerkmal »Deutsch« in Kombination mit einer bei der Tochter wahrgenommenen Behinderung verstärkend auf Ausgrenzungserfahrungen auswirkt. Es ist nicht der rassialisierte Körper, ihr Aussehen lasse nicht auf einen Migrationshintergrund schließen. Doch es gebe im öffentlichen Raum häufig Situationen mit Rana, die die Aufmerksamkeit auf die Familie lenken. Wenn sie gefragt wird, was mit Rana los sei, und sie »nicht in einem fließenden Deutsch antworten kann, dann fällt der Schleier« (3, 224 M). Der Augenkontakt werde gemieden, sie werde nicht gegrüßt.

Anforderungen, wie das pünktliche Erscheinen zu Versammlungen in Schule oder Kita, sind für sie durch die besondere Situation zuhause schwerer zu erfüllen:

> »[türk.] Wenn ich durch dieses Kind, also wenn ich mit Rana etwas machen muss, und ich dadurch zu anderen Versammlungen zu spät komme, das eine Kind muss um 8.15 Uhr da sein, das andere um 9.00. Sofort musste ich dem Direktor oder der Leiterin verständlich machen, warum ich zu spät komme, und sie haben überhaupt kein Verständnis dafür. Auf einmal verlangt der Direktor dann von mir: ›Sprechen sie doch mit ihren Kindern Deutsch.‹ Da frage ich ihn, wie ich denn mit meinen Kindern Deutsch sprechen solle. Ich spreche doch selber kein Deutsch. Das Leben wird immer kompliziert dadurch. Das eine Problem hat immer Auswirkungen auf den anderen Bereich des Lebens« (3, 240 M).

Ihre Anstrengungen, die sie im Alltag zu bewältigen hat, werden nicht erkannt, stattdessen werden zusätzliche Anforderungen an die Mutter gestellt, die sie nicht zu erfüllen vermag. Sie glaubt, dass sich die Herausforderungen, die mit der Behinderung des Kindes einhergehen, mit den vorhandenen Problemen als Migrantin ohne Deutschkenntnisse auf einem gehobenen Sprachniveau potenzieren. Durch das Zusammenwirken der Barrieren entstehen zusätzliche Probleme, die Auswirkungen haben auf den Umgang mit ihr und ihren Kindern, auf ihr Privatleben und auf ihre Identitätskonstruktion als Migrantin.

Oftmals sind die von Salma Kolat bei Verständnisproblemen entwickelten Strategien nicht erfolgversprechend: In Beratungen wünscht sie, mit türkischsprachigen Mitarbeiter*innen sprechen zu dürfen, muss dann aber feststellen, dass diese kaum Kenntnisse über ihre spezifischen Anliegen im Kontext Behinderung haben. Ärzt*innen oder Anwält*innen bittet sie z. B. darum, Gesprächsprotokolle anzufertigen, die sie dann übersetzen lässt. Diese Strategie ist jedoch immer abhängig vom Willen des Gegenübers.

Salma Kolat steht staatlichen Stellen kritisch gegenüber. Durch ihr Sprachniveau im Deutschen sind Gespräche zwischen Salma Kolat mit Behörden und Institutionen von einer Machtasymmetrie gekennzeichnet. Mit dem Erhalt einer dauerhaften Aufenthaltsgenehmigung bemüht sich Salma Kolat auch um den Erwerb der deutschen Staatsbürgerschaft. Auch auf der Ausländerbehörde trifft sie neben Äußerungen, die sie kränken, auf eine offene Ungleichbehandlung durch die staatliche Stelle.

»[türk.] Wenn ich die darum bitte, auch Ärzte, bitte reden sie langsam, dann machen sie das auch. Aber die Ausländerbehörde, da wird man so von oben herab behandelt, und als ich denen gesagt habe, ich möchte die deutsche Staatsbürgerschaft haben, da haben sie mir von Anfang an gesagt: ›Machen sie sich keine Mühe. Sie brauchen gar nicht zu kommen, das führt zu gar nichts.‹ Und haben die Tür zu gemacht. Dann habe ich gesagt, dass ich mir einen Anwalt nehme. Sie sagten, ich hätte keine Chance: ›Werfen sie ihr Geld nicht zum Fenster raus.‹ […] Sogar den Dolmetscher haben sie aus dem Zimmer geschickt. Sie sagten: ›Sie wenden sich an eine deutsche Behörde. Dann müssen sich auch deutsch reden‹« (3, 267 M).

Salma Kolat wird aus dem Büro verwiesen, weil sie das imaginierte Kriterium für ein Gespräch »Deutsch auf einem hohen Sprachniveau« nicht erfüllt. Sie weiß um dieses Kriterium und sucht sich Unterstützung, aber auch der von ihr engagierte Dolmetscher kann sich keinen Zutritt verschaffen. So macht sie die Erfahrung, dass sie selbst mit Unterstützung keine Möglichkeit bekommt, sich zu äußern respektive gehört zu werden. Die Ausländerbehörde folgt der »Logik der Diskriminierung«, in der es erlaubt scheint, Salma Kolat zu benachteiligen und ihr »grundlegende Menschenrechte mehr oder weniger umfassend vorzuenthalten« (Scherr 2012, 18), weil sie die von ihr auferlegten Kriterien nicht erfüllt. Schließlich ruft der Mitarbeiter der Ausländerbehörde den fünfjährigen David in das Büro und beginnt ihn gegen den Willen der Mutter auszufragen. Sie selbst kann nicht verstehen, worum es geht, weil der Mitarbeiter »Hochdeutsch« mit ihrem Sohn spricht. Salma Kolat befindet sich in einer machtasymmetrischen Situation, lässt sich aber nicht einschüchtern. Sie bleibt hartnäckig und wehrt sich. Sie leitet schließlich rechtliche Schritte ein und zeigt sich in letzter Instanz erfolgreich:

»[türk.] Dann habe ich mir einen Anwalt genommen. Das sind solche hässlichen Begegnungen, wo ich alleine mit den Problemen nicht fertig werde und gezwungen bin, Hilfe zu holen. Am Ende habe ich sie auch bekommen, die Staatsbürgerschaft« (3, 280 M).

Das Hilfe- und Bildungssystem: (Später) Zugang ja, Qualität nein

Die Sorge um ihr Kind begleitet ihr Muttersein. Schon früh hat sie sich zu einer Expertin für ihr Kind entwickelt. In der Türkei hat sie die Möglichkeit, sich Wissen anzueignen und Rat einzuholen. Während Rana und auch sie selbst von diesem Expertinnenwissen in der Türkei profitieren konnten, schafft sie es nicht, dieses Wissen in ihrer Zeit im Wohnheim für Geflüchtete und als Geduldete zur Verbesserung ihrer Situation einzusetzen. Damals »machtlos« (3, 214 M), nimmt sie sich heute wieder den Herausforderungen an. Nun ist sie wieder die Handelnde, »greift ein« (3, 81 M), vertritt Rana anwaltschaftlich, wenn sie glaubt, ihre Tochter gerate bspw. in der Schule oder im Hilfesystem in Situationen, die ihr nicht gut tun. Durch die Beratungen der Lebenshilfe erfährt sie von der Möglichkeit, Pflegegeld zu beantragen, das sie für sich zunächst nicht in Erwägung zieht: »Warum sollte ich Geld dafür bekommen, dass ich mich um meine Tochter kümmere?« (3, 159 M). Zwar wünscht sich die Mutter Unterstützung und Entlastung von außen durch das Hilfesystem, für ihre Rolle als Mutter ein Pflegegeld zu bekommen, fühlt sich für sie aber befremdlich an. Heute nimmt sie die finanzielle Unterstützung an und legt die Beiträge für Ranas zukünftige Versorgung zur Seite.

In der Beratungsstelle erhält sie außerdem Informationen über das System der Schulbegleitung und des FUD – ein Angebot, das die Mutter dankbar annimmt. Die Auswahl der Rana begleitenden Personen nimmt Salma Kolat sehr ernst. Sie sucht aus den Bewerberinnen passende aus und ist diejenige, die die Entscheidung trifft, wer Rana begleiten darf. Sie gibt an, von den Schwierigkeiten zu wissen, die pädagogische Fachkräfte mit der Tochter haben, habe Verständnis dafür, wenn sie die Arbeit mit der Tochter nicht aushalten: »Das verstehe ich auch, dass sie müde werden, wenn man sieben Stunden mit so einem Kind zu tun hat« (3, 92 M). Auch sie selbst ist erschöpft von den »Belastungen« und dem »schwierigen Leben« (3, 15 M).

Von der anspruchsvollen Tätigkeit wissend, fordert Salma Kolat daher ein höher qualifiziertes Personal, das sich nicht nur um die Betreuung des Kindes kümmert, sondern auch um die Erziehung und Bildung. Ohne eine adäquate Förderung hat sie Sorge, ihre Tochter könne sich weiter isolieren. Es fehlt das Vertrauen in ausreichende Kenntnisse derjenigen, »die zum Helfen kommen« (3, 194 M). Sie kritisiert, dass Schulbegleiter*innen ohne entsprechende fachliche Ausbildung ihre ersten Erfahrungen mit behinderten Menschen an ihrer Tochter machen. Das mangelnde Vertrauen hat Auswirkungen auf die Organisation ihres Alltags und die Planung der Zukunft. Zwar entspricht es nicht ihrer Vorstellung vom Muttersein, kaum ihren eigenen Bedürfnissen nachgehen zu können, sieht für sich aber keine Möglichkeit, sich zurückzuziehen. Bisher kann sie sich auch nicht damit abfinden, dass, sollte sie einmal nicht mehr können, Rana institutionell betreut wird.

Das soziale Netzwerk: Sprache, ethnische Herkunft und Behinderung als Ausgrenzungsmerkmale

Zwar hat Rana wenig Kontakt zu ihrer Umwelt und baut kaum Kontakt zu den jüngeren Geschwistern auf, trotzdem erkennt die Mutter mit der Geburt der Kinder eine Verbesserung der Situation – auch für sich selbst, die nun nicht mehr ganz alleine mit Rana lebt.

Dennoch ist Salma Kolat mit ihren Kindern allein. Verfügte sie in der Türkei über viele soziale Kontakte, haben sie und auch Rana heute keine Bekanntschaften in Deutschland. Es entstünden keine Freundschaften mit »deutschen Familien«. Die erste Hürde in der Kontaktaufnahme sei wie oben bereits ausgeführt ihr Sprachniveau im Deutschen bzw. die damit in Verbindung gebrachte ethnische Herkunft. Doch selbst wenn diese Hürde überwunden wäre, Salma Kolat identifiziert weitere Barrieren, die sie mit der gesellschaftlichen Ausgrenzung von behinderten Menschen in Verbindung bringt:

»[türk.] Denn normalerweise ist es sogar so, wenn man neue Freundschaften schließt, sogar bei alten Freundschaften, ist ein behindertes Kind eher ein Hinderungsgrund. D. h. die Freundschaften dauern nicht sehr lange. Sie ertragen das Ganze nicht. Wenn man z. B. mit Pärchen zusammen unterwegs ist, auch innerhalb der Familie, da kommt kein Gespräch zustande. Es gibt so ein Spannungsverhältnis. Auf diese Weise führt es dazu, dass die Freundschaften nicht lange halten. Die Neigung zur Teilhabe ist sehr gering. Sie wollen nicht teilhaben. Eigentlich macht das auch das Leben schwer und die Beziehungen schwer« (3, 171 M).

Salma Kolat berichtet auch von Ausgrenzungen in der türkischen Community, in der ihre ethnische Herkunft als Kurdin relevant wird: »Die verstoßen einen, auch die eigenen verstoßen einen« (3, 238 M). So kommt es, dass sich Salma Kolat weder in der Gruppe der Eltern von behinderten Kindern noch in der Gruppe der ihr sprachlich verwandten Migrant*innen aufgenommen fühlt.

Zudem erschwert ihre Migrationssituation die Unterstützung durch die Familie. Ihre beiden Brüder leben zwar in Deutschland und sind in Notsituationen auch zur Stelle »[...] aber mal von sich aus, nein. Die Neigung ist sehr gering. Und das scheint auch bei anderen Familien der Fall zu sein« (3, 181 M). Die Türkei hingegen dient als Referenzsystem und ist der Ort der effizienten Hilfe:

»Besonders in der Türkei selbst, wo ein behindertes Kind ist, da sind die Großeltern immer zur Stelle und passen auf das Kind auf. Aber ich bin hier nicht in dieser glücklichen Lage« (3, 183 M).

Durch die Betreuung ihrer Tochter ist sie an das Haus gebunden.

Transnationaler sozialer Raum: Die Türkei als Ressource

Salma Kolat ist durch die Migration mit einem Verlust von Ressourcen konfrontiert. Zunächst, weil sie und Rana durch den rechtlichen Status stark eingeschränkt sind, aber auch später mit Verbesserung der rechtlichen Situation fehlt Salma Kolat das Unterstützungsnetzwerk für Rana, von dem sie in der Türkei so profitiert hatte.

»[türk.] Als ich nach Deutschland kam, hatte ich natürlich Gewissensbisse, dass sie aufgrund meiner Lebensumstände keine Therapie bekommen konnte. Deswegen habe ich sie auch in regelmäßigen Abständen in die Türkei geschickt, damit sie Hilfe bekommt. Denn wenn man dort Geld hat, dann bekommt man auch Hilfen. Ein Beispiel: Hier hatte man mir erzählt, sie würde ein Dreirad nicht bedienen können. Der Druck mit dem Fuß sei nicht möglich. Ich habe sie dann in die Türkei geschickt. Und dort konnte sie innerhalb kürzester Zeit sogar mit einem Zweirad fahren. Hier geht es alles ziemlich langsam voran« (3, 138 M).

Auch hier deutet die Mutter an, dass sie Schuldgefühle plagen, weil sie mit Rana die Türkei verlassen hat. Eine gute Bildung und Erziehung glaubt sie in Deutschland nicht zu finden. Eine Möglichkeit der Wiedergutmachung und des Ausgleichs erkennt Salma Kolat in der Ressource des transnationalen Raumes. Die Türkei ist der Ort, an dem Förderung und Teilhabe gelingen, Deutschland hingegen ist der Ort, an dem alles »ziemlich langsam« voran geht (3, 146 M). So schickt sie Rana regelmäßig in die Türkei und nutzt die dort noch vorhandenen, in Deutschland aber abhanden gekommenen wirtschaftlichen Vorteile ihrer Familie.

Der Stellenwert der Religion: Kein Unterstützungspotential

Auf die abschließende Bitte, eine Einschätzung zu den Potentialen eines islamischen Wohlfahrtsverbandes im Hinblick auf die Möglichkeiten der Verbesserung ihrer Situation zu geben, reagiert Salma Kolat stark ablehnend[30]. Eine Unterstützung durch islamische Verbände bzw. Vereine wolle sie nicht und könne sie sich auch kaum vorstellen. Sie positioniert sich gegenüber Menschen türkischer Herkunft in Deutschland, die sich in Verbänden organisieren, und bringt sie mit der religiös-konservativen Regierung in der Türkei in Verbindung:

»[türk.] Nein. Ich möchte jetzt nicht lügen, ich möchte mit diesen Leuten nichts zu tun haben. Es hat mit der jetzigen Regierung in der Türkei zu tun. Weil es eine religiös geprägte Regierung ist, die die Sozialdemokraten und Andere einsperrt. Wenn man dort in der Türkei weiterkommen will, muss man denen gehören. Im Grunde wollen die Leute,

30 | Zum Hintergrund dieser Adressierung als »Muslimin« siehe Kapitel 5.2.3.

die solche Vereine gründen, doch auch nur Ihresgleichen da haben. Ich möchte keinen wegen seiner Religion beleidigen, aber die wollen uns doch gar nicht. Einmal kam eine Frau mir zu Hilfe. Sie trug ein Kopftuch, als sie hörte, dass ich nichts auf die Religion gebe, da hat sie den Kontakt abgebrochen. Sie sagte mir, mir als Mutter sei das Paradies sicher. Da habe ich gesagt, dass ich an so etwas nicht glaube. Weg war sie dann« (3, 311 M).

Salma Kolat glaubt, dass es sich bei islamischen Vereinen in Deutschland um homogene Gruppierungen handelt, denen es nicht um eine Unterstützung außerhalb Ihresgleichen ginge. Die Pluralität der Menschen türkischer Herkunft in Deutschland sieht sie in den islamischen Gemeinden kaum abgebildet. Mit der Formulierung »Ich möchte keinen wegen seiner Religion beleidigen«, die auf eine deutliche Differenz zu religiösen Personen hinweist, sowie der Anmerkung, Grundelemente des islamischen Glaubens anzuzweifeln, hebt sie hervor, dass sie sich selbst nicht als gläubig betrachtet.

Zusammenfassung

Kern der Identitätskonstruktion von Salma Kolat ist ihre Inszenierung als Expertin, die mit Fachwissen über die Behinderung des Kindes ausgestattet ist: Sie weiß, was ihr Kind kann und was gut für ihr Kind ist. Hatten sie in der Türkei einen höheren sozioökonomischen Status mit einem sie unterstützenden und tragenden sozialen Netzwerk, guten Bildungsmöglichkeiten und beruflichen Chancen, erleben Salma und Rana Kolat in Deutschland eine soziale Abstufung. So ist vor allem der Beginn ihres Lebens in Deutschland von rassistischen Ausschlüssen und hegemonialen Vorgaben geprägt.

Bei der Wahrnehmung ihrer Rechte respektive der Verweigerung von Rechten aufgrund des prekären rechtlichen Status wirkt sich die Behinderung verschärfend auf die Situation der Familie aus. Die Wechselwirkungen der strukturellen Rahmenbedingungen im Kontext eines rechtlichen Status und die Barrieren der Teilhabe von behinderten Menschen haben Auswirkungen auf die Entwicklungsmöglichkeiten von Rana, die mehrere Jahre keinen Zugang zu Bildung und keinen Kontakt zu anderen Kindern hat.

Während sie der schwierigen Zeit im Wohnheim für Geflüchtete nichts entgegenzusetzen hatte, beginnt mit dem Erhalt der dauerhaften Aufenthaltserlaubnis und dem Umzug in eine eigene Wohnung eine Stabilisierung der Lebenslage. Salma Kolat findet sich im Bildungssystem zurecht, beantragt Unterstützungen und Förderungen für ihre Tochter. Doch die lingualen Machtstrukturen bzw. die Reaktionen auf ihr geringeres Sprachniveau im Deutschen erschweren ihr die Wege. Sie bemerkt, dass die Ausgestaltung ihres Lebens und das ihrer Tochter nicht mehr alleine in ihrer Hand liegt. Hier zeichnet sich ein Dilemma ab: Ihre Unabhängigkeit, die sie in der Türkei lebte, hat sie in Deutschland verloren. Konnte sie sich dort effizient für ihr Kind einsetzen, ist sie nun von anderen abhängig, deren Unterstützung ihr aber de facto fehlt, und vom Wohlwollen der sie beratenden und betreuenden Personen. Einerseits ist sie gesellschaftlich isoliert und hat kaum soziale Kontakte, doch aufgrund der lingualen Machtstrukturen im Hilfesystem ist Salma Kolat immer wieder auf die Unterstützung anderer angewiesen, sei es bei Ärzt*innen, in Behörden oder in der Schule. Ihr Expertinnenwissen ist hier nur noch begrenzt einsetzbar. Bei Abweisungen durch Behörden und bei Konflikten mit (Bildungs-)Institutionen zeigt sie sich selbstbewusst und hartnäckig. Gegen gesellschaftliche Abwertungen und Ungerechtigkeiten versucht sie sich zu wehren und fordert erfolgreich ihre Rechte ein.

Es zeigt sich, dass Salma Kolats Identität als Mutter eines behinderten Kindes in Deutschland schwierig zu leben ist, weil sie mit behinderungsspezifischen Barrieren konfrontiert ist, die die Partizipationsmöglichkeiten der Tochter und ihre eigenen einschränken. Das Recht der Tochter auf Entwicklung und Befähigung sieht sie in Deutschland nur unzureichend gegeben. Weil Salma Kolat im Hilfesystem angekommen ist, kann sie sich auch mit der Qualität der Angebote auseinandersetzen. Sie erwartet nicht nur Unterstützung und Betreuung vom Hilfesystem, sondern auch eine hochwertige (Aus-)Bildung ihrer Tochter. So steht die Wahrnehmung der Behinderung der Tochter in einem Zusammenhang mit der Suche nach einer qualitativ hochwertigen Bildung, die Rana Entwicklungsmöglichkeiten eröffnet. Bei einem Vergleich zwischen den Aussichten, Wegen und Mitteln in der Türkei und denen in Deutschland erkennt Salma, dass sie weiterhin den transnationalen sozialen Raum nutzen sollte, um für Rana Bildungsräume zu schaffen. Das Hin- und Herbewegen in unterschiedlichen nationalen Kontexten entwickelt sich zu einer Ressource für Mutter und Tochter. Die in Deutschland vorhandenen Angebote zur Entwicklung von Ranas Möglichkeiten, die hier angewandten Methoden stellen die Mutter nicht zufrieden. Sie zehrt weiterhin von den sozioökonomischen Ressourcen der Familie in der Türkei. Nur dadurch existiert die Option, kompensatorische Wege für Rana einschlagen zu können.

Sie benachteiligende, diskriminierende und ausgrenzende Praktiken haben das Vertrauen in das Hilfesystem erschüttert. Salma Kolat sorgt sich, Rana irgendwann diesen Strukturen überlassen zu müssen. Sie fühlt sich zwar nicht alleine zuständig für Rana, erkennt aber gerade keine andere Möglichkeit als die alleinige Verantwortung für ihr Leben zu übernehmen.

Eine berufliche Verwirklichung ist als Geduldete ohnehin nicht möglich, aber auch später – ohne das soziale Netzwerk und die Anerkennung ihrer Fähigkeiten als Musikerin – sind Salma Kolats berufliche Träume nicht realisierbar.

Eine weitere Barriere äußert sich in den eingeschränkten Möglichkeiten der Familie, Kontakte und Beziehungen zur Außenwelt zu gestalten. Salma Kolat hat kein soziales Netzwerk, die mangelnden Kontakte und die Isolation sieht sie in der sozialen Praxis hierzulande (ihr Referenzsystem ist auch hier die Türkei) begründet, in der behinderte Menschen exkludiert werden und kaum Kontakte mit Behinderten gepflegt werden. Diese Ablehnung wird verstärkt durch die Wahrnehmung ihres Migrationshintergrundes. Hier kommt es zu einer spezifischen Ausgrenzung im Kontext von Migration und Behinderung. Auch Kontakte zu anderen migrierten Familien sind nicht möglich, hier ist es weniger die Behinderung, denn die kurdische Herkunft, die sie isoliert. Dabei verweist sie auf eine deutliche Differenz zu Personen türkischer Herkunft, die sie dem islamisch-konservativen Lager zuordnet. Zeigt sie auf der Strukturebene eine hohe Widerstandsfähigkeit und den Willen, sich durchzusetzen, kann sie diese auf der privaten Ebene kaum aktivieren. Sie wirkt zu müde und kraftlos, um sich um Freundschaften zu bemühen.

5.4.4 Die Bahmanis – Kontrollverlust durch Migration

Hintergrundinformationen

Mohsen und Parissa Bahmani und ihre beiden Söhne Schayan und Schahriar sind 1998 von Iran nach Deutschland migriert. Sie sind aus politischen Gründen geflüchtet und haben in Deutschland Asyl beantragt. Die beiden Kinder waren zu diesem Zeitpunkt sieben und knapp zwei Jahre alt. Zum Interviewzeitpunkt ist Schayan 20 und Schahriar 14 Jahre alt. Familie Bahmani lebt in einer Vier-Zimmer-Wohnung in einem multikulturellen Viertel in K-Stadt. Mohsen Bahmani ist Fahrer, Parissa Bahmani ist für die Haus- und Familienarbeit zuständig. In Iran war der Vater ein einfacher Angestellter, die Mutter hat nach ihrem Schulabschluss keine Ausbildung begonnen/Arbeit aufgenommen.

An dem Gespräch nahm zunächst nur die Mutter teil, später kamen der Vater und die Söhne hinzu, die sich im Gespräch jedoch zurück hielten. Das Gespräch wurde – abgesehen von ein paar Codeswitchings – auf Persisch geführt.

Die Familie ist entsprechend des Theoretical Sampling gezielt ausgewählt worden. Nach dem Gespräch mit Salma Kolat, die in ihrer Geschichte die besondere Barriere »rechtlicher Status« offenbarte, brauchte es einen ähnlichen Fall, um die mit dem rechtlichen Status in Zusammenhang stehenden Barrieren spezifizieren zu können.

Kernthema: Das Scheitern des Projektes »Migration« nach Ressourcenverlust

In ihrer Darstellung schildert Parissa Bahmani insbesondere ihre Suche nach einer Diagnose zur Behinderung ihrer Söhne und die Suche nach Bildungs- und Teilhabemöglichkeiten. Ihr Wunsch ist es, Klarheit zu erlangen, um die Lebenssituation ihrer Söhne verbessern zu können. Die Erzählung gliedert sich in zwei Teile: Die Zeit in Iran und die in Deutschland. Kern des Interviews ist der Vergleich ihrer Möglichkeiten und die ihrer Söhne in Iran und in Deutschland. Dabei kommt sie zu der Erkenntnis, dass ihr in Iran alle Möglichkeiten offen standen, in Deutschland aber Barrieren der Teilhabe existieren, deren Abbau sich aufgrund der Migrationssituation ihren Einflussmöglichkeiten entzieht.

Teil 1) Vor der Migration – Erst Hektik, dann Selbstbestimmung

Die Diagnose: Entwicklung des Sohnes lässt Bedarf an Diagnose hinfällig werden

Die Mutter beschreibt die Schwangerschaft und Geburt ihres älteren Sohnes als normal, er sei als »gesundes Kind« zur Welt gekommen (4, 10 M). So sei ihm sogar eine besondere Klugheit durch den Arzt bescheinigt worden, weil er sich schon sehr früh artikulieren und seinen Willen kundtun konnte. Mit sechs Monaten kann er erste Worte sprechen, mit elf Monaten iranische Kinderreime aufsagen. Als Schayan Bahmani zwei Jahre und acht Monate alt ist, stellt die Mutter fest, dass seine Entwicklung stagniert.

»[pers.] Nach all dem, was ich von ihm erlebt hatte, hatte ich eigentlich mehr erwartet. Er sagte zwar kleinere Sätze wie ›Mama gib Wasser‹, ich stellte aber als er zwei Jahre und acht Monate war, fest, dass alles stehen blieb. Er sagte gar nicht mehr viel anderes. Nach diesem Phänomen habe ich gedacht, vielleicht kann er nicht richtig hören. Er wiederholte nämlich alles, was ich sagte, aber nur einmal. Daraufhin habe ich angefangen, die Ärzte aufzusuchen« (4, 17 M).

Zu diesem Zeitpunkt setzen hektische Aktivitäten der Mutter ein, Erkenntnisse über die Gründe der für sie unerwarteten Entwicklung ihres Sohnes einzuholen. Diese Ruhelosigkeit ist gepaart mit Zweifeln, ob sie wohlmöglich zu viel von ihrem Sohn erwartet habe. Ihre erste Anlaufstelle ist eine Professorin an der Universitätsklinik in Teheran. Die Professorin, die selbst keine Erklärung für die stagnierende Entwicklung Schayan Bahmanis hat, macht der Mutter Hoffnung: Ihr Sohn könne nach der Pubertät Vieles, was er heute nicht kann, wieder aufholen. Dennoch veranlasst sie, bei Schayan Bahmani eine Kernspin- und eine Computertomographie sowie ein Elektrokardiogramm durchzuführen – allerdings ohne Ergebnis. Die Mutter muss die Frage zur Existenz einer Verwandtschaftsehe[31] durch die Ärztin bejahen, aber in diese Richtung wird nicht weiter ermittelt, zu diffizil seien entsprechende Untersuchungen. Zeitgleich laufen Therapien wie Ergotherapie und Logopädie an, Schayan Bahma-

31 | Verwandtschaftsehen zwischen Cousins und Cousinen ersten oder zweiten Grades waren (und sind es zum Teil heute noch) im Nahen Osten Normalität. Über den Grad der Verwandtschaft im vorliegenden Fall ist allerdings nichts bekannt.

nis Ohren werden untersucht, seine Mandeln entfernt, weil die Möglichkeit in Erwägung gezogen wurde, dass diese auf sein Gehör drücken könnten:

»[pers.] Ich habe immer wieder kontrolliert, dass der Druck der Mandeln nicht erhöht ist. Einmal war er dann erhöht, da habe ich ihn zum Chirurgen genommen und der hat die Ohren äh Mandeln entfernt, aber auch das hat nichts genutzt« (4, 55 M).

Kernspin, EKG, CT, Mandeln (bzw. Ohren), Neurologe, Psychologe, Logopädie, Ergotherapie: Ihre Schilderungen deuten darauf hin, dass Parissa Bahmani durch ihr zentrales Anliegen, Informationen darüber zu erhalten, was ihrem Jungen fehlt und dabei keine Zeit verlieren zu wollen, plötzlich in eine Spirale gerät. Die hastigen Aktivitäten der Mutter gehen einher mit einer zunehmenden Nervosität und Ängstlichkeit des Jungen, die Parissa Bahmani mit der Unfähigkeit ihres Sohnes, sich mit anderen Kindern unterhalten zu können, in Verbindung bringt. Durch das vom Psychologen verordnete Ritalin wird der Junge ruhiger, gleichzeitig lässt die Mutter ihre Suche nach einer Diagnose ruhen und befasst sich mit seiner Bildung und Erziehung.

Als Schayan Bahmani vier Jahre alt ist, wird sein Bruder Schahriar geboren. Auch bei ihm scheint zunächst alles »normal« (4, 148 M) zu verlaufen. Mit sechs Monaten bekommt Schahriar aufgrund einer Infektion seines Gliedes Fieber. Heute zieht die Mutter in Erwägung, dass die Behinderung ihres zweiten Sohnes mit dem Fieber in einem Zusammenhang stehen könnte. Auch Schahriar lernt in Iran einige Worte zu sprechen, lernt laufen. In Iran bemerkt sie noch keine Auffälligkeiten.

Zugang zu Bildung: Partizipation durch Bildung und Förderung

Parissa Bahmani hat selbst keinen höheren formalen Bildungsabschluss, ist dennoch ausgesprochen bildungsorientiert. Sie übernimmt wie selbstverständlich die Rolle der Lehrerin, so dass der ältere Sohn schreiben und lesen lernt und bereits im Alter von fünfeinhalb Jahren mit einem persischen Lehrbuch arbeitet. Sie arbeitet mit ihm und unterrichtet ihn (4, 68 M), erklärt ihm die Farben und die Tierwelt. Er lernt viel in dieser Zeit, weiß mit seinem Wissen umzugehen und es anzuwenden. Diese kompensatorischen Handlungen vermögen den wohl von ihr empfundenen Mangel im iranischen Bildungssystem auszugleichen, lassen aber gleichzeitig ihr Muttersein in den Hintergrund rücken. So nehmen in der Schilderung Parissa Bahmanis Berichte über Aktivitäten mit ihrem älteren Sohn neben Lernen und Arztbesuchen keinen Raum ein. Die Mutter selbst bemerkt diese Entwicklung und engagiert daraufhin einen Privatlehrer: »[pers.] Ich habe auch mit ihm gearbeitet und ihn unterrichtet, aber ich wollte nicht, dass er nur mich sieht, deswegen habe ich dann einen Privatlehrer genommen« (4, 59 M).

Aus ihren Schilderungen lässt sich schließen, dass ihr das iranische Bildungssystem wohl vertraut ist. Mit einem großen Selbstvertrauen ausgestattet, betrachtet sie sich als kompetent, Konzepte zu beurteilen und Bedürfnisse des Kindes genau zu kennen. Sie leitet Maßnahmen zur Optimierung ein, wenn Handlungsweisen in der Bildungseinrichtung nicht ihren Vorstellungen entsprechen. So hält die Mutter einen Regelkindergarten für ihren Sohn für ungeeignet, weil der Betreuungsschlüssel bzw. die Größe der Gruppe nicht optimal sind, und meldet ihn deswegen in einem Privatkindergarten an. Ihr Ziel ist es, ihrem Sohn die Möglichkeit zu eröffnen, sich mit anderen Kindern über Sprache verständigen zu können. Wenn Schayan Bahmani nicht verstanden wird und nicht dazu kommt zu lernen, werde er unruhig und ärgerlich.

Ihr gesamtes Streben ist an dem Wunsch nach Partizipation ihres Sohnes ausgerichtet, die sie versucht, über Bildung und Förderung zu erreichen. Sie könne ihren Sohn, so ist sie überzeugt, mit einem Mehr an Förderung zufriedener machen.

Insgesamt dreht sich die erste lange Sequenz in der Erzählung der Mutter um die Suche nach einer Diagnose und nach Bildungsmöglichkeiten. Als sie bemerkt, dass ihr Sohn von einer guten Förderung profitiert, nehmen auch die ersten hektischen Aktivitäten und der Drang, Klarheit über die Diagnose zu erhalten, ab. Die Mutter gewinnt die Kontrolle über die Situation zurück und setzt die »Arbeit« (4, 68 M) mit ihrem Sohn fort.

Teil 2) Die Migrationssituation: Beginn der Fremdbestimmung

Der rechtliche Status: Gesellschaftliche Isolation und Ausgrenzung

Im Jahre 1998 ist die Familie aufgrund der politischen Situation in Iran gezwungen, das Land zu verlassen. Als politisch Geflüchtete lebt die Familie in den ersten beiden Jahren in Deutschland in einem Wohnheim und ist den restriktiven Auflagen ausgesetzt, mit denen nur geduldete Menschen zu kämpfen haben.

»[pers.] Da [Flüchtlingsheim] war die Situation überhaupt nicht in Ordnung. Es war sehr schwierig. Da gab es sogar eine Messerstecherei zwischen den anderen Familien. Das wurde durch den ganzen Stress verursacht« (4, 173 M).

Während des zweijährigen Heimaufenthaltes scheint Schahriar völlig isoliert und ausgegrenzt von anderen Kindern leben zu müssen:

»[pers.] Am Anfang konnte man ihn [Schahriar] auch gar nicht in den Kindergarten bringen, weil es keinen Platz gab. Es dauerte bis er 4 Jahre alt war, bis er einen Platz bekam. Er hatte Angst vor Kindern, er hatte keine Kinder gesehen, er fing an zu schreien« (4, 175 M).

Die Familie lebt unter prekären Bedingungen. Auf der Suche nach Bildungs- und Fördermöglichkeiten werden der Familie Steine in den Weg gelegt. Gerade Kinder mit Duldung haben es schwer, einen Kindergartenplatz zu bekommen. Noch schwerer gestaltet es sich, wenn bei Kindern eine Behinderung wahrgenommen wird. Auch hier zeigt sich, dass den Eltern und den Kindern durch den rechtlichen Status keinerlei Handlungsspielraum zur Verfügung steht.

Zugang zu Bildung: Deutschland behindert Schahriar und Schayan Bahmani

Parissa Bahmani markiert die Migration als Bruch im Leben ihrer Familie und vor allem in den Entwicklungsmöglichkeiten ihres älteren Sohnes.

»[pers.] Als wir dann hier ankamen, der Umzug, hat unser Leben verändert. Wir wurden mit den Problemen hier konfrontiert. Es hat unser Leben verändert. Plötzlich war er mit zwei Sprachen konfrontiert« (4, 75 M).

Alles, was sie ihrem älteren Sohn beigebracht hatte, verliert in Deutschland seinen Wert. So werden seine Kompetenzen in der Erstsprache Persisch bei den diagnostischen Tests nicht berücksichtigt. Parissa Bahmani erkennt, dass die Möglichkeiten einer guten Beschulung ihres Sohnes davon abhängen, ob er über gesprochene Sprache verfügt. Sie weiß um die Schwierigkeit, die Sprachkompetenz in der Erstsprache der Kinder nachzuweisen, vor allem, weil die Logopäd*innen nicht entsprechend geschult oder mehrsprachig sind. Zudem fehlen für viele Sprachen diagnostische und therapeutische Materialen. Mängel auszugleichen ist Parissa Bahmani gewohnt. So versucht sie auch hier, die fehlenden Kompetenzen des Fachpersonals zu kompensieren, indem sie sich um einen Dolmetscher bemüht, der die Sprachkenntnisse Schayan Bahmanis im Persischen bescheinigen kann. Hatte sie in Iran mit ausgleichenden Maßnahmen bisher gute Erfahrungen gemacht, muss sie allerdings in Deutschland feststellen, dass ihre Möglichkeiten der Einwirkung limitiert sind. Sie scheitert bei dem Versuch zu verhindern, dass ihr Sohn auf eine Förderschule kommt, die sie für ungeeignet hält – auch weil sie ihren Sohn in der Schule einer sozialen Isolation ausgesetzt sieht. Waren es in Iran eher die Lehrinhalte, die sie für ausbaufähig hielt, ist es in Deutschland die Gesamtstruktur des Bildungssystems, der sie kritisch gegenüber steht und in der sie migrationsspezifische Barrieren und Benachteiligungen identifiziert: Sie vermutet, dass die Entscheidung zur Beschulung in einem Zusammenhang mit den als nicht ausreichend wahrgenommenen Deutschkenntnissen des Sohnes steht. Das Förderschulsystem durchschauend, erkennt sie qualitative Unterschiede innerhalb der Förderschulen mit dem Schwerpunkt Geistige Entwicklung. In der Schule ihres Sohnes, die sie unterhalb der einer »Sonderschule« klassifiziert, werde lediglich eine Aufbewahrung der Kinder betrieben: »Keine Schreibe, kein zählen, gar nichts. Nur wie Wohngruppe, Wohnheim« (4, 86 M).

Eine Aufbewahrung ohne Bildungsmöglichkeiten passt nicht in ihr Konzept von Partizipation. Zwar wird ihr versichert, ihr Sohn werde auch in dieser Schule lernen können, doch sie bezweifelt, dass es einen Weg zurückgibt, wenn sich ihr Sohn erst einmal auf dieser Schule befindet: »[dt.] Ist sehr sehr schlimm und schwierig. Da habe ich gesagt: ›Ok. Wissen sie, ich mach das‹« (4, 93 M). Parissa Bahmani resigniert: Sie kann nicht verhindern, dass ihr Sohn auf diese Schule geschickt wird, und gibt auf, sich gegen die Institutionen Schulamt und Schule durchzusetzen. Gleichzeitig nimmt sie sich vor, die Bildung ihres Sohnes selbst in die Hand zu nehmen. Sie ist die Gestalterin, übernimmt die aktive Rolle in der Ausgestaltung der Bildungsmöglichkeiten ihres Sohnes. Damit knüpft sie an die kompensatorischen Handlungen aus der Kindergartenzeit Schayan Bahmanis in Iran an. Gleichwohl stellt sie dieses Vorhaben in Deutschland vor größere Herausforderungen:

»[dt.] Wenn hat unterschiedliche Kinder, viel überaktiv und sehr sehr schlimmer und liegt im Bett und hat Angst. Und auch wenn nicht kann sagen, ich habe Angst. Ohne kann sprechen, er ist sehr schwierig [unverständlich] Hatte viel Übung in Iran, sehr gut sprechen persisch, aber kleine Satz, aber jetzt Probleme. Persisch sprechen versteht gut. [pers.] Nach einiger Zeit habe ich festgestellt, dass das Kind ganz isoliert ist in der Schule. Er fühlte sich nicht wohl, weinte immer, und hatte Angst. Es ging dann so weit, dass er sein Bett nass gemacht hat in der Nacht. Daraufhin habe ich ihn zu einer Homöopathin genommen. Die sagte, das macht nichts. Dafür gibt es Medikamente. Ich sagte, das hat es vorher nie gegeben. Das ist ja eine [dt.] Katastrophe. [pers.] Wir kannten ... so etwas hatte er nicht. Sie sagte, das macht nichts. Ich gebe ihm Medikamente und das hat tatsächlich geholfen. Er blieb in der Schule. Wir haben alles versucht, ihn da rauszuholen, aber das ging nicht, und er blieb da« (4, 95 M).

Die Klassengröße stellt Schayan Bahmani vor Probleme. Er kann nachts nicht mehr schlafen, aus Angst, so vermutet die Mutter, vor der großen Anzahl von Kindern, mit denen er in der Schule zusammen ist. Zu diesem strukturellen Problem kommt hinzu, dass er sich auch nicht mehr verständigen kann. Zudem spricht die Mutter selbst kein (bzw. später kaum) Deutsch.

Das Grundgefühl des durch äußere Barrieren erschwerten Lebens und ihre Erfahrungen mit Ausgrenzungen werden auch in der Schilderung über die Situation des jüngeren Sohnes Schahriar vermittelt. Nach zwei Jahren ohne Kindergartenplatz wird Schahriar schließlich in einer Einrichtung aufgenommen. Doch nach kurzer Zeit soll Schahriar die Einrichtung wieder verlassen.

»[pers.] Da gab es dann ein faschistisches Verhalten uns gegenüber. Sie sagten uns, das ist nicht sein Platz hier. Er solle in einen integrativen Kindergarten gehen. Da mussten wir suchen, um ihn in einen integrativen Kindergarten zu bringen. Nach kurzer Zeit im Kindergarten riefen sie mich an und sagten mir, das Kind fühle sich nicht wohl. Er hätte sich übergeben. Ich solle kommen und das Kind wegnehmen. Ohne überhaupt, dass der Arzt mal nach ihm sieht. Je mehr er in seinem Erbrochenen drin war, wurde ihm immer schlechter. Statt ihm zu helfen, haben sie mich gerufen. Daraufhin haben sie gesagt, das Kind hat Probleme. Es muss auf eine Sonderschule« (4, 178 M).

Die Aussagen der Erzieher*innen bewertet Parissa Bahmani als »faschistisches Verhalten«. Um auf eine Diskriminierung aufmerksam zu machen, verwendet sie mit Bezug zum Faschismus ein starkes Wort. Unwahrscheinlich ist, dass sie dieses gebraucht, um auf die nationalsozialistische Vergangenheit Deutschlands und den Umgang mit behinderten Menschen zu rekurrieren. Möglicherweise ist die Verwendung des Begriffs dem außerordentlich metaphorischen, emotionalen und zur Übertreibung neigenden persischen Sprachgebrauch geschuldet. Durch das Vorwissen der pädagogischen Fachkräfte über die Familiengeschichte und die Behinderung von Schayan Bahmani sowie seiner Beschulung auf der Förderschule sei auch Schahriar stigmatisiert worden. Die Mutter vermutet, dass sie so auf die Idee kamen, Schahriar ebenfalls dort zu beschulen, ohne zu überprüfen, ob seine Deutschkenntnisse nicht für eine andere Schule ausgereicht hätten (»[pers.] Aber Schahriar spricht doch. Das ist der Unterschied zu anderen«, 4, 224 M). Dabei ist es nicht die Aussage, ihr Sohn habe eine Behinderung, sondern vielmehr die Konsequenz, die sich daraus für Schahriar ergibt, die Parissa Bahmani als ein »faschistisches« Verhalten deutet. Kompetenzen ihres Sohnes bleiben unberücksichtigt, Schahriar darf nicht dabei sein und muss den Kindergarten verlassen. Um den falschen Deutungen der pädagogischen Fachkräfte Nachdruck zu verleihen, grenzt sie Schahriar von anderen behinderten Kindern in der Einrichtung ab, die ihrer Meinung nach über weniger gesprochene Sprache als er verfügen. Hat sie bei ihrem älteren Sohn schnell resigniert, nimmt sie in diesem Fall das Über-ihren-Kopf-Entscheiden nicht mehr ohne weiteres hin. Sie weiß um ihre Defizite im Deutschen, lässt sich davon aber nicht einschüchtern, wie sie in folgender Sequenz eindrücklich zeigt:

»[pers.] Daraufhin bin ich selber zum Schulamt gegangen, habe mit meinen bescheidenen Mitteln in der Sprache mit dem Mann gesprochen und habe ihn gefragt: ›Ist es für sie wichtig, dass er ein Deutscher ist oder zählt, dass er ein Mensch ist?‹ Und er sagte: ›Was sagen sie da? Natürlich ist es für uns wichtig, dass er ein Mensch ist.‹ Ich sagte ihm, ja dann lassen sie mich ein Beispiel nennen aus meinen Erfahrungen und Studien, die ich in Iran gemacht habe: ›Wenn einer eine Depression hat und psychisch krank ist und der andere vielleicht auch darunter leidet, findet sie es dann richtig, den einen zu dem anderen, der auch eine Depression hat, zu stecken oder vielleicht auch anders wo, wo andere Menschen fröhlich sind, wo er auf andere Gedanken kommen kann?‹ Daraufhin sagte er: ›Ja natürlich zu den Fröhlichen.‹ Sie machen doch aber genau das Gegenteil davon, in dem sie ein Kind, dass nur ein leichtes Problem hat, weil er aktiv ist, stecken sie es zu den anderen, die riesige Probleme haben. Was er ja noch gar nicht erlebt hat. Statt jetzt von den anderen, den intelligenteren Personen, etwas mehr zu lernen, musste er dann bei den anderen bleiben. Warum tun sie das?« (4, 198 M).

Parissa Bahmani befindet sich in einer Gesprächssituation in einem institutionellen Setting mit formalhierarchischen Strukturen: im Schulamt, das über die Beschulung des Sohnes entscheidet. Zu diesem Ungleichgewicht kommen zum einen die von ihr selbst als bescheiden charakterisierten Deutschkenntnisse hinzu, mit denen sie gezwungen ist, das Gespräch im Schulamt zu führen, zum anderen die fehlende Vertrautheit mit den Institutionen sowie den Rechtsansprüchen für behinderte Kinder. Der durch die Verwobenheit der Kategorien Migration und Behinderung entstehenden Asymmetrie ist sich Parissa Bahmani durchaus bewusst. Mit der von ihr verwendeten Differenz »Deutscher« (zu »Nichtdeutscher«, die sie hier nicht explizit nennt) und der damit einhergehenden Positionierung ihres Sohnes als nichtdeutsch unterstreicht Parissa Bahmani nochmals, dass sie die Anweisung, Schahriar auf dieselbe Schule zu schicken, die bereits ihr älterer Sohn besucht, im Kontext der Diskriminierung verortet. Ihren Sohn in seiner Weiterentwicklung zu behindern, sei eine Entscheidung, die vielmehr im Zusammenhang mit der Wahrnehmung einer iranischen Herkunft denn Schahriars Leistungen bzw. seinen Deutschkenntnissen stehe. Nun appelliert sie an den Mitarbeiter des Schulamtes, sich das Menschsein ihres Sohnes ins Bewusstsein zu rufen und erst dann eine Entscheidung zu treffen. Hat sie sich bei Schayan Bahmanis Beschulung noch abfertigen lassen, versucht sie hier, die Asymmetrie des Gesprächs zu verringern, in dem sie sich mit ihrer Expertise hervortut, die sie aus Iran mitbringt. Durch ihre Erläuterungen über gute Lernsettings versucht sie, Überzeugungsarbeit zu leisten: Kinder sollen voneinander lernen. Wie an anderer Stelle im Interview zieht sie dabei – ohne der weiteren Analyse vorgreifen zu wollen – Iran als ihr Referenzsystem heran. Auch an späterer Stelle thematisiert sie in einer stark argumentativ geprägten Sequenz ihre Vorstellung von Bildung und Teilhabe und greift damit – wenn auch unbewusst – den Diskurs um ein inklusives Schulsystem sowie anregende, heterogene Lernsettings auf:

»[pers.] Warum versucht man nicht, mehr Kontakt herzustellen? Dass diese Kinder isoliert werden und nicht wissen, was sie mit ihrer Zeit anfangen sollen? Die Klassifikation ist aber nicht ganz in Ordnung. Statt dem Kind die Möglichkeit zu geben, bei etwas höherem drin zu sein in der Klasse oder so, wird er so klassifiziert, dass er sogar in unteren Klassen rein kommt und er so überhaupt nichts lernt. So wird es nicht besser« (4, 390 M).

Diese Aussage verdeutlicht abermals, dass der Einsatz der Mutter gegen die Beschulung auf dieser speziellen Förderschule nicht mit einem Nichtwahrhabenwollen der Behinderung im Zusammenhang steht, sondern mit ihrer kritischen Haltung gegenüber den segregierenden Maßnahmen im Schulsystem und den Programmen der Behindertenhilfe in Deutschland, die ihrer Meinung nach ineffektiv sind und nicht ihrem Anspruch von Bildung entsprechen (4, 232 M).

Trotz dieses Einsatzes ist Parissa Bahmani nicht erfolgreich: Zwar gibt der Mitarbeiter des Schulamtes vor, von ihren Äußerungen beeindruckt zu sein und scheint für den Moment überzeugt, dennoch scheitert sie schließlich an der Bereitschaft der Lehrkräfte und dem wenig engagierten Schulamt. Schahriar muss auf die von ihr nicht gewollte Schule gehen.

Parissa Bahmani befindet sich im Ringen um Partizipation für Schahriar in einem machtvollen System, in dem sie das Schulamt als Hindernis identifiziert (4, 218 M). Diesem System hat sie kaum mehr etwas entgegenzusetzen, weil ihr die Rechtsansprüche fremd sind, die den Kindern und Eltern zustehen. Das mächtige System findet seinen Höhepunkt, als sie ihr Kind auf einer Montessori-Schule anmelden will und sie dort durch falsche Informationen eingeschüchtert wird:

»[pers.] Die haben mir aber gesagt: ›Wenn sie das Kind von der Schule nehmen und das Kind zu uns bringen und wir nach einem Jahr feststellen, dass er das alles nicht mitmachen kann, und wieder zurück gehen muss, dann nehmen sie ihn nicht mehr zurück.‹ Ich weiß nicht, ob diese Aussage überhaupt stimmt« (4, 418 M).

Aufgrund ihrer fehlenden Kenntnisse bzw. ihres unvollständigen Wissens zur Schulpflicht kann sie ihre Vorstellungen für den Sohn nicht durchsetzen. Durch falsche Informationen wird die den Vertreter*innen der Institution lästige und unerwünschte Hartnäckigkeit ausgeschaltet. Parissa Bahmani gibt auf, und Schahriar wird auf der derselben Schule wie sein Bruder eingeschult. Sie fällt zurück in eine Hektik, die für die Söhne bedeutet, sich erneut bei diversen Ärzt*innen vielen Untersuchungen unterziehen zu müssen.

Die Diagnose: Kampf um Informationen

Aufgrund der Schwierigkeiten Schayan Bahmanis und der Sorge um Schahriars weitere Entwicklung begibt sich Parissa Bahmani nun wieder auf die Suche nach einer Diagnose, die sie in Iran hatte ruhen lassen. Anhand vieler Belegerzählungen schildert sie, wie sie mit den beiden Söhnen von einem Arzt zur nächsten Ärztin läuft und berichtet über ihre Verzweiflung, weil ihr niemand den richtigen Weg weist (4, 285 M).

»[pers.] Seitdem bin ich ständig unterwegs und versuche bei den verschiedenen Ärzten heraus zu bekommen, was eigentlich los ist, wieso er in eine solche Situation geraten ist. Keiner kann mir darauf eine richtige Antwort geben. Die untersuchen zwar, aber das basiert alles auf Vermutungen« (4, 133 M).

Sie nimmt jeden Hinweis auf, in der Hoffnung, eine Antwort auf ihre Fragen zu finden. Von der Sorge, wichtige Zeit zu vergeuden, wird ihre Rastlosigkeit gesteuert: »[pers.] Wenn es keine Lösung gibt, dass man wenigstens die Sache kontrolliert und nicht zulässt, dass es schlimmer wird« (4, 320 M).

Für ihren älteren Sohn, so wurde ihr mitgeteilt, könne kaum noch etwas getan werden (4, 252 M). Parissa Bahmani gibt aber nicht auf. Sie entwickelt einen Informationshunger, eignet sich Wissen über »Arten« von Behinderungen an und beginnt »[pers.] langsam die Dinge zu lernen« (4, 340 M). Dabei ist Parissa Bahmani allerdings auf sich alleine gestellt (mit Ausnahme des Dolmetschers, der sie begleitet), denn ohne die diagnostizierte Behinderung stehen ihr auch keine adäquaten Ansprechpartner*innen zur Verfügung. Es gibt keine Fachleute, die sich mit der Normabweichung ihrer Söhne auskennen. Ihre Hartnäckigkeit wurde bislang nicht belohnt: »[pers.] Es gab nichts, wo ich nicht hingehen wollte und habe alles unternommen. [...] Und ich habe nie irgendeine Antwort bekommen« (4, 345 M).

Zugang zu Hilfen: Zuspitzung statt Entlastung

Parissa Bahmani berichtet über durchaus vorhandene Kontakte zur Behindertenhilfe. Deren Angebote, an diversen Nachmittagen mit den beiden Kindern rauszugehen, hat sie in Anspruch genommen, um eine Entlastung für sich zu schaffen. Doch sie gibt diese Nachmittage nicht einfach so aus der Hand, sondern versucht auch hier die Kontrolle zu behalten. Sie überprüft die Mitarbeiter*innen des familienentlastenden Dienstes und bemerkt, dass sie sich nicht um die Kinder kümmern, sondern ihre Kinder draußen »[pers.] im Regen stehen lassen« (4, 266 M). Nach einer Beschwerde werden zwar die Mitarbeiter*innen ausgetauscht, als die Arbeitszeiten der neu eingestellten Personen aber nicht mit dem Tagesablauf von Parissa Bahmani und ihren Söhnen zusammenpassen, bietet die Behindertenhilfe keine weiteren Optionen an, so dass sie auf weitere Unterstützung verzichten muss.

Parissa Bahmani sucht den Kontakt zur Schule Schahriars und zu seiner dort ansässigen Logopädin, um Informationen über Übungsmöglichkeiten für Zuhause zu erhalten. Als sie die Logopädin auf Schahriar anspricht, erwidert diese, den Jungen noch nie gesehen zu haben. Das Rezept, das Parissa Bahmani ein Jahr zuvor in der Schule abgegeben hatte, wurde nicht eingelöst und die Therapie ein Jahr lang nicht durchgeführt. Parissa Bahmani zieht daraus ihre Konsequenzen und verlässt sich nunmehr nicht mehr auf die Schule, sondern nimmt die Suche nach einem geeigneten Logopäden/einer Logopädin selbst in die Hand. Dabei macht sie sogar einen persischsprachigen Logopäden ausfindig, der auf die Mehrsprachigkeit ihres Sohnes eingehen kann.

»[pers.] Ich bin persönlich der Meinung, dass man erstmal die Muttersprache richtig lernen muss, um überhaupt andere Sprachen darauf aufzubauen. Der Logopäde war nicht meiner Meinung, aber da ich ja aus eigener Erfahrung weiß, wie das ist, habe ich darauf bestanden, dass das Persische einbezogen wird. Deswegen kann Schahriar genauso gut persisch und versteht das andere auch. Ich arbeite mit ihm und zeige ihm die Laute, die es in der deutschen Sprache nicht gibt. Wie zum Beispiel ›ch‹. So erkläre ich ihm die Unterschiede in der Sprache« (4, 363 M).

Sie beharrt auf der Anerkennung ihrer Expertise und erlebt sich dabei endlich erfolgreich, insofern als der Logopäde einwilligt und Schahriar heute sowohl persisch als auch deutsch spricht.

Die Religion: Mittel zum Zweck statt Sinnstiftung

Dass es Parissa Bahmani vor allem darauf ankommt, endlich Zugang zu geeigneten, qualitativ hochwertigen Bildungssettings für ihren Sohn zu erhalten, zeigt sich auch an ihrer Reaktion auf die Frage, ob die Religion bzw. das Angebot religiöser Organisationen (bspw. ein islamischer Wohlfahrtsverband) für sie eine Option darstellt. Sie entgegnet:

»[pers.] Solange solche Institutionen nicht nur zuhören, sondern auch handeln. Dann wäre es natürlich sehr gut. Mir geht es bei dieser Sache nicht um die Religion. Von mir aus kann es jemand von jeder Religion sein. Ich war ja auch bei Diakonie und habe das gefragt. Es müssten solche sein, die nicht nur zuhören, sondern auch handeln. Dann könnte es genauso gut auch eine islamische sein. Warum auch nicht« (4, 377 M).

Die islamische Religion spielt für sie in der Beratung keine Rolle, es geht ihr stattdessen um den Erhalt adäquater Informationen und einer verlässlichen Unterstützung (hier auf den Kontext Bildungssystem bezogen) – gleichgültig, ob ihr diese von der Diakonie oder der DITIB (Türkisch-Islamische Union der Anstalt für Religion e. V.) angeboten wird.

Der transnationale soziale Raum und das Referenzsystem Iran: Keine Verfügung über die Ressource Iran

Immer wieder tritt in den Darstellungen Parissa Bahmanis Iran als Referenzsystem hervor. Mit Hilfe der Leitdifferenz Iran-Deutschland vergleicht sie ihre Möglichkeiten der Einflussnahme: »[pers.] Als ich in Iran war, war ich gut informiert. Ich wusste Mittel und Wege, da wusste ich was zu tun war« (4, 334 M). Auch in Iran lief nicht alles reibungslos. Aber ist sie dort auf Schwierigkeiten gestoßen, hatte sie Möglichkeiten damit umzugehen und konnte selbstständig agieren. Die Informationen, die sie für den Lebensraum Deutschland benötigt, werden ihr nicht nur nicht zur Verfügung gestellt bzw. nicht angeboten, ihre Darstellung weist außerdem darauf hin, dass ihr diese entweder gezielt nicht vermittelt werden oder ihre Handlungsfähigkeit durch Fehlinformationen außer Kraft gesetzt wird. Weder ihre Kompetenzen in Bezug auf den Kontext Behinderung, die sie sich in Iran autodidaktisch angeeignet hatte, werden in Deutschland nachgefragt, noch die ihrer Kinder, die sie mit ihnen mühevoll erarbeitet hat. So bilanziert sie schließlich und kommt zu dem Ergebnis, dass die Migration kein Erfolgsprojekt war:

»[pers.] Ich habe ein regelrecht schlechtes Gewissen, dass wir überhaupt hier her gekommen sind. Dort hatte ich jede Möglichkeit. Habe jede Möglichkeit wahrgenommen, jeden Lehrer, um den Kindern etwas beizubringen. Und hatte ihnen auch etwas beigebracht. Schon im kleinen Alter wusste er [Schayan Bahmani] zum Beispiel, was man mit einer Kuh macht, was man mit ihrem Fell macht, was man mit der Milch macht. Und dann komme ich hierher, und hier darf er nicht mal Schreiben und Rechnen lernen. Hier bin ich hilflos. Ich wusste nicht, wie ich dem Kind helfen kann« (4, 353 M).

Die Möglichkeit, Iran weiterhin als Ressource zu nutzen, steht ihr als aus Iran Geflüchtete nicht mehr zu Verfügung, eine Umkehr ist nicht mehr möglich. Die Idealisierung ihres Herkunftslandes in Bezug auf Bildungschancen überträgt sie auch auf die Familien iranischer (auch türkischer) Herkunft. Sie vergleicht das Verhalten »deutscher« Eltern mit der Bildungsorientierung und den Teilhabewünschen von »türkischen« bzw. »iranischen« Eltern. Sie kann bei deutschen Eltern keine altruistischen Motive erkennen, vielmehr stehe das eigene Wohl im Vordergrund. Auch sie leide nicht wenig, dennoch käme sie nicht auf die Idee, die Kinder in ein Heim zu geben. Damit, so könnte man meinen, werden Behauptungen der Literatur bestätigt, in denen der Fürsorge- und Pflegewunsch als zentrales Anliegen von »Migrantenfamilien« dargelegt wird. Eltern nutzten weniger Möglichkeiten für ihre Kinder (bspw. das Leben in einer Wohngruppe oder einem Heim), da ihr Verständnis von Pflege und Fürsorge als Ausdruck der Verantwortungsübernahme für das behinderte Kind in Opposition zur hier intendierten Selbstständigkeit stünde. Doch mit Hilfe ihrer Abgrenzung als Migrantin versucht Parissa Bahmani folgendes Motiv zu untermauern:

»[pers.] Wenn du sagst, dass diese Eltern zufrieden sind, vielleicht erwarten sie nicht sehr viel. Sagen sie einfach, das Kind ist krank und sie haben dann eben selber etwas mehr Freiheit. Sie haben sich mit der Ist-Situation abgefunden und fühlen sich ein paar Stunden frei, wenn das Kind weg ist und andere passen darauf auf. Die deutschen Eltern haben sich damit abgefunden« (4, 444 M).

Sie begründet ihre ablehnende Haltung gegenüber einem Auszug ihrer Söhne anders: Die (deutschen) Eltern haben sich abgefunden und erwarten nicht mehr viel von ihren Kindern. Statt Fürsorge und Pflege steht für sie hingegen eine bestmögliche Förderung, –auch zur Selbstständigkeit – im Zentrum, die sie den Söhnen zu Hause ermöglicht. Ihre bisherigen Erfahrungen mit Einrichtungen haben ihr den Eindruck vermittelt, dass sie ihnen nicht vertrauen kann, dort eine »Aufbewahrung« stattfindet, während zu wenig für die Entwicklung der Selbstständigkeit der Kinder getan würde.

Zusammenfassung

Bereits in Iran bemerkt Parissa Bahmani eine Entwicklungsverzögerung ihres älteren Sohnes. Heute blickt sie auf ein Leben in Iran zurück, in dem ihr viele Möglichkeiten zur Bildung der Kinder offen standen. Nach den ersten hektischen Aktivitäten kann sie dort die Kontrolle über ihr Leben zurück erlangen. Als sie bemerkt, dass sie die partizipativen Prozesse ihres Sohnes bzw. beider Söhne unterstützen kann, in dem zunächst sie, später ein Privatlehrer, die beiden fördert, rückt das zuvor dringende Anliegen, eine diagnostizierte Behinderung zu erhalten, in den Hintergrund. Die Erfolge Schayan Bahmanis beruhigen die Mutter. Es ist ihr Erfolg.

Durch die Migration muss sie allerdings erfahren, dass ihre individuellen Rechte und die ihrer Familie außer Kraft gesetzt werden. Neben dem unsicheren Aufenthaltsstatus wird die Familie durch rechtliche Auflagen in ihren grundlegenden Handlungsmöglichkeiten eingeschränkt. Sie erleben eine soziale Herabstufung und machen Erfahrungen mit Diskriminierungen und Ausgrenzungen.

So ist der Eindruck der »zwanghaft Kontrollierenden«, den Parissa Bahmani erweckt, vor dem Hintergrund des totalen Kontrollverlustes durch die Migration zu lesen, ihr Misstrauen gegenüber den Institutionen vor dem Hintergrund ihrer Erfahrungen und Enttäuschungen im Kontakt mit eben diesen. Sie hat gelernt, dass sie in Deutschland am Ball bleiben und sich informieren muss, um sicherzustellen, dass an der Schule die grundlegenden Therapien durchgeführt werden, die Behindertenhilfe gut mit ihren Kindern umgeht oder die Ärzt*innen die richtigen Untersuchungen durchführen. Schließlich hat sie die Erfahrung gemacht, dass über ihren Kopf hinweg Entscheidungen getroffen oder ihre Wünsche bei Entscheidungen nicht berücksichtig werden.

Auffallend ist, dass in ihren gesamten Schilderungen der Vater der Kinder keine Rolle spielt – weder beim Umgang mit Behörden oder im Umgang mit Bildungseinrichtungen. Wenn sie sich auch eine zusätzliche Unterstützung durch den familienentlastenden Dienst gewünscht hätte, so ist es für sie doch selbstverständlich, dass sie für die Kinder zuständig ist. Sie identifiziert sich selbst als gute Mutter, die ihre Söhne im Vergleich zu »deutschen« Eltern nicht aufgibt (und sich deswegen als unbequeme Partnerin im Kontakt mit Behörden und Institutionen empfindet), aber der im Vergleich zu deutschen Eltern nicht alle Möglichkeiten offen stehen. Es ist nicht die Behinderung an sich, es ist vor allem die Behinderung der Söhne im Kontext der Migrationssituation, die die Mutter vor unüberwindliche Probleme stellt. Zwar scheitern viele ihrer Versuche, die Kontrolle zurückzugewinnen, sie positioniert sich aber immer wieder als eine Person, die ihre Bedürfnisse und Interessen gegenüber staatlichen Stellen offen und selbstbewusst kommuniziert. Dennoch muss sie feststellen, dass sie als Person in Deutschland nur in geringem Maße Einfluss ausüben kann. Ihr Leben und das ihrer Söhne ist von Macht- und Dominanzverhältnissen geprägt, die sie im Kontext der Migrationssituation verortet und die Einfluss auf ihre Identitätskonstruktion als Migrantin (mit Tendenz zur Idealisierung ihrer ethnischen Herkunft), auf das Leben ihrer Söhne und das familiale Leben ausüben. Diese Fremdbestimmung versetzt Parissa Bahmani in eine Unruhe, die sie selbst, aber auch ihre Söhne viel Kraft und Anstrengung kosten.

5.4.5 Djavad und Azade Moini – Allein gelassen mit einer (ungewollten) Verantwortung

Hintergrundinformationen

Die Familiengeschichten der letzten beiden Interviews (Kolat und Bahmani) erweckten den Eindruck, dass die Eltern bzw. die Mütter durch die Geburt ihrer Kinder im Herkunftsland auf besondere Ressourcen zurückgreifen konnten. Das im Herkunftsland erworbene Wissen zum Umgang mit der Behinderung des Kindes brachte Vorteile im Umgang mit dem Hilfesystem in Deutschland. So konnten sie in Deutschland, trotz geringer Deutschkenntnisse, Hartnäckigkeit im Umgang mit dem Hilfesystem beweisen. Um im Sinne des Theoretical Sampling eine Kontrastierung zur Überprüfung der Relevanz des Faktors »Geburtsland des Kindes« vorzunehmen, wurde folglich für das nächste Interview Familie Moini ausgewählt, in der die Eltern ebenfalls über geringe Deutschkenntnisse verfügen, deren Kind aber in Deutschland geboren wurde.

Azade und Djavad Moini stammen aus Iran. Sie gehören zu der Gruppe Iraner*innen, die aufgrund der politischen Situation in Iran nach der Islamischen Revolution nach Deutschland migriert sind, Djavad Moini bereits 1985, Azade Moini 1998. Da Djavad Moini in Iran Beamter unter dem Schah war, ist anzunehmen, dass er als Asylsuchender nach Deutschland gekommen ist, zumal Reisen nach Iran bis heute nicht stattfinden. Ein Leben in Iran kann er sich unter den heutigen Bedingungen auch nicht vorstellen, würde aber bei einer Verbesserung der politischen Situation sofort nach Iran zurückkehren wollen. Im Gespräch gibt es Anhaltspunkte dafür, dass Djavad und Azade Moini sich seltener in akademischen Kreisen bewegen (5, 141 M). Sie gehören also nicht der Gruppe iranischer Migrant*innen mit hohen formalen Bildungsabschlüssen an. Die Familie hat in Deutschland keine weitere Verwandtschaft, die Migration vollzog sich jeweils als Einzelmigration. Der Vater ist allerdings einmal geschieden, Ex-Frau und Sohn aus erster Ehe leben auch in Deutschland.[32] Azade Moini ist einige Jahre jünger als ihr Ehemann. Er ist arbeitssuchend, nimmt Gelegenheitsjobs an, während sie die Rolle der Hausfrau und Mutter übernommen hat. Sie leben seit 1998 in einer Vier-Zimmer-Wohnung in B-Stadt und haben zwei Kinder: Navid ist 1998 geboren, zwei Jahre später kam Khalil als Frühgeburt zur Welt. Zum Zeitpunkt des Interviews geht Navid auf ein Gymnasium, Khalil auf eine Förderschule mit dem Förderschwerpunkt Geistige Entwicklung.

Anwesend beim Interview war zunächst nur die Mutter, später kam der Vater mit Khalil hinzu. Was den Zugang zu den Eltern betrifft, ist dieses Interview wohl als das schwierigste zu charakterisieren. Anfangs geben die Eltern nur oberflächlich Auskunft, persönliche Informationen, die nicht in einem direkten Zusammenhang (Migrationsmotiv, Aufenthaltsstatus, Religiosität und soziales Netzwerk) mit Khalil stehen, verweigern sie. Die Atmosphäre war zunächst von Misstrauen geprägt. Nach der Preisgabe von persönlichen Informationen über meinen familiären Hintergrund veränderte sich diese Situation gegen Ende des Interviews allerdings. Das Interview wurde zum großen Teil auf Persisch geführt.

Kernthema: Schuldzuweisungen an das System

Kernthema der Eltern ist die Problematisierung von Ausgrenzungspraktiken im Hilfesystem, die sie insbesondere mit lingualen Machtstrukturen im Hilfesystem und ihrer fehlenden Vertrautheit mit Institutionen und Rechtsansprüchen in einen Zusammenhang bringen. Diese Barrieren sind ihrer Meinung nach die Gründe für die »Behinderung« der frühzeitigen Hilfe und der frühzeitigeren Entwicklung Khalils. Eine Kompensation ist nur durch Hartnäckigkeit möglich, allerdings auch nur in geringem Maße. Das Hauptziel der Eltern, die frühzeitige Entwicklung ihres Sohnes, sehen sie durch das Agieren des Systems verhindert.

Geburt und Diagnose: Das Leben in deutschen Krankenhäusern als traumatische Erfahrung

In einem Vorgespräch am Telefon wurde der Mutter erklärt, dass für das Interview eine Darstellung ihrer Lebenssituation und im Besonderen die Situation ihres Sohnes Khalil interessant wären. Bevor zu Beginn des Interviews der eigentliche Erzählimpuls ausgesprochen und Organisatorisches zum Dolmetschen, Anonymisierung o. ä. besprochen wird, beginnt die Mutter ganz unvermittelt das Gespräch mit »[pers.] Khalil frühgeboren. Zwei Jahr Krankenhaus«

32 | Diese Informationen wurden später über Dritte eingeholt.

(5, 4 M). Die darauf folgende narrative Sequenz dreht sich dann auch um den langen stationären Aufenthalt Khalils im Klinikum. Khalil kommt aufgrund einer Entzündung bereits nach fünf Monaten mit 500 g Körpergewicht zur Welt. Er liegt in einem Brutkasten und wird mit Sauerstoff versorgt, als weitere Komplikationen auftreten: Aufgrund einer Darmentzündung muss ein Teil des Darmes entfernt werden. Die Komplikationen sind so schwerwiegend, dass Khalil sein komplettes erstes Lebensjahr stationär behandelt werden muss. Als Khalil nach einem Jahr entlassen wird, muss er nach drei Tagen wieder auf die Intensivstation, weil er unter starken Durchfall leidet. Die Ursache für den Durchfall kann nicht gefunden werden, Khalil verliert weiter an Gewicht:

»[pers.] [...] Khalil sah aus wie die Kinder in Afrika, die ewig nichts gegessen haben – ganz untereernährt, wie die Kinder, die man im Fernsehen sieht. Und wir dachten, er würde sterben« (5, 29 M).

Die Schilderungen der Mutter weisen auf eine extreme psychische Belastung hin, mit der sie als Eltern eines Frühgeborenen konfrontiert sind. Sie leben mit einer Ungewissheit und haben Angst, ihr Kind zu verlieren. Aufgrund der Notwendigkeit einer intensivmedizinischen Betreuung übernimmt vor allem das Krankenhauspersonal die Pflege des Kindes. Eltern können oft nur sehr langsam an das Kind herangeführt werden und die medizinischen Apparaturen erschweren es, Körperkontakt zum Kind aufzunehmen. In dieser Situation haben Djavad und Azade Moini aufgrund von Sprachbarrieren zusätzlich die Schwierigkeit, die Angaben der Ärzteschaft zum gesundheitlichen Zustand ihres Kindes zu verstehen, sich mit ihnen und Krankenhauspersonal zu verständigen und ihre Anliegen zu vermitteln. Es ist zu vermuten, dass wegen der Sprachbarriere die eingeleiteten Schritte zur Rettung Khalils und die möglichen Folgen mit den Eltern nicht besprochen werden. Weil die Mutter anhand seiner äußeren Erscheinung erkennt, dass Khalils Zustand lebensbedrohlich ist, holt sie sich Hilfe und beschäftigt eine Dolmetscherin: »Dann habe ich eine Frau [dt.] übersetzen [pers.] dorthin gebracht und habe denen gesagt, wenn sie mein Kind nicht woanders hinschicken können [schweigt]« (5, 27 M). Aufgrund des Insistierens der Mutter wird der Junge schließlich in die Kinderklinik zu einem Spezialisten überwiesen. Der kann zwar die Ursache für den Durchfall finden, allerdings hat Khalil zu diesem Zeitpunkt bereits verlernt zu essen, so dass er durch eine Magensonde ernährt werden muss. Dieser zweite Aufenthalt im Krankenhaus dauert wieder ein ganzes Jahr an. Als Khalil schließlich nach zwei Jahren das Krankenhaus verlassen kann, erfahren er und seine Familie erneut einen Rückschlag: Er bekommt Probleme mit den Augen, muss mehrfach gelasert werden. Aber die Schwierigkeiten halten an, er verliert einen Großteil seiner Sehfähigkeit.

Diese erste Erzählaufforderung endet schließlich mit:

»[pers.] Alle zwei, drei Monate musste er in der Kinderklinik untersucht werden. Erst seit zwei, drei Jahren hat er keine [dt.] Magensonde [pers.] mehr. Sonst, was soll ich sonst sagen?« (5, 41 M)

Damit kehrt sie zurück zum Beginn des Gesprächs und ihren einleitenden Worten. Bei Abschluss des Interviews kommen die Eltern abermals auf den Aufenthalt Khalils im Krankenhaus zu sprechen. Damit legen sowohl Mutter als auch Vater den Schwerpunkt ihrer biographischen Erzählung über das Leben mit Khalil auf die Nöte in seinen ersten beiden Lebensjahren im Krankenhaus.

Kindergarten und Schule: Orte der Unterstützung

Khalil kommt mit vier Jahren in einen heilpädagogischen Kindergarten, mit dem die Mutter sehr zufrieden ist. Sie begründet ihre Zufriedenheit mit den Bemühungen der pädagogischen Fachkräfte, Khalil sprechen und essen beizubringen (5, 47 M). Eine Beratung über die Möglichkeiten der Beschulung von Khalil erhält die Mutter durch den Kindergarten und die Lebenshilfe. Dabei wurden ihr zwei Schulen für Khalil vorgestellt, beides Förderschulen mit dem Schwerpunkt Geistige Entwicklung: »Man hat mir auch in T-Stadtteil eine Schule vorgestellt, den Namen habe ich vergessen, aber man hat mir gesagt, dass die K-Schule besser sei« (5, 57 M). Die Mutter folgt dem Rat der beratenden Institutionen und meldet ihren Sohn in der K-Schule an.

Azade Moini berichtet: »[pers.] Da war er sehr klein, er ist heute auch vergleichsweise klein, aber damals war er sehr klein« (5, 45 M). Es sind vor allem Khalils körperliche Abweichungen von der Norm, auf die die Mutter und der Vater im Interview Bezug nehmen. In Kindergarten und Schule ist es mehr eine Normierung von Khalils Körper und weniger eine gute Ausbildung, die sich die Eltern erhoffen mit dem Ziel, Khalil unabhängiger von ihrer Unterstützung zu machen, damit sie eine stückweite Entlastung finden. Diesem Wunsch wird entsprochen: Auch die pädagogischen Fachkräfte der Förderschule sind daran interessiert und bemüht, Khalil Basiskompetenzen zu vermitteln, bspw. Fertigkeiten in der Hygiene. Sie geben den Eltern das Gefühl, an einer Entwicklung Khalils interessiert zu sein und dafür Verantwortung übernehmen zu wollen. Mehrfach wiederholt Azade Moini ihre große Zufriedenheit mit der Schule. Mit dem Besuch der Schule scheint sich die Situation der Familie schrittweise ein wenig zu verbessern, zum einen weil sich Azade Moini durch die Zuwendung der Schule gestützt fühlt, zum anderen weil Khalil erste kleine Fortschritte macht:

»[dt.] Mit der Schule von Khalil zufrieden. Bis Sommerferien Khalil ist immer Windel. Jetzt ist ohne Windel. Zusammen mit Schule [pers.]. Wir sind sehr zufrieden. Alle waren gut« (5, 112 M).

Neben den Basiskompetenzen lernt er dort auch sprechen und den Umgang mit Zahlen.

Den Kontakt zur Schule hält die Mutter, Djavad Moini sind die Strukturen in der Schule weitestgehend unbekannt (5, 372 V). Sie teilen sich die Verantwortungsbereiche auf: Während die Mutter sich um die Unterstützungen in Schule und Hilfesystem kümmert »[pers.] und sagt, was sie möchte« (5, 117 V), ist er derjenige, der sich um finanzielle Abwicklungen, Gespräche mit Anwält*innen etc. kümmert.

Aber auch in den Berichten zum Ablauf des Alltags, in der Versorgung und im Zusammenleben mit Khalil taucht Djavad Moini selten auf. Es ist die Mutter, die sich kümmert und mit Khalil zusammen ist (5, 216 M), den Kontakt zu Ärzt*innen und unterstützenden Personen sucht. Sie hat die Rolle des pflegenden Elternteils zwar übernommen, gibt in ihren Schilderungen aber keine Hinweise auf altruistische Motive. Vielmehr scheint es, als sei die Übernahme dieser Rolle für sie der Alternativlosigkeit geschuldet. Deswegen ist sie auch zunächst verstärkt um Entlastung bemüht.

Zugang zu Hilfen: Behinderung durch Migrationsstatus, Komm-Struktur und formalen Bildungsabschluss

Einen unmittelbar nach der Geburt einsetzenden Beistand eines psychosozialen Dienstes im Krankenhaus wie für Eltern frühgeborener Kinder meist üblich, haben Djavad und Azade Moini nicht erfahren.[33] Allerdings ist die Mutter heute in therapeutischer Behandlung, weil sie immer noch Schlafstörungen plagen. Nach dem Krankenhausaufenthalt kommt eine Krankenschwester für eine Stunde am Tag zur Unterstützung bei der Handhabung von Khalils Magensonde zu ihnen nach Hause. »[pers.] Dann kam lange keine Hilfe mehr«, berichtet die Mutter (5, 147 M). Sie ist dankbar als ihr ein Träger der Behindertenhilfe schließlich eine Unterstützungsmöglichkeit anbietet. Sie selbst kann eine Frau vorschlagen, die sie im Rahmen des FUD bei den Gängen zu Ärzt*innen und Behörden begleitet. Mit der Wahl einer persischsprachigen Frau als eine ihr »sprachlich Verwandte« positioniert sie sich als Migrantin iranischer Herkunft, die aufgrund lingualer Machtstrukturen kaum ihre Bedürfnisse äußern kann. Die Mitarbeiterin wird von dem Träger finanziert und unterstützt sie dabei, die Anliegen der Familie zu vermitteln und Azade Moini einen gewissen Freiraum und zwischendurch eine Auszeit zu verschaffen: »[pers.] Damit diese Person auf das Kind aufpassen kann, ich etwas Ruhe habe. Überall, wo ich hin will, gehen kann« (5, 66 M). Doch die Mitarbeiterin des FUD hat nicht nur eine Vermittler- und entlastende Funktion, sie ist auch Wegbegleiterin. Azade Moini hat sich mit ihrer Aufgabe bislang einsam und überfordert gefühlt. Doch ab diesem Zeitpunkt ist sie nicht mehr alleine mit ihrer

33 | Das ergab eine telefonische Nachfrage bei den Eltern.

Verantwortung in den ihr fremden Institutionen: »Wir waren zusammen« (5, 71 M).

Zum Zeitpunkt von Khalils Einschulung kommt es allerdings zu einem Zerwürfnis mit der Einrichtung der Behindertenhilfe (»[pers.] Sie haben mich gequält«, 5, 93 M; »[pers.] Sie haben uns Kopfschmerzen bereitet«, 5, 85 M). Die Arbeitsverträge für die Mitarbeiterin kämen häufig zu spät, ihre Stunden passten dann nicht mehr mit dem Tagesablauf von Azade Moini zusammen. Nach Beschwerden hätten die Mitarbeiter*innen der Einrichtung sehr unfreundlich auf Azade Moini reagiert und ihr nahe gelegt, sich an einen anderen Träger der Behindertenhilfe zu wenden. Sie entscheidet sich, möglicherweise auch gestärkt durch die Unterstützung der Schule, aber auch entmutigt durch die schlechten Erfahrungen, die Angebote der Behindertenhilfe nicht mehr in Anspruch zu nehmen. Dennoch gibt es im Kontakt mit Ärzt*innen durchaus weiterhin Bedarf einer vermittelnden und dolmetschenden Person. Unklarheit herrscht z. B. bis heute über Khalils Sehfähigkeit. Auch Djavad Moini gibt zu bedenken, dass seine Frau zwar überall hingehen und sich mitteilen, aber vielleicht doch nicht alles verstehen würde.

Weitere Unterstützungsangebote nehmen die Eltern von Khalil weder für sich noch für den Sohn in Anspruch. Dies liegt nicht daran, dass Hilfen nicht benötigt werden oder sie keine Anforderungen stellen würden, sondern daran, dass ihnen Hilfen unbekannt sind (5, 127 M). Die zentrale Anlaufstelle in B-Stadt, die dann zu weiteren Beratungsstellen vermittelt, kennt die Mutter nicht. Dabei zeigt sich die Notwendigkeit einer allumfassenden Beratung sehr deutlich: Weder der Kindergarten noch der Träger der Behindertenhilfe haben die Eltern z. B. über die Möglichkeiten der Beantragung eines Pflegegeldes informiert. In der folgenden Sequenz kritisiert Djavad Moini die Sozialstrukturen und die Komm-Struktur deutscher Behörden:

»[pers.] Es hat ja auch oft mit Unkenntnis zu tun. Wenn man nicht weiß, welche Rechte man hat. Dann kann man auch keine Anträge stellen. Die helfen nur jemanden, wenn man Anträge stellt. Soweit ich weiß, gibt einem das [dt.] Sozialamt [dt.] nur das, was man beantragt. Die AOK, [dt.] Sozialamt [dt.], geben einem ja das Geld, wenn man es beantragt. Und ich kann ja erst beantragen, wenn ich weiß, was ich zu bekommen habe. Wenn ich dann nichts weiß, dann bekomme ich ja auch nichts« (5, 284 V).

Die Rahmung dieser Äußerung bildet die Frage nach dem Zeitpunkt der Migration der Familie nach Deutschland (5, 276 I), so dass sich die Äußerungen als eine Problematik im Migrationskontext lesen lassen. Er positioniert sich als Migrant der ersten Generation. Bedingt durch diesen Migrationsstatus sei er nicht vertraut mit Rechtsansprüchen in Deutschland. In der Aussage des Vaters deutet sich ein Teufelskreis an, in dem die durchaus vorhandene Hilfe in Deutschland nur denjenigen zugänglich ist, die um die richtigen Instanzen und über die jeweiligen formalisierten Verfahren bereits Bescheid wissen. Diese Komm-Struktur im Unterstützungssystem verhindert die Inanspruchnahme von Angeboten. Die eigenständige Erschließung von Hilfen ist für die Eltern nur schwer möglich.

Sie selbst sind nicht in der Lage, sich im Förderdschungel zurechtzufinden. Erst ein Freund mit akademischem Abschluss aus der »ethnischen Community« kann ihnen helfen: »[pers.] [Er] kannte sich mit Gesetzen aus. Er hat studiert und hatte auch einen Doktortitel. Und er sagte uns, dass solche Möglichkeiten existieren« (5, 141 M). So erfahren die Eltern von einem Pflegegeld erst einige Jahre nach Khalils Geburt zufällig über den Ehemann einer Freundin der Familie. Der Bezug auf den hohen formalen Bildungsabschlusses des Freundes deutet an, dass die Eltern die Hürden, die sich vor ihnen auftun, als bildungsbedingt und so unüberwindbar wahrnehmen, dass es sogar eines Jurastudiums bedarf, um die Möglichkeiten ausloten und Rechtsansprüche geltend machen zu können.

Auf die Frage, ob die Familie Erfahrungen mit Diskriminierungen gemacht hat, führen die Eltern Einschränkungen der Leistung der medizinischen Dienste auf eben solche Erfahrungen zurück. Aufgrund der Erlebnisse in Khalils ersten beiden Lebensjahren schildern sie in weiteren Belegerzählungen, dass ihr Verhältnis zu Ärzt*innen und zur Krankenkasse weitestgehend von Misstrauen geprägt ist. So hätten ihnen bspw. die Ärzt*innen mitgeteilt, dass ihr Sohn so gut wie blind sei. Nach einigen Jahren erfahren die Eltern – wieder über eine zufällige Bekanntschaft mit einer Iranerin –, dass Khalil ein Blindengeld zusteht. Darauf sind sie in der Augenklinik nicht aufmerksam gemacht worden. Die Eltern suchen den Augenarzt erneut auf, mit der Bitte, eine Bescheinigung über Khalils fehlende Sehfähigkeit auszustellen, um einen Antrag auf Blindengeld stellen zu können. Doch der Arzt revidiert plötzlich seine Meinung. Er stellt ihnen ein Schreiben aus, in dem Khalil eine, wenn auch geringe Sehfähigkeit bescheinigt wird.

»[pers.] Als sie mir dieses Schreiben gaben, da war ich so ärgerlich, weil sie mir die ganze Zeit gesagt haben, das Kind sei blind. Und jetzt auf einmal sagen sie, ja, aber kann so viel sehen. Dabei können sie nicht einmal feststellen, wie stark oder schwach seine Sehkraft ist. Bis heute können sie es nicht genau sagen« (5, 192 M).

Das Blindengeld kann danach nicht mehr beantragt werden. Bis heute sind die Eltern unsicher, ob der Grund für die Bescheinigung der Sehfähigkeit ihres Sohnes eher damit zusammenhängt, dass ihnen kein Blindengeld zugestanden wird und in der fehlenden Bereitschaft der Ärzt*innen, Verantwortung übernehmen zu wollen, denn mit einem tatsächlichen Sehvermögen Khalils (5, 219 V). Sie haben also nicht nur den finanziellen Anspruch auf zusätzliche Hilfen verloren, es gibt außerdem erneut eine Unklarheit bezüglich der

Diagnose des Sohnes. Sie rätseln, woran ihr Sohn sie erkennt: Sie seien auf »Vermutungen angewiesen«. Während der Vater glaubt, Khalil erkenne sie an der Stimme, glaubt die Mutter, er erkenne sie am Geruch (»[pers.] Ich denke, er erkennt die Stimme. Sie [die Mutter], meint er riecht« [5, 197 V]). Diese Unsicherheit belastet die Mutter:

»[pers.] Die größte Schwierigkeit in Bezug auf [dt.] Beratung [dt.] betrifft die Augen. Er sieht wirklich nichts. Die Ärzte sagen es auch, die sagen, dass er sieht, aber ich kann das nicht glauben« (5, 213 M).

Diese Erlebnisse führen zu einem generellen Misstrauen gegenüber staatlichen Stellen und dem Gesundheitssystem. Die Erfahrung, dass sie nur über die eigene ethnische Community von Rechtsansprüchen und Unterstützungsleistungen erfahren, verstärkt ihr Misstrauen gegenüber Behörden und Ärzt*innen.

Auch die Herabsetzung der Pflegestufe wird von Djavad Moini als Diskriminierung gewertet. Als sie Einspruch gegen die Entscheidung erheben, kommt es zu einer erneuten Prüfung. Eine Mitarbeiterin des Medizinischen Dienstes der Krankenversicherung (MdK) erklärt Djavad Moini, nachdem sie sich Khalil angesehen hat:

»[pers.] Sie hat gesagt: ›Die erste Dame ist meine Chefin, und ich kann nicht etwas gegen ihr Urteil sagen.‹ Und so blieb es bei der Pflegestufe. Das ist eben mein Gefühl, dass dort eine Diskriminierung stattgefunden hat« (5, 158 V).

Das soziale Netzwerk und die Religion: Kein Potential zur Entwicklung von Widerstandsfähigkeit

Nachdem die islamische Religionszugehörigkeit von den Eltern im Gespräch selbst nicht thematisiert wird, werden sie im Interview vor dem Hintergrund, etwas über ihre Religiosität erfahren zu wollen, als Muslim*innen adressiert. Sie werden nach ihrer Einstellung zu einem islamischen Wohlfahrtsverband gefragt und nach ihrer Einschätzung, ob dort eine bessere Beratung und Unterstützung möglich sei als bei anderen Wohlfahrtsverbänden und Einrichtungen der Behindertenhilfe. Die Mutter erwidert daraufhin lachend, dass ihr die Religion völlig gleichgültig sei. Der Vater vermittelt mir, dass er meine Frage als übergriffig empfindet und antwortet stattdessen mit diversen Gegenfragen, so z. B.: »[pers.] Was soll ich mir Gedanken machen, Nutzen oder nicht, wenn es das nicht gibt?« (5, 251 V). Er führt weiter aus, dass er es ablehne, religiöse Organisationen zu unterstützen. Die Reaktion verdeutlicht, dass die islamische Religionszugehörigkeit für die Eltern beim Umgang und der Deutung der Behinderung des Kindes keine Rolle spielt. Mehr noch: Sie stehen religiösen Institutionen offensiv ablehnend gegenüber und können sich eine hilfreiche

Unterstützung durch diese nicht vorstellen (5, 245 f. M/V). Dies bedeutet auch, dass für die Familie Religiosität als Möglichkeit zur Entwicklung von Widerstand nicht in Frage kommt.

Auch der Frage nach ihrem sozialen Netzwerk weichen die Eltern aus. Unklar bleibt, wie sich das soziale Netzwerk der Familie genau ausgestaltet. An zwei Stellen geben sie an, durch (entfernte) Freund*innen in der ethnischen Community per Zufall von Unterstützungsleistungen erfahren zu haben. Das Einholen von Informationen geschieht also nicht gesteuert, sondern vollzieht sich mehr »en passant«. Innerhalb des Familienkreises besteht allerdings keine Unterstützungsmöglichkeit, da sie in Deutschland keine weiteren Verwandten haben. Reisen nach Iran werden aufgrund der politischen Situation nicht unternommen.

Normalisierungsbestrebungen und Bodyismen: Die Menschwerdung Khalils als erklärtes Ziel

Wie bereits eingangs beschrieben, hat sich die Situation der Familie bis heute nur wenig entspannt. Azade Moini resümiert auf die Erzählaufforderung »Mich würde noch interessieren, wie sich ihr Leben verändert hat seit der Geburt von Khalil«:

> »[dt.] Unser eigenes Leben ist dadurch sehr schlecht geworden [...] kommt zu Hause Khalil. Jeden Abend mit piep piep von der Maschine [pers.]. Deswegen habe ich immer schlecht geschlafen, schlafe auch jetzt und kann nur mit Medikamenten einschlafen. Ich bin auch in Therapie« (5, 308 M).

Das eigene Leben wird auch acht Jahre nach der Entlassung Khalils aus dem Krankenhaus als schlecht bewertet. Als Khalil nach Hause kommt, muss er nachts zunächst weiterhin an Überwachungsgeräten angeschlossen bleiben. Die Situation lastet auf der Familie und eine Erholung hat sich bislang nicht einstellen können. Auch die Unterstützung der Schule vermochte es nicht, den Schwebezustand der Familie zu beheben. Den resümierenden Äußerungen Azade Moinis zur Verschlechterung ihres eigenen Lebens pflichtet der Ehemann in einer längeren Sequenz (5, 314 – 359 V) über die Menschwerdung Khalils bei. Mit dem Beginn dieser Sequenz deutet sich eine Wendung im Interviewverlauf an. Der sich zunächst sehr zurückhaltend äußernde Djavad Moini, der vor allem Missstände auf der Strukturebene thematisiert, übernimmt nun das Wort und bezieht sich plötzlich auf Normen, Werte und Ideologien, die sich mit der Entwicklung Khalils und seiner »Menschwerdung« befassen.

> »[pers.] Den Khalil, den Sie hier jetzt sehen, den können Sie nicht mit dem Khalil vergleichen von vor zwei Jahren. Jetzt hat er sich vollkommen verändert. Jetzt sieht man einen Menschen, früher war er nicht so. Er konnte nicht reden, ein Mensch, der nicht sehen

kann, kann nicht sprechen, kann nicht zur Toilette gehen. Er war neun, zehn Jahre alt. Er konnte nicht zur Toilette gehen. Wir mussten all seinen Dreck weg machen. Der hatte keinen Verstand, er hat heute auch nicht so viel davon. Er ist geistig zurückgeblieben. Er war ein ganz anderes Wesen. Erst seit einem Jahr kann er zum Beispiel etwas reden. Natürlich, was er sagt, gibt nicht sehr viel Sinn. Oder was er will. Wie dem auch sei, er ist auf dem Wege zur Entwicklung. Seit drei Monaten kann er zur Toilette gehen. Bis dahin ging er nicht. Es ist sehr schwer, so einen Menschen zu pflegen. Man ist ständig unter Belastung. Muss vieles ertragen. Es ist heute auch so, aber trotzdem hat er sich viel verändert [...]« (5, 314 V).

Mit Hilfe der Darstellung einer Dichotomie von »Mensch« und »Wesen« zeichnet Djavad Moini im ersten Abschnitt der Sequenz die Entwicklung seines Sohnes nach: Vor zwei Jahren sei Khalil noch ein ganz anderes »Wesen« gewesen. Das »Wesen« Khalil vermochte es damals nicht zu sprechen, nicht zu sehen oder eigenständig zur Toilette zu gehen – alles Eigenschaften, die seiner Meinung nach den Menschen definieren. Bis vor kurzem war er darauf angewiesen, dass die Eltern ihn pflegen. Mit dem Erlernen und der Ausbildung diverser Eigenschaften wird Khalil schließlich menschlich. So kann er heute eigenständig zur Toilette gehen, Khalil kann sich äußern und seinen Willen kundtun. Damit es zu dieser Entwicklung kommen konnte, habe die Familie – unklar bleibt, wer genau, weil er nicht personifiziert (»man«) – »unter Belastung« gestanden. Es sei für die Eltern und für Khalil eine langwierige und nur schwer zu ertragende Prozedur des Erlernens basaler Kompetenzen gewesen. Doch auch heute empfindet Djavad Moini das Ergebnis als nicht zufriedenstellend. Zwar entspräche Khalils äußere Beschaffenheit nun der eines Menschen (»Jetzt sieht man einen Menschen«), seine Abweichung ist aber weiterhin vorhanden. Das Stigma bezieht sich nun auf »Körperteile«, die zunächst verborgen bleiben (vgl. Goffmann 1975): Viel »Verstand« habe sein Sohn noch nicht. Zur Menschwerdung zählt Djavad Moini zum einen die Hülle des Menschen, den normierten Körper, dem Khalil schon sehr nahe kommt, und zum anderen den »Geist«, den der Vater für kaum brauchbar hält. Um einen akzeptablen Zustand zu erreichen, bedarf es weiterer Anstrengungen (»Er ist auf dem Wege zur Entwicklung«). Die bereits getätigten und die zukünftigen Mühen vor Augen, beginnt er über den eigentlichen Sinn dieser Maßnahmen zu sinnieren:

»[pers.] Ich denke persönlich, wenn solche Kinder geboren werden, was ich sagen will, gilt nicht für jetzt, sondern wenn solche Kinder zur Welt kommen, soll man ähm sollte man sie nicht am Leben erhalten. Meiner Meinung nach. Also, ich meine nicht jetzt. Jetzt ist er ein Mensch. Nach meiner Meinung, in den ersten paar Tagen. Wenn sie merken, dass das Kind all diese Unzulänglichkeiten hat und bis Ende seines Lebens krank bleiben wird und dass er zurückgeblieben ist und nicht sprechen kann. Wie sie wissen, sein

Darm ist sehr klein. Zehnmal wurde er operiert. Er ist ein fünfmonatiges Frühchen. Vier Monate früher. Und hat sich im Apparat entwickelt. Ein Fuß war so groß, ein anderer Fuß war so groß. Eine Hand war so [macht Handbewegungen]. Um ihn am Leben zu erhalten, weil seine Atemorgane sich noch nicht entwickelt hatten, waren sie gezwungen, ihm Sauerstoff zu geben. [...] Wenn einem zu lange Sauerstoff gegeben wird, schadet es den Augen. Er könnte blind werden, aber er erblindete nicht« (5, 331 V).

Er spricht sich für den Verzicht der lebenserhaltenden Maßnahmen eines frühgeborenen Kindes aus. Seine relativierenden Einschübe (»[pers.] Was ich sagen will, gilt nicht für jetzt ...Ich meine nicht jetzt«, 5, 331 V) und das plötzlich einsetzende Stottern deuten darauf hin, dass er sich des Tabus bewusst ist, das er ausspricht. Er unternimmt Versuche, seine Äußerungen zu relativieren, scheint aber dennoch das Bedürfnis zu haben, seine Erkenntnis als Resümee kundzutun. Die Produktion eines Fremdkörpers in Abgrenzung zu einem Normkörper ist der Versuch einer Veranschaulichung: Die sichtbare Abweichung von der Norm sollte Ärzt*innen den Hinweis geben, dass es Frühgeborenen an menschlichen Eigenschaften fehle und sie deswegen nicht am Leben erhalten werden sollten. Anhand der Darstellung von Prozeduren im Krankenhaus hebt er auch hervor, dass es sich nicht nur um eine Belastung für die Eltern gehandelt habe, auch Khalil habe gelitten: Er musste sich einer ganzen Reihe von Operationen unterziehen, konnte nicht bei seinen Eltern sein, sondern musste sich im »Apparat« entwickeln. Die Maßnahmen zur Lebenserhaltung brachten weitere Komplikationen mit sich, ihr Sohn sei dem hilflos ausgeliefert gewesen. Im Laufe seiner desperaten Schilderungen beginnt der Vater sich in Widersprüche zu verstricken. Er übernimmt gesellschaftliche Vorstellungen eines brauchbaren Menschen, die er bei seinem Sohn nicht zu finden scheint:

»[pers.] So ein Wesen, das niemals zu einem Menschen wird, hat überhaupt keine Eigenschaften. Andere Menschen müssen ständig leiden, sich bemühen, um so ein Kind groß zu ziehen und dann? Nichts! Er kann nicht arbeiten, er kann nicht reden, er kann nicht richtig verstehen, er kann nicht sehen. Ich kann nicht sagen, dass er ein Mensch ist. Meine Vorstellung ist ... ich verstehe nicht, warum Deutschland nicht auf solche Aspekte achtet. Es sei denn, die Ärzte begreifen es nicht. Das kann man noch rechtfertigen. Ich weiß nicht, ob die Ärzte von Anfang wussten, welche Zukunft ihn erwartet. Ich weiß es nicht, wenn man einem sagt ... Wenn man am Anfang einem sagt, warum das Kind so ist und ob es wieder besser werden wird oder nicht, dann würden sie sagen, dann muss man Geduld haben, man kann erst sehen, wenn einige Zeit verstrichen ist. Ich sage, wenn sie das nicht wissen, ihre Arbeit, ihre Bemühung ist zu rechtfertigen. Aber wenn sie von Anfang an wissen, dass dieses Kind gar keine menschlichen Eigenschaften hat, was ist die Philosophie, solche Kinder am Leben zu erhalten?« (5, 345 V)

Seine widersprüchlichen Aussagen stehen unaufgelöst nebeneinander. Hat er zuvor von Khalil als Menschen gesprochen, scheint er die Aussage wenn nicht relativieren zu wollen, dann doch zumindest zu bezweifeln, dass Khalil die letzte Stufe der Menschwerdung – die Ausbildung seines Geistes – wird bewältigen können. Während es unklar bleibt, ob er zu Beginn dieser Sequenz von Khalil spricht oder ob er »Wesen« im Allgemeinen meint (»[pers.] So ein Wesen, das niemals zu einem Menschen wird, hat überhaupt keine Eigenschaften [...] Ich kann nicht sagen, dass er ein Mensch ist«), löst er mit der Frage, aus welcher Motivation heraus die Ärzt*innen damals auf diese Weise handelten, die Ambiguität auf: Sollten die Ärzt*innen gewusst haben, welche Zukunft »ihn« – und hier bezieht er sich wieder auf Khalil – erwarten wird, fehlt ihm das Verständnis dafür, dass lebenserhaltende Maßnahmen durchgeführt worden sind. Schließlich sei dieses Leben, das Khalil und die Familie führen, nicht lebenswert.

Djavad Moini zeigt kein Verständnis für die medizinische Moral in Deutschland. Zunächst werde alles unternommen, um die Kinder am Leben zu erhalten, später werden die Eltern mit der Last und der Verantwortung alleine gelassen. Er belastet das System in Deutschland, in dem der Handlungsrahmen zu restriktiv gefasst sei. Sein eigenes System entspricht nicht dem deutschen. An späterer Stelle pflichtet seine Frau ihm bei: »[pers.] Dieses deutsche System ist sehr schlecht« (5, 386 M). Es handele sich um ein System, in dem Ärzt*innen nicht dazu bereit seien, die Verantwortung für ihre Handlungen zu übernehmen (5, 220 V). Dabei scheint er zu glauben, dass in seinem Herkunftsland Iran ein anderer Handlungsrahmen existiert. So ergänzt er seine Äußerungen ein wenig später mit »[pers.] Wenn das Leben in Iran genauso wäre, wie zu Schah-Zeiten, würde ich vorziehen, dort zu leben« (5, 366 V).

Die Argumentation des Vaters steht in der Tradition des Präferenzutilitarismus, in der das Töten von Säuglingen und die Euthanasie schwer beeinträchtigter Menschen als ethisch und moralisch legitimierbar gelten (vgl. Singer 1984).[34] Für die Euthanasie des Kindes bedürfe es einer Analyse von Präferen-

34 | Der Vertreter des präferenzutilitaristischen Ansatzes Singer bemisst den Lebenswert von Menschen mit einer so genannten geistigen Behinderung, indem er sie in die Gruppe der »Lebewesen ohne Selbstbewusstsein« einteilt, die zwar in der Lage sind, Schmerz und Lust zu empfinden, aber nicht selbstbewusst und vernunftbegabt sind, so Singer (Singer 1984, 117). Diese Wesen grenzt er von »Personen« ab, die sich ihrer selbst »als einer distinkten Entität« bewusst sind, »mit einer Vergangenheit und einer Zukunft« (ebd., 109). Die Euthanasie eines »Lebewesens ohne Selbstbewusstsein« (oder wie Djavad Moini ausdrückt: »ohne menschliche Eigenschaften«) ist in dieser Perspektive grundsätzlich möglich und das Töten von Neugeborenen bis zum ersten Lebensmonat dann ethisch richtig, wenn die Eltern nach bestem Wissen und Gewissen so entscheiden und die Tötung schmerzlos geschieht: »Der Kern der Sache ist freilich klar:

zen bzw. einer Nutzenrechnung derjenigen Lebewesen mit »Selbstbewusstsein«, in diesem Fall der Eltern. Und Djavad Moini analysiert: Er sieht das Leid, das Bemühen der Angehörigen auf der einen Seite und das Ergebnis, das für ihn bislang und vielleicht auch am Ende nicht zufriedenstellend sein wird. Eine Intervention war und ist nicht möglich.

Bei der Einbeziehung von Forschungsergebnissen zu intergenerativen Beziehungen von Familien im Migrationskontext könnte ein potentiell weiteres Motiv, das hinter seiner Argumentation steckt, aufgedeckt werden. So erläutert Nauck den hohen Stellenwert von Generationenbeziehungen im Hinblick auf familiale Solidarpotentiale: »Die meisten Familien ausländischer Herkunft stammen aus Gesellschaften ohne ein ausgebautes sozialstaatliches System sozialer Sicherung. Entsprechend werden alle Sozialleistungen und alle Absicherungen gegen die Risiken des Lebens zum ganz überwiegenden Teil unmittelbar zwischen den Generationen erbracht. Diese Funktionen der unmittelbaren materiellen Absicherung durch Generationenbeziehungen haben weitreichende Auswirkungen auf ihre kulturelle Ausgestaltung, d.h. darauf, was Eltern und Kinder füreinander bedeuten, was sie gegenseitig voneinander erwarten und welchen ›Wert‹ sie füreinander haben« (Nauck 2001, o.S.). Die sozialstaatliche Absicherung in Deutschland mag zwar in gewisser Weise existieren, die schlechten Erfahrungen des Vaters mit deutschen Behörden bedeuten ihm aber, dass die soziale Sicherung für seine Familie und für ihn nicht gilt. Stattdessen begleitet ihn das Gefühl, bei Behörden aufgrund mangelnder Deutschkenntnisse nicht ernst genommen zu werden. Ihm werde es sogar übel genommen, dass er schlechte Deutschkenntnisse habe (5, 374 V). Diese Erfahrungen scheint er besonders mit der Zeit im Krankenhaus in Verbindung zu bringen, denn er erwähnt daraufhin zum wiederholten Male: »Ja, Sie können es nicht glauben, Khalil war anderthalb Jahre im Krankenhaus« (5, 387 V).

Diese resümierenden Ausführungen des Vaters zeigen das Ausmaß seiner Verzweiflung und Wut über ein machtvolles System, in dem er und seine Frau nicht zu Wort kommen, die Bedürfnisse seines Sohnes nicht gesehen werden und sie sich allein gelassen fühlen. Hat sich die Mutter während seiner Ausführungen zurückgehalten, tritt sie ihm nun bestätigend zur Seite. Allerdings lässt sie den älteren Sohn Navid für sich sprechen, der die Zeit im Krankenhaus ebenfalls als Belastung empfunden hat: Lachend erzählt die Mutter: »[dt.] Mein Sohn Navid, zweieinhalb Jahre alt, sitzen in Krankenhaus, sagen: Khalil gestorben! Besser Khalil tot! [lacht]« (5, 396 M). Interessant ist hier neben der Tatsache, dass Navid schon damals das ausgesprochen hat, worin ihm der Vater heute zustimmt, die Verwendung des damals noch kleinen Navids als Sprachrohr durch die Mutter – die Wiedergabe der kindlichen Aussage, ver-

die Tötung eines behinderten Säuglings ist nicht moralisch gleichbedeutend mit der Tötung einer Person. Sehr oft ist sie überhaupt kein Unrecht« (ebd., 188).

bunden mit einem nivellierenden Lachen der Mutter, wohlwissend, dass es sich bei ihren Empfindungen und denen ihres Mannes um ein Tabu handelt.

Zusammenfassung

Vor allem die ersten zwei Jahre im Krankenhaus strukturieren die gemeinsame Biographie von Khalil und seinen Eltern. Immer wieder kommen sie auf diesen Zeitraum zurück, beenden das Gespräch schließlich auch wieder damit. Sie stellen ausführlich die machtvolle Beziehung zwischen ihnen und den Ärzt*innen dar, positionieren sich als Migrant*innen mit geringen Deutschkenntnissen und einer fehlenden Vertrautheit mit Institutionen. So erhält die ohnehin existente hegemoniale Stellung des medizinischen Personals im Krankenhaus eine Verstärkung durch die Schwierigkeit, sich über die Situation des Kindes und die getroffenen Entscheidungen ausdifferenziert verständigen zu können. Informationen gelangen nur schwer an die Eltern, bei denen dadurch Gefühle des Ausgeliefertseins hervorgerufen werden. Sie können zunächst nur erahnen, was mit ihrem Sohn geschieht, gesicherte Erkenntnisse haben sie keine. Maßnahmen, wie eine psychosoziale Beratung, die auch den Aufbau einer Beziehung zum Sohn hätten unterstützen können, stehen ihnen weder während der Zeit im Krankenhaus noch danach zur Verfügung.

Heute werfen sie den Ärzt*innen das Vorspielen falscher Tatsachen vor. Das System, in dem die Ärzt*innen damals agierten, ist heute nicht dazu bereit, Schritte zu ergreifen, die der Familie und auch Khalil das Leben erleichtern und die sie darin stärken würden, ihrer Rolle als Eltern besser nachzukommen. Am Beispiel des ihnen ihrer Meinung nach zustehenden Blindengelds schildern sie die von ihnen empfundene Unverantwortlichkeit der Ärzt*innen: Erst lassen sie es zu, dass Khalil erblindet, später wollen sie keine finanzielle Unterstützung ermöglichen, weil sie die Erblindung nicht zugeben. Das Nichtwissen darüber, wie viel ihr Sohn sehen kann, woran er seine Eltern erkennt oder ob er vielleicht doch ganz blind ist, trägt erneut zu einer Belastung der Eltern bei. Die Vorwürfe und Schuldzuweisungen gegenüber den Ärzt*innen sind gepaart mit der Vermutung, dass diverse Rechte in Deutschland nicht für Migrant*innen gelten und sie bei der Einforderung ihrer Rechte (z. B. finanzieller Leistungen) zweitklassig behandelt werden. So sind auch diejenigen, die sie über ihre Rechte informiert haben, ausschließlich Angehörige der ethnischen Community – eine Erfahrung, die ihr Misstrauen gegenüber Behörden steigert.

Die Ereignisse seit der Geburt Khalils, die die Eltern mit Benachteiligungen aufgrund eines bei ihnen wahrgenommenen Migrationshintergrundes in einen Zusammenhang bringen, belasten sie bis heute. Allein Hartnäckigkeit lässt die Familie erfolgreich erscheinen und kann zur Kompensation von diversen Benachteiligungen beitragen. Ein Ausgleich jedoch lässt sich in der Familiengeschichte nicht finden. Weder die Religion, das soziale Netzwerk noch Familienstrukturen in Deutschland oder im Herkunftsland sind Teil ihrer Möglichkeiten, um Stabilität zu erlangen. Eine Folge dieser Instabilität ist, dass neben der fehlenden Bindung zum Sohn, die Möglichkeiten für Khalil nicht voll ausgeschöpft werden und Bildungs- oder partizipative Prozesse keine Optionen sind, die für ihn bereit stehen. Sein Recht auf Entwicklung wird nach Auffassung der Eltern missachtet. Gleichzeitig ist es dem Hilfesystem nicht gelungen, die Bewusstseinsbildung für behinderte Menschen in der Familie Moini zu erzielen. So wurden keine Maßnahmen für die Schärfung des Bewusstseins gegenüber »Behinderung« als Bestandteil von Normalität und für die Achtung der Rechte ihres behinderten Sohnes ergriffen (vgl. Kap. 1 und UN-BRK, Artikel 8 (Abs. 1, Buchst. a).

In der Darstellung von Khalils Eltern taucht die Kategorie Migration insbesondere auf der Ebene der Sozialstrukturen in Form von Ausgrenzungs- und Diskriminierungserfahrungen auf. Diese Ereignisse haben Einfluss auf ihre Identitätskonstruktionen und äußern sich in Gefühlen der Fremdheit im Umgang mit Institutionen und in der Wahrnehmung von lingualen Machtstrukturen. Die Wahrnehmung der Kategorie Migration auf diesen Ebenen hat wiederum Auswirkungen auf die Normen, Werte und Ideologien, die ihr Handeln und den Umgang mit der Kategorie Behinderung leiten. Die von Djavad und auch Azade Moini übernommenen gesellschaftlichen Vorstellungen eines »brauchbaren« Menschen scheinen zunächst als erbarmungslose Darstellung ihres Sohnes und eines Normkörpers, den es zu erzielen gilt. Bei einer Betrachtung der Wechselwirkungen von Strukturebene und Normen und Werten können diese Vorstellungen aber auch als eine Folge dieser Ausgrenzungs- und Diskriminierungserfahrungen gedeutet werden. So ist es möglich, dass sich die Konstruktion der Behinderung ihres Sohnes unter den für Djavad und Azade Moini geltenden schwierigen Migrationsbedingungen, die mit Fremdheit und Ausgeliefertsein zu charakterisieren sind, verschärft. Auch die Aufstiegsorientierungen und -wünsche, die mit der Migration in ein anderes Land verbunden sind, können sich verschärfend auf den Konstruktionscharakter von Behinderung auswirken. Diesen Aufstiegsorientierungen stehen die Barrieren der Teilhabe und der Entwicklung im Wege.

5.4.6 Was für ein System? Das System bin ich – Über das Streben von Jale Karimi nach Autonomie und guten Rahmenbedingungen

Hintergrundinformationen

1998 wird Puran in Iran geboren. Ihre Eltern beschließen, fünf Monate nach ihrer Geburt, nach Deutschland auszuwandern und dort Asyl zu beantragen. Die genauen Gründe für die Entscheidung Iran zu verlassen, sind unklar. Im Jahr 2000 folgt die verwitwete Großmutter Purans, Jale Karimi, ihrer Tochter, dem Schwiegersohn und der Enkelin nach Deutschland. Bald heiratet sie erneut. Sie lebt fortan mit ihrem Ehemann Heiner Pöldt in einem ländlichen Vorort einer Großstadt und beginnt im Einzelhandel zu arbeiten. Zur selben Zeit wird bei Puran eine Entwicklungsverzögerung festgestellt. Purans Eltern verlassen Deutschland Richtung Amerika im Jahr 2003. Nach einiger Zeit bei den Eltern holt die Großmutter Puran zu sich. Die nächsten Jahre pendeln Puran und ihre Großmutter zwischen Iran, den USA und Deutschland hin und her, bis Puran durch eine Adoption der Großmutter im Jahr 2008 eine dauerhafte Aufenthaltsgenehmigung für Deutschland erhält.

Anwesend im Interview waren Jale Karimi und ihre Enkelin. Das Interview wurde (neben vereinzelten Codeswitchings) auf Persisch geführt. Im Interview zentriert die Großmutter die gesamte Erzählung um sich, in der bspw. die Eltern Purans kaum eine Rolle spielen (lediglich zur anfänglichen Klärung der Umstände). So beginnt sie das Gespräch dann auch mit einer Klarstellung: »[dt.] Ok, Puran ist meine Enkelin, weißt du? Nicht meine Tochter, meine Enkelin« (6, 13 G).

Kernthema: Räumliche Bewegung und die eigene Verantwortlichkeit als kompensatorische Strategie zur Reduktion von Barrieren im System

Kernthema des Interviews ist die Beschreibung von rechtlichen Restriktionen, lingualen Machtstrukturen und der Fremdheit mit Institutionen, mit der eine Großmutter konfrontiert ist, die versucht, die für ihre Enkelin geeigneten Rahmenbedingungen zu schaffen, um sie zu einem guten Leben zu befähigen. Dafür laviert sie im und um das Systems herum und versucht mit Hilfe räumlicher Bewegungen, aus dem sie behindernden System auszubrechen.

Die Migration: Rechtlicher Status verschärft Bedingungen für Puran

Als Purans Eltern mit ihrer Tochter 1998 nach Deutschland kommen und Asyl beantragen, wissen sie noch nicht, dass ihre Tochter beeinträchtigt ist. Im Jahr 2000 folgt die Großmutter ihrer Tochter und der Enkelin nach Deutschland. Durch den Tod ihres Mannes und die Auswanderung der Tochter samt Familie hält die Großmutter nichts mehr in Iran. Ihr Lebensmittelpunkt hat sich nach Deutschland verschoben. Das Bemerken einer Auffälligkeit an Puran fällt schließlich mit der Einwanderung der Großmutter nach Deutschland zusammen.

»[pers.]Wir haben erst ab dem zweiten Lebensalter gemerkt, dass sie Probleme hat mit dem Gehen, mit dem Reden und haben dann erst gemerkt, dass etwas nicht in Ordnung ist. Da sie Asyl beantragt hatten, konnten sie eigentlich kaum Angebote für Puran in Anspruch nehmen. Nur ganz wenige« (6, 23 G).

Die genaue Diagnose und eine Suche nach Gründen nimmt in den Ausführungen der Großmutter nur wenig Raum ein. Sie führt lediglich aus:

»[dt.] Sowieso niemand verstehen nicht, wie läuft es bei Puri. Arzt nicht, Amerika nicht. Alle verschiedene Tests. Genetic das das. Alle schätzen. Schätzen vielleicht Sauerstoff, schätzen vielleicht nach geboren. Die wussten nicht aber« (6, 143 G).

Ob die Großmutter diejenige ist, die die Eltern auf eine Entwicklungsverzögerung aufmerksam macht, kann durch das Interview zwar nicht geklärt werden, ist aber nicht unwahrscheinlich, da die Inszenierung der Großmutter als Expertin, die weiß, was gut für ihr Enkelkind ist, sich wie ein roter Faden durch das Leben von Puran zieht. Zumindest ist sie Teil der Feststellung der Behinderung (»wir«), die in die Phase der Migration und der Beantragung von Asyl fällt. Während die Großmutter durch die Heirat eine Aufenthaltsgenehmigung und eine damit einhergehende Arbeitserlaubnis erhält, bedeutet die Duldung der Eltern lediglich eine vorübergehende Aussetzung der Abschiebung. Im Gegensatz zur Großmutter sind die Eltern und Puran damit in einer rechtlich prekären Situation: Der Ausgang des Asylverfahrens ist ungewiss, hinzukommt, dass für Puran diverse Möglichkeiten der Unterstützung nicht vollends ausgeschöpft werden können. Eine Logopädie z. B. erhält sie nur alle zwei Wochen. So scheitern sie an dem Versuch, das Kind ausreichend fördern zu lassen. Hier zeigt sich die Verwobenheit der Dimensionen rechtlicher Status und der Wahrnehmung einer Behinderung sehr deutlich, deren Zusammenwirken die Familie in eine problematische Lage versetzt und durch die sie »keine Chance« in Deutschland hat (6, 19 G).

Als den Eltern bewusst wird, dass die Chancen auf eine dauerhafte Aufenthaltserlaubnis sehr schlecht stehen und Purans Möglichkeiten durch die rechtlichen Restriktionen eingeschränkt sind, bemühen sie sich um Alternativen. Sie sprechen in der US-amerikanischen Botschaft für eine Greencard vor, die sie schließlich auch erhalten. Als Puran fünf Jahre alt ist, beschließen die Eltern als Reaktion auf die Behinderung der Tochter, mit ihr in die USA auszuwandern. Die Großmutter, die wegen ihrer Tochter und der Enkelin nach Deutschland gekommen ist, bleibt mit ihrem Ehemann Heiner zurück.

Der transnationale soziale Raum: Ressource zur Kompensation des prekären rechtlichen Status

Puran, die zu dieser Zeit in Deutschland einen Kindergarten besucht, hatte gerade begonnen zu sprechen, erste Worte zu verstehen. Für sie, so die Großmutter, war es sehr schwer, Deutschland wieder verlassen zu müssen. Als Jale Karimi ihre Enkelin in den USA besucht, stellt sie fest, dass Puran oft alleine ist: Die Eltern müssen fortwährend arbeiten, »um weiter zu kommen« (6, 39 G). Puran besucht einen Kindergarten, in dem sie keinen Anschluss findet und isoliert ist. Diese Situation bezeichnet die Großmutter als für sich »unerträglich« (6, 41 G). Sie stellt Purans Eltern vor die Wahl: Entweder die Mutter bleibe zu Hause und kümmere sich mehr um das Kind, oder aber sie »geben« ihr Puran und sie übernehme die Aufgabe, Puran zu »erziehen« (6, 43 G). Den Eltern bietet sie an, den Erfolg ihres Zusammenlebens mit Puran evaluieren zu können:

»[pers.] Und dann, wenn sie dann mit dem Gang der Dinge zufrieden sind und wenn sie mehr Fortschritte als in Amerika gemacht hat, dann sollten sie Puran mir überlassen« (6, 44 G).

Die Eltern übergeben Puran schließlich ihrer Großmutter. Jale Karimi bekommt eine neue Aufgabe, die sie vor große Herausforderungen stellt, denn Puran besitzt keine Aufenthaltsgenehmigung für Deutschland. So gehen Jale Karimi und Puran zunächst wieder nach Iran. Aufgrund der aufenthaltsrechtlichen Regelungen fahren die beiden alle sechs Monate im Wechsel nach Deutschland, um den Ehemann von Jale Karimi zu besuchen, oder in die USA, damit Puran ihre Eltern sehen kann. Puran pendelt im transnationalen sozialen Raum hin und her. Dabei ist ihre einzige Konstante die Großmutter, die mit ihrer Förderung befasst ist. In Iran macht die Enkelin schließlich Fortschritte: »Laufen, sprechen, Laute sprechen«, schwimmen und tauchen (6, 49 G). Diese Fortschritte interpretiert Jale Karimi nicht als Teil einer natürlichen altersentsprechenden Entwicklung, sondern schreibt sie ihrer Förderung zu.

Der rechtliche Status: Adoption zur Schaffung einer räumlichen Konstanten

Nach einigen Jahren des Hin und Her schlägt die Großmutter ihrem Ehemann vor, Puran zu adoptieren:

»[pers.] Er ist ein sehr, sehr guter Mensch. Er sagte: ›Bist du dir denn darüber im Klaren, was das bedeutet und welche Verantwortung du übernimmst?‹ Und ich sagte: ›Ja, ich weiß, aber ich kann sie nicht einfach beiseiteschieben‹« (6, 55 G).

In dieser Sequenz inszeniert sich Jale Karimi zum einen als selbst aufopfernde Großmutter, die ihr Leben in den Dienst des Weiterkommens der Enkelin stellt. Sie gibt an, sich zuständig und verantwortlich zu fühlen. Der Wille, die Enkelin zu betreuen, kann durchaus kulturell konnotiert sein, weil es bspw. in iranischen oder türkischen Familien ein Familienverständnis geben kann, bei dem auch der erweiterte Kreis zur Verantwortungsübernahme bereit ist. Während es im Hinblick auf das Gewicht einer Bindung von Eltern und Kind ungewöhnlich oder kaum akzeptabel zu sein scheint, sein eigenes Kind im transnationalen Raum hin und her zu schicken, ist es für Menschen im Migrationskontext durchaus eine Perspektive und oftmals einer schwierigen Situation in der Migration geschuldet. Gerade in der ersten Einwanderergeneration ist und war es eine denkbare Option, dass durch dieses erweiterte Familienverständnis, Kinder auch bei den Großeltern groß werden können – wie in diesem Fall sogar über tausende Kilometer entfernt.[35]

Beim Ausloten der Möglichkeiten für Puran dominiert die Großmutter. Die Eltern spielen bei der Entscheidung, ein Adoptionsverfahren einzuleiten, keine Rolle. Die Entscheidungsfindung – Adoption ja oder nein – findet einzig zwischen Jale Karimi und ihrem Ehemann statt. Dass Puran ein Leben bei ihren Eltern führt und sie dort großwerden könnte, scheint für Jale Karimi keine Alternative zu sein, im Gegenteil: Dies würde sie als ein »beiseite Schieben« empfinden.

Jale Karimi, der die formalisierten Verfahren in Deutschland fremd sind, weiß die Ressourcen und die Vertrautheit ihres Ehemannes mit deutschen Behörden zu nutzen: Als Heiner Pöldt in eine Adoption einwilligt, ist er es, der sich mit dem System befasst, den Antrag stellt und sich um sämtliche Formalitäten kümmert. Der Gerichtstermin wird mit Hilfe eines Dolmetschers wahrgenommen: Puran, Jale Karimi und Heiner Pöldt werden befragt und der Adoption wird 2006 schlussendlich zugestimmt. Zwei Jahre später, als Puran auch eine Aufenthaltsgenehmigung erhält, gehen Jale Karimi und Puran wieder dauerhaft nach Deutschland. Durch den rechtlichen Rahmen hat sie eine wichtige Etappe geschafft, damit das Kind weiterhin bei ihr bleiben kann.

Die Partnerschaft und die Trennung: Altruismus und ein selbstbestimmtes Leben – eine Win-win-Situation

Puran lebt nun gemeinsam mit ihrer Großmutter und deren Ehemann in einem Vorort einer Großstadt. In der Kleinfamilie kommen aber bald Probleme im Zusammenleben auf, deren Aufkeimen Jale Karimi in ihrer Darstellung mit dem Leben in beengten Verhältnissen einer Zwei-Zimmer-Wohnung begründet:

»[pers.] Mein Mann ist zwar ein ganz lieber Mensch, aber wir hatten eine ziemlich kleine Wohnung. Es gab nur zwei Zimmer. Und in dieser Enge sind sie sich auf die Nerven gegangen. Es gab dann Spannungen. Das machte mir Sorgen und ich habe immer aufgepasst, dass sie sich nicht etwas sagen, was den anderen beleidigt. Während meines Aufenthaltes hier hatte ich mit der Stadt nichts zu tun. Entweder habe ich gearbeitet oder mein Mann. Wir haben aber von der Stadt nichts in Anspruch genommen. Ich hatte dann Probleme. Sowohl ich machte mir Sorgen und auch Heiner hatte Probleme. Wir haben dann mit Freunden gesprochen und sie sagten, wir sollten einen Scheidungsan-

35 | Die Kinder dieser Generation werden auch häufig »Kofferkinder« genannt (vgl. Can 2006).

trag stellen, damit ich mich auch voll und ganz um sie kümmern kann. Ich habe dann mit Heiner darüber gesprochen. Das war für ihn sehr hart. Ich musste ihn überzeugen, dass es in seinem Interesse ist, dass wir uns trennen. Dass die Last dann von ihm fällt. Nach einiger Zeit war er einverstanden« (6, 77 G).

Außerhalb des Konfliktes stehend, präsentiert sie sich als Mediatorin zwischen Ehemann und Enkelin, die darum bemüht ist, die Schwierigkeiten zwischen beiden zu glätten. Als die Spannungen größer werden, trifft sie eine Entscheidung. Sie überzeugt ihren Mann davon, dass eine Trennung das Beste für ihn sei und seinem eigenen Wohl diene. Sie selbst erhofft sich nach einer Trennung, mehr Zeit für Puran zu haben. Erneut ergreift sie also die Initiative, um einen guten Rahmen für ihren Lebensmittelpunkt »Puran« zu schaffen. In ihrer Erzählung schildert sie ein komplett auf Puran ausgerichtetes Leben, so dass es zunächst den Anschein hat, als seien es allein altruistische Motive, die sie leiteten – eine Fortsetzung ihrer bisher geleisteten Opfer für Puran. Gleichzeitig macht sie Andeutungen, dass sich auch für sie durch eine Trennung Vorteile ergeben: Denn auch sie »hatte Probleme« mit Heiner (6, 83 G) und nun, nach der Trennung ist sie »zufriedener« (6, 93 G).

Sie nimmt die Trennung zum Anlass, um sich erneut in Bewegung zu setzen. Die Markierung des Beginns eines neuen Lebensabschnittes verstärkt sie dadurch, dass Großmutter und Enkelin in eine andere Stadt ziehen. Dort meldet Jale Karimi Puran und sich erstmals beim Jobcenter und Jugendamt an, sie erhalten fortan Sozialleistungen und Jale Karimi findet eine gute Schule für Puran.

Heute haben sich beide gut in der neuen Stadt eingerichtet. Doch ein weiteres Etappenziel steht noch offen.

Bildung und Förderung: Faktor für die Verbesserung der Lebensqualität

Für Puran sei das Sprechen besonders schwer, weil sie »[pers.] sehr oft hin und her gezerrt wurde. Deutschland, Iran, Amerika und wieder zurück« (6, 153 G), so die Großmutter. Diese Aussage erstaunt zunächst, da sie sich selbst anscheinend nicht für verantwortlich hält. Schließlich war sie es, die den Eltern den Vorschlag unterbreitet und die Reisen unternommen hat. Sie ordnet Purans Schwierigkeiten nun dieser fehlenden Konstanz zu und sieht sich in der Verantwortung, möglichst gute Bedingungen zu schaffen, damit der Abbau der Barriere »Deutsch« gelingt. Jale Karimi hat klare Vorstellungen von einer guten Förderung. Mehrfach betont sie, dass ihr vor allem an Purans sprachlicher Entwicklung im Deutschen gelegen sei. In der Schule, die Puran vorher besucht hatte, waren Kinder mit einem unterschiedlichen Zugang zu Sprache in der Klasse vertreten.

»[pers.] Die Klassen waren nicht homogen. Einer konnte nicht hören, einer konnte nicht sehen, einer konnte nicht sprechen. Wenn die Klassen besser zusammen passen, kann man ja auch besser lernen« (6, 100 G).

Diese heterogenen Klassen stehen dem vordersten Ziel der Großmutter im Weg, Puran Deutsch beizubringen. Eine homogene Klassenzusammensetzung ist in Purans neuer Schule, einer Förderschule mit dem Schwerpunkt Geistige Entwicklung, gegeben. Die Lehrer, so die Großmutter, können Puran dadurch größere Aufmerksamkeit schenken. Zudem gebe es dort für die Enkelin das Angebot, innerhalb der Schule zweimal pro Woche eine Logopädin aufzusuchen. Jale Karimi ist informiert und fühlt sich mitgenommen: Über die Fortschritte in der Logopädie wird Jale Karimi regelmäßig in einem Mitteilungsheft unterrichtet. Zwar hat sie Schwierigkeiten, die Mitteilungen der Logopädin zu verstehen, sie lässt sie sich aber von Dritten vorlesen bzw. übersetzen. Die Frage, ob die persischsprachige Logopädie, die in der Schule aufgrund entsprechender Ressourcen umgesetzt werden könnte, genutzt werde, verneint Jale Karimi. Ihr vorderstes Ziel für Puran ist das Erlernen der deutschen Sprache und so betont sie erneut, dass es für Puran in der Schule vor allem deswegen schwer sei, weil sie im Gegensatz zu den anderen Kindern nicht ausreichend Deutsch spreche. Unterstützend nutzt sie ein Angebot eines Trägers der Behindertenhilfe, wodurch Puran vier bis fünf Stunden pro Woche mit Hilfe einer persischsprachigen Mitarbeiterin Deutschförderung erhält. Die persischsprachige Mitarbeiterin ist dabei von der Großmutter gezielt ausgewählt worden. Nicht, damit Puran in ihrer Muttersprache eine zusätzliche Förderung erhält, sondern damit die Großmutter der Mitarbeiterin Anweisungen geben kann. So weist sie explizit daraufhin, dass sie diejenige ist, die darüber entscheidet, welche Inhalte mit Puran erlernt werden: »[dt.] Ja, vier bis fünf Stunden in Woche kommt jemand zu Puri. Und immer ich entscheide, was machst du mit Puri. Lernen, rechnen, das und das. Das hilft Puri. Seit einem Jahr Puri lernt sprechen« (6, 229 G).

Der sozioökonomische Status: Streben nach Verbesserung der Wohnsituation und der finanziellen Lage

Jale Karimi hat sich durch den Umzug von F-Stadtteil nach B-Stadt auch mit Hilfe der neuen Schule Kompetenzen angeeignet, die es ihr ermöglichen, Hilfen in Anspruch zu nehmen. Zuvor »hatte [sie] überhaupt keine Ahnung, welche Angebote existieren für solche Kinder.« Der einzige Hinweis, den sie in F-Stadtteil erhalten hatte, war, einen Behindertenausweis zu beantragen, »um Begünstigungen im Straßenverkehr zu bekommen« (6, 109 G).

Sie räumt zwar ein, auch heute noch den Aussagen der Mitarbeiter*innen von Behörden ausgeliefert zu sein, insofern als sie keine Kenntnisse über ihre rechtlichen Möglichkeiten hat, verhält sich aber im Kontrast zu ihrer ansonsten sehr aktiven und fordernden Haltung (etwa gegenüber ihrer Tochter oder ihrem früheren Ehemann) in diesem Kontext erstaunlich passiv:

»[pers.] Ich habe keine Ahnung, ob das [ein ablehnender Bescheid des Jugendamtes] rechtens ist. Aber wenn sie sagen nein, dann ok. Ich wollte nicht diskutieren. Da habe ich gesagt: ok« (6, 124 G).

Sie bestätigt, dass Informationen und Unterstützung nur von ihr abgerufen werden können, wenn sie sich eigenständig bemüht und von Inhalten weiß:

»[pers.] Wenn ich wusste, welche Angebote existieren, dann bin ich hin, dann haben sie mir geholfen. Die kommen natürlich nicht und fragen mich, ob ich dies oder jenes will. Wenn ich aber etwas erfahren habe, dann habe ich mich darum gekümmert. Aber wenn ich nichts weiß, dann natürlich« (6, 132 G).

Die Komm-Struktur im Hilfesystem empfindet sie als eine »natürliche« Vorgehensweise. Es ist für sie selbstverständlich, dass sie nur Unterstützung durch das Hilfesystem erwarten kann, wenn sie selbst aktiv wird. Deswegen wird die Vorgehensweise des Hilfesystems nicht kritisiert oder weiter problematisiert.

Das Etappenziel der Verbesserung der Lebensqualität ist heute noch nicht erreicht. Sie leben z. B. weiterhin in beengten Verhältnissen. Der Versuch, für Puran ein eigenes Schlafzimmer zu organisieren, scheitert am Hausbesitzer:

»[pers.] Schwierig ist, dass wir nur ein Schlafzimmer haben. Das ist wirklich schwierig für uns. Ich habe dann auch den Hausbesitzer gefragt, ob er einverstanden wäre, hier eine offene Küche rein zu bauen, so dass wir die Küche als zusätzliches Schlafzimmer nutzen können, aber das wollte er nicht« (207 G).

Auffallend im Interview mit Jale Karimi ist ihre Nicht-Thematisierung des Migrationskontextes, und dass, obwohl die Herausforderungen auf der Strukturebene im Kontext von Behinderung für sie und ihre Enkelin unter Migrationsbedingungen deutlich erschwert sind. Um zu erfahren, inwieweit sie diese Herausforderung überhaupt als »migrationsspezifisch« erkennt, versuche ich mit einer Frage, die Schwierigkeiten der Inanspruchnahme von Hilfen in einen Zusammenhang mit der Wahrnehmung eines Migrationshintergrundes von Seiten der Behörden zu bringen (»Ich würde gerne noch wissen, ob sie gemerkt haben, ob sie an manchen Stellen gemerkt haben, jetzt habe ich hier Schwierigkeiten, weil ich einen Migrationshintergrund habe«, 6, 193 I). Doch Jale Karimi reagiert sehr ablehnend: »[dt.] Nein, nein, nein, gar nicht, nein. Alles, die Leute haben mir geholfen. Vorher, ich wollte nicht raus, aber seit zwei bis drei Jahren, ich gehe und die helfen« (6, 198 G).

Die Adressierung als »Migrantin« lehnt Jale Karimi kategorisch ab und die Barrieren, die sich bei ihren Bestrebungen, gute Bedingungen für Puran und sich zu schaffen, immer wieder auftun, verortet sie nicht im Kontext der Benachteiligung aufgrund eines ihr zugeschriebenen Migrationshintergrundes. Stattdessen sieht sie sich in der Verantwortung, »raus« zu gehen, den Kontakt zu suchen, sich durchzufragen und sich die Möglichkeiten, die innerhalb des vorgegebenen Systems existieren, zu suchen und für Puran und sich zu nutzen.

Soziales Netzwerk: Kein Anschluss an die ethnische Community

Die Frage, wie die Familie in Iran auf die Behinderung der Enkelin und das Engagement der Großmutter reagiert habe, scheinen bei Jale Karimi emotionale Bilder zu aktivieren. Sie beginnt zu weinen und erläutert:

»[pers.] Die Menschen sind zwar willig [weint], aber die haben trotzdem meine Erwartungen nicht erfüllen können. Ich bin immer selber willig, wenn ich ein Kind sehe, dass Schwierigkeiten hat, dann bin ich immer versucht zu helfen. Dem entsprechend habe ich so was auch von meiner Umgebung erwartet. Allerdings, die Menschen haben so viele eigene Probleme, dass sie gar nicht dazu kommen, so zu helfen, wie ich das von ihnen erwarte. Vielleicht erwarte ich auch zu viel von den Menschen« (6, 159 G).

Jale Karimi hatte sich in Iran eigentlich als Teil einer kollektivistischen Gemeinschaft verstanden, und ist mit der Erwartung nach Iran zurückgekehrt, dass ihr und Puran Solidarität und Beistand zuteilwerden würden. Zwar wird ihr dort Unterstützung angeboten, diese aber letztlich nicht verwirklicht. Diese sie anscheinend emotional aufwühlende Erfahrung erklärt sie sich heute mit der mangelhaften Solidarität durch Individualisierungsprozesse von der Fremd- zur Selbstbestimmung und der eingeschränkten Möglichkeiten durch die eigene schwierige Situationen ihrer Familie. Die Erfahrung scheint sie nachhaltig geprägt zu haben und sinnstiftend für ihre Bemühungen zu sein, ist ihr Anliegen seit dem Zeitpunkt der Rückkehr nach Deutschland bis heute doch vor allem, unabhängig und selbstbestimmt zu agieren, ohne auf die Hilfe anderer angewiesen sein zu müssen. Ob sich dieses Streben und die Erfahrung in Iran bis hin zur Vermeidung von sozialen Kontakten in Deutschland auswirkt, kann durch das Gespräch zwar nicht geklärt werden, auffällig ist jedoch, dass Jale Karimi in ihrer neuen Umgebung in B-Stadt keine Kontakte außerhalb des Hilfesystems pflegt, weder zu Freund*innen, noch zur ethnischen Community oder zu Selbstorganisationen.

Die Religion: Legitime Einmischung von Außen

In ihrem Streben nach Autonomie konzentriert sich Jale Karimi voll und ganz auf die Erschließung ihrer Möglichkeitsräume. Heteronome Tendenzen lässt sie nur in Maßen und nur dann zu, wenn sie ihr auf dem Weg zur Autonomie dienlich sein können. Einzig die Religion ist ein »von außen«, das sie in ihrem Leben anerkennt und annimmt:

»[pers.] Der Glaube an Gott war die größte Stütze meines Lebens. Ich habe von Anfang an daran geglaubt, Gott würde mir helfen und ich müsste es weiter vorantreiben. Wenn ihre Eltern [Purans Eltern] denselben festen Glauben hätten, wäre Puran vielleicht weiter als jetzt. Aber trotzdem während dieser Zeit hat sie meiner Meinung nach sehr große Fortschritte gemacht. Sie ist ganz anders geworden als sie war. So 40, 50 Prozent anders, als sie vorher war. Und das war nur deswegen, weil ich fest daran geglaubt habe, dass Gott mir helfen würde. [dt.] ja ich habe gesagt [pers.] Ich kann ihn natürlich nicht sehen, aber ich habe immer gewusst, dass er bei mir ist [weint]. Ich war es nicht. Es war Gott, der mich geleitet hat« (6, 169 G).

Der Glaube kann in bestimmten Situationen aktiviert werden, um die Großmutter zu stärken. Er bietet ihr eine verlässliche Ordnung und einen verbindlichen Sinn, wo »andere Wirklichkeiten« den Alltag und die Routinen bedrohen (Berger 2010, 155 f.). Die Religion als »Schutz- und Orientierungsfunktion« (Uslucan 2010, 390) bietet der Großmutter durch die Vorstellung der Prädestination eine Konstante und Verhaltenssicherheit. Diesen Glauben, der gleichzeitig eine kompensatorische Wirkung erzielt und der auch sie im Umgang mit ihrer Tochter hätte stärken können, vermisst sie bei den Eltern Purans.

Zusammenfassung

Jale Karimis Identitätskonstruktion und ihr Leben in Deutschland kennzeichnet das Streben, durch nichts fremdbestimmt sein und autonom agieren zu wollen. Sie macht sich die Situation von Puran zu Eigen und schafft sich so einen neuen Lebensmittelpunkt, den sie mit der Emigration der Tochter in die USA verloren hat – wohlmöglich auch, weil sie sich durch ein ihr inhärentes (und von ihr imaginiertes[36]) kulturspezifisches Verständnis über Pflichten der erweiterten Familie als Großmutter für ihre Enkelin verantwortlich fühlt. Von dem Wunsch geleitet, ihrer Enkelin die besten Voraussetzungen zu bieten, schlägt die Großmutter Rahmenbedingungen vor und inszeniert die Veränderung, indem sie sich neben dem bestehenden ein eigenes System aufbaut. Alles, was in ihrer Macht steht, versucht sie umzusetzen. Dabei strebt sie nicht danach, Ansprüche in Bereichen geltend zu machen, die sich zunächst ihres Einflussbereiches entziehen und die nicht selbst von ihr eingeleitet werden. Sie stellt keine Anforderungen an den Staat und erwartet keine Hilfen von außen. Hilfen werden zwar – sofern angeboten – gerne angenommen, allerdings leitet

36 | Wie die Analyse der Familiengeschichte gezeigt hat, scheint ihre Familie in Iran keineswegs von diesem Familienmodell überzeugt zu sein.

sie der Gedanke, dass sie sich alleine durchschlagen muss und sie für sich und die Enkelin selbst verantwortlich ist – getreu dem Motto: Jede ist ihres Glückes Schmied.

Ihre Abwehr gegenüber dem Etikett »Migrationshintergrund« kann vor diesem Hintergrund als Wunsch gedeutet werden, nach einem von ihr als erfolgreich befundenen Individualisierungsprozess als Individuum wahrgenommen zu werden, das nicht durch ein »Migrantin-Sein« bestimmt ist. Doch schildert Jale Karimi auf der Ebene der Identitätskonstruktion eine komplett andere Situation als auf der Strukturebene nachgewiesen werden kann. Denn ihrer Verwehrung zum Trotz zeigt sich auf der Strukturebene, dass das Merkmal »Migrationshintergrund« verbunden mit rechtlichen Restriktionen eine erhebliche Relevanz besitzt, das sich bedeutend auf die Möglichkeiten ihrer Lebensgestaltung auswirkt: So sind es vor allem aufenthaltsrechtliche Barrieren, mit der ihre Tochter und ihre Enkelin konfrontiert sind, die dazu führen, dass die Enkelin kaum Unterstützung in Deutschland erfährt und sie zu einer Auswanderung gezwungen sind. Als die Enkelin bei der Großmutter leben soll, sind es wieder aufenthaltsrechtliche gesetzliche Vorgaben, denen die Enkelin unterliegt und die sie dazu zwingen, sich in Bewegung zu setzen. Strukturelle migrationsspezifische Barrieren wie die lingualen Machtstrukturen, die Fremdheit im Umgang mit deutschen Behörden und die Unkenntnis ihrer Rechte führen dazu, dass sie trotz aller Bemühung dennoch vom guten Willen Anderer, bspw. ihres (früheren) Ehemannes, abhängig ist.

Es zeigt sich, dass es viel mehr die Kategorie »Migration« mit den oben genannten Ausprägungen ist, die das Leben erschwert, denn die der Behinderung. Die Kategorie Behinderung ist es allerdings, durch die sie sich gezwungen sieht, nicht in den gegebenen Strukturen zu verharren, sondern zu handeln. Auf ihren Wegen und unterschiedlichen Etappen innerhalb der Strukturen kann die Großmutter allerdings migrationsspezifische Ressourcen nutzen. Der transnationale soziale Raum zeichnet sich – auch wenn es sich im Nachhinein als wenig zielführend und als Belastung für Puran erweist – als eine weitere Dimension ab, die der Großmutter als Auffangbecken dient bzw. als vorläufiger Ausweg und Möglichkeit, sich trotz der schwierigen rechtlichen Bestimmungen um ihre Enkelin kümmern zu können. Das Projekt der Nutzung von Ressourcen in Iran muss sie schließlich aufgeben, weil sich ihre Erwartungen von einer sich gegenseitig unterstützenden Familie nicht erfüllt haben.

Weitaus verlässlicher hingegen ist eine andere Dimension, die der Großmutter Kraft und Unterstützung gibt: Ihre Religiosität und der Glaube an die Prädestination, die ihr das Gefühl vermittelt, das Richtige für Puran zu tun.

5.4.7 Die Özdemirs – Zwischen institutioneller Diskriminierung und Selbstbezichtigung

Hintergrundinformationen

Die Eltern von Berkin Özdemir, Alper und Meral Özdemir, sind Ende der 1960er Jahre im Rahmen des Anwerbeabkommens zwischen der Bundesrepublik Deutschland und der Türkei nach Deutschland gekommen. Alper und Meral Özdemir sind zu diesem Zeitpunkt beide etwa Anfang 20. In den 70er Jahren beginnt der Vater als Arbeiter in einer großen Fabrik in B-Stadt zu arbeiten. Alper Özdemir ist im Schichtdienst tätig, Meral Özdemir kümmert sich um die Haus- und Familienarbeit. Sie haben zwei Kinder: Ihre Tochter ist heute Anfang 30, sie ist mittlerweile verheiratet und hat zwei Kinder. Ihr Sohn Berkin Özdemir ist zum Interviewzeitpunkt 18 Jahre alt. Er hat das Down-Syndrom. Das Interview fand einen Tag nach seiner Schulentlassfeier statt: Er wurde von seinem sechsten bis zu seinem 18. Lebensjahr auf einer Förderschule mit dem Förderschwerpunkt Geistige Entwicklung beschult. Nach den Sommerferien wird Berkin Özdemir in einer Werkstatt für Behinderte (WfB) eine Ausbildung beginnen.

Heute leben Alper, Meral und Berkin Özdemir sowie seine Großmutter in einem der wenigen Einfamilienhäuser eines sozial benachteiligten Stadtteils.

Dieses Interview enthält im Vergleich zum Großteil der anderen Interviews des Samples wenig narrative Teile, so dass ich gezwungen war, die Erzählung auch durch meinen vorbereiteten Leitfaden immer wieder anzuschieben. Meral und Alper Özdemir haben im Wechsel gesprochen und dabei zwischen den Sprachen Deutsch und Türkisch gewechselt.

Nachdem in den vergangenen vier Interviews insbesondere Familien mit geringen Deutschkenntnissen zu Wort kamen, wurde hier im Rahmen des Theoretical Samplings eine Familie ausgewählt, in der ausgeprägte Ressourcen im Deutschen vorhanden sind, um Barrieren, die sich auf explizit »Sprache« beziehen, herausarbeiten zu können. Während die Mutter weniger ausgefeilte Sprachkenntnisse im Deutschen besitzt, sich aber dennoch verständigen kann, verfügt der Vater über recht gute Deutschkenntnisse (etwa B2) allerdings durch den späteren Zeitpunkt der Migration nicht auf dem Niveau einer Muttersprache. Der Zeitpunkt der Migration ist dem des zweiten Interviews (Fariba Mostafawy) ähnlich, Unterschiede zwischen den Familien bestehen aber im Hinblick auf den sozialen Status und den Bildungshintergrund.

Kernthema: Benachteiligungen im Hilfesystem mit zwei Deutungsangeboten: a) Eigenverschulden (Vater) b) Diskriminierungen (Mutter)

Im Interview sprechen die Eltern insbesondere über Benachteiligungen im Hilfesystem. Sie fragen mich zunächst nach meiner Motivation, diese Forschungsarbeit durchzuführen und nach meinen Zielen. Daraufhin erläutere ich mein Interesse an der Lebenssituation von Migrant*innen. Das Hilfesystem benötige diese Informationen, damit »die wissen, was los ist«. Akteur*innen des Hilfesystems hätten Interesse daran, zu erfahren, wie es den Familien »ergeht«, die nach Deutschland eingewandert sind. Auf diese Ansprache als Migrant mit dem latenten Hinweis auf potentielle Schwierigkeiten der Familien im Hilfesystem aufgrund der Migrationssituation reagiert Alper Özdemir mit einer kurzen biographischen Erzählsequenz und einer Erklärung:

»[türk.] Ja, sie haben recht, ich wurde nicht hier geboren, ich kam erst später nach Deutschland. Da ich ja sofort anfing zu arbeiten, hatte ich keine Gelegenheit, in die Schule zu gehen. Deswegen habe ich auch nicht ausreichend Deutsch gelernt. Daher verstehe ich manche Dinge auch nicht richtig. Natürlich, dadurch entstehen Probleme« (7, 9 V).

Diese Sequenz muss zwar vor dem Hintergrund der direktiven Einführung betrachtet werden, auffallend ist jedoch, dass Alper Özdemir – meine Ansprache als Migrant annehmend – die Frage nach der Situation der Familien mit Problemen assoziiert. In dem er sich über die Differenzlinie Sprache bzw. nicht-deutsche Muttersprache positioniert, bietet er eine Erklärung für diese Probleme an. Er grenzt sich implizit von den Migrant*innen ab, die das Schulsystem in Deutschland durchlaufen haben und ein besseres Verständnis für »manche Dinge« zu haben scheinen. Er verfügt durch seine späte Migration nach eigenen Angaben nicht über diese Ressourcen.

Diese Eingangssequenz beschreibt gleichzeitig das Kernthema des Interviews: Mit Hilfe von Belegerzählungen schildern sie nachfolgend die Hürden in der formalen Abwicklung ihrer finanziellen und sozialen Ansprüche, die Diskriminierungserfahrungen auf der Strukturebene, das damit verbundene Gefühl von Benachteiligung und des Ausgeliefertseins, aber auch die Suche nach Makeln bei sich selbst. Dabei zeigt sich, dass die Eltern die Gründe für ihre Benachteiligung unterschiedlich deuten. Wie oben beschrieben, vermutet der Vater das Problem vor allem bei sich und seinen Deutschkenntnissen, die Mutter hingegen sieht ihre Familie und sich Diskriminierungen ausgesetzt, die insbesondere Menschen türkischer Herkunft gelten.

Auf den erneuten Erzählimpuls, »doch einfach mal« zu erzählen, »wie es ihnen so ergangen ist, seit der Geburt«, beginnen die Eltern bei Berkin Özdemirs Geburt und der Diagnose Down-Syndrom.

Die Diagnose: Ein nur kurzer Moment der Beunruhigung

Eine Woche nach seiner Geburt diagnostizieren die Ärzt*innen bei Berkin Özdemir das Down Syndrom. An »[dt.] Krankheiten« (7, 28 M), so die Mutter, hatten sie bis dato kaum gedacht, von dem Down Syndrom bislang nichts gehört. Sehr deutlich können sich die Eltern an die Worte der Fachleute erinnern. So berichtet der Vater:

»[türk.] Da gab es eine Institution, Lebenshilfe, von dort kam Hilfe. Eine Dame, die Chefin war, kam. Dann haben die erzählt von Ausdrücken mit Down-Syndrom und solche Dinge, wovon man am Anfang natürlich keine Ahnung hat. Wir machten uns Sorgen, was das ist, Down Syndrom. Sie versuchten uns daraufhin zu beruhigen und sagten, er wird nicht kriminell, aber er wird auch kein Ingenieur und auch kein Präsident und Doktor wird er auch nicht. Gut, sagten wir. Und dann fingen wir an, mit Berkin zu leben« (7, 31 V).

Die Eltern reagieren beunruhigt auf die Diagnose. Die Erläuterungen der Ärzt*innen, die zunächst einmal Fachlichkeit vermissen lässt, scheinen die Eltern allerdings zu beruhigen. Es fällt auf, dass die Ausführungen der Eltern über die Zeit der Diagnosestellung und die Strategien zur Verarbeitung der Nachricht in ihren Erzählungen nicht viel Raum einnehmen. Die Familie nimmt das »Schicksal« (7, 197 V) an und nach der Darstellung der Eltern scheinen sie mit dem Überbringen der Nachricht diese auch augenblicklich akzeptiert zu haben. »Und dann fingen wir an, mit Berkin zu leben« deutet auf eine Unaufgeregtheit hin, mit der sie sich wieder ihrem Alltag zuwenden.

Dennoch erzählt Alper Özdemir, dass das Down Syndrom des Sohnes für ihn sehr »schlimm« sei: »[dt.] Dass sie [die Behinderung] so schlimm sein kann, habe ich nicht gewusst« (7, 174 V). Was eine Behinderung des Kindes bedeute, das könnten nur selbst Betroffene verstehen. »[dt.] Es gibt aber auch Schlimmeres, da sagt man Gott sei Dank« (7, 175 V). Aber er betont in seiner Darstellung, dass er sich nicht schäme. Dafür grenzt er sich von anderen Familien ab und liefert ein Beispiel aus der Türkei. Er berichtet von entfernten Verwandten, die ihr behindertes Kind von der Außenwelt abgeschirmt haben, und betont: »[dt.] Wir haben nicht so gemacht. Wir haben unsere Kind also überall mitgenommen«. Berkin Özdemir sei beliebt in der Familie, hier und in der Türkei (7, 183 V) und die Familie sei es auch gewesen, die sie nach der Geburt ihres Sohnes moralisch sehr unterstützt habe.

Die Religion: Eine Quelle der Kraft

Ob der Schicksalsglaube von Alper Özdemir religiös eingebettet ist im Sinne einer deterministischen Vorherbestimmung, kann letztlich nicht geklärt werden. Die Frage jedoch, ob die Religion und ihr Glaube ihnen in schwierigen Situationen geholfen habe, amüsiert Alper Özdemir. Er glaube nicht daran, dass Gott ihn mit der Beeinträchtigung des Sohnes strafen möchte, entgegnet er, obwohl die Intention der Frage nicht auf die Auslegung einer Behinderung als Strafe abzielte. Mit seiner abwehrenden Haltung rekurriert er entweder auf eigene Erfahrungen mit religiös-spirituell konnotierten Konzepten oder aber, ihm ist die Diskussion der Behindertenhilfe in Deutschland zum vermeintlichen Stellenwert religiös-spiritueller Konzepte beim Umgang mit Behinderung in muslimischen Familien bekannt (vgl. Kap. 2.2 und 3.3). Auch diese Variante ist denkbar, schließlich ist die Familie – wie die weiteren Ausführungen zeigen werden – fest verankert in Schule und Behindertenhilfe. Zwar nimmt der Glaube speziell im Umgang mit bzw. zur Deutung der Behinderung keinen bedeutenden Stellenwert in der Familie ein, er ist aber für Alper und auch für Meral und Berkin Özdemir ein Trost. So erklärt Meral Özdemir: »[dt.] Mein Glaube hat mich schon getröstet. Und Berkin auch. Er ist sehr gläubig« (7, 201 M). Der Glaube ist demnach also vor allem eine Quelle, aus der sich in schwierigen Situationen Kraft schöpfen lässt.

Zugang zu Hilfen: Alper Özdemirs Fatalismus contra Meral Özdemirs Anklage

Die Familie wird von Beginn an bis heute durch eine Mitarbeiterin eines Trägers der Behindertenhilfe begleitet, von der sich die Familie sehr gut unterstützt und beraten fühlt. Schon kurz nach der Geburt erhält Berkin Özdemir zweimal pro Woche zu Hause Physiotherapie. Die Erfolge sind allerdings recht spärlich. Durch eine Muskelhypertonie kann er sich nur schwer auf den Beinen halten. Erst mit drei Jahren kann er stehen, mit vier kann er erste Schritte machen. Bis ins Schulalter hinein hat er Schwierigkeiten, mehrere Minuten am Stück zu gehen. Die Eltern sind auf der Suche nach alternativen Methoden, die ihrem Sohn helfen könnten. Sie konsultieren weitere Ärzt*innen, besuchen einen Heilpraktiker, für dessen Kosten sie privat aufkommen.

Aufgrund dieser anfänglichen Probleme benötigt Berkin Özdemir einen Reha-Kinderwagen, der sich besser an seine Bedürfnisse anpassen lässt. Die Eltern beantragen diesen bei ihrer Krankenkasse. Als der Medizinische Dienst der Krankenversicherung (MdK) für eine Begutachtung unangemeldet bei der Familie erscheint, trifft der Mitarbeiter lediglich auf Berkin Özdemir und seine Großmutter. Als sie ihm die Haustür öffnen, erschreckt sich Berkin Özdemir vor dem fremden Mann und schubst ihn auf den Gehweg. Da die Großmutter kein Deutsch spricht, kann sie dem Mitarbeiter die Situation ihres Enkels und seine Probleme beim Laufen nicht schildern. Weil Berkin Özdemir durch den Schupser den Eindruck erweckt hat, kräftig genug zu sein, lehnt die Krankenkasse den Antrag für den Kinderwagen schließlich ab, so dass die Mutter gezwungen ist, ihren Sohn weiter auf ihrem Rücken zu tragen.

Meral Özdemir beschreibt ihren Sohn als einen in der Kindheit vor allem nervösen Jungen, der nicht wusste, »[türk.] was er gerade machte, er wusste selber nicht, was er machte« (7, 328 M). Berkin Özdemir leidet in der Schule darunter, sich weder mit anderen Kindern noch mit den Lehrkräften verständigen zu können.

»[dt.] Beispiel kann er nicht reden. War mit den Kindern zusammen, zanken in der Schule. Und dann, wer hat Recht? Weiß man das nicht und Lehrer sind da, immer Schuld von Berkin gegeben. Das ist auch ... ich bin also also hm [schweigt]« (7, 335 M).

Als Berkin Özdemir acht Jahre alt ist, empfehlen die Lehrkräfte den Eltern die Beantragung eines Talkers[37], um seine fehlende Lautsprache zu ergänzen und seine Sprachentwicklung zu unterstützen. Doch wieder lehnt die Krankenkasse den Antrag ab. »[dt.] Vier Jahre kämpfen um so ein Gerät« (7, 91 V). Erst als Alper und Meral Özdemir einen Anwalt einschalten, erhält Berkin Özdemir im Alter von 12 Jahren den Talker. Alper Özdemir ist davon überzeugt, dass es zu diesem Zeitpunkt zu spät ist, um die Sprachentwicklung seines Sohnes noch nachhaltig zu verbessern. »[dt.] Aber, ja, damit hat der Berkin bisschen etwas gelernt, aber war eigentlich auch zu spät« (7, 92 V). So zeigt sich auch heute, dass Berkin nur wenig Lautsprache spricht.

Auf die Frage nach seiner Einschätzung der Gründe für die Ablehnung der Bescheide erwidert er:

»[dt.] Ich kann nicht sagen, vielleicht ist der Sachbearbeiter schlecht gelaunt gewesen. Mein Frau sagt anders. Sie sagt, das kann nicht sein. Andere Kinder bekommen auch, was sie brauchen. Meine Frau sagt, das liegt daran naja unsere Name« (7, 122 V).

Der Vater gibt sich bezüglich des Vorwurfs einer Diskriminierung zurückhaltend, gibt stattdessen – anscheinend etwas peinlich berührt – die Worte seiner Frau wider: Meral Özdemir verspürt eine gesellschaftliche Abwertung. Ihrem Kind werde das, was es brauche, aufgrund einer ethnischen Herkunft vorenthalten. Sie empfindet die Vorgehensweise der Krankenkasse, sei es im Fall des Kinderwagens oder im Fall des Talkers, als tiefe Ungerechtigkeit, der sie mit Hilfe einer Kontrastierung Nachdruck verleiht und durch die sie auf eine deutliche Differenz zu Familien außerhalb des Migrationskontextes verweist (7, 84 f. M/V):

Mutter: »[dt.] Aber ich habe gesehen, viele deutsche Familien haben Kinderwagen bekommen. Sie können ja nicht selbst kaufen, solche Kinderwagen teuer. Wir haben aber nicht bekommen.«

Das andere Kind aus der Klasse mit dem Talker, woher hatte es denn Talker?

Vater: »[dt.] Kasse. Vielleicht hatte die andere Kasse, DAK oder so.«

---

37 | Bei einem Talker handelt es sich um eine elektronische Kommunikationshilfe mit Sprachausgabe.

Während der Vater die Gründe für die Ablehnung in unterschiedlichen Fördersystemen von Krankenkassen zu finden versucht, hat die Mutter bereits Recherchen unternommen: »[dt.] Nein, diese Paul ist auch bei AOK. Mutter hat gesagt, aber die Mutter, Vater sind Deutsche. Deutsche Name« (7, 89 M, ähnlich auch 117 M).

Meral Özdemir wirft der Krankenkasse eine unmittelbare Benachteiligung[38] bzw. eine institutionelle Diskriminierung vor, durch die mit Hilfe von rechtlichen Regelungen oder wie in diesem Fall mit Hilfe von »etablierten Praktiken in den wohlfahrtstaatlichen Organisationen der Gesellschaft« Ungleichbehandlungen und Diskriminierungen erfolgen, weil diese ihre Leistungen begrenzen wollen (Gomolla/Radtke 2009, 18). Eine solch diskriminierende Absicht ist für die Eltern schwer nachzuweisen. Ein klärendes Gespräch über die Gründe einer Ablehnung hat nicht stattgefunden, stattdessen, so der Vater, werde die Schuld auf andere, z. B. den Vorgesetzten geschoben. So auch im Fall der Pflegestufe: Wieder kommt der MdK – diesmal zur Überprüfung der Pflegestufe von Berkin Özdemir, der bislang die Pflegestufe II erhalten hat – ins Haus der Familie Özdemir. Meral und Alper Özdemir berichten (7, 250 f. V/M):

Vater: »[dt.] Es war so. Kam eine Frau hier und machte Kontrolle. Das Kontrolle von AOK auch. Und die gucken Berkin, ob er gut gepflegt ist, wo er schläft, was er macht und fragen die alle nach. Und seinen Behindertenzustand. Ob er noch mehr Hilfe braucht, weniger Hilfe braucht. Und diese Frau hat Fragen gestellt und meine Frau hat auch unbewusst so geantwortet. Diese Frau hat gefragt: ›Hilft ihr Mann auch?‹ Sie sagte ja.«

Mutter: »[dt.] Ja, muss ich sagen, Du bist ja Papa, musst Du ja helfen«.

Vater: »[dt.] Ja, dann hat sie gesagt, ja ihre Mann hilft, in der Woche muss man soundso viel Stunden haben, um bestimmte Pflegestufe zu haben, dann auf einmal haben sie unsere Pflegegeld ganz gestrichen. Weil ich helfe auch mit.«

Mutter: »[dt.] Ja, Du bist ja zu Hause. Mit uns leben. Bist Du ja Vater, musst Du auch helfen.«

Meral Özdemir vermutet hinter der Frage der Gutachterin über den Umfang der Unterstützung des Vaters im Haushalt einen Rückgriff auf den in Deutschland dominanten Diskurs um vermeintlich patriarchalische Strukturen in muslimischen Familien sowie der dieser Vorstellung inhärenten klassischen Rollen-

38 | Bei einer unmittelbaren Benachteiligung werden Personen ungünstiger behandelt, als andere in einer vergleichbaren Situation, ohne dass dies ein sachlicher Grund rechtfertigen würde (Zinsmeister 2014, 268).

verteilung[39] und entgegnet deswegen, dass ihr Mann sehr wohl im Haushalt und bei der Versorgung der Kinder helfe. Einige Zeit später erhalten die Eltern eine Mitteilung darüber, dass das Pflegegeld des Sohnes gestrichen worden sei. Als sie sich bei der Krankenversicherung über die Beweggründe informieren, erhalten sie die Auskunft, dass eine Pflegestufe im Falle von Berkin Özdemir nicht bewilligt werden könne, da der Vater im Haushalt unterstützend tätig sei. Die Eltern schildern hier eine hierarchische, wie in einer Prüfung strukturierte Situation, die dadurch verstärkt wird, dass sich die Mutter im Deutschen nicht differenziert ausdrücken kann. Alper Özdemir erbringt im Haushalt das, was er über die eigene Berufstätigkeit hinaus leisten kann. Dies wird in dem unmittelbaren Gespräch mit der Gutachterin allerdings nicht geklärt. Nachfragen über Rahmen und Umfang der Unterstützung des Vaters bzw. über die Gestaltung des Alltages der Familie werden nicht gestellt und eine Berufstätigkeit des Vaters wird gar nicht erst angenommen. Stattdessen agiert und reagiert die Gutachterin auf der Grundlage gesetzlicher Regulierungen, als sie der Familie ohne Mitteilung das Pflegegeld verweigert.

Die Familie ist auf die Hilfe von geschulten Berater*innen angewiesen, die ihnen zusätzliche Informationen adäquat und verständlich zur Verfügung stellen, um handlungsfähig werden zu können. Allerdings kann der Vater, der über bessere Deutschkenntnisse verfügt als die Mutter, durch seine berufliche Einbindung im Schichtdienst selten zu den angebotenen Informationsabenden der Behindertenhilfe gehen (7, 274 V). Zudem hat auch er Schwierigkeiten, die Auskünfte und Hinweise zu verstehen, die im Rahmen dieser Informationsveranstaltungen vermittelt werden. Wie eingangs bereits erwähnt, ordnet sich Alper Özdemir selbst der Gruppe der Arbeitsmigrant*innen zu, die durch ihre späte Einwanderung über geringere Deutschkenntnisse verfügen. Mehrfach erwähnt der Vater, dass er zwar sprechen, aber nicht alles verstehen kann. Er benennt zwei Ebenen der Kommunikation und verdeutlicht, dass es bei Verhandlungen und Gesprächen mit Behörden (bspw. bei Einspruch einer Ablehnung von finanziellen Leistungen) oder mit beratenden Institutionen (bspw. über Möglichkeiten für Berkin Özdemir und die Eltern) Kenntnisse eines anderen Sprachregisters bedarf (7, 275 V).

Dennoch versuchen die Eltern im Rahmen ihrer Möglichkeiten, den hegemonialen Strukturen in staatlichen Institutionen entgegenzutreten, nutzen die Angebote der Beratungsstellen, die Kompetenzen des Schwiegersohns, um Widerspruch einzulegen oder schalten zur Not auch einen Anwalt ein. In den unmittelbaren Gesprächen mit Mitarbeitenden der Verwaltung lassen sie sich aber zunächst einschüchtern.

39 | Die Geschichte wiederholt sie später beim Hinausgehen als das Tonbandgerät ausgeschaltet war mit dem Hinweis, dass sie oft gehört habe, »Deutsche« denken, dass türkische Männer nicht im Haushalt helfen.

So hat Berkin Özdemir z. B. seit seinem 18. Lebensjahr einen Anspruch auf Grundsicherung[40]. Im Sozialamt wird den Eltern allerdings erklärt, sie müssten ihre Einkommensverhältnisse beibringen, um dieses Anrecht überprüfen zu können. Die sie beratende Mitarbeiterin eines Trägers der Behindertenhilfe erklärt dem Vater daraufhin, dass das Recht auf Grundeinkommen des Sohnes unabhängig vom Einkommen der Eltern sei. Mit diesen Erkenntnissen geht Alper Özdemir wieder zum Sozialamt:

»[dt.] Aber der Mann von der Sozialamt sagte mir, glauben sie mir, hier sitzen Fachleute. Ich bin ein Fachmann und sie brauchen das, sie müssen das und das bringen, aber Frau S. [von der Lebenshilfe] meinte, nur B-Stadt macht solche Schwierigkeiten, alle anderen nicht so« (7, 108 V).

Obwohl der Grundsicherungsträger die Einkommensverhältnisse der Eltern des Antragsberechtigten nur überprüfen darf, wenn im Einzelfall Anhaltspunkte für ein Überschreiten der Einkommensgrenze von 100 000 € pro Jahr vorliegen (selbst wenn die Eltern über erhebliches Vermögen verfügen, steht Berkin Özdemir ein Anspruch auf Grundsicherung zu), besteht der Sachbearbeiter im Sozialamt auf die Offenlegung der Einkommensverhältnisse. Alper Özdemir reagiert verunsichert: »[dt.] Was soll ich da sagen? Wenn er sagt, ich bin Fachmann, ich weiß besser? Ich kann kein Druck machen, ne?« (7, 312 V). Das Machtgefälle in dem Gespräch unterstreicht und stabilisiert der Verwaltungsmitarbeiter durch die Demonstration seiner fachlichen Überlegenheit. Mit dem Hinweis, es mit einem »Fachmann« zu tun zu haben, vermittelt er Alper Özdemir, dass er trotz der gegenteiligen Informationen, die er bei der Beratungsstelle der Behindertenhilfe erhalten hat, nichts auszurichten vermag und der Entscheidung des Mitarbeiters ausgeliefert ist. In diesen Praktiken der Behörden identifiziert Alper Özdemir eine Willkür (7, 282 V), die dazu führt, dass das Misstrauen der Eltern gegenüber den Behörden wächst (7, 154 V).

Erziehung und Bildung: Förderung zur Selbstständigkeit unter Fürsorgeaspekten

Die Eltern pflegen nicht nur regen Kontakt zur Behindertenhilfe, sie sind auch mit der Schule von Berkin Özdemir eng verbunden gewesen. Sie wissen über viele Gegebenheiten in der Schule zu berichten, auch, weil die Lehrkräfte die Eltern an dem Schulalltag ihres Sohnes haben teilhaben lassen. Die von den

40 | Anspruch auf Grundsicherung besteht nach dem SGB XII, wenn das 18. Lebensjahr der Person vollendet und sie unabhängig von der jeweiligen Arbeitsmarktlage voll und dauerhaft erwerbsgemindert ist. Zum anspruchsberechtigten Personenkreis können insbesondere auch die Beschäftigten der Werkstätten für behinderte Menschen (WfbM) gehören.

Lehrer*innen ausgesprochenen Empfehlungen zu Förder- und Unterstützungsmöglichkeiten nehmen die Eltern ernst und versuchen, diese bei den zuständigen Behörden zu beantragen. Sie erkennen, dass die pädagogischen Fachkräfte die Bildung ihres Sohnes ernst nehmen und ihm eine Förderung ermöglichen wollen.

Der Werkstatt für behinderte Menschen, in die Berkin Özdemir nach den Sommerferien wechseln wird, steht Alper Özdemir allerdings kritisch gegenüber. Auf die Frage, wie sich die Eltern die Zukunft ihres Sohnes vorstellen, antwortet der Vater: »[dt.] Zukunft? Nix besonders. Denke, jetzt fängt Werkstatt an, da kann man nicht viel lernen« (7, 357 V). In seiner Antwort schwingt Enttäuschung mit, seine Hoffnung scheint gedämpft, dass die Werkstatt der Verpflichtung nachkommt, den Übergang auf den allgemeinen Arbeitsmarkt mit geeigneten Maßnahmen zu fördern und der Sohn dort Möglichkeiten zur Weiterentwicklung entdecken kann bzw. angeboten bekommt. »[dt.] Wir wollen abwarten« (7, 362 V), erklärt er mit gebremstem Optimismus. Damit liegt seine Argumentation auf einer Linie mit dem wissenschaftlichen bzw. Inklusionsdiskurs um die Integrationskraft der Werkstätten (vgl. z. B. Brand 2012).

Auf die direktive Frage, ob ihnen eine Erziehung ihres Sohnes, bspw. zur Selbstständigkeit, wichtig sei, reagiert der Vater bejahend. »[dt.] Ja, wir legen sehr viel Wert darauf. Natürlich. Wir sind ja nicht ewig da« (7, 205 V). Und die Mutter bestätigt: »[dt.] Wir haben immer denken wie normale Kind. Ich habe gedacht, Berkin, das so, das ist hier eine Flasche, das ist hier eine Teller. Das hier eine Glas. Wie normale Kind« (7, 211 M).

Ihr Wunsch, ihr Sohn möge selbstständiger werden, ist demnach besonders einem sorgenvollen Blick in die Zukunft geschuldet ohne genauen Plan, was mit ihm passiert, wenn die Eltern einmal nicht mehr da sind. Gleichzeitig gesteht die Mutter selbstkritisch ein, es falle ihr nicht immer leicht, nicht einzugreifen und zu helfen, wenn sie sieht, dass für ihren Sohn diverse Alltagssituationen schwieriger zu bewältigen sind. Als ein möglicher Auszug angesprochen wird, wägt Alper Özdemir ab, er spricht über die Vorteile für seinen Sohn, die mit einem Auszug verbunden wären (Selbstständigkeit) und benennt die Grenzen ihrer Möglichkeiten (Alter und Tod der Eltern), bekennt dann aber: »[dt.] Solange wir das noch können, wollen wir nicht [...] Ja, wenn er jetzt ausziehen würde, vielleicht wird er selbstständiger, aber diese Herz haben wir nicht« (7, 366 V). Er spricht von einer gemeinsamen Haltung und bezieht die Mutter in seine Schilderungen ein. Die Mutter hingegen spricht nur in der ersten Person, wenn sie schildert: »[dt.] Tut mir weh (7, 365 M) [...] Ne, ich mach Sorge dann (7, 372 M) [...] Ich bin unruhig« (7, 374 M). Auf den Einwand des Vaters, dass sie es wohlmöglich irgendwann nicht mehr leisten können, für ihren Sohn da zu sein, reagiert sie lachend: »[dt.] Dann gehen wir wieder zusammen Altersheim« (7, 377 M). So scheint es vor allem die Mutter zu sein, für die ein Auszug des Sohnes keine Option darstellt.

Der transnationale soziale Raum: Option und Ressource für Berkins Zukunft

Die Eltern machen sich Gedanken über die Zukunft ihres Sohnes. Auf seine zweisprachige Erziehung haben die Eltern vor allem deswegen Wert gelegt, weil für die Familie die Auswanderung in die Türkei eine Option in der Zukunft darstellt: »[türk.] Man kennt den Gang der Welt nicht, man weiß ja nicht« (7, 165 V), so der Vater. Er solle sich schließlich in der Türkei verständigen können. Damit hält sich der Vater eine Rückkehroption offen, was für eine zunächst nicht als Immigration tendierte Form der Wanderung wie im Falle der Özdemirs typisch ist.

Zusammenfassung

Die Eltern thematisieren die Behinderung des Sohnes vor allem auf der Strukturebene. Die Eltern schildern nur am Rande und auf Nachfrage, dass die Diagnose ein Schock war, dass die Behinderung »schlimm« ist. Denn die Eltern erhalten moralische Unterstützung beim erweiterten Verwandtenkreis und durch ihren Trost und Kraft spendenden Glauben. Diese Kraft benötigen sie aber weniger im Umgang mit ihrem Sohn, als für den Umgang mit den Barrieren auf der Strukturebene. Denn weitaus ausführlicher und proaktiv sprechen die Eltern von ihren Anstrengungen und Problemen im Umgang mit Behörden. So scheint es, als erleben sie die Behinderung ihres Sohnes vor allem dann, wenn sie auf gesellschaftliche Strukturen treffen, die die Familie darin behindert, ihre Rechte wahrnehmen zu können. Dieses Erleben hat wiederum Einfluss auf die Konstruktion ihrer Identität und ihre eigene Wahrnehmung als Migrant*innen sowie auf die Entwicklungs- und Teilhabemöglichkeiten Berkin Özdemirs.

Gründe für die Schwierigkeit, Unterstützungsleistungen zu erhalten, verortet Alper Özdemir auf der Ebene der Identitätskonstruktion. Durch die späte Migration könne er keine ausgefeilten Deutschkenntnisse vorweisen mit der Folge, dass aufgrund von Verständnisschwierigkeiten Probleme entstünden. Den Grund für diese Probleme im Hilfesystem sucht er also vor allem bei sich selbst. Die Vorgehensweise, dass Unterstützungsleistungen sich nur mit hervorragenden Deutschkenntnissen erschließen lassen, stellt er nicht in Frage und empfindet diese nicht als Barriere, die von außen an die Familie herangetragen wird. Stattdessen reagiert er auf die staatlichen Regulierungen mit der Empfindung, dass seine Sprachkenntnisse Makel und Ursprung des Übels sind. Meral Özdemir hingegen liefert eine andere Erklärung für die sich ihnen eröffnenden Barrieren: Sie vermutet hinter den Praxen im Hilfesystem eine ungerechtfertigte Ungleichbehandlung durch staatliche Stellen, die sie als Familie türkischer Herkunft erleben. Diese Ungleichbehandlungen werden auch mit Hilfe von Stereotypen und Vorurteilen gerechtfertigt.

Die aus den Belegerzählungen der Eltern (insbesondere der Mutter) geschilderten Benachteiligungen lassen sich als mehrdimensional bzw. intersektional[41] charakterisieren. Aufgrund des Zusammenwirkens der Strukturkategorien Migration und Behinderung werden sie gegenüber anderen in einer vergleichbaren Situation benachteiligt, ohne dass dies durch einen sachlichen Grund gerechtfertigt wäre (vgl. Zinsmeister 2014). Die Diskriminierung lässt sich aber nur schwer nachweisen und die Eltern bleiben somit machtlos. Die Familie hat mit der sie beratenden und anwaltschaftlich unterstützenden Schule und Behindertenhilfe zwar Verbündete im System, durch die sie sich gestärkt fühlen, allerdings können die beratenden Instanzen nur begrenzt etwas gegen die Willkür der Behörden ausrichten. Erst wenn diese unter Druck geraten – und dazu bedarf es rechtlicher Schritte – können Ergebnisse erzielt werden. Doch diese Verfahren benötigen Kenntnis, kosten Zeit, Kraft und Geld. Die Unterstützung kam im Fall des Talkers für Berkin Özdemir zu spät.

Die Eltern sehen es als ihre Aufgabe an, sich mit den strukturellen Bedingungen auseinanderzusetzen und ihrem Sohn das notwendige Equipment zu verschaffen, um die Grundlage für die Gestaltung von Bildungsprozessen zu ermöglichen. Damit stehen sie der inhaltlichen Arbeit der Lehrkräfte unterstützend zur Seite, mischen sich aber nicht konkret ein. Die Eltern sind zufrieden mit der Arbeit der Schule, in den pädagogischen Fachkräften dort sehen die Eltern (insbesondere Alper Özdemir) eine Beihilfe in ihrem Wunsch, dem Sohn Möglichkeiten der Entwicklung und Befähigung anzubieten. Mit dem »Parallelsystem Förderschule« kommen sie zurecht, während der Vater andeutet, die Perspektiven für ihren Sohn im »Parallelsystem Behindertenwerkstatt« kritisch zu sehen. Aber auch hier bleibt er zurückhaltend, weitere Möglichkeiten und die Suche nach Alternativen für Berkin Özdemir werden nicht in Erwägung gezogen. Er scheint seine Einflussmöglichkeiten in der Gestaltung von formalen Bildungssettings als begrenzt einzuschätzen. Besser aufgestellt ist die Familie aber in der Gestaltung informeller Bildungsbereiche: Sie haben ihren Sohn bewusst zweisprachig erzogen, um ihm die Option eines späteren Lebens in der Türkei offen zu halten. Wenn sie auch keine klare Vorstellung davon haben, wie sich seine Zukunft gestalten soll, wo er einmal leben soll, wenn sie nicht mehr für ihn da sein können, hält die Familie sich damit die Option offen, den transnationalen sozialen Raum als Ressource für die Zukunft nutzen zu können.

---

41 | Zum Beispiel empfängt Berkin Özdemir (im Gegensatz zu anderen Jungen mit ähnlichen Bedürfnissen, allerdings ohne Migrationshintergrund) keine die für ihn als Junge mit Down Syndrom vorgesehenen Leistungen (wie einen Talker oder den Kinderwagen), die ihm zu mehr Teilhabe verhelfen könnten, seine Situation verbessern oder die Eltern entlasten würden.

5.4.8 Die Yildirims – Eine Geschichte über Schicksalsergebenheit und Gefühle der Deprivation

Hintergrundinformationen

Bilal Yildirim war 14 Jahre alt, als er 1984 mit seiner Familie nach Deutschland migriert ist. Seine Frau, Cemile Yildirim, kam Ende der 80er Jahre nach Deutschland. Mit 14 Jahren besuchte der Vater in Deutschland keine Schule mehr, sondern übernahm recht schnell Gelegenheitsjobs. Heute arbeitet er im Schichtdienst einer Fabrik. Über den Bildungsweg von Cemile Yildirim liegen keine Informationen vor. Cemile und Bilal Yildirim sind Eltern von drei Söhnen. Fatih, mit acht Jahren der jüngste Sohn, hat eine diagnostizierte Behinderung und wird auf einer Förderschule mit dem Förderschwerpunkt Geistige Entwicklung beschult. Die Familie lebt in sehr einfachen Verhältnissen in einem sozial benachteiligten Vorort einer Großstadt. Die Mutter kümmert sich um den Haushalt und die Söhne. Weder Vater noch Mutter verfügen über gute Deutschkenntnisse.

Auch dieses Interview (vgl. Nr. 7, »Familie Özdemir«) unterscheidet sich von den anderen insofern, als es wenig narrative Passagen aufweist und die Eltern immer wieder ermutigt werden mussten, ihre Erzählung fortzusetzen. Das gelang nur bedingt. Der offene Anfang, den die Methode des narrativen Interviews vorsieht, erwies sich im Fall der Familie Yildirim als weniger geeignet, erfordert es doch eine hohe kommunikative Kompetenz und Offenheit von Seiten der Interviewpartner*innen. Fatih, der während des Gesprächs anwesend war, unterbrach zudem den Erzählfluss einige Male. Außerdem fiel es mir schwer, Details über die Situation mit Fatih zu erfragen, während er neben mir saß. Es berührte mich unangenehm, dass die Eltern über ihn und seine Fähigkeiten sprachen, als sei er nicht anwesend (z. B. zählen die Eltern auf, was Fatih ihrer Meinung nach alles nicht kann – duschen, essen, allein anziehen – und Fatih unterbricht sie schließlich mit: »Und gucken kann ich [türk.] Mama [dt.] kann ich auch gucken«, 8, 92 S). Es war nur wenig über den Alltag der Familie und die Migrationsbiographie im Allgemeinen zu erfahren. So ist es nun eines der kürzesten Interviews des Samples, dennoch weist es einige markante und interessante Passagen zur Lebenssituation der Familie auf, die im Folgenden dargestellt werden.

Die Interviewten unterscheiden sich von den vorherigen insofern, als sie über geringe Deutschkenntnisse und einen niedrigeren sozialen Status verfügen. Das Interview wurde neben wenigen Codeswitchings auf Türkisch geführt.

Kernthema: Passivität als entlastende Strategie

Kern des Interviews mit Bilal und Cemile Yildirim ist das Thema Sprache: Zunächst ist es die (kaum vorhandene) gesprochene Sprache von Fatih, die den Sohn nach einer Diagnose innerhalb des Hilfesystems behindert werden lässt.

Plötzlich Teil des Hilfesystems merken die Eltern, dass auch sie durch ihre fehlende deutsche Sprache in der Durchsetzung von Ansprüchen und Interessen behindert werden. Die Eltern reagieren auf diese Erkenntnis, indem sie sich in einer Art Passivität einrichten, die für sie in diesem Augenblick entlastend zu wirken scheint. So werden die Gründe für das mögliche Nicht-Funktionieren einer anstrengenden oder erniedrigenden Intervention von vornherein antizipiert. Diese Vorstellung ist wirkmächtiger als eine (vielleicht geringe) Chance, doch Veränderungen im System und im Umgang mit ihnen selbst bewirken zu können.

Die Diagnose: Die Eltern auf der Zuschauertribüne

Die Eltern beginnen das Gespräch recht unvermittelt über ihr Leben mit Fatih, als er bereits drei Jahre alt ist. Dieses Alter markiert den Zeitpunkt, als Fatih in den Kindergarten kommt und sie verstehen, »dass irgendetwas nicht stimmt« (8, 12 M), und »diese Laufereien« beginnen (8, 15 M). Die Eltern werden von ihrem Hausarzt in die Uniklinik geschickt, die nach Einschätzung des Vaters alle Untersuchungen macht, die notwendig sind (8, 59 V). Nach diesen Untersuchungen habe Fatih durch das Versorgungsamt zunächst einen Behindertenausweis erhalten. Auf die Frage, welche Behinderung ihm genau diagnostiziert wurde, äußern sich die Eltern sehr vage. Cemile Yildirim spricht lediglich von Lern- und Sprachschwierigkeiten, durch die er ungefähr vier Jahre zurück liege (8, 19 M), der Vater vom »Sprach- und Lernzentrum«, das nicht entwickelt sei (8, 21 V). Nachdem die Diagnose gestellt wurde, kommt Fatih in einen heilpädagogischen Kindergarten, wo »die Therapie und all diese Dinge« durchgeführt wurden (8, 27 M).

In dieser Zeit der Diagnosefindung erscheinen sie in ihrer Rolle als Eltern auffallend zurückhaltend, sogar passiv: »[türk.] Sie [der Kindergarten] haben dann gemerkt, dass etwas nicht stimmt und haben ihn in anderen Kindergarten gegeben [schweigt]« (8, 24 M).

Im Kindergarten wird ihnen mitgeteilt, was ihnen selbst in den drei ersten Lebensjahren von Fatih verborgen blieb: dass mit ihrem Sohn »etwas nicht stimmt« und er »nicht normal« (8, 24 M) ist. Die Ereignisse scheinen die Familie unvermutet und daher unvorbereitet zu ereilen. In der Darstellung der Eltern erscheint die Auffälligkeit von Fatih aber als Tatsache, die auch zwangsläufig zu der Abfolge der geschilderten Ereignisse führen muss: Auf das Sichtbarwerden einer Behinderung folgt die Überweisung in eine heilpädagogische Einrichtung, Therapien werden begonnen, eine Diagnose gestellt. Dabei sind es vor allem die Institutionen, die die Entscheidungen treffen, die Eltern selbst sind in dieser Situation keine Handelnden. Entweder sind sie als Eltern unbeteiligt an der Entscheidung, Fatih an eine Sondereinrichtung weiter zu vermitteln, oder aber sie sind nicht beteiligt worden. Es sind die Anderen, die sie nun aufklären und sie damit vertraut machen, wie sie »mit dem Kind umgehen sollen« (8, 16 M). Zwar zeigt Cemile Yildirim in ihren Schilderungen keine Zustimmung gegenüber den getroffenen Maßnahmen, sie zeigt aber auch keinen Widerstand. Stattdessen nimmt sie die Entscheidungen hin und lässt sich von Ärzt*innen sowie pädagogischen Fachkräften den Weg weisen. Auch in der nachfolgenden Sequenz wirkt Cemile Yildirim unbeteiligt an der Beurteilung der Ärzt*innen. Auf die Frage, welche Therapien Fatih heute noch macht, erläutert sie:

»[türk.] Wir haben ihn zur Klinik gebracht und dann haben sie aber gesagt, jetzt können wir nicht mehr viel für ihn tun. Er soll viel Sport machen. Sprachtherapie wird jetzt noch in der Schule gemacht. Die Uniklinik musste ja genehmigen, welche Therapien gemacht werden. Deswegen bringen wir ihn einmal im Jahr zu Klinik« (8, 50 M).

Von der Einschätzung der Ärzteschaft, ihm keine weiteren therapeutischen Angebote machen zu können, berichtet die Mutter ohne einen Ausdruck des Zweifels. Bilal Yildirim unterstreicht an späterer Stelle vielmehr seine große Zufriedenheit mit den Maßnahmen der Uniklinik. Sie habe »[türk.] alles getan, was getan werden musste« (8, 63 V). Er schätzt seine eigenen Kenntnisse soweit ein, beurteilen zu können, ob das, was die Ärzt*innen unternehmen, auch ihren tatsächlichen Möglichkeiten entspricht. So scheint das Verhältnis zwischen Ärzt*innen und Eltern von Vertrauen geprägt zu sein.

Dennoch wird in der weiteren Erzählung deutlich, dass die Entscheidungen der Institutionen nicht immer den Vorstellungen der Eltern entsprechen. Das zeigt sich vor allem in Bezug auf die Bildungschancen von Fatih und dem Kontakt zum Bildungssystem.

Zugang zu Bildung: Priorität Lesen- und Schreibenlernen

Als die Eltern mit Fatih zur Schuleingangsuntersuchung erscheinen, werden ihnen zwei Schulen für ihren Sohn angeboten – bei beiden Schulen handelt es sich um Förderschulen. Eine davon befürwortet der behandelnde Arzt, weil sie nach seiner Auskunft eine Sprachtherapie anbiete. Cemile und Bilal Yildirim entscheiden sich, dem Rat des Arztes zu folgen und wählen die Schule mit dem Förderschwerpunkt Körperliche und Motorische Entwicklung aus.

Nach ein, zwei Jahren (8, 36 V) auf der Förderschule muss Fatih diese jedoch wieder verlassen. Er besucht fortan eine Förderschule mit dem Förderschwerpunkt Geistige Entwicklung. Der Weg zur Überweisung auf die Schule wird an späterer Stelle noch einmal thematisiert. Zunächst schildern die Eltern ihre Unzufriedenheit mit den Lehrinhalten der neuen Schule von Fatih (8, 38–44 V/M):

Es war also eine Schule für körperliche und motorische Entwicklung. Jetzt ist er auf einer für geistige Entwicklung. Und klappt das jetzt besser?

Vater: »[türk.] Hier ist es leichter. Hier gibt es nicht Lesen und Schreiben. In der anderen Schule, da blieb er immer zurück. Hier ist es leichter für ihn.«

Mutter: »[türk.] Wir sind nicht zufrieden. Es wird gar nichts gemacht. Er macht ja keine Fortschritte. In Lesen und Schreiben.«

Was machen die denn mit Fatih?

Mutter: »[türk.] Bei der anderen Schule gab es alles zu machen, was man in einer Schule macht. Hier lernt er Zeichnen und Handarbeiten, aber nicht Lesen und Schreiben.«

Der Vater erkennt, dass es dem Sohn an der neuen Schule leichter fällt, dem Unterricht zu folgen, und greift dafür auf ein Wissen über die curricularen Unterschiede zwischen den unterschiedlichen Förderschwerpunkten von Förderschulen zurück. Aber die Mutter ist unzufrieden mit den Lehrinhalten der neuen Schule. Die Inhalte entsprechen kaum dem Bildungsverständnis, das die Mutter für sich und ihren Mann definiert. Für sie sind Zeichnen und Handarbeiten keine Kenntnisse, die es in einer Schule zu erlernen gilt. Mehr noch: Sie empfindet, dass in der Schule »nichts gemacht« werde. Ihr Wunsch ist es, dass ihr Sohn »Fortschritte« in seiner Alphabetisierung macht.

Diskriminierungserfahrungen: Gewaltvolle Interventionen schwächen die Eltern

Bereits vor der Zuweisung an die neue Schule wussten Bilal und Cemile Yildirim um die schlechten Chancen ihres Kindes. Auf die bilanzierende Frage am Ende des Interviews, ob es Phasen im Leben gab, die »besonders schwer waren«, wählt der Vater zur Illustration eine Begebenheit in der Schule aus. Er schildert ein Treffen mit Lehrer*innen, bei dem es um die Zukunft und die weitere Beschulung seines Sohnes ging. Dieses beschreibt der Vater als eine gewaltvolle Situation, in der seine Rechte beschnitten werden und er einer massiven Diskriminierung ausgesetzt wird.

»[türk.] Das Schwerste von Allem war, als sie mich zur Schule riefen zu einem Gespräch. Da saßen drei Lehrer da. Und sie erklärten mir, ich solle mein Kind von der Schule nehmen und auf eine andere Schule schicken. Und dann schrieben sie ein Protokoll. Das sollte ich unterschreiben und aufgrund dessen sollte ich dann das Kind wegnehmen. Und ich sagte dann: ›Nein, ich kann das nicht unterschreiben. Ich habe das alles nicht verstanden. Dann schlug sie mit der Faust auf dem Tisch. ›Das hast du zu machen!‹ Dann bin ich hingegangen zum Direktor und der sagte, da kann ich nichts machen. Die haben mich das trotzdem unterschreiben lassen. Die drei nahmen mich in die Mitte und haben mich gezwungen, das Protokoll zu unterschreiben und sagten, sie haben das Kind hier rauszunehmen und in eine andere Schule zu bringen« (8, 225 M).

Bilal Yildirim beschreibt seine Machtlosigkeit im Umgang mit der Bildungseinrichtung. Die hegemoniale Stellung der Lehrerin wird durch zusätzliche Faktoren gesteigert: Die Lehrerinnen treten zu dritt auf, Bilal Yildirim ist nicht in Begleitung. Diese Asymmetrie wird durch die lingualen Machtstrukturen im Gespräch verstärkt, die es ihm erschweren, die Zusammenhänge zu durchdringen. Ohne zu wissen, welche Inhalte das Dokument umfasst, wird er gezwungen, ein bereits von den Lehrerinnen vorbereitetes Protokoll zu unterschreiben, indem sie ihn bedrängen und in »die Mitte« nehmen. Er weiß nur, dass darin geschrieben steht, weshalb sein Sohn für die Schule als ungeeignet erachtet wird. Der Versuch zu verhindern, dass sein Sohn auf die Förderschule mit dem Schwerpunkt Geistige Entwicklung geschickt wird, scheitert schließlich auch, weil es ihm verwehrt bleibt, einen Dolmetscher hinzuzuziehen. Er wird weder über seine Rechte aufgeklärt, noch steht ihm der Direktor zur Seite, den er in dieser Situation um Hilfe bittet. Stattdessen wird ihm diese verwehrt mit dem Hinweis, keine Einflussmöglichkeiten zu haben. Auf meine Frage »Hat man Ihnen nicht gesagt, dass Sie das Recht haben, das Protokoll mit nach Hause zu nehmen, um es erst mal übersetzen zu lassen?«, erklärt Bilal Yildirim wie folgt:

»[dt.] Ich habe das denen gesagt. Dann sie Tisch hauen, sagen das unterschreiben. Ich voll schwitzen. Ich bin voll schwitzen. Ich sagen, sie haben viel Glück hier, sind sie eine Frau hier, alle drei. Wenn ich hier eine Männer ist, egal ob mich kaputtschlagen alle drei. Ich mache euch alle kaputt. [türk.] Wären sie Männer, hätte ich Widerstand geleistet. Auch wenn sie mich umgebracht hätten, aber was soll ich denn bei drei Frauen machen? Drei Frauen saßen da und schlugen mit der Faust auf den Tisch. Ich musste unterschreiben« (8, 240 V).

Durch meine von Entsetzen über die zuvor geschilderte Situation geprägte Frage scheint Bilal Yildirim das Gefühl zu haben, sich für seine Untätigkeit rechtfertigen zu müssen. Mit Hilfe einer Thematisierung der Geschlechterverhältnisse in der oben geschilderten Gesprächssituation und dem Hinweis, dass er als Mann nichts habe gegen drei Frauen ausrichten können, weil er keine Gewalt gegen Frauen anwenden dürfe, unterstreicht er nochmals, sich in einer ausweglosen Situation befunden zu haben, in der er nichts auszurichten vermochte – weder verbal noch physisch – und ihm eine Intervention unmöglich gemacht habe. Die Lehrerinnen und der Direktor haben sich durch diese Machtdemonstration die Möglichkeit geschaffen, über den Kopf des Vaters hinweg ihren Willen durchzusetzen.

An dieser, wie an weiteren Belegerzählungen im Interview wird deutlich, dass sich die Eltern durch die lingualen Machtstrukturen im Hilfesystem den entscheidungentreffenden Instanzen hilflos ausgeliefert sehen.

Zugang zu Hilfen 1): Existenzängste diktieren Hartnäckigkeit

Die Eltern und Fatih erhalten keinerlei strukturelle Unterstützung. Dominant im Interview sind die Berichte der Eltern über ihre Versuche, für Fatih ein Pflegegeld zu erhalten. Fatih bekommt zunächst einen Behindertenausweis mit Merkzeichen G[42], später wird er auf H[43] hochgestuft. Der Vater wertet diese Hochstufung als einen Erfolg. »[dt.] Jetzt hat er mehr Rechte. Z. B. mit Fahren und so« (8, 72 V). Obwohl die Hochstufung für Fatih bedeutet, dass der Grad seiner Behinderung schwerwiegender eingeschätzt wird als zunächst angenommen, betrachtet Bilal Yildirim diese Veränderung als unproblematisch. Von der Kategorisierung seines Sohnes unberührt, verknüpft er mit der neuen Einstufung und Diagnose der Behinderung Ressourcen, Möglichkeiten der Teilhabe (er kann nun – wie er an anderer Stelle berichtet – mit Fatih überallhin mit dem Zug fahren) und den Gedanken, dass seinem Sohn mehr Rechte eingeräumt werden. Vor allem erhofft er sich, dass Fatih dadurch ein Pflegegeld erhält. Mit Unverständnis reagieren die Eltern dann auch auf den ablehnenden Bescheid über den Antrag auf Pflegegeld. Sie erheben danach wiederholt Einspruch, der MdK kommt erneut zur Überprüfung, dem Einspruch wird nicht stattgeben. Diesen Einspruch muss der Vater immerzu von einem Anwalt formulieren lassen. Die Termine beim Anwalt wiederum sind, wie an späterer Stelle gezeigt wird, für den Vater schwierig zu bewerkstelligen. Die Eltern fühlen sich ungerecht behandelt, berichten, dass auch die für sie zuständige Beratungsstelle der Behindertenhilfe mit Unverständnis auf den ablehnenden Entscheid reagiert.

Im Gespräch nehmen Cemile und Bilal Yildirim schließlich den Bericht über die Ablehnung zum Anlass, ausführlich die Schwierigkeiten zu schildern, die sich im Alltag mit Fatih ergeben. Der Vater erklärt, der Sohn könne nicht allein gelassen werden, müsse unter ständiger Aufsicht stehen, habe Schwierigkeiten alleine zu essen und verstehe die »Zusammenhänge« (8, 144 V) nicht. Dabei gehe es nicht allein um die Sprache, es seien die »Denkzusammenhänge«, die sein Sohn nicht schaffe. Die Mutter veranschaulicht:

> »[türk.] Ich muss ihn z. B. unter die Dusche bringen. Ich möchte natürlich, dass er alleine duscht. Aber würde ich ihn lassen, könnte ich nach einer Stunde kommen und er stände immer noch da. Oder auf der Straße« (8, 95 M).

---

42 | G wird als in der Bewegungsfähigkeit im Straßenverkehr als erheblich beeinträchtigt definiert.

43 | H steht für Hilflosigkeit und bedeutet, dass es infolge einer Behinderung für eine Reihe von häufig und regelmäßig wiederkehrenden Verrichtungen zur Sicherung der persönlichen Existenz im Ablauf eines jeden Tages fremder Hilfe dauernd bedarf – und das nicht nur vorübergehend.

Sie habe Angst um ihren Sohn, der eigentlich jederzeit gefährdet sei. Deswegen könne sie ihn auch, wenn er aus der Schule komme, kaum aus den Augen lassen. Anhand dieser Belegerzählungen bekräftigen die Eltern ihre Ansicht, dass ihnen aufgrund des Grades der Behinderung des Sohnes ein Pflegegeld zustünde. Auffallend ist, dass die Eltern das Pflegegeld betreffend, Hartnäckigkeit und Aktivität zeigen, die an anderer Stelle – bspw. im Bildungsbereich – weniger erkennbar sind, obwohl mit den Maßnahmen dort auch nicht einverstanden. Auf der Suche nach dem Grund für das Erwachen der Eltern aus ihrer Passivität müssen noch weitere Aspekte analysiert werden. Denn es ist nicht allein der betreuerische Aufwand von Fatih, der sie um das Pflegegeld kämpfen lässt. Die Mutter erklärt:

»[türk.] Wir sparen zwar Geld für die Zukunft. Für den Fall, dass das Kind mal völlig Hilfe braucht, dass, wenn wir mal nicht mehr da sind, wir sterben oder nicht mehr können, dafür haben wir etwas Geld gespart« (8, 124 M).

Die Eltern haben Angst um die Zukunft ihres Sohnes und sorgen sich, was nach ihrem Tod aus ihm werden solle. Aus dieser Angst heraus versuchen sie Geld zu sparen. Das Einkommen des Vaters, der ein einfacher Werksarbeiter ist, wird bei der fünfköpfigen Familie kaum ausreichend sein, um am Ende des Monats genügend Geld beiseitelegen zu können. So müssen sie zusätzlich dafür sorgen, dass sie die ihnen zustehenden Leistungen auch tatsächlich erhalten, um eine finanzielle Absicherung gewährleisten zu können. Es geht also bei ihrem Engagement um das Pflegegeld nicht (nur) um einen Ausgleich für den betreuerischen Aufwand, schwerwiegender sind die Existenzängste und die Sorge um ihr Kind, die über ihren Tod hinausgehen.

Auf die Frage, ob Angebote wie der FUD bekannt seien, erwidert Bilal Yildirim, von solchen Angeboten zwar gehört zu haben, weil sein Freund solche in Anspruch nehmen würde, ihm selbst seien diese Dienste aber nicht angeboten worden. Unklar bleibt, ob die Behindertenhilfe ihnen kein Angebot gemacht hat oder ob die Behindertenhilfe das Angebot für Fatih nicht vorsieht. Die Frage nimmt Bilal Yildirim zum Anlass, seinen Freund einzuführen, der nicht nur das Angebot des FUD kennt, sondern auch eine Pflegestufe für seinen Sohn sowie einen Platz an der Regelschule erwirken konnte.

Zugang zu Hilfen 2): Deutsch als Ausgrenzungsmechanismus

Auf die Frage, welcher Herkunft die Familie sei, die für den Sohn einen Platz an der Regelschule bekommen hat, ob es eine deutsche Familie sei, erklärt Bilal Yildirim:

»[türk.] Nein, Türken. Der Unterschied ist, dass der Vater hier geboren und groß geworden ist. Sein Deutsch ist super. Er kann alles sagen, er weiß auch alles, was geht. Vor ihm stehen keine Barrieren. Er kann sich die Türen aufmachen. Ich kann das nicht« (8, 186 V).

Die Kontrastierung ermöglicht ihm, eine Erklärung für seine Machtlosigkeit zu finden. Durch den Vergleich seiner Situation mit der eines Freundes stellt er fest, dass die Möglichkeit, sich gegen Ausgrenzungen und Benachteiligungen zur Wehr setzen zu können, auch abhängig von der persönlichen Migrationsbiographie ist. Seinem Freund misst er einen privilegierteren Migrationsstatus als ihm selbst. Dabei nimmt er nicht an, dass seinem Freund keine Steine in den Weg gelegt werden – auch ihm werden Türen verschlossen, er selbst ist aber in der Lage, sich die Türen wieder zu öffnen (8, 194 V). Dass bei ihm Vieles nicht funktioniert und er seine Rechte nicht einfordern kann, sieht er zum einen in seinen kaum ausgeprägten Deutschkenntnissen begründet: »[türk.] Ich weiß ja gar nicht, wie ich argumentieren soll, wenn sie mir sagen, es geht nicht« (8, 203 V). Die Beherrschung des Deutschen betrachtet er als Schlüssel zum Widerstand: Solange Bilal Yildirim keine Türen geöffnet werden, ist er nicht in der Lage, seine Rechte oder die seines Sohnes durchzusetzen und sich die »Bedingungen« zu schaffen, die er braucht (8, 205 V). Er scheitert, weil ihm seiner Ansicht nach die Voraussetzung fehlt, die er für ein resolutes Auftreten und für gelingende Interventionen benötigt:

»[türk.] Bei mir werden immer nur die Türen zu geschlagen, und ich weiß gar nicht, was ich machen soll. Sie sagen, es geht nicht. Und das muss ich einfach hinnehmen« (8, 196 V).

Zudem habe er das deutsche Bildungssystem nicht durchlaufen, das Wissen über Möglichkeiten für seinen Sohn betrachtet er aber als unmittelbar mit dem Besuch von Schulen in Deutschland verknüpft: »[türk.] Wenn man hier zur Schule geht, weiß man mehr« (8, 193 V). Er kann nicht auf Ressourcen aus dem Herkunftsland zurückgreifen und Erfahrungen über das dortige Bildungssystem einbringen, denn seine schulische Bildungslaufbahn endet in der Türkei im Alter von 14 Jahren außergewöhnlich früh.

Auch Cemile Yildirim stößt auf Barrieren und pflichtet ihrem Mann resümierend bei:

»[türk.] Wenn man alles zusammen nimmt, im Krankenhaus bekommt man seine Rechte. Sie fühlen sich verantwortlich. Aber anderswo stößt man auf Barrieren. Man weiß nicht, wie man sich durchsetzen soll. Wenn ich etwas sage und mir gesagt wird, dass es nicht geht. Da ich nicht mein Wort machen kann, schweige ich einfach, auch wenn ich weiß, dass ich Recht habe« (8, 206 M).

Cemile Yildirim zeichnet hier ebenfalls eine Machtlosigkeit nach, die dadurch entsteht, dass sie ihre Kompetenzen nicht so vermitteln kann, wie es von einer »legitimen Sprecherin« verlangt wird (Dirim/Mecheril 2010, 100). Wohl wissend, dass sie ohne diese Deutschkenntnisse keine Chance haben, ihre Rechte durchzusetzen, machen sich die Eltern abhängig von dem Wohlwollen und der Hilfsbereitschaft Dritter, die ihnen Briefe übersetzen und als Dolmetscher zu Seite stehen. So berichtet Bilal Yildirim:

»[türk.] Ich habe zum Beispiel am Montag einen Termin beim Anwalt. Ich weiß nicht, ob mein Cousin kommen kann. Wenn er nicht kann, dann muss ich ihm einfach die Papiere hinlegen und weiß nicht, ob er daraus schlau wird, was ich eigentlich will« (8, 215 V).

Wie und ob die Eltern erwägen, sich aus der verfahrenen Situation zu befreien, bspw. in dem sie ihre Deutschkenntnisse soweit verbessern, dass sie mit ihrem Anwalt unabhängig von dem guten Willen Anderer kommunizieren können, wird im Gespräch nicht thematisiert. Diese fehlende Kompetenz betrifft aber nicht nur die Kommunikation mit Institutionen:

»[türk.] Türkisch versteht er [Fatih], redet aber nicht. Weil die Therapie nur auf Deutsch stattfindet. Er versteht mich schon, wenn ich türkisch rede, aber ich verstehe ihn nicht, wenn er deutsch redet. [lacht] Vor ein paar Jahren. Ich habe schon gehört, was ›ich habe Hunger‹ heißt. Aber ›ich bin satt‹, das habe ich noch nie gehört. Und ich gebe ihm immer weiter, und er sagte: [dt.] ›Ich bin satt‹« (8, 170 M).

Die Familiensprache mit ihrem Sohn zu Hause zu sprechen, lässt sich für Cemile Yildirim nur schwer bewerkstelligen. Den Erkenntnissen aus der Wissenschaft zum Trotz, nach denen Kinder (auch mit einer so genannten geistigen Behinderung) eine durchgängige Sprachbildung benötigen, die auf der Familiensprache der Kinder aufbaut und diese bei therapeutischen Maßnahmen berücksichtigt, erhält der Sohn dennoch lediglich Logopädie für die deutsche Sprache[44]. Diese, so lässt sich aus den Äußerungen der Mutter schlussfolgern, vollzieht sich anscheinend nicht sprachunabhängig, mit der Folge, dass es heute für Cemile Yildirim schwer ist, sich mit ihrem Sohn zu verständigen, der nur über passive Sprachkenntnisse im Türkischen verfügt. So zeigt das Problem der mangelnden Sprachkompetenz der Eltern im Deutschen Auswirkungen in den unterschiedlichsten Bereichen – bis hin zu der Beziehung zum eigenen Sohn.

44 | Zu den Notwendigkeiten im Kontext von Mehrsprachigkeit und Sprachbehinderung siehe auch Rothweiler et al. 2010.

Religion: Kein Potential zur Entwicklung von Widerstandsfähigkeit

Auf die Frage, ob sie sich vorstellen könnten, bei einem islamischen Wohlfahrtsverband die Unterstützung zu erhalten, die sie benötigen, erklärt Cemile Yildirim:

»[türk.] Wenn ich nicht gut deutsch kann und wenn ich meine Rechte nicht kenne, dann wäre es natürlich schön, wenn ich irgendwo hingehen kann an einen Ort und dann erzählt man mir über meine Rechte. Das wäre sehr gut« (8, 157 M).

Es geht ihr also nicht um die religiöse Ausrichtung des Verbandes, ihr Hauptaugenmerk liegt in der Vermittlung von Wissen in einem Gespräch auf Augenhöhe – in einer Sprache, die sie beherrscht. Während sie noch vage formuliert und den Eindruck erweckt, keine Anknüpfungspunkte bzw. Kontakte zu islamischen Gemeinden gehabt zu haben, ist Bilal Yildirim bestimmter, der sich als Kenner der »Szene« inszeniert: Er glaubt nicht daran, unter den jetzigen Gegebenheiten eine Unterstützung in den Moscheevereinen erhalten zu können, und zeigt sich unzufrieden mit ihrer Arbeit, die aufgrund mangelnder Ressourcen und der strukturellen Rahmenbedingungen selbst auf Hilfe angewiesen sind: »[türk.] Wenn man zu diesen Moscheevereinen geht, die wollen eher, dass man ihnen hilft, als dass sie uns helfen« (8, 153 V), er hält eine Unterstützung grundsätzlich aber für wünschenswert – auch in religiöser Hinsicht. Für Cemile Yildirim ist eine religiöse Komponente unwichtig: »[türk.] Das [die Sprache] ist eigentlich im Augenblick das Problem. Mit dem Kind tauchen Probleme oder Dinge religiöser Art nicht auf« (8, 165 M). Sie assoziiert die Religion mit Problemen, statt mit Sinnstiftung oder Unterstützung. Möglicherweise übernimmt sie hier den dominanten Diskurs zum Islam in Deutschland. Deutlich wird auch, dass die Eltern der Religion einen unterschiedlichen Stellenwert einräumen bzw. der Ehemann erst nach ihrer anscheinend überzeugenden Argumentation, den Abbau der Barriere »Sprache« als Hauptanliegen im Umgang mit der Behinderung des Sohnes bezeichnet und weniger die Suche nach religiöser Unterstützung.

Das soziale Netzwerk: Kompensation fehlender staatlicher Unterstützung

Die oben geschilderten Ausführungen von Bilal Yildirim verdeutlichen auch die besondere Rolle, die ihre Freunde eigenethnischer Herkunft bzw. Sprache einnehmen. Sie sind auf ihre Unterstützung angewiesen, da die offiziellen Stellen bei den Eltern weder das Vertrauen genießen, noch die Betroffenen die Deutschkenntnisse besitzen, ihre Angebote offensiv zu nutzen oder einzuklagen. Möglichkeiten der Hilfe werden entweder über zufällige Gespräche eruiert oder aber im Bekanntenkreis beobachtet. So wird auch an dieser Stelle deutlich, dass nicht eine Beratungsstelle die erste Anlaufstelle für den Erhalt von Informationen ist.

Zusammenfassung

Cemile und Bilal Yildirim hegen keine Zweifel am Vorhandensein der Abweichung einer Norm ihres Sohnes Fatih. Sie glauben den für das Stellen einer Diagnose zuständigen Institutionen. Sehr ausführlich beschreiben sie die an ihm wahrgenommenen Auffälligkeiten, die mit sprachlichen Schwierigkeiten zusammenhängen bis hin zu den »Denkzusammenhängen«, die er nicht begreife und mit einer Unselbstständigkeit einhergehen. Aufgrund dieser für sie klar ersichtlichen Behinderung steht auch die Berechtigung auf Leistungen wie Pflegegeld, Behindertenausweis oder Therapien für ihren Sohn außer Frage. Für sie ist es gleichzeitig selbstverständlich und sie empfinden es nicht als Widerspruch, dass ihrem Sohn eine gute Bildung zusteht, die ihn auch in ein selbstständigeres Leben führen kann. Sie zeigen sich misstrauisch gegenüber der Förderschule mit dem Schwerpunkt Geistige Entwicklung, glauben nicht, dass er dort lesen und schreiben lernen könne. Dies scheint nicht verwunderlich, geht doch auch an ihnen im Austausch mit anderen Eltern der Diskurs um die Förderschule nicht einfach vorbei. Die »kollektiven Erfahrungen« verbreiten sich, indem die Menschen »ihre Erlebnisse erzählen und ihre Deutungen behaupten«, unter denjenigen »für die die gleichen oder ähnlichen Eindrücke und Ereignisse in derselben oder in einer ähnlichen Weise bedeutsam sind« (Schulze 2006, 101). Von diesen »kollektiven Erfahrungen« ist die Familie Yildirim nicht ausgeschlossen. Auch wenn sie das Bildungssystem in Deutschland nicht durchlaufen haben, scheinen sie Kenntnisse über das Schulsystem zu haben. Auch durch ihren Freund, der für seinen Sohn den Regelschulplatz erwirkt hat, ist ihnen die Diskussion um die segregierenden Maßnahmen in Deutschland bei der Beschulung von behinderten Kindern nicht verborgen geblieben, von denen als Kinder mit Migrationshintergrund Positionierte im besonderen Maße betroffen sind (Powell/Wagner 2014). Die Eltern sehen, dass die Möglichkeit, ihr Kind im Gemeinsamen Unterricht beschulen zu lassen, davon abhängig ist, welche Ressourcen sie selbst mitbringen.

Ihr Wunsch, dass Fatih Fortschritte macht, ist zudem geprägt von der Angst um seine Zukunft und seine Betreuungssituation, wenn die Eltern nicht mehr in der Lage sind, sich zu kümmern. Diskriminierungserfahrungen, Ausgrenzungen, Benachteiligungsgefühle bei Beantragung von Hilfen – diese Erfahrungen scheinen das Vertrauen gegenüber Behörden und Institutionen gravierend erschüttert zu haben, so dass der Gedanke, dass sich einmal Andere um ihren Sohn kümmern könnten oder wollten, fern liegt. Da sie keinerlei weitere strukturelle Unterstützung erhalten, sei es finanzieller und betreuerischer Art, haben sie keine Vorstellung davon, was ihren Sohn erwartet, wenn sie nicht mehr in der Lage sein sollten, sich zu kümmern. Vielmehr haben sie die Erfahrung gemacht, dass die Institutionen über ihren Kopf hinweg Entscheidungen treffen, die nicht dem Wohle ihres Kindes dienen. Umso mehr ist es den Eltern dann ein Anliegen, ihre finanzielle Situation zu verbessern, damit sie sich ein finanzielles Polster aufbauen und sich so unabhängig von Entscheidungen der Institutionen machen können.

Durch die fehlende strukturelle Unterstützung sind sie einer prekären finanziellen Situation ausgesetzt. Hinzu kommt die Ungerechtigkeit, die sie als Eltern eines behinderten Kindes empfinden, weil ihr Sohn die ihm zustehenden Leistungen nicht erhält. Sie lässt sie bei der Beantragung des Pflegegeldes Hartnäckigkeit beweisen. Sie nehmen wahr, dass sie es besonders schwer haben, die ihnen zustehenden Mittel zu erhalten. Barrieren beim Erhalt von Leistungen charakterisieren sie als migrationsspezifisch. Sie positionieren sich als Migrant*innen, sehen aber Unterschiede zu anderen Migrant*innen, denen sie aufgrund ihrer Deutschkenntnisse und Kenntnisse über Rechte und Strukturen (z. B. des Bildungssystems) einen privilegierteren Migrationsstatus zuschreiben.

Die Hartnäckigkeit und Ausdauer, die Cemile und Bilal Yildirim bei der Beantragung des Pflegegeldes beweisen, fehlen allerdings an anderer Stelle. Ihre Existenzängste überlagern bspw. ihre Unzufriedenheit mit der (Aus-)Bildung ihres Sohnes oder ihr Streben nach Autonomie. Sie positionieren sich als hilflos im Umgang mit dem Bildungssystem und mit Behörden, ordnen sich der Gruppe der Entrechteten zu und liefern damit eine Begründung für ihre Passivität. Sie lassen das System agieren und stabilisieren dadurch die systemimmanente Praxis, hegemoniale Strukturen zu nutzen, um den Willen der Eltern zu übergehen. Es lassen sich im Gespräch keine Bemühungen erkennen, die für sie als zentral identifizierte Barriere »Sprache« eigeninitiativ abbauen zu wollen, obwohl sie einen Zusammenhang zwischen Deutschsprechen und der Herstellung gesellschaftlicher Anerkennung, der »Erschließung von Welt« und der Möglichkeiten »sozialer, ökonomischer und politischer Teilhabe« erkennen (Dirim/Mecheril 2010, 100).

Die gesellschaftlichen Strukturen, in denen sich die Familie bewegen, die Beratung, die sprachheilpädagogischen Angebote oder die Elternzusammenarbeit, bleiben wiederum weiterhin monolingual und an einer Komm-Struktur ausgerichtet, auch wenn die Eltern und Fatih nicht erreicht werden.

Zusammenfassend lässt sich festhalten, dass es nicht ein Migrationshintergrund als solcher und die Behinderung Fatihs sind, die die familiäre Situation bestimmen. Es ist die Behinderung der Eltern durch die Sprachbarriere Deutsch auf der Ebene der Sozialstrukturen und die Nichtbeachtung des Systems der Belange von Menschen, die sich für ihre eigenen Interessen sprachlich und wegen fehlender Kenntnisse ihrer Rechte, nicht einsetzen können. Sie werden als Unmündige bevormundet und begrenzt, was sie die Identitätskonstruktion als Eltern eines behinderten Kindes nur unter großer Anstrengung leben lässt.

5.4.9 Leila Faridzadeh – Die Kämpfe einer iranischen Unsichtbaren

Hintergrundinformationen

Leila Faridzadeh ist 1989 aus Iran nach Deutschland eingewandert. Sie ist Mutter von vier Kindern: von drei Töchtern – Naime, 36, Nadjie, 35 und Nilufer, 32 – und einem Sohn, Parviz, der 29 Jahre alt ist. Ihre drei Töchter sind bei ihrem Ex-Mann aufgewachsen, einem Iraner, der ebenfalls in Deutschland lebt. Ihr Sohn Parviz, der einen anderen Vater hat, ist bei ihr groß geworden. Naime Faridzadeh hat 1997 Abitur gemacht. Leila Faridzadeh lebt heute allein in einer großen, behindertengerechten Wohnung in sehr einfachen Verhältnissen in einem Vorort einer Großstadt in Deutschland. Der Vater der drei Töchter hat wieder geheiratet. Er war viele Jahre Besitzer eines Schuhgeschäftes, hat zudem eine Diskothek sowie einen Teppichhandel betrieben. Er ist wohlhabend, lebt in einem großen Haus in einem gutem Viertel derselben Großstadt. Über den Vater von Parviz liegen keine Informationen vor.

Im Jahr 2000 steht Leila Faridzadeh in keinem Beschäftigungsverhältnis. Ihre Tochter Naime Faridzadeh, damals 22 Jahre alt, arbeitet zu dem Zeitpunkt im Schuhgeschäft des Vaters. In diesem Jahr haben Naime und ihre jüngste Schwester Nilufer Faridzadeh einen Autounfall. Die gerade 18 Jahre alt gewordene Nilufer ist Fahrerin und Unfallverursacherin. Sie hatte einem LKW die Vorfahrt genommen, der dadurch in das Auto der beiden Frauen hineinrast. Während Nilufer mit ein paar Rippenbrüchen davonkommt, wird Naime Faridzadeh, die auf dem Beifahrerplatz gesessen hatte, so schwer verletzt, dass sie neun Monate im Koma liegt. Nach diesen neun Monaten erwacht sie körperlich und kognitiv schwer beeinträchtigt aus dem Koma. Damit liegt mit diesem Interview und dieser Familiengeschichte eine Besonderheit vor, die eine außerordentliche Belastungssituation hervorrufen kann: Hier ist die Behinderung der Tochter nach einem Unfall im Erwachsenenalter eingetreten, an dem die jüngere Schwester die Schuld trägt.

Leila Faridzadeh leitet eigeninitiativ die Erzählung ein, bevor überhaupt ein Erzählimpuls gegeben wurde. Zwischenzeitlich erscheint es, als nehme sie kaum wahr, dass noch weitere Personen im Raum anwesend sind. Die Interviewenden (das Interview habe ich gemeinsam mit einer Studentin geführt, die persische Muttersprachlerin ist) greifen nur selten in die Erzählung ein und lassen Leila Faridzadeh über fast anderthalb Stunden erzählen. Damit liegt hier ein Interview mit vielen dichten Informationen vor, was sich allerdings in der Analyse als große Herausforderung darstellt. Leila Faridzadehs Erzählstil ist geprägt von ständigen Themenwechseln. Sie eröffnet neue Themen in der Haupterzählung, die oft zusammenhangslos und fast arabesk wirken. Sie wechselt permanent zwischen Ich-Erzählung und auktorialer Erzählweise, persisch und deutsch, springt räumlich und zeitlich hin und her. Diese Erzählweise ist vor allem insofern bemerkenswert, als Leila Faridzadeh zahlreiche Erfahrungen damit hat, ihre Biographie Dritten zu erzählen – durch Therapiesitzungen, Beratungsgespräche oder durch Presseinterviews – dennoch gelingt es ihr nicht, ihre Biographie strukturiert wiederzugeben. Um Zusammenhänge verstehen zu können, mussten schließlich zusätzliche Informationen durch die Leila Faridzadeh seit mehreren Jahren betreuende Beratungsstelle für Migrantinnen eingeholt und Jurist*innen[45] kontaktiert werden, die rechtliche und versicherungstechnische Hintergrundinformationen bereit stellten.

Kernthema: Die Inszenierung und Positionierung als Migrantin – Eine Reaktion auf diskriminierende Strukturen

Leila Faridzadeh beginnt das Interview ganz unvermittelt. Ohne Erzählimpuls beginnt sie von ihrer Situation und den Belastungen zu sprechen, denen sie ausgesetzt ist. Diese später genauer zu analysierende Eingangssequenz deutet gleichzeitig das Kernthema des Interviews an. Sie beschreibt vor allem ihr eigenes Leben, in dem sie ihre eigenen Bedürfnisse unterdrücken muss, und weniger das Leben ihrer Tochter. Sie fühlt sich unsichtbar und ungehört im Kontakt mit Behörden, Ärzt*innen bis hin zum Kontakt mit Therapeut*innen. Leila Faridzadeh beschreibt ihre Kämpfe, die sie auf der Strukturebene austrägt, und ihre Niederlagen, die sie im zwischenmenschlichen Bereich erlebt. Diese Konflikte, so zeigt sich, haben Auswirkungen auf ihre Identitätskonstruktion als Iranerin und auf die Beziehung zu ihrer Tochter.

Der Unfall: Der Kampf um das Überleben der Tochter

Als Leila Faridzadeh vom Unfall der Töchter erfährt, sind bereits einige Stunden vergangen. Im Krankenhaus eingetroffen, wird ihr mitgeteilt, dass der Zustand ihrer Tochter Naime kritisch sei. Nilufer Faridzadeh hingegen wird schnell von der Intensivstation entlassen.

Leila Faridzadeh beschreibt ihre Tochter Naime als eine schöne junge Frau mit roten langen Haaren, grünen Augen und vielen Verehrern, als eitel und zickig. So ist ihr erster Gedanke, als sie ihre Tochter nach der OP sieht, dass sie an einem Herzschlag sterben könnte, wenn sie aufwacht und sich im Spiegel betrachtet. Denn die Ärzt*innen mussten Naime Faridzadehs Haare abrasieren und ihr den Schädel öffnen. Weil verletztes Hirnareal angeschwollen war und das gesunde Gewebe zerdrückt hat, musste das Gehirn entlastet und Schädelknochen entnommen werden, damit das Hirngewebe ausweichen kann.[46] Als die Schwellungen zurückgingen, haben sie ihr die Schädelknochen wie-

45 | Mein herzlicher Dank gilt an dieser Stelle Prof. Dr. Julia Zinsmeister und Prof. Dr. Karl Maier, Fachhochschule Köln, für ihre wertvollen Hinweise und ihre Unterstützung bei der Aufarbeitung der rechtlichen Rahmenbedingungen.

46 | Die Haut wird über der Lücke wieder zusammengenäht und deckt das Gehirn so ab. Der Knochen wird erst später wieder eingesetzt.

der einsetzen wollen. Doch im Krankenhaus konnten die bei der Operation entnommenen Schädelknochen nicht mehr gefunden werden, so dass Naime Faridzadeh Schädelknochen eines Affen eingesetzt werden.[47] Die Mutter berichtet: »[pers.] Und dann hatten sie nicht so richtig aufgesetzt. Sie haben es künstlich gemacht« (9, 77 M). Die Folge ist, dass die beiden Gesichtshälften ihrer Tochter nicht mehr symmetrisch sind.[48]

Die Mutter ist verzweifelt und schaltet aufgrund dieser Vorkommnisse die Presse ein, ihr Bruder kommt ins Krankenhaus und dreht über die dortigen Gegebenheiten einen Film. Dass sie dies rückblickend als Fehler betrachtet, scheint mit der schlechten Betreuung und Pflege zusammen zu hängen, die die Tochter daraufhin im Krankenhaus erfahren hat. So muss die Mutter, während ihre Tochter im Koma liegt, jeden Tag ins Krankenhaus kommen, um selbst die Pflege zu übernehmen.

»[pers.] Wenn ich einen Tag nicht ins Krankenhaus gegangen bin ... einen Tag bin ich hingegangen, da wäre meine Tochter fast erstickt. Ein weiteres Mal bin ich hingegangen, der Schlauch war aus der Nase rausgefallen. Und Infusion zum Essen aus dem Mund. Einmal ging ich und habe festgestellt, dass ihre Watte auseinandergefallen ist und ihr Körper ganz wund ist. Ihr Körper war Monate vollkommen wund. Keiner kümmerte sich drum und ich war jeden Tag im Krankenhaus« (9, 79 M).

Die rechtliche Betreuung liegt zu dieser Zeit noch beim Vater, die ihm übertragen wurde, weil bei ihm zuvor auch das Sorgerecht der Töchter lag. Leila Faridzadehs damals 15-jähriger Sohn Parviz lebt bei ihr. Leila Faridzadeh beschreibt diese Zeit im Krankenhaus nicht nur aufgrund der Situation der Tochter als sehr belastend für sie:

»[pers.] Die Ärzte sprachen nur mit ihnen [Vater und seiner Freundin], als sie reinkamen, und ich saß da, als ob ich die Dienerin wäre. Keiner nahm mich ernst. Ich ging einige Monate hin und als ich mit den Professoren sprach, stellte ich fest, dass sie mit meinen Töchtern auch nicht so umgehen wie mit mir. Heißt das, weil ich ihre Sprache nicht konnte? [unverständlich] Aber ich sagte mir, das ist doch mein Kind. Deswegen lehnte ich mich auf« (9, 94 M).

Leila Faridzadeh findet sich in der Rolle einer Bediensteten wieder. Sie hat zu dieser Zeit keine Arbeit und ist beim Sozialamt als hilfebedürftig abgemeldet, um ihre Chancen auf eine unbefristete Aufenthaltsgenehmigung zu erhöhen.

47 | Weil diese Gegebenheiten so unvorstellbar schienen, wurde die Beratungsstelle zu den Abläufen im Krankenhaus befragt. Diese bestätigte die Vorkommnisse.

48 | Ob rechtliche Schritte gegen das Krankenhaus eingeleitet worden sind, ist unklar, erscheint aber unwahrscheinlich, weil Leila Faridzadeh nicht darüber spricht.

Ihre Zeit verbringt sie von morgens bis abends im Krankenhaus. Die Auftritte des sehr wohlhabenden Vaters von Naime Faridzadeh im Krankenhaus, der dort regelmäßig mit seiner Freundin erscheint, empfindet sie als Affront. Er führt die Gespräche mit dem medizinischen Personal, während sie sich um die Tochter kümmert, mit ihrer Pflege befasst ist und keine Möglichkeit hat, sich an den Gesprächen über ihre Tochter zu beteiligen. Sie wird weder als die sich aufopfernde Mutter von ihrer Tochter Naime erkannt, die ein Mitspracherecht und das Recht hat, Informationen zu erhalten, noch als (Ex-)Frau anerkannt, die Kompetenzen, eine Meinung und Wünsche beizutragen hat. Sowohl der Ex-Mann als auch die Ärzt*innen im Krankenhaus ignorieren Leila Faridzadeh. Zunächst vermutet sie hinter diesem Verhalten geschlechtshierarchische Einstellungsmuster, stellt dann aber fest, dass das Krankenhauspersonal mit ihren beiden Töchtern sehr wohl angemessen umgeht. Sie kommt zu dem Schluss, dass es sich bei ihrem Verhalten um eine besondere Form des rassistisch-diskriminierenden Ausschlusses aufgrund von mangelhaften Deutschkenntnissen[49] handeln muss. Sie erkennt, dass sie als Migrantin wahrgenommen wird, die aber aufgrund der lingualen Machtstrukturen einen anderen Status innehat als ihr Ex-Mann oder ihre Töchter. Dazu kommt, dass – wie sie an späterer Stelle mehrfach betont – ihre Töchter und ihr Ex-Mann über einen hohen sozio-ökonomischen Status verfügen. Die Verwobenheit der Heterogenitätsdimension Sprache – in Form von wenig ausgefeilten Deutschkenntnissen – und des niedrigen sozio-ökonomischen Status führt im Kontakt mit Ärzt*innen zu einer Asymmetrie, einem Nicht-Wahrgenommen-Werden und einer Ausgrenzung. Das Ergebnis dieser mehrdimensionalen Benachteiligung ist die Auflehnung Leila Faridzadehs gegen die herrschende Situation und die hegemonialen Strukturen. Dabei verlässt sie sich nicht auf ihre eigene Kraft. Sie benötigt Unterstützung und begibt sich in der ethnischen Community auf die Suche.

Ihr Frauenarzt, ein Mann iranischer Herkunft, bei dem zwar keine fachliche Nähe zu den Naime Faridzadeh behandelnden Ärzt*innen besteht, kommt ihr als ihr Vertrauter und als ethnisch wie sprachlich »Verwandter« zur Hilfe. Er vermittelt zwischen dem behandelndem Arzt und Leila Faridzadeh mit dem Ergebnis, dass der Arzt ab diesem Zeitpunkt »[pers.] etwas genauer« (9, 113 M) im Umgang mit Naime Faridzadeh ist.

---

49 | An späterer Stelle berichtet sie, dass ihre Schwester aus den USA gekommen sei, um mit den Ärzt*innen zu sprechen – dies tat sie auf Englisch. Dass sie im Krankenhaus nicht wahrgenommen wurde, muss also nicht generell mit fehlenden Deutschkenntnissen im Zusammenhang stehen, sondern eventuell auch mit Kommunikationsmöglichkeiten im Allgemeinen und einem sicheren Auftreten, das auch mit einem höheren sozioökonomischen Status verbunden ist.

Die Beschreibung der mangelhaften ärztlichen und pflegerischen Versorgung nimmt in der Erzählung von Leila Faridzadeh einen großen Raum ein. Sie berichtet ausführlich darüber, dass grundlegende Anliegen der Tochter (sie wenden, sie korrekt betten, baden, Essen zuführen, Toilettengang) von den Pfleger*innen nicht erfüllt werden. Besonders der Darstellung der hygienischen Zustände schenkt sie große Aufmerksamkeit. Dabei vermischen sich die Gegebenheiten in Krankenhaus und Reha, zwei Stationen, die sie mit ihrer Tochter intensiv durchlebt hat. Sie kann die Räumlichkeiten kaum mehr auseinander halten, springt zwischen den Zeiten hin und her. Die Erlebnisse im Krankenhaus und in der Reha, die Angst um die Tochter, das Nicht-Wahrgenommen-Werden von Ex-Mann und Krankenhauspersonal haben die Mutter traumatisiert. Insgesamt zwei Jahre haben Tochter und Mutter im Krankenhaus und in der Reha verbracht.

Sämtliche Bemühungen der Mutter drehten sich während der Reha darum, ihrer Tochter Unabhängigkeit von einem Rollstuhl zu ermöglichen. Doch kurz vor Naime Faridzadehs Entlassung hat die Mutter einen Zusammenbruch. Während dieser Zeit ist die Mutter kaum noch bei ihrer Tochter. Sie nimmt »[pers.] täglich drei bis vier Tabletten gegen Depressionen« (9, 136 M) ein. Konnte sie nach dem Unfall zunächst keine Trauer zeigen, ändert sich plötzlich die Situation: »[pers.] Ich weinte vor den Therapeuten und Psychologen. Ich konnte nicht mehr, ich wusste gar nicht, was mit mir passiert« (10, 138 M). Diese Reaktion hat zur Folge, dass sie plötzlich nicht mehr funktioniert. Sie kann »die Dinge« nicht länger »koordinieren« und an ihrem Ziel für ihre Tochter weiterarbeiten. Für die Mutter ist es ein Schock, dass ihre Tochter die Reha schließlich im Rollstuhl verlässt, was sie mit ihrer persönlichen Handlungsunfähigkeit in Verbindung bringt:

»[pers.] Ich dachte nicht, dass sie so rauskommen würde. Als ich dann ihren Rollstuhl sah, war ich schockiert. Wieso denn ein Rollstuhl? Ich wusste gar nicht, was passiert ist« (9, 131 M).

Naime Faridzadeh wohnt zunächst bei ihrem Vater, der immer noch die rechtliche Betreuung innehat.

Die rechtliche Betreuung: Der Kampf um Anerkennung

Leila Faridzadeh schickt Darya Amiri, eine Mitarbeiterin der sie unterstützenden Beratungsstelle für Migrantinnen, zum Haus des Vaters, um die für eine barrierefreie Wohnung notwendigen Installationen durchzuführen. Darya Amiri, so die Mutter, findet Naime Faridzadeh im Keller vor. Der Vater und seine Frau haben ihr dort ein Zimmer ohne Fenster eingerichtet. Als Naime Faridzadeh ihre Mutter um Hilfe ruft, während der Vater nicht zu Hause ist, fährt Leila Faridzadeh zu ihrer Tochter und trifft dort auf einen Lebensstil, der sich eklatant von ihrem eigenen unterscheidet. Leila Faridzadeh beschreibt das Haus als ausgesprochen pompös ausgestattet (Marmor, Aufzug, 400 qm großes Haus mit 16 Zimmern auf drei Etagen) kontrastierend zu ihrer eigenen Situation: »[pers.] Meine Situation war schlecht. Ich, ein Kind und Sozialhilfeempfängerin, musste ich in einer solchen kleinen Wohnung leben« (9, 163 M). Naime Faridzadeh aber hat im Haus des Vaters keine Unterstützung. Das Pflegegeld, das der Vater erhält, so vermutet die Mutter im Nachhinein, ist für andere Dinge eingesetzt worden (9, 181 M). Nachdem Leila Faridzadeh ihre Tochter in dieser Situation vorgefunden hat, fährt sie jeden Morgen heimlich zum Haus des Vaters, um sich um sie zu kümmern.

Gleichzeitig beginnt die Mutter, um die rechtliche Betreuung zu kämpfen. Die Situation ihrer Tochter setzt der Mutter zu. Der Sorge um ihr Wohlergehen verleiht sie mit Hilfe einer im persischen Sprachgebrauch üblichen Übertreibung Nachdruck:

»[pers.] Deshalb habe ich mir gedacht, ich töte meine Tochter und mich auch. Das ist nicht möglich, dass ich meine Tochter nochmal zu ihrem Vater schicke, weil meine Tochter nicht will« (9, 182 M).

Später berichtet sie:

»[pers.] Es ging ihr schlecht ... er hatte sie attackiert ... Das habe ich nicht selbst gehört, aber ihr Arzt hat geschrieben, dass der Vater sie bedroht hat. Und es wurde ihr schlecht [unverständlich]« (9, 356 M).

Naime Faridzadeh habe bereits vor ihrem Unfall Probleme mit dem Vater gehabt. So erzählt die Mutter von Plänen, ihre Tochter in die USA zu schicken, damit diese von ihrem Vater wegkommt. Unklar bleibt, was zwischen Naime und ihrem Vater vorgefallen war: »Ich weiß, was mit ihr gemacht wurde. Ich habe sie in die USA geschickt. Sie wäre gegangen, damals bevor der Unfall passiert ist« (9, 269 M).

Der Vater, so Leila Faridzadeh, kämpfe nur um die Betreuung der Tochter, um das Vermögen von Naime Faridzadeh als ihr rechtlicher Betreuer verwalten und so für sich beanspruchen zu können. So hat er direkt zu Beginn den ersten Abschlag der Unterhaltszahlungen in Höhe von 50 000 DM eingestrichen.

»[pers.] Es geht um Geld. Ich habe nie gehört, dass er sagt: ›Ich liebe sie.‹ Ich habe gesagt: ›Ich liebe sie.‹ Ich liebe sie, und es ist möglich, dass ich sie umbringe. Sie kann das Geld dem Vater geben. Aber ich lasse sie nicht zum Haus gehen, weil die Frau des Vaters gesagt hat, sie müsse in den Keller gehen« (9, 442 M).

Sie selbst habe lange Zeit gar nicht gewusst, dass mit der Übernahme der rechtlichen Betreuung Zahlungen, bei denen es sich um Schmerzensgeld und die Unterhaltszahlungen (bzw. Rente)[50] handelt, verbunden sind und keine Ahnung von etwaigen Leistungen gehabt. Auch heute noch, dies wird im Gespräch sehr deutlich, kennt sie sich wenig aus. So ist es nicht möglich gewesen herauszufinden, wie sich das Vermögen von Naime Faridzadeh zusammensetzt und wer die Zahlungen unternommen hat. Auf eine Nachfrage entgegnet ihre Mutter: »[dt.] Egal, weiß ich nicht« (9, 1009 M)[51]. Durch ihre Ahnungslosigkeit sind Leila und natürlich auch Naime Faridzadeh dem Mann und Vater hilflos ausgeliefert.

Erst als sie ein Bekannter auf mögliche Schmerzensgeldzahlungen aufmerksam macht und dieser dem Richter Leila Faridzadehs Ahnungslosigkeit kundtut, kommt der Streit um die Betreuung in Bewegung. Der Vater hatte nämlich zuvor behauptet, dass die Mutter sich nur um ihre Tochter kümmere, weil sie das große Geld wittere. Schließlich unterschreiben die Belegschaft des Krankenhauses und der Reha-Einrichtung einen Brief, in dem sie sich für die rechtliche Betreuung der Mutter stark machen. Sie sei es gewesen, die es geschafft habe, dass die Tochter wieder aus dem Koma erwacht sei. Diese Aktionen werden vor allem von der Leila Faridzadeh begleitenden Beratungsstelle initiiert. Sie sind es auch, die den Anwalt für die gerichtliche Auseinandersetzung über die rechtliche Betreuung stellen. Auch die Tochter wird befragt: Naime Faridzadeh schreibt »Mama« auf einen Zettel, was schließlich als Entscheidung für die Mutter gedeutet wird, der man schlussendlich die rechtliche Betreuung der Tochter überträgt. Dies wird vor allem mit den Bemühungen Leila Faridzadehs um Naime während des Krankenhaus- und des Reha-Aufenthaltes begründet. Leila Faridzadeh beschreibt mit Stolz, dass der Richter ihr die Betreuung übertragen und ihre Bemühungen wertgeschätzt hat. Ohne den Einsatz der Beratungsstelle und deren Bereitstellen von Informationen und Ressourcen hätte sie keine Chance gehabt, gegen den sozioökomisch privilegierten und überlegeneren Vater anzukommen.

Nach der Übertragung der rechtlichen Betreuung ergeben sich allerdings wieder neue Schwierigkeiten für Naime und Leila Faridzadeh.

50 | Nach § 823 BGB stehen dem verletzten Insassen Schadensersatz- und Schmerzensgeldansprüche gegen den Fahrer des betreffenden Fahrzeugs zu. Diese werden letztlich vom KFZ-haftpflichtversicherten Fahrzeughalter getragen.

51 | Erst spätere Recherchen ergaben, dass es sich dabei um ein Schmerzensgeld der Unfallversicherung und um eine Rente für Naime Faridzadeh handelt.

Die Krankenversicherung und der Aufenthaltsstatus: Kämpfe um eine rechtliche und soziale Absicherung

Bereits vor dem Unfall ihrer Tochter nimmt Leila Faridzadeh mit der Beratungsstelle für Migrantinnen Kontakt auf, weil sie sich um eine unbefristete Aufenthaltserlaubnis bemüht. Deren Unterstützung und die Ratschläge nimmt sie gerne an, weil sie weiß, dass sie alleine keine Chance hat. Dort rät man ihr auch, sich vom Sozialamt abzumelden: Bei einer Abhängigkeit vom Sozialamt bestünde keine Möglichkeit, eine unbefristete Aufenthaltserlaubnis zu erhalten. Um sich eine Chance einzuräumen, dauerhaft in Deutschland bleiben zu können, folgt Leila Faridzadeh dem Rat und meldet sich vom Sozialamt ab. Unklar bleibt, wie sie in dieser Zeit ihren Lebensunterhalt bestreitet. Was Leila Faridzadeh nicht weiß: Durch die Abmeldung vom Sozialamt sind sie und auch ihr Sohn nicht mehr länger krankenversichert.

Auch Naime Faridzadeh ist zum Zeitpunkt des Unfalls nicht krankenversichert. Zwar arbeitet sie im Geschäft des Vaters, allerdings ist ihre Arbeit nicht angemeldet. Zunächst werden die Krankenhaus- und Rehabilitationskosten von der Haftpflicht des Unfallverursachers übernommen bzw. das Sozialamt tritt dafür in Vorleistung. Als Naime Faridzadeh 2004 Schmerzensgeld- und Unterhaltszahlungen erhält, stellt das Sozialamt die Übernahme der Leistungen ein[52]. Die nachfolgenden Arztkosten werden nicht mehr übernommen. Die Mutter ist in dieser Zeit also gezwungen, aus den an Naime Faridzadeh gegangenen Zahlungen sämtliche aufkommenden Kosten zu begleichen. Die Therapien der Tochter werden ausgesetzt und die ärztliche Versorgung auf das Nötigste beschränkt.

»[pers.] Diese drei Jahre hatten unser Leben durcheinander gebracht, weil meine Tochter keine Therapie hatte, ich musste alles privat bezahlen. Es war wenig. Wir hatten keine Arbeit« (9, 413 M).

Die nach dem Unfall notwendigen ambulanten Rehabilitationsmaßnahmen, auch psychosoziale und pädagogische Maßnahmen, die die Tochter dabei unterstützen könnten, diverse Fähigkeiten und Funktionen wieder herzustellen, finden nicht mehr statt. Die Mutter, Naime Faridzadeh und ihr kleiner Bruder sind in einer prekären sozio-ökonomischen Situation. Die Beratungsstelle zieht mit Leila und Naime Faridzadeh vor Gericht. Anderthalb Jahre lang kämpft die Beratungsstelle vor Gericht, um zu erreichen, dass das Sozialamt wieder die Arztkosten der Tochter übernehmen möge. Als zusätzliches Druckmittel schaltet die Beratungsstelle die Presse ein. Ferner findet Leila Faridzadeh keine Krankenversicherung, die Naime mit einer Querschnittslähmung aufnimmt.

52 | Das gezahlte Schmerzensgeld hat vermutlich nicht zum Leistungsausschluss geführt, wohl aber ein für den Ersatz zukünftiger Schäden gezahlter Betrag.

Die Maßnahmen, die Leila Faridzadeh getroffen hat, um eine unbefristete Aufenthaltsgenehmigung zu erhalten, haben wiederum folgenschwere Auswirkungen auf andere Bereiche, wie ihren Krankenversicherungsstatus. Sie selbst und ihr Sohn haben nur die Möglichkeit wieder krankenversichert zu werden, würde die Mutter eine Arbeit aufnehmen. Hinzu kommt, dass sich bei den Bemühungen um eine unbefristete Aufenthaltsgenehmigung auch herausstellt, dass eine Abmeldung vom Sozialamt nicht ausreichend ist. Ohne Arbeitsstelle hat Leila Faridzadeh keine Chance, dauerhaft in Deutschland bleiben zu können. Sie muss also eine Arbeit finden:

»[pers.] Ich konnte nicht mal auf Toilette gehen. Eine Arbeit finden? Meine Tochter ist 100 % behindert. Ich konnte nicht mal den Abfall nach unten bringen. Damals musste ich alle ihre Sachen machen. Muss eine Arbeit finden« (9, 403 M).

Neben ihrem Wunsch, ihre Tochter zu fördern und zu stützen, ihrer Verantwortung als rechtliche Betreuerin nachzukommen, sich um die Versicherung zu bemühen, aufgekommene Kosten zu decken, das Geld zu verwalten und gerichtlich gegen die Entscheidung des Sozialamtes vorzugehen, lastet auf Leila Faridzadeh also der eigene schwierige rechtliche Status, die Sorge, nicht dauerhaft in Deutschland bleiben zu können und sich und ihren Sohn nicht krankenversichert zu wissen. In dieser zunächst ausweglos erscheinenden Situation greift Leila Faridzadeh wieder auf die ethnische Community zurück und übernimmt über den Kontakt eines Freundes einen Job als Putzhilfe.

»[pers.] Ich bin irgendwo weit weg hingegangen, weit weg, da hatte ich einen iranischen Freund und er hatte ein Hotel, und habe gesagt, gib mir Arbeit. Putzen. [dt.] Die Zimmer sauber machen. Einfach so was machen. Meine Hände und Füße. [pers.] Das Geld brauchte ich nicht damals. Sie haben mich versichert« (9, 406 M).

Doch Naime und Parviz Faridzadeh haben unter der Abwesenheit ihrer Mutter zu leiden. Die bezahlt diverse Personen, die zu Hause nach dem Rechten sehen. Unter diesen Voraussetzungen ist die Familie stark belastet. So schildert die Mutter:

»[pers.] Ich weiß nicht, wie konnten die gedacht haben, dass ich arbeiten gehe. Dass ich arbeiten kann. Aber ich habe geschrieben, ich musste monatlich bezahlen, um versichert zu bleiben. Aber über jemand anderes. Die haben gedacht, ich gehe putzen« (9, 420 M).

Als sie merkt, dass die Situation ihrer Tochter Naime, dem Sohn Parviz und auch ihr, die selbst wegen Depressionen behandelt werden muss, nicht gut tut, findet sie gemeinsam mit ihrem Arbeitsgeber eine Lösung, indem sie jemand anderen unter ihrem Namen arbeiten lässt. »[dt.] So viel Fehler haben wir gemacht. Ich war allein. Mein Kind sind auch klein. Ich war allein« (9, 1024 M).

Ihrer Pflicht als rechtliche Betreuerin, die die Vertretung der Tochter gegenüber der Krankenkasse beinhaltet, kann Leila Faridzadeh kaum nachkommen, hat sie doch selbst keine Kenntnisse über Versorgungsstrukturen, geschweige denn über das komplizierte Sozial- bzw. Krankenversicherungsrecht. Zudem ist sie selbst psychisch erkrankt. Sie fühlt sich allein gelassen mit der ihr übertragenen Verantwortung. Zwar hat sie durch die Beratungsstelle Unterstützung, aber auch diese verfügt nach eigenen Angaben und aus heutiger Sicht kaum über die rechtlichen Kenntnisse, die sich aus dem Kontext von Migration und Behinderung ergeben und die für die besondere Situation von Naime und Leila Faridzadeh notwendig gewesen wären. Unter schwierigen Bedingungen können sie aber nach anderthalb Jahren erwirken, dass das Sozialamt die Leistungen für Naime – auch rückwirkend – wieder übernimmt, weil erkannt wird, dass die Entschädigungszahlung, die damals an Naime Faridzadeh gingen, keinen Versorgungscharakter haben und nicht zur Deckung des Lebensunterhalts dienen. Allerdings hat Leila Faridzadeh nur wenige der Belege der bisher geleisteten Zahlungen aufbewahrt, so dass kaum etwas zurück erstattet werden kann. Zum Zeitpunkt des Interviews, 13 Jahre nach Naime Faridzadehs Unfall, sind die Gelder der Tochter, insgesamt 600 000 DM, fast komplett aufgebraucht. 2006, mit der Einführung einer Krankenversicherungspflicht (auch »Bürgerversicherung« genannt, SGB 5 §5, Abs. 1 Nr. 13), werden in der Familie schließlich alle wieder versichert und Leila Faridzadeh erhält eine unbefristete Aufenthaltsgenehmigung. Heute bemüht sich Leila darum, eingebürgert zu werden, besucht dafür Integrationskurse. Bei sämtlichen dieser Bemühungen steht ihr die Beratungsstelle zur Seite.

Diese Ereignisse stehen im Kontrast zu Leila Faridzadehs Streben, autonom zu bleiben und sich von niemandem kommandieren lassen zu wollen. Ein autonomes Leben habe sie in Iran leben können, in Deutschland jedoch habe sie lernen müssen, zu bitten. Es sei ihr sehr schwer gefallen, aber hier sei sie abhängig von Anderen (9, 799 M):

»[dt.] Jetzt im Sozialamt hab ich gelernt. Darf ich? Ne, darf ich rein, habe ich noch nie gesagt. Das war Analphabet. Ich was anderes gelernt durch Fernsehen: ›Lassen Sie mich bitte rein kommen?‹ So schöne Worte habe ich immer gelernt in Sozialamt gehen und dann ... Darf ich, darf ich? Diese Frage war sehr schwer für mich« (9, 814 M).

Die Kontrollen, gesetzliche Regelungen und Vorgaben staatlicher Stellen greifen massiv in ihr Leben ein und sie merkt, dass sie keine Chance hat, wenn sie sich nicht damit arrangiert: »[dt.] Es ist Gesetze, dass ich das. Ja ok, für mich ist das. Ja, ich hab's auch gelernt [lacht] Man muss sich integrieren« (9, 833 M).

Die Beziehung von Mutter und Tochter: Das Scheitern des Kampfes um den Herrschaftsanspruch

Wie bereits angedeutet, sind das medizinische Personal, die Pflegekräfte, der Richter im Betreuungsstreit und die Beratungsstelle der Meinung, dass es der Zuwendung und Pflege der Mutter zu verdanken ist, dass ihre Tochter wieder aus dem Koma aufgewacht ist. Mit Stolz und Freude erzählt Leila Faridzadeh von der Anerkennung, die sie dafür erhalten hat. Dass sie sich rückhaltlos um ihre Tochter kümmert, weiß auch Naime Faridzadeh. Sie gibt im Streit um die rechtliche Betreuung zu verstehen, dass sie bei ihrer Mutter leben möchte. Obwohl ihr Umfeld Leila Faridzadeh davon abrät, zieht Naime Faridzadeh nach Übertragung der rechtlichen Betreuung in die Wohnung der Mutter ein.

»[pers.] Alle haben gesagt: ›Hast du gedacht, dass du das so gut machen würdest? In den ersten Jahren war es gut. Ich habe an eine Pflege gedacht. Nur ich arbeite [mit Naime]. Mein Ziel war, ihr Laufen beizubringen. Ich habe Motomed [Bewegungstrainer] nach Hause gebracht, 24 Stunden habe ich da hinter gestanden [unverständlich] ... Jeden Morgen habe ich ihr Makeup aufgetragen« (9, 452 M).

Zunächst klappt das Zusammenleben. Die Mutter richtet ihr komplettes Leben auf die Tochter aus. Heute sagt sie, sie habe ihren damals ca. 16jährigen Sohn für ihre Tochter geopfert. Sie arbeitet mit ihr daran, wieder laufen zu lernen. Von medizinischen Fachleuten erhält sie für ihre Leistungen Bestätigung, sie mache ihre Sache gut. Aber mit den prekären strukturellen Bedingungen wird auch das Zusammenleben schwieriger. Wie sie an zahlreichen Belegerzählungen verdeutlicht, steht sie den staatlichen Stellen kritisch gegenüber, von denen sie auf keine Unterstützung hoffen kann (9, 734 M), sondern im Gegenteil damit rechnen muss, dass sie ihr Steine in den Weg legen. Den Alltag zu stemmen wird mit den oben genannten sozialen und rechtlichen Belastungen zunehmend unmöglich, zumal Leila Faridzadeh keinen Beistand von außen erhält – außer von den Frauen der Migrant*innenorganisation. Sie versucht Therapien, die ihre Tochter aufgrund ihrer zeitweise schlechten Versicherungssituation nicht mehr in Anspruch nehmen kann, zu ersetzen und wird zu ihrer Therapeutin. Aber es gibt Konflikte, weil Naime Faridzadeh kaum mehr motiviert ist und sich hängen lässt. Die Mutter, die sich selbst als die »Kommandantin« (9, 793 M) beschreibt, wird zum »Soldaten« (9, 719 M) ihrer Tochter. Naime Faridzadeh wünscht sich, jeden Tag geschminkt und frisiert zu werden, dass die Mutter jeden Tag mit ihr spazieren geht. Die Mutter hingegen möchte, dass sie weiter an sich arbeitet. Nach den vier Selbstmordversuchen der Tochter lebt Leila mit der Angst, dass sie sich erneut etwas antun könnte, sie könne ihre Tochter nicht mehr alleine lassen. Sie beginnt, ihre Tochter zu bestechen, wenn sie sie besänftigen oder etwas von ihr haben möchte, und sie wie ein Kind zu behandeln (9, 648 M). Naime Faridzadeh erkennt nach

Angaben der Mutter, dass sie ihre Mutter mit der Androhung von Selbstmord erpressen kann. So kommt es schließlich zu einer Machtverschiebung im Zusammenleben von Mutter und Tochter:

»[pers.] Danach kommandierte sie mich immer. Und sie beleidigt mich sehr stark und so etwas machte sie nur mit mir. Und alle sagen, sie spürt keine Konsequenzen. Aber ich kann das jetzt nicht. Die Ärzte sagen auch: ›Du bist eine nette Mutter, aber du bist keine gute Erzieherin.‹ Weil ich sie verstehe und ich weiß, wo sie steht. Ich sage dann allen: ›Sitz nur einen Moment in ihrem Rollstuhl, um zu verstehen, wo sie steht‹« (9, 328 M).

Die Bestätigung, die sie von anderen erhält, wird ihr von ihrer Tochter Naime verweigert – schlimmer: Die Mutter spricht von Beleidigungen, Schlägen, sie werde von ihr angespuckt (z. B. 9, 570 oder 613 M). Sie habe Angst vor ihr (9, 639 M). Vor allem leidet Leila Faridzadeh unter dem Schlafmangel. Naime ließe sie nachts nicht schlafen, trotz Schlaftabletten komme sie nicht zur Ruhe.

Auch nachdem sich die rechtliche Situation wieder entschärft und alle eine Krankenversicherung erhalten, entspannen sich das Zusammenleben und die Atmosphäre nicht mehr. Ihr Leben war »durcheinander« geraten (9, 414 M). Leila Faridzadeh entscheidet schließlich, dass ein Zusammenleben nicht mehr länger möglich ist und kümmert sich um eine andere Wohnmöglichkeit für ihre Tochter.

Die Institutionen der Behindertenhilfe: Der Kampf um Teilhabe und Förderung der Tochter

Da Naime Faridzadeh nicht alleine leben kann und der Mutter keine weiteren Wohnmöglichkeiten bekannt sind, muss sie in ein Wohnheim für behinderte Menschen ziehen. Die Mutter bezahlt von den diversen Zahlungen, die für die Tochter geleistet wurden (Pflegeversicherung, Schmerzensgeld, Rente), monatlich 2530 € zusätzlich an das Behindertenwohnheim. Naime Faridzadeh leidet in dem Wohnheim. Sie wirft der Mutter vor, ihr Geld für dieses Heim auszugeben, statt ihr davon eine Wohnung zu kaufen. Doch die Mutter sieht für sie keine andere Möglichkeit: »[dt.] Allein kann sie nicht, wenn es mit mir ist, wir sind zwei in Gefahr. Sie fordert mich viel. Sehr viel. Ich muss wie eine Soldat sein, neben mein Tochter« (9, 717 M).

Leila Faridzadeh deutet in ihren Erzählungen eine innere Zerrissenheit an. Hat sie doch das Bedürfnis, den Wunsch der Tochter zu erfüllen und wieder mit ihr zusammen zu leben. Sie weiß, dass Naime Faridzadeh niemanden außer ihr hat. Doch schon die Besuchstage der Tochter, die alle sechs Tage stattfinden, setzen der Mutter zu:

»[pers.] Ich konnte nicht auf Toilette hier. Wir haben eine Toilette hier. Wenn sie mich atmen hört, ruft sie mich. Sie hat es sich angewöhnt. Ich hasse das. Vielleicht sagen

Sie [Interviewer], sie ist krank. Man ist schockiert, aber ich hasse das Wort ›Mama‹. Als sie im Krankenhaus war, habe ich mir gesagt, wenn sie ›Hallo‹ sagen kann, dann lasse ich sie rauchen. Sie raucht gerne. Das war mein Wunsch, dass sie ›Mama‹ sagt. Als sie gelernt hatte »Ma« zu sagen[...] Als sie endlich ›Mama‹ gesagt hat, war ich sehr glücklich« (9, 477 M).

Im Krankenhaus hat sich Leila Faridzadeh noch gewünscht, dass ihre Tochter irgendwann wieder wird »Mama« sagen können, heute erträgt sie es kaum noch, von ihrer Tochter gerufen zu werden. Naime Faridzadeh glaubt, es hinge mit ihrer Behinderung zusammen und die Mutter schäme sich für sie. Leila hingegen beschreibt ihr Zuwider Sein gegenüber der Faulheit und der fehlenden Eigenständigkeit Naimes und des Gefühls, ihr permanent dienen zu müssen. Sie kann nicht mehr sie selbst sein und ihren eigenen Bedürfnissen nachgehen, wie Sport treiben, ins Kino und die Disko gehen oder Gedichte schreiben. Diese Äußerungen werden im Interview von Weinen begleitet und wühlen die Mutter emotional auf. Ihr Verhalten der Tochter gegenüber und ihre Gedanken verursachen bei ihr Schuldgefühle.

Zudem befindet sich Leila Faridzadeh in einer Zwickmühle:

»[pers.] Ich sage jetzt, dass ich gesund bin und ich habe Sie [Interviewerinnen] akzeptiert, weil Sie Iranerin sind, weil sie [Naime] mich sehr beleidigt. Aber es ist schon viel besser geworden. Weil, meine Tochter beleidigt mich viel und nervt mich manchmal und manchmal bin ich sehr genervt« (9, 296 M).

Gibt sie ihre eigene psychische Erkrankung zu und ergreift Maßnahmen, um sich behandeln zu lassen, fürchtet sie wiederum um die rechtliche Betreuung ihrer Tochter. Eine ihrer anderen Töchter rät ihr, sich von Naime frei zu machen und ihr eine Betreuerin zu finanzieren, die sich um sie im Wohnheim kümmert. Leila Faridzadeh entgegnet: »Aber ich bin ihre Mutter und nicht ihre Beamtin« (9, 460 M).

Mit dem Einzug ins Wohnheim für behinderte Menschen ist Naime Faridzadeh in einem Parallelsystem angekommen. Dem Wohnheim ist eine Werkstatt für behinderte Menschen angegliedert, in der sie jeden Tag arbeitet. Weder in der Werkstatt, noch in dem Heim fühlt sie sich wohl. Ihre Mutter erkennt, dass Naime das Leben in dem Behindertenwohnheim zusetzt:

»[dt.] Ich erkenne meine Tochter nicht wieder. Das Heim hat sie kaputt gemacht. So sehr, dass ich versucht habe, sie aus diesem Mäuseloch rauszuholen, im Ernst, ich weiß nicht, wo ich sie hinbringen soll, was ich machen soll. Und meine Tochter hofft immer, dass ich sie mit nach Hause nehme, weil wir viel Geld für das Haus bezahlen« (9, 587 M).

Die Vorwürfe, die sie den Mitarbeitenden von Werkstatt und Wohnheim macht, ähneln denen gegenüber Krankenhaus und Reha-Einrichtung. Wieder ist es schmutzig, ein »Mäuseloch« mit einem schlechten Personalschlüssel (9, 589 M), in dem die pädagogischen und Pflegekräfte der Einrichtung keine Zeit haben, sich zu kümmern (9, 555 M). Es fehle an einem Freizeitprogramm für ihre Tochter (9, 597 M), vor allem aber an einer adäquaten Förderung und an dem Zutrauen in ihre Fähigkeiten. In der Werkstatt werde zugelassen, dass sich die Tochter in ihrer Bequemlichkeit ausruhe und sich selbst keine Ziele stecke. Diese Situation könne sie nicht akzeptieren. Naime benötige eine Aufsicht und Kontrolle, nur so könne sie Fortschritte machen. Wie genau sie sich eine Kontrolle vorstellt, erläutert sie nicht. Stattdessen kritisiert sie die erzieherischen Maßnahmen, die gegenüber ihrer Tochter angewendet werden. Wenn sie sich schlecht benimmt, Schimpfwörter sagt, werde sie im Heim damit bestraft, nicht nach draußen gehen zu dürfen (9, 616 M).

Der Gedanke, dass Naime wieder bei ihrer Mutter einziehen könnte, ist für Leila Faridzadeh völlig abwegig, auch wenn sie deswegen Schuldgefühle plagen. Stattdessen ist sie weiterhin auf der Suche nach einem geeigneteren Ort, an dem ihre Tochter arbeiten und lernen kann. Die Mutter hospitiert mit ihr in diversen Einrichtungen. Doch in den Einrichtungen, die kein spezielles Angebot für behinderte Menschen anbieten, wird ihr zu verstehen gegeben, dass Naime aufgrund ihrer fehlenden »Intelligenz« (9, 532 M) ungeeignet sei. Die Angebote für behinderte Menschen wiederum erträgt Naime Faridzadeh nicht (9, 549 M). So sieht sich die Mutter gezwungen, jeden Tag in das Wohnheim zu fahren und wenigstens die von ihr ausgemachten Mängel in der Pflege und Förderung zu kompensieren mit dem gleichzeitigen Versuch, der Tochter das Leben dort so angenehm wie möglich zu machen. All das macht Leila Faridzadeh, obwohl die Beziehung zwischen Mutter und Tochter von Aggressionen sowie verbalen und körperlichen Übergriffen geprägt ist. »[pers.] Aber ich halte das aus, weil ich weiß, dass sie krank ist« (9, 614 M).

Die Behinderung Naime Faridzadehs: Bodyismen und Normalisierungspraktiken als kompensatorische Strategie

Naime Faridzadeh meidet den Kontakt zu den anderen Bewohner*innen des Heimes und ist einsam. Die Mutter weiß, dass es für Naime schwer ist, im Wohnheim Anschluss zu finden: Zum einen wird sie wegen ihrer Unselbstständigkeit von den Mitbewohner*innen nicht akzeptiert, zum anderen ist sie dort die Jüngste ohne Kontakt zu Gleichaltrigen. Leila Faridzadeh glaubt zudem, Naime lehne die Anderen ab, weil sie ihre eigene Behinderung nicht akzeptiere.

Es liegt nahe, »dass eine Person, die von Geburt an eine körperliche Einschränkung aufweist, sich selbst anders erfährt, als jemand, der aufgrund eines Unfalls [...] von einem Tag auf den anderen ›körperbehindert‹ wird. Infolge der biographischen Diskontinuitätserfahrungen bei erworbenen dauerhaften körperlichen Beeinträchtigungen zwingt dieses leib-körperliche Schlüsselerlebnis vor dem Hintergrund der vorgängigen Differenzerfahrung des ›Nicht-behindert-Seins‹ zu einem veränderten Körperumgang«, konstatieren Gugutzer und Schneider (2007, 46). Aus der Erzählung der Mutter geht hervor, dass Naime Faridzadeh heute depressiv ist, sie hat mehrere Selbstmordversuche hinter sich (9, 60 M). So veranschaulicht sie: »Sie [Naime] hat mir gesagt: ›Mama ich sitze hier, aber ich bin tot. [weint] Ich sitze hier, aber ich bin tot‹« (9, 249 M). Leila Faridzadeh berichtet von Naimes Selbstzuschreibungen und -positionierungen als Körperbehinderte und ihrer Abgrenzung von denjenigen, die kognitiv bzw. psychisch beeinträchtigt sind:

»[pers.] Ihre Situation wurde besser, aber sie hat immer noch gesagt: ›Ich bringe mich um. Ich kann keinen Freund haben.‹ Aber der Charakter ist doch wichtig, meiner Meinung nach. Aber mit behinderten Leuten macht man keine Gesellschaft. Sie braucht gesunde Leute. Egal, ob Mann oder Frau, der oder die soll gesund sein. Und sie sagt immer, alle sind psychisch behindert, nur ich bin [dt.] körperlich behindert. [pers.] Die Leute sagen aber, Du bist auch [dt.] gei ...[pers.] psychisch behindert. Und es geht Dir nicht gut. Sie hasst [dt.] Behinderte. [pers.] Ich sage immer: ›Guck Dich im Spiegel an!‹ Sie wird traurig oder böse. Ich musste ihr das sagen. Das Wort [dt.] ›Behinderte‹. [unverständlich] [pers.] Ich ging aus der Wohngruppe [Heim] und habe nur geweint« (9, 285 M).

So versucht Leila Faridzadeh, ihrer Tochter vor Augen zu führen, dass sie sich durch den Unfall verändert hat. Dafür bedient sie sich der Kategorisierung ihrer Tochter als »Behinderte«. Weil Naime Faridzadeh die kognitive Abweichung von der Norm verborgen bleibt[53], wird von ihrer Mutter die sichtbare Beeinträchtigung als Argumentationshilfe hinzugezogen: »Guck dich im Spiegel an!«, fordert Leila ihre Tochter auf. Naime Faridzadeh soll über ihre körperliche Abweichung durch ihr Spiegelbild und die Betrachtung ihres deformierten Köpers ihre Behinderung begreifen, um sich in der Folge mit einer Gruppe von Behinderten zu identifizieren, zugehörig zu fühlen und eine Akzeptanz ihrer Wohn- und der allgemeinen Lebenssituation zu erreichen – auch, damit Leila Faridzadeh von dem schlechten Gewissen befreit wird, das sie verspürt, weil ihre Tochter in einem Behinderten-Wohnheim leben muss.

Doch Naime Faridzadeh will sie sich nicht einer Gruppe von kognitiv und psychisch beeinträchtigten Menschen zuordnen lassen[54]. Gleichzeitig weiß die

53 | Dies mag auch damit zusammenhängen, dass Veränderungen nach einer Schädel-Hirn-Verletzung der Eigen-Wahrnehmung für plötzlich durch Unfall Geschädigte für immer oder zumindest teilweise unzugänglich bleiben (vgl. Faust, o. J.).

54 | Vgl. dazu auch Studien von Sorge (2010) und Wendeler/Godde (1989), die in Interviews mit Menschen mit so genannter geistiger Behinderung über den Begriff der

Tochter sehr wohl um ihre Abweichungen vom Normkörper. Leila Faridzadeh beschreibt ausführlich die diversen Unternehmungen der Tochter, um wieder zum Normkörper zurückzukehren, und ihre eigene Unterstützung, die sie dafür leistet. Die schwerwiegenden Fehler, die im Krankenhaus gemacht wurden, die Implantation von Affen-Schädelknochen setzen der Tochter zu:

»[pers.] Sie versuchte immer, sich deswegen umzubringen. Sie will immer Makeup haben. Jeden Morgen musste man ihr vier Stunden lang Makeup auftragen, 50 Stunden lang die Haare wegmachen« (9, 277 M).

Das Gefühl, Teile eines Affen in sich zu tragen, begleitet sie ständig. Sie ist versucht, dieses Gefühl durch kosmetische Behandlungen abzuschütteln: Haarentfernung, frisieren und schminken nehmen einen großen Teil der Pflege Naime Faridzadehs ein. Dies stellt die Mutter sowohl zeitlich, als auch finanziell vor große Herausforderungen, sind doch die Pflege- und kosmetischen Produkte keine Leistungen, die durch die Sozialhilfeträger im Rahmen von Rehabilitationsmaßnahmen abgedeckt werden:

»[pers.] [...] und die ARGE bezahlt das nicht und ich muss dafür jedes Mal 300 € bezahlen. [...] Wie lange kann man es so aushalten? Sie musste um 4 oder 5 Uhr morgens aufstehen und sich noch mal fertig machen, um nach unten zu kommen« (9, 280 M).

Leila Faridzadeh selbst beschreibt an vielen Stellen den defizitären Körper ihrer Tochter. Dabei ist auffallend, dass sie weniger kognitive als motorische Beeinträchtigungen sowie Körperlichkeiten und Veränderungen des Gesichts ihrer Tochter durch die Operationen beschreibt. Wie sehr sie damit die Bestrebungen der Tochter beeinflusst, ihren Normkörper »wieder herzustellen«, kann nicht geklärt werden. Es lässt sich aber vermuten, dass Naime Faridzadeh die Einstellung der Mutter zu ihrem Körper kaum verborgen bleibt. Auch im Interview stellt Leila Faridzadeh den behinderten Körper ihrer Tochter her und nimmt dabei Bezug zu ihrem verloren gegangenen Körper:

»[pers.] Sie war sehr groß, hatte und hat noch grüne Augen, und sie war sehr hochnäsig. Alle Jungs sind ihr hinterher gelaufen« (244 M) [...] jetzt ist ihr Gesicht viel kaputter.

---

geistigen Behinderung sprechen. Kaum ein Gesprächspartner/eine Gesprächspartnerin der Untersuchungen würde sich selbst als geistig behindert bezeichnen. Ihnen ist klar, dass sie mit dieser Bezeichnung an »Achtung und Wertschätzung« verlieren (Sorge 2010, 57). Zudem verbinden die Gesprächspartner*innen der Studien, die selbst eine diagnostizierte geistige Behinderung haben, mit dem Begriff die Vorstellung, es »fehlte an grundlegenden Fähigkeiten« (Wendeler/Godde 1989, 314). Dies werde zumindest von außen an sie heran getragen.

Sie ist sehr alt geworden. Sie ist innerlich sehr kaputt. [...] Sie war dick geworden und wer [unverständlich] hat, ist natürlich schwer [...] Ihre Haare haben auch Probleme bekommen. Ich habe selber für 13 Sitzungen Therapie bezahlt. Sie wollte sich nochmal umbringen. Sie hat gesagt: [dt.] ›Mein Name ist Affe und nicht Naime.‹ Ich habe Wachs gekauft, damals als sie im Krankenhaus war, und benutzt (9, 250 M).

Ihre beiden Gesichtshälften seien »schief« (diese Beschreibung lässt sie allerdings den Vater wiedergeben, als sie von seinen Einschüchterungsversuchen und Kränkungen berichtet, 9, 260 M). Sie stimmt mit ihrer Tochter überein, dass es vor allem schwer ist, weil Naime ihre Schönheit verloren hat. Es ist also nicht nur die Tochter, die sich darum bemüht, die alte Schönheit zurückzugewinnen. Die beiden Seiten, einerseits der Wunsch der Mutter, Naime möge ihre Behinderung akzeptieren und sich als Behinderte verstehen, andererseits die Bestrebungen, Naime zu »verschönern«, stehen unaufgelöst nebeneinander.

Bodyismen spielen in dem Interview eine zentrale Rolle. Die »Leiberfahrungen sind zugleich auch Selbsterfahrungen, die für die Entwicklung und Aufrechterhaltung einer personalen Identität von (unterschiedlicher) Bedeutung sind« (Gugutzer/Schneider 2007, 45). Im Fall von Mutter und Tochter ist der Körper verstärkt Teil ihrer Identitätskonstruktion, die im Zusammenhang mit einem Iranisch-Sein strukturiert wird:

»[dt.] Eine so schöne Frau. Iraner sind hübsch. Alle sagen, Gott sei Dank. Ich habe es überall gehört. Ich habe gesagt, ein kurdisch-irakische Frau hat mich vorgestern duschen in Sport, war dick, aber hübsch. Dann hab ich gesagt, hab einmal gedacht hochnäsig. Da habe ich gefragt: ›Bist du Iraner?‹ Da sie: ›Wieso hast du das?‹ Da hab ich gesagt: ›Du siehst wie eine Iraner.‹ Da hat gesagt: ›Danke! Diese Kompliment hat mich gefreut.‹ Dann wurde ich hochnäsig« (9, 863 M).

Die Bezugsgröße der Mutter für den Normkörper ist die imaginierte Schönheit iranischer Frauen. Erlebt sie als Frau mit Migrationshintergrund Positionierte hauptsächlich Abwertungen und Ausgrenzungen, hat sie aber auch etwas vorzuweisen: eine Schönheit, die »alle« erkennen und die sie hochnäsig werden lässt. Weitere Belegerzählungen bestätigen auch, dass sich Leila Faridzadeh von anderen Migrant*innengruppen abgrenzen möchte, z. B.

»[dt.] Ich hab's immer zum Beispiel. Gebügelte, sauber zum Sozialamt. Wir sind in eine fremde Land. Wir müssen zeigen, dass wir nicht hinter eine Berge gekommen. Sauber gehen, das hat wirklich nicht mit schick zu tun« (9, 1032 M).

Groß geworden, »neben, wo die Kultur ist« (Tachte Djamshid in Shiraz, Persepolis), fährt sie nach Iran, um sich die historischen Stätten erneut zu besuchen:

»[dt.] Und dann an diese Tag, ich war sehr hochnäsig hier gekommen, da habe ich gesagt: ›Europa gibt es nicht damals.‹ Da habe ich gesagt: ›Ich bin stolz.‹ (9, 897 M). Mit einer romantischen Verklärung Irans, die sich auch an anderen Stellen des Interviews finden lässt (9, 929 oder 912 M), entsteht hier eine Form von »imaginary homeland« (vgl. Kaya 2001). Sie weiß um die eurozentristischen Denkweisen, die vor allem Menschen aus islamischen Herkunftsländern die Zivilisation absprechen. Die Diskurse um Migration in Deutschland kennend (vor allem, weil sie selbst zahlreiche Diskriminierungserfahrungen gemacht hat), hält sie sich mit Hilfe einer kulturellen Überhöhung an ihrer Herkunft fest, die sie für etwas Besonderes hält. Vor diesem Hintergrund können die Bestrebungen ihrer Tochter und der Mutter, die der Wiederherstellung des Normkörpers dienen, auch als Strategien zur Wiederherstellung ihres Kapitals gedeutet werden. »Der Körper fungiert als Zeichenträger, der für die Zuschreibung sozialer und personaler Identitäten genutzt wird«. Es sind zugleich kompensatorische Handlungen, die versucht sind den Körper, als den »absolute[n] Ort, aus dem es kein Entrinnen gibt« (Gugutzer/Schneider 2007, 31) zu normieren.

Der Familienkreis und das soziale Netzwerk: Der unerfüllte Wunsch nach Nähe und Unterstützung

Wie Leila Faridzadeh an einigen Stellen im Interview erklärt, ist auch sie einsam (9, 1025 M). Innerhalb der Familie erntet sie kein Verständnis für ihre aufopfernde Haltung gegenüber Naime und mit der Unterstützung ihrer beiden Töchter Nilufer und Nadjie kann sie nicht rechnen. Sie bestrafe ihre Tochter Nilufer, »[dt.] wenn es nicht reagiert mit meine Behinderte« (9, 876 M). Es fällt auf, dass die Unfallverursacherin Nilufer nur ausgesprochen selten im Interview erwähnt wird, geschweige denn, dass von einer Schuld der Tochter gesprochen wird. Es erscheint wie eine Marginalie, dass Nilufer dem LKW die Vorfahrt genommen hat. An einigen Stellen im Interview deutet sie eine schwierige Beziehung zu ihren Kindern an, ihre Kinder und ihr Schwiegersohn nähmen die Mutter nicht ernst und lachten über sie (9, 976 M), gleichzeitig seien es aber die Kinder, die sie am Leben festhalten ließen (9, 877 M). Eine Erklärung für deren niederträchtiges Verhalten ihr und auch Naime gegenüber findet sie bei ihrem Ex-Mann: »[pers.] Die Kinder waren alle auf den Vater fixiert. Und auch jetzt noch hat der Vater die Autorität bei den Kindern« (9, 254 M).

Die einzigen Menschen, mit denen sie das Zusammensein genieße, seien ihre Enkelkinder: »[dt.] Und diese Tag ist für mich ok. Weil ich bin ich nicht bei Naime« (9, 784 M). In dieser Zeit müsse sie nicht mit oder über ihre Tochter und über Probleme sprechen, komme so dazu, abzuschalten. Enge Freundschaften pflegt Leila Faridzadeh nicht. Entweder ginge es in den Gesprächen mit Freundinnen immer um Naime, oder aber ihre Freundinnen hätten selbst

»alle [...] Behinderte zu Hause« (9, 786 M), über die sie sprechen wollen, oder andere Probleme, weil sie mit Männern zusammen sind, von denen sie sich kommandieren ließen. Es erscheint ihr so abwegig, dass die Frauen mit diesen Männern zusammenzuleben wollen, dass sie sich als Motiv der Frauen nur aufenthaltsrechtliche Gründe erklären kann (9, 788 M). Sie übernimmt damit Stereotype, die versuchen zu deuten, was hinter diversen Partnerschaften von Migrantinnen mit »deutschen Männern« in Deutschland steckt. Gleichzeitig weist sie darauf hin, von ihren Freundinnen enttäuscht zu sein. Als sie verreisen möchte, bittet sie ihre Freundinnen darum, sich um ihre Tochter zu kümmern, als diese ablehnen, sind sie für Leila Faridzadeh »tabu und gestorben. Auf der Stelle« (9, 875 M). Weil sie mit deren Unterstützung nicht rechnen kann, sie hingegen aber sehr viel für die Freundschaften tut, fühlt sie sich ausgenutzt.

Sie selbst habe sich nie von irgendjemandem kommandieren lassen. Das sei auch der Grund, warum sie keine Beziehung führe:

»[dt.] Kommandant war [immer] ich. Jetzt jemand mich kommandiert? Das ist das meine Schwäche. Deswegen, ich kann keine Mann bekommen, bis heute. Keine Mann mit mir durchhält, weil der keine Mann kann mich kommandieren. [unverständlich] Von Anfang bis heute. Ich mag nicht« (9, 793 M).

Sie kritisiert das Dominanzverhalten potentieller Partner und unterstellt den ihr bekannten Frauen Teil patriarchalischer Familienformen zu sein. Ihre eigenen Erfahrungen mit den Vätern ihrer Kinder lassen Leila Faridzadeh sich als Einzelgängerin positionieren, die keine Bestrebungen mehr hat, eine Partnerschaft einzugehen. Im Gegenteil: Eine Partnerschaft wird von ihr offensiv abgelehnt. Männer und Väter spielen bei der Unterstützung von Naime Faridzadeh, ihrem jüngeren Sohn oder als Ernährer keine Rolle. Sie übernimmt zwar ein traditionelles Mutterbild, in dem sie sich als Mutter hauptverantwortlich betrachtet, vertritt aber auch ein Frauenbild, das sie als emanzipiert und unabhängig von Männern deutet.

Doch das von Leila Faridzadeh gezeichnete Bild über ihre Beziehungen zu Freund*innen und über den Stellenwert von Partnerschaften ist widersprüchlich und brüchig. Denn Leila Faridzadeh spricht auch davon, wie einsam sie als alleinerziehende Mutter und als Frau ist: »Allein, ich steh ganz allein, sag ich ihnen Bescheid« (9, 734 M). Zwar gibt sie an, keine Freundschaften pflegen zu wollen, weil ihr die Probleme anderer auf die Nerven gehen, betont mehrfach ihre Unabhängigkeit, andererseits klagt sie, dass das soziale Umfeld ihr die Unterstützung verwehrt. Diese sich einander ausschließenden Beschreibungen deuten auf Enttäuschungen hin, die sie erlebt hat. Es scheint, als rede sie sich zu ihrem eigenen Schutz ein, Freundschaften und eine Partnerschaft nicht zu wollen. Diese Vorstellungen verleihen ihr Kraft, wenn sie merkt, dass ihr diese Form von Beziehungen nicht zur Verfügung stehen bzw. verwehrt bleiben. Aber sie findet sich nicht damit ab, sondern geht auf die Suche nach Ersatz: In Müttercafés, Malkursen oder Sportvereinen sucht sie den Austausch und die Nähe zu anderen Frauen und versucht, durch institutionalisierte Kontakte die ihr fehlenden Freundschaften zu kompensieren.

Leila Faridzadeh ist nicht nur einsam, sie ist auch auf Hilfe angewiesen. Sie weiß um ihre Schwierigkeiten im Deutschen und beim Zurechtfinden in den Sozialstrukturen. Weil sie nicht auf den Rat ihrer Nächsten hoffen kann und ihr innerhalb der Familie niemand beisteht, sondern ihre nächsten Verwandten stattdessen sogar gegen sie agieren, sucht sie sich innerhalb eines professionellen Netzwerkes, das aber ausschließlich aus Personen iranischer Herkunft besteht, Unterstützung – sei es der Frauenarzt, der zwischen Krankenhauspersonal und ihr vermittelt, oder die persischsprachigen Mitarbeiterinnen der Beratungsstelle, die Leila Faridzadeh seit Jahren begleiten.

Leila Faridzadeh: Die Inszenierung einer Persönlichkeit hinter dem Schicksalsschlag

Leila Faridzadeh ist im Interview darum bemüht, über ihre Persönlichkeit hinter dem Schicksalsschlag zu sprechen. Den Einstieg in das Gespräch wählt sie selbstständig und setzt so die Rahmung für das Interview.

»[dt.] Brisant [Fernsehsendung] hat das gezeigt. WDR war sehr sauer und traurig wegen dieser Sache. Wollte uns nur helfen, aber ich habe selber nicht geguckt. Sagten, ah wir waren Fernsehen, ah. Frau M. war auch einmal hier, die haben gefilmt, dann sie haben uns rausgebracht. Hin und her« (9, 4 M).

Mit diesem Einstieg macht sie darauf aufmerksam, dass sie eine wichtige und öffentlichkeitswirksame Geschichte zu erzählen hat. Zwar hat sie sich selbst bei der TV-Berichterstattung zurückgenommen, sich die Sendung noch nicht einmal angesehen. Mit dem Hinweis, dass Andere über ihr Leben berichten und sich zu Anwalt*innen von Mutter und Tochter machen, verschafft sie sich aber die Legitimation, über ihre Geschichte erzählen zu können und verdeutlicht sie die Dramatik, die dahinter steckt. Schließlich haben sich Andere durch diese veranlasst gefühlt, sie anwaltschaftlich vertreten zu müssen.

Sie spricht am Anfang besonders über die Bedeutung der Behinderung für sie selbst und unternimmt den Versuch, sich selbst, die Person hinter dem Schicksalsschlag, sichtbar zu machen: eine Frau, die auch existiert hat, bevor der Unfall ihrer Tochter geschehen ist, die Gedichte geschrieben hat und ein Gedichtband publizieren wollte.

Der außergewöhnlichen Situation, in der sie sich heute befindet, verleiht sie Nachdruck, indem sie verstärkt Übertreibungen[55] anwendet: »24 Stunden bin ich immer wach« (9, 10 M). Sie schlafe wenig. Gut täten ihr künstlerische Tätigkeiten, die einer »Therapie« gleich kämen. So hält das Schicksal auch eine Chance für sie bereit: Erst nach dem Unfall ihrer Töchter habe sie neue Talente wie das Zeichnen entdeckt. Mit Freude berichtet sie, dass zudem ein Komponist ihre Geschichten entdeckt und mit ihr zusammenarbeiten möchte. Der Zuspruch fängt sie auf und liefert eine Ressource, um eine Widerstandsfähigkeit aufzubauen. Allerdings gibt sie später an, sich hinter ihren Gedichten zu verstecken (9, 736 M). Zudem bleibe für die Weiterentwicklung und Förderung ihrer Fähigkeiten wenig Zeit. Ihr Leben drehe sich nur noch um ihre Tochter, selbst in ihren Therapiesitzungen komme die Therapeutin immer wieder auf das Leben ihrer Tochter zurück, während das Sprechen über ihre eigenen Bedürfnisse kaum einen Raum erhalte. Es mache sie »aggressiv« (9, 33 M), dass nur noch ihre Tochter Naime im Mittelpunkt des Interesses stünde. An anderer Stelle gibt sie an, sich mittlerweile daran gewöhnt zu haben, nicht gehört zu werden:

»[pers.] Meine Schwester ist aus den USA gekommen und hatte mit den Ärzten auf Englisch gesprochen. Ich sagte nichts. Ich habe nur das gemacht. Kein Wort haben sie von mir gehört. Ich rede viel. So viel, dass ich selber Kopfschmerzen bekomme, aber ich redete nicht. Habe mich daran gewöhnt, ich mache das jetzt so, wenn ich so bin. Das ist, als würde ich in einer Wiege liegen« (9, 306 M).

Leila Faridzadehs Erfahrungen haben ihr gezeigt: Erfolgreicher ist sie, wenn sie unbemerkt agiert, sie andere sprechen lässt und die ethnische Community Aufgaben für sie übernimmt. Aber sie kämpft weiterhin hinter den Kulissen. Ihre Ziele sind der Rückgewinn ihrer Autonomie und ein lebenswertes Leben für ihre Tochter Naime.

Zusammenfassung

Leila Faridzadeh befindet sich auch heute noch im Schwebezustand, die Familie ist bislang nicht zur Ruhe gekommen, die Behinderung der Tochter Naime ist weiterhin zentrales Thema in der Familie und im Umfeld. Die Situation ihrer Tochter ist für sie selbst nur schwer zu ertragen. Zu dieser Situation haben eine Reihe von Ausschlüssen geführt, die das Leben von Leila, Naime und auch Parviz Faridzadeh prägen.

Leila und Naime Faridzadeh sind durch die Verwobenheit unterschiedlicher Strukturkategorien in spezieller Art und Weise mit staatlichen Institutio-

55 | Wie bereits an anderen Stellen und in Kapitel 5.2.1 erwähnt, ist dies ein übliches rhetorisches Stilmittel im Persischen.

nen konfrontiert. Auf der Grundlage von gesetzlichen Regulierungen (wie die Vorgaben für die Voraussetzung des Erhalts einer Aufenthaltserlaubnis oder die Übernahme von Kosten für die medizinische Versorgung) haben staatliche Institutionen einen weitreichenden und folgenschweren Einfluss auf ihr Privatleben und das Zusammenleben in der Familie. Die gesetzlichen Regulierungen haben Auswirkungen auf den sozioökonomischen Status, die soziale Abstufung geht wiederum mit einer gesellschaftlichen Abwertung einher. Hinzu kommen die lingualen Machtstrukturen sowie der unerfüllte Wunsch nach Zugehörigkeit zu einem Staat, der ihr aufgrund ihrer iranischen Staatsangehörigkeit verwehrt bleibt – weitere Aspekte, die eine Abwertung verstärken.

Die hegemonialen Vorgaben im Kontext von Migration und Behinderung sind für die Familie nur unter harten Bedingungen realisierbar: Die rechtliche Betreuung von Naime Faridzadeh zu übernehmen, beinhaltet für Leila, mit Strukturen, Verordnungen, Fristen umgehen zu müssen, die ihr fremd sind, sprachliche Barrieren zu überwinden, zudem ihre Existenz in Deutschland zu sichern und die eigene psychische Erkrankung zu verschleiern. Die Fremdheit mit dem sie umgebenden System führt auch dazu, sich zunächst nicht dagegen wehren zu können, dass Naime Faridzadeh die Krankenversicherung bzw. die Übernahme medizinischer Kosten verwehrt bleiben. Überdies verliert sie den Kontakt zu Naime und Parviz. Die Depression der Tochter steht im Zusammenhang mit den über Jahre nicht stattfindenden Therapien und Förderungen und der Abwesenheit der Mutter, die arbeiten ging, um die unbefristete Aufenthaltserlaubnis zu erhalten. Am Ende ist ein Zusammenleben zwischen Naime und Leila Faridzadeh kaum mehr möglich. Ohne sich mit den Folgen ihres Unfalls tiefergehend auseinandergesetzt zu haben, zieht Naime Faridzadeh offenbar widerwillig in ein Wohnheim und arbeitet in einer Werkstatt für behinderte Menschen. Naime, so deutet es ihre Mutter, ist von dem Leben in den Einrichtungen der Behindertenhilfe angewidert. Leila Faridzadehs Einstellungen dazu sind ambivalent: Einerseits strebt die Mutter nach einer Normalisierung des Körpers ihrer Tochter und unterstützt sie unter großer Anstrengung bei ihren Wünschen, körperliche Makel zu kompensieren. Andererseits verlangt sie von ihr, sich einer Gruppe zugehörig zu fühlen, die aufgrund eines statistischen Merkmals bzw. durch die Kategorie Behinderung zusammen gehalten wird, um endlich selbst zur Ruhe kommen zu können und von ihrem schlechten Gewissen befreit zu werden.

Leila Faridzadeh fehlt die Unterstützung ihrer nächsten Verwandten. Diese arbeiten sogar gegen sie und ihre Tochter Naime: Denn der Vater macht seine Unterstützung vom Zugang zu Geld abhängig. Die Entwicklung von Widerstand und Widerstandsfähigkeit fördernde Faktoren, wie Freundschaften, eine Partnerschaft, ein Glaube oder therapeutische Maßnahmen sind nicht Teil des Lebens von Leila Faridzadeh. Ablenkung und Trost findet sie einzig in ihren künstlerischen Aktivitäten und bei ihren Enkelkindern. Aber sie ist auch erfolgreich: Sie weiß Unterstützer*innen zu mobilisieren und mit Stolz berichtet sie von gemeinsamen Erfolgen. Dabei greift sie einzig auf eine ihr nahestehende ethnische Community zurück, zu der zumindest ein formaler Kontakt besteht. Auch hier scheint sich also eine Re-Ethnisierung aufgrund von Ausgrenzungserfahrungen zu vollziehen: Menschen iranischer Herkunft vertraut sie (dies zeigt sich auch im Umgang mit den Interviewerinnen). Die Mitarbeiterinnen der Beratungsstelle, allesamt iranischer Herkunft, stehen ihr, so gut es geht, zur Seite.

Die Ausgrenzungserfahrungen auf struktureller Ebene – auch vor dem Unfall der Tochter –, die im Kontext eines Migrationsstatus zu verorten sind, haben zur Folge, dass sie sich besonders als Iranerin positioniert, deren Kapital ihre Schönheit ist. Für dieses Kapital erhält sie von allen Seiten Anerkennung. So versucht sie, sich insbesondere durch Äußerlichkeiten und den Hinweis auf eine kulturell geschichtsträchtige Herkunft von anderen Migrant*innen abzuheben. Diese kompensatorischen Strategien scheinen auch Auswirkungen auf Naime Faridzadeh zu haben, die vor dem Unfall immer Teil dieser Vollkommenheit war. Der Verlust ihres Kapitals wird daher als besonders schmerzlich empfunden, so dass sie diesem gemeinsam mit ausgleichenden Handlungen entgegentreten.

Bei den von Leila Faridzadeh erlebten traumatischen Erfahrungen verwundert es nicht, dass sie das Interview insbesondere dazu nutzt, um über sich zu sprechen – auch, wenn sie vorgibt, das Hauptthema sei ihre Tochter. Sie ist früh Mutter geworden, in ihrer Vorstellung vom Muttersein bleibt ihr das Frausein, auch nachdem ihre Kinder erwachsen sind, verwehrt. Den vielfältigen Anforderungen ist sie kaum gewachsen, ihre Bedürfnisse bleiben auf der Strecke und sie verschwindet hinter Naimes Schicksalsschlag.

5.4.10 Merve Akgün – Angewiesen auf Zuhörer*innen

Hintergrundinformationen

Merve Akgün lebt mit ihrem Mann und zwei ihrer vier Kinder in einfachen Verhältnissen in einem Vorort einer Großstadt. Vor 20 Jahren sind die Eltern mit den beiden älteren Kindern als Asylsuchende aus der Türkei nach Deutschland gekommen. Sie sind Kurd*innen, der Ehemann stammt ursprünglich aus dem kurdischen Gebiet in Irak. Die Eltern sprechen zu Hause türkisch miteinander, der Vater spricht zudem arabisch. Merve Akgün ist ausgebildete Englischlehrerin, hat aber nie in ihrem Beruf gearbeitet, der Vater war in der Türkei Beamter, in Deutschland arbeitet er als Gemüsehändler. Die vier Kinder sind im Alter von 11 bis 23 Jahren. Die elfjährige Nesrin wird auf einer Förderschule mit dem Förderschwerpunkt Hören beschult. Sie ist frühgeboren und hat eine diagnostizierte so genannte geistige Behinderung. Zudem hat sie eine Hörschwäche und Hämophilie (Bluterkrankheit). Sie ist allerdings – wie bei Frauen sonst meist der Fall – nicht Überträgerin, sondern selbst betroffen.

Die bisher geführten Interviews sind insbesondere mit Familien geführt worden, deren Kinder allesamt in ihren partizipativen Prozessen von starken Einschränkungen betroffen sind. Um Aussagen über einen möglichen Zusammenhang zwischen eingeschränkter Partizipation und Bedarfen der Familien im Hilfesystem treffen zu können, war ich nach dem letzten Interview gezielt auf der Suche nach einer Familie mit einem Kind, dessen Grad der Beeinträchtigung im Vergleich zu den anderen Kindern des Samples von den pädagogischen Fachkräften als geringer eingestuft wird. Eine Förderschullehrerin stellte für mich den Kontakt zu Merve Akgün her und erklärte, dass die Mutter über sehr gute Deutschkenntnisse verfüge. Eine Einschätzung, die ich im telefonischen Vorgespräch bestätigt sah. Vor Ort stellte ich dann aber fest, dass mein erster Eindruck täuschte. Zumal die Mutter eine schüchterne Frau ist, die sich im Interview selbst als zurückhaltend beschreibt. Diese Zurückhaltung in Verbindung mit der ungewohnten Interviewsituation und den Schwierigkeiten im Deutschen führten dazu, dass das Interview wenig narrative Elemente enthält und auch die Versuche, die Erzählung durch erzählgenerierende Fragen anzuschieben, mir nicht in erwünschtem Maße gelang. Als ich der Mutter meinen üblichen erzählstimulierenden Satz sagte, erwiderte sie: »Ob das schaffe jetzt?« (10, 23 M). Auch eine tiefergehende hermeneutische Analyse ist bei diesem Sprachniveau kaum möglich. Allerdings liefern die wenigen auswertbaren Aussagen interessante Erkenntnisse über den Stellenwert der Behinderung und möglicher anderer »Behinderungsfaktoren« im Kontext von Migration und Behinderung, so dass das Interview hier in der Analyse dennoch berücksichtigt wird. Das Interview ist also insbesondere als Ergänzung in Bezug auf den Faktor »Grad der Behinderung« beim Umgang mit Behinderung zu den vorangegangenen zu verstehen.

Kernthema: Der sonderpädagogische Förderbedarf als Schlüssel zur Teilhabe

Kern des vorliegenden Interviews ist Merve Akgüns Schilderung ihrer eigenen gesellschaftlichen Isolation und ihrer Sorge bezüglich der Erkrankung ihrer Tochter Nesrin an Hämophilie. Das Hilfesystem, insbesondere die Bildungseinrichtungen, werden ihr verlässliche Partner*innen. Die Strukturen benötigt sie aber weniger im Umgang mit der zugeschriebenen geistigen Behinderung der Tochter, denn im Umgang mit ihrer Erkrankung[56] und für die Reduktion ihrer eigenen Isolation.

56 | Zwar wird der Tochter durch ihre chronische Erkrankung auch eine Behinderung attestiert, diese ist aber nicht der Grund dafür, dass sie sich im Förderschulsystem bewegen muss bzw. einen sonderpädagogischen Förderbedarf erhält.

Die Diagnose und der Umgang mit der Behinderung: Erkrankung überlagert »geistige Behinderung«

Direkt zu Beginn des Interviews wird deutlich, dass aus der Perspektive der Mutter die chronische Krankheit, die Hämophilie, Nesrins kognitive Beeinträchtigungen überlagert. So reagiert die Mutter auf die Erzählaufforderung: »[dt.] [räuspert sich] Sie hat auch ein ander Behinderung. Sie ist eine Bluterkrankheit auch« (10, 25 M). In der darauffolgenden Sequenz erläutert sie, welche Behandlungsmethoden heute aufgrund der Hämophilie angewendet werden.

»[dt.] Von Anfang an nach dem Geburt, sie hatten das [Hämophilie] gefunden und sie ist jetzt immer in Behandlung einmal pro Woche, sie nimmt Infusion, damit sie ein bisschen normal wie andere Kinder, zu unterstützen« (10, 28 M).

Die Behandlung im Krankenhaus soll dazu beitragen, dass die Tochter weniger Einschränkungen in ihrem Leben aufgrund der Hämophilie erlebt.

Zwei Jahre später, so die Mutter weiter, wird bei Nesrin im Alter von 2 Jahren dann eine »Hörschädigung« sowie eine »Geistige Behinderung« diagnostiziert:

»[dt.] Und wir haben bekommen, als sie zwei Jahre schon alt, dass sie hört schlecht. Dann waren wir beim Arzt und sie haben das festgestellt. Und sie war auch in einem normalen Kindergarten und sie fanden, dass sie kann nicht umgehen mit dem Kindern, sie versteht nicht so viel, dann haben sie uns zu einem Förder- auch Kindergarten geschickt. Da hat sie ein und halben Jahr glaub ich gegangen. Diese Kindergarten ist in H-Stadtteil. Und dann im Kindergarten hat, hat haben sie mir empfohlen, dass wir in diese Schule in K-Stadt gehen müssen, dass sie weiterhelfen können. Dann hab ich sie dort angemeldet und seit dann bin ich zufrieden bis jetzt« (10, 28 M).

Als die Eltern bemerken, dass die Tochter sie nicht zu verstehen scheint, lassen sie Nesrin im Krankenhaus untersuchen. Gleichzeitig haben »sie«, die Akteur*innen des Systems, die Eltern mit Nesrin an einen heilpädagogischen Kindergarten überwiesen. Dort, so meinen die pädagogischen Fachkräfte der zuvor von Nesrin besuchten Regeleinrichtung, sei sie besser aufgehoben. Die Eltern folgen den Anweisungen nicht nur bei der Wahl des Kindergartens, sondern auch bei der weiteren Beschulung. Nesrin soll auf einer Förderschule beschult werden. Auf die Frage, was in der heilpädagogischen Einrichtung im Vergleich zur Regeleinrichtung anders war, berichtet die Mutter vor allem von Maßnahmen, die die Hämophilie betreffen:

»[dt.] Äh, machen die dort Krankengymnastik, weil sie war sie hat, so schlecht gelaufen, Treppen konnte sie nicht, beim Rennen, weil sie hat Angst von Anfang an, dass sie verletzt ist und Krankenhaus gehen und sie hasst diese Erleben, Spritze und so. Sie will das nicht mehr wieder, dann sie war von Anfang an sehr, sehr vorsichtig. Rücktritt, äh, sie haben dort geholfen, dass sie in dem Society reinzugehen mit anderen Kindern. Und sie war die hm, eigentlich die Beste von die andere Kinder. Die haben mehr Behindert als sie. Sie kümmert alle, sie versteht besser als die alle. Äh. Ich fand das eine gute Treff, dass sie dort geht« (10, 56 M).

Auch hier zeigt sich, dass es weniger die zugeschriebene, diagnostizierte geistige Behinderung ist, als die chronische Erkrankung, für die es besonderer Maßnahmen bedarf. Zwar schicken die pädagogischen Fachkräfte Nesrin aufgrund einer geistigen Behinderung in die heilpädagogische Einrichtung, »besondere Maßnahmen« werden dort aber insbesondere durchgeführt, die mit ihrer Erkrankung in einem Zusammenhang stehen: Nesrin wird durch die »Bluterkrankheit« in ihrer Partizipation »behindert«. Die Mutter sieht, dass Nesrin in der Einrichtung gut zurecht kommt. Die Tochter bekommt in der Einrichtung Entwicklungsmöglichkeiten geboten. Nesrin verstehe zwar langsam, aber sie verstehe. Dass ihre Tochter unter den Kindern »die Beste« ist, die anderen Kinder »mehr« behindert sind als Nesrin, beruhigt die Mutter (10, 67 M). In der Schule lernt Nesrin durch den Kontakt zu ihren Mitschüler*innen zwar Gebärdensprache, kommt im Alltag aber mit ihrem Hörgerät gut zurecht.

Sorge bereitet den Eltern und Geschwistern stattdessen vielmehr, dass Nesrin sich verletzen könne: »[dt.] [...] es ist schwer, muss man sehr vorsichtig wegen der Blutkrankheit« (10, 180 M). Denn als Nesrin vier Jahre alt ist, hätte sie durch eine Verletzung an der Lippe beinahe das Leben verloren. Als die Eltern mit der verletzten Nesrin die Notaufnahme aufsuchen, wird den Hinweisen der Mutter zur Erkrankung der Tochter keine Aufmerksamkeit geschenkt. Hilflos fahren die Eltern unverrichteter Dinge wieder nach Hause. In der Nacht verschlechtert sich Nesrins Zustand. Merve Akgün verständigt den Notarzt, mittlerweile schwebt Nesrin in Lebensgefahr, und Nesrin entgeht nur knapp dem Tod. Von diesem Zeitpunkt an möchte Nesrin nur noch in dem Krankenhaus behandelt werden, in dem ihre Erkrankung bekannt ist. Einmal pro Woche fährt sie in die nächste Großstadt mit dem Taxi, um dort eine notwendige Infusion zu erhalten. Die Eltern versuchen Nesrin beizubringen, sich die Infusion selbst zu setzen, aber Nesrin hat Angst davor. Nach einiger Zeit geben die Eltern auf und lassen sie wieder ins Krankenhaus fahren.

Auch in der Schule ist Nesrin ängstlich. Sie möchte nicht mit auf Klassenfahrt fahren, denn Nesrin sorgt sich, ihr könne währenddessen etwas zustoßen und müsse dann in einem ihr fremdem Krankenhaus behandelt werden. Auf die Frage am Ende des Interviews, ob es irgendwelche Phasen im Leben gab, die die Mutter als »schwierig« empfunden hat oder die besonders »gut« waren, führt Merve Akgün aus:

»[dt.] Klassenfahrt. Und sie hat Angst immer mit diese Klassenfahrt zu gehen. Jedes Mal die Schule diskutiert mit ihr. Und sie kommt nach Hause und: ›Warum verstehen die uns nicht?‹ Sie ist auch zurückhalten, aber sie hat schlechte Erfahrung mit Spritzen diese Bluterkrankheit. Und das kommt immer« (10, 530 M).

[...]

Können Sie sich vorstellen, woran das liegt, dass sie so darauf beharren also dass sie versuchen, sie zu überreden?

»[dt.] Ich weiß nicht, vielleicht denken sie, sie darf nicht. Aber sie will nicht« (10, 562 M).

Nesrin ist aufgrund ihrer schlechten Erfahrungen eingeschüchtert. Die Schule möchte Nesrin zur Teilnahme an der Klassenfahrt motivieren, die sich aber von den Einmischungen der Lehrkräfte bedrängt fühlt. Merve Akgün glaubt, dass die Lehrkräfte Nesrins Ablehnung als vorgeschoben verstehen, stattdessen meinen, Nesrin werde es verboten, auf Klassenfahrt zu fahren. Vermutlich rekurriert die Mutter an dieser Stelle auf den Diskurs zur vermeintlich weit verbreiteten Ablehnung muslimischer Eltern gegenüber Klassenfahrten, insbesondere bei einer Teilnahme durch ihre Tochter. Durch stereotype Vorannahmen bleiben die hinter der Ablehnung der Klassenfahrt steckenden Ängste Nesrins unentdeckt.

Aber nicht nur Nesrin, auch die Mutter scheint den Wunsch nach Sicherheit und nach einem »Schonraum« der Tochter zu bestärken (und wohlmöglich auch zu verstärken), wie sich in der nachfolgenden Sequenz zeigt.

Bildung: Förderschule ermöglicht ungefährliches Lernsetting

Auf die Frage, ob sich Merve Akgün vorstellen könne, dass Nesrin eine Regelschule besuche, entgegnet sie:

»[dt.] Ich finde, das ist schwer, weil sie hat gelernt, in eine kleine Gruppe zu arbeiten, sie traut sich nicht, wenn sie mit eine große Menge Leute umzugehen. Vielleicht geht das mit viel bisschen arbeiten zu diesem Punkt, aber ich finde kleine Gruppe besser für sie« (10, 145 M).

Die Begeisterung für die Förderschule scheint weniger mit Unterrichtsinhalten, als mit der Übersichtlichkeit der Schule mit weniger Schüler*innen insgesamt und den kleineren Klassen zusammenzuhängen, in der die Lehrkräfte Nesrin besser im Blick haben und auf sie achten können, damit sie sich nicht verletzt. Insgesamt (abgesehen von der oben geschilderten Situation bezüglich der Klassenfahrt) zeigt sich die Mutter zufrieden mit der Schule (10, 236 M), die sich gut um Nesrin kümmert.

Die Eltern und Nesrin schmieden zudem Zukunftspläne: Nesrin soll demnächst ein Praktikum im Krankenhaus oder in einem Kindergarten machen und später in einem der Bereiche als Erzieherin oder Krankenschwester arbeiten. Hier zeigt sich, dass Nesrin aus dem Förderschulsystem heraus durchaus Perspektiven aufgezeigt und Maßnahmen angeboten werden, um sie gesellschaftlich einzubinden.

Zugang zum Hilfesystem: Krankenhaus und ärztliche Behandlung haben Priorität

Merve Akgün nimmt im Interview fast ausschließlich Bezug auf das Krankenhaus und die medizinische Versorgung Nesrins, wenn sie über Hilfen spricht. Mit der Arbeit von Kindergarten und Förderschule ist die Mutter zufrieden und fühlt sich gut beraten, weil die pädagogischen Fachkräfte ihr grundsätzlich bei Problemen rund um die Hämophilie unterstützend zur Seite stehen. Die Beratungen zur Schullaufbahn hat der Kindergarten übernommen und sie bei der Überwindung sprachlicher Barrieren unterstützt:

»[dt.] [...] eine Mitarbeiterin war mir nach K-Stadt mit mir gegangen um diese Vorstellung, Gespräch oder Vorstellungsammlung war das. Sie war auch mit mir nach dort gegangen. Und äh, sie hat mir viel leichter gemacht, weil ich war auch nicht so gut in Deutsch. Sie hat Angst, dass etwas nicht verstehen kann. Sie erzählt mir das in leichter Sprache. Sie war ganz nette Mitarbeiterin, ja Erzieherin (10, 243 M).«

Auf die Inhalte der Beratung geht die Mutter im Interview kaum ein. Gelungen ist das Gespräch in der Schule für sie vor allem deswegen, weil sie die Ausführungen der pädagogischen Fachkräfte verstehen kann. Die Erzieherin vermittelt und übersetzt für Merve Akgün, die dankbar ist für die Unterstützung, in eine einfache Sprache. Ein Dolmetscher ist nicht eigens engagiert worden: »[dt.] Ne, ne. [lacht] Ja, eh die fanden, dass ich kann das schaffen, aber ich war auch nicht so gut, aber ich versuche. Vielleicht fanden sie, dass ich versuchen« (10, 250 M).

Weitere Hilfen erhält die Mutter nicht, scheint diese aber auch im Zusammenhang mit der Behinderung nicht zu benötigen. Wie die weiteren Ausführungen zeigen werden, nehmen im Interview insbesondere – neben der Erkrankung Nesrins – das Thema Sprache und Deutschkenntnisse einen großen Raum ein.

Erfahrungen mit Ausgrenzungen: Das Streben nach Reduktion des Ausgrenzungsmerkmales »Deutsch« und die Beharrlichkeit des Merkmals »Kopftuch«

Im Interview bitte ich Merve Akgün um Einschätzung bzw. einen Vergleich, ob mit dem Erlernen des Deutschen eine Veränderung im Kontakt mit Behörden und den die Tochter begleitenden Institutionen eingetreten sei. Die Mutter erläutert daraufhin im Vergleich zu anderen Passagen des Interviews recht ausführlich:

»[dt.] Das war so, als meine älteste Tochter hier in Deutschland war, sie war sechs Jahre alt und sie musste in eine deutsche Schule eingehen. Und wir waren mit sie. Ich war so knapp Deutsch gehabt, wir waren seit vier Jahre in Deutschland. Und ich kenne nicht so viel. Ich war mit sie in Schule, ich hab gefühlt, dass ich nicht so viel hab Respekt da. Erstens wegen mein Sprache, zweitens wegen mein Kopftuch. Ich fühlte mich Außerseite, die waren alle deutsche Kinder und deutsche Eltern. Und ich war einsam. Damals hat mein Tochter nur ein Jahr gelernt diese Schule. Wir waren damals in D-Stadt. Dann haben wir gehört, dass es hier eine arabische Schule in M-Stadtteil, diese K-Schule, gibt. Dann haben wir umgezogen nach B-Stadt, dass meine Tochter hier in diese Schule geht. Weil meine Tochter kann auch arabisch bisschen von mein Mann. Sie hat hier gelernt bis Abitur. Und dann hab ich Ruhe gehabt, weil ich musste nicht mit meine Kleinigkeiten Sprache Elternabend gehen, ich fühlte nicht einsam. Ich fühlte mich hier besser in diese arabische Schule. Dann meine älteste Tochter und meine zweite Sohn waren dort. Ganze Schuljahre bis Abitur. Dann kommt die Probleme, wegen die K-Schule. Weil, dass sie erzeugt Terroristen. Ich hab das Gefühl nicht, weil mein Kinder sind ganz normal. Äh, meine dritte Sohn war auch in türkische Schule, ähh lybische, die ist in K-Straße. Dort gibt es eine lybische. Aber damals hatte viele Probleme angefangen mit die Schule aus arabische Gründe. Sie haben Genehmigung von Schulamt nicht gegeben. Damals musste ich meine dritte Sohn von diese lybische nach eine deutsche Schule schicken. Weil die geben mir keine Genehmigung mehr. Weil die wollten mir, trotz diesen nicht eingebürgern, trotz dass sie keine Asyl gehabt hier. Dann musste er an eine deutsche Schule. Aber in diese Zeit bin ich besser geworden mit meine Deutsch. Ich fand das, als Vergleich mit meine älteste Tochter, ich viel besser geworden. Ich kann verstehen, ich kann sprechen« (10, 420 M).

Als die älteste Tochter in die Schule kommt, ist Merve Akgün gerade vier Jahre in Deutschland. Zu diesem Zeitpunkt spricht sie kaum Deutsch. Der Kontakt mit der Schule und anderen Eltern, die Teilnahme an Elternabenden fallen der zurückhaltenden Mutter schwer. Die Mutter fühlt sich isoliert unter den anderen »deutschen Eltern«, der Kontakt mit der Schule belastet sie. Als die Eltern von einer arabischen Schule hören, entscheiden sie kurzerhand, ihre Tochter und später auch den älteren Sohn dort beschulen zu lassen. Die Kinder können teilweise arabisch verstehen und obwohl die Mutter kein arabisch spricht, fühlt sie sich in der Schule nicht mehr als Außenseiterin, nun hat sie »Ruhe«. Es ist also nicht nur das Unverständnis der deutschen Sprache, das Merve Akgün ausgrenzt, es sind auch die Reaktionen, die ihre fehlenden Deutschkenntnisse und die ihr Kopftuch hervorzurufen scheinen. Diese Interpretation wird an anderer Stelle bestätigt, an der sie auf meine Frage antwortet, ob sie sich heute in ihrer Umgebung in M-Stadtteil wohl fühle. Diese Frage bezieht die Mutter ebenfalls auf ihren Status als Migrantin mit potentiellen Ausgrenzungserfahrungen. Sie erläutert:

»[dt.] Ich muss auch ehrlich sein, dass ich hab keine schlechte Kontakt mit eine deutsche Familie oder deutsche Leute. Eigentlich kann man sagen, die sind alle nett zu mir. Ich habe keine negative bekommen von die Deutsche. Gucken ja, fühlt man nicht so wohl, ja, aber so ehrlich zu sein, ne« (10, 477 M).

Auch hier positioniert sich Merve Akgün als Migrantin. Sie gibt sich zurückhaltend, möchte keine generellen Aussagen zu schlechten Erfahrungen und Herabwürdigungen machen. Sie gibt aber dennoch zu verstehen, dass sie Blicke erhält, die sie sich unbehaglich fühlen lassen. Die subtilen Ausgrenzungen, die sie erfährt, charakterisiert sie oben als antimuslimisch und auf den rassifizierten Körper bezogen.

Ihre beiden jüngeren Kinder werden heute auf einer deutschen Schule beschult, zum einen, weil Nesrin eine Förderschule besuchen muss, zum anderen, weil die Schule nach einigen Jahren aufgrund von (vermeintlichen) Beziehungen zu islamistischen Kreisen zeitweise schließen musste. Heute aber erkennt sie einen Unterschied im Umgang mit Eltern und Lehrkräften. Sie bemerke einen größeren Respekt ihr gegenüber aufgrund ihrer Deutschkenntnisse (10, 458 M). Diesen Respekt scheint ihr Ehemann nicht zu verspüren. Er traue sich nicht »alleine zu gehen« (10, 460 M), weil er kein Deutsch spreche. Er hat keine Arbeit gefunden und musste deswegen in einem Lebensmittelladen beginnen zu arbeiten, in dem nur türkischsprachige Personen arbeiten bzw. einkaufen: »[dt.] Wenn es wäre ein andere Platz Arbeit finden. Bestimmt, bestimmt er hat viel Deutsch gelernt, aber wegen diese Arbeit nur Kontakt mit türkische Leute. Ist schwer«, beschreibt die Mutter (10, 463 M). Sie habe »die Chance« (10, 452 M) gehabt, Deutsch zu lernen, weil sie »viele Papierkram« erledigen müsse, weil sie aufgrund der Behinderung Nesrins den Kontakt zum Hilfesystem pflegen muss. Gleichzeitig wünscht sie sich mehr Kontakt, möchte mehr »Konversation machen« und sich »[dt.] trauen mit anderen Leuten zu sprechen, was erzählen, unterhalten« (10, 286 M). So kann sie ihre Deutschkenntnisse nur bei wenigen Gelegenheiten zum Einsatz bringen. Den einzigen regelmäßigen Kontakt zu deutschsprachigen Personen habe sie durch die Taxifahrerin, die Nesrin einmal pro Woche ins Krankenhaus fährt: »[dt.] Sie ist Deutsche und sie ist ganz nett. Ja, ich versuche mein Deutsch einmal pro Woche zu, ja, mehr zu machen. Mit diesen Kontakt, ja« (10, 290 M).

Das soziale Netzwerk: Die Kernfamilie hält zueinander

Merve Akgün gibt an, keine weitere Familie in Deutschland zu haben als die Kernfamilie, wobei die älteste Tochter mittlerweile im europäischen Ausland lebt. Die Familie stehe aber zusammen. Das sei bei der Schwere der Erkrankung Nesrins auch geboten: »[dt.] Wir haben alle zusammen als Familie das geschafft« (10, 179 M). Genauere Angaben zu ihrer Migration und den Gründen liegen mit dem Interview nicht vor, allerdings erwähnt die Mutter, dass die Familie aufgrund ihres Asylantrages in Deutschland keine Reisen in die Türkei unternehmen kann. Somit stehen Ressourcen des transnationalen sozialen Raumes nicht zur Verfügung und Besuche potentieller Verwandtschaft in der Türkei sind nicht möglich. Wie die Ausführungen oben bereits gezeigt haben, pflegt die Familien auch in Deutschland wenig Kontakte. Wieder gibt die Mutter an, sich durch ihre Schüchternheit kaum zu trauen, von sich aus eine Unterhaltung zu beginnen – auch nicht in einer türkischsprachigen Umgebung. »[dt.] Ja, ist auch ein Punkt gegen mich« (10, 311 M), gesteht sie selbstkritisch ein.

Zusammenfassung

In ihrer (kurzen) Erzählung berichtet Merve Akgün insbesondere von der »Bluterkrankheit« der Tochter, der schweren Zeit nach der Diagnose, der Sorge der gesamten Familie, dass Nesrin etwas zustoßen könnte. Zudem spricht die Mutter über ihre Ausgrenzungserfahrungen und die Isolation, die sie in den Bildungseinrichtungen ihrer älteren Kinder aufgrund ihrer Religiosität und ihrer Deutschkenntnisse erlebt hat. Sie konnte sich dort kaum einbringen, pflegte keine Kontakte zu Lehrkräften und Eltern. Doch die Organisation rund um die Angelegenheiten der Kinder lastet auf ihr, ihr Ehemann, der in Deutschland eine soziale Abstufung erlebt, wagt den Kontakt auch aufgrund seiner geringen Deutschkenntnisse noch weniger.

Als Nesrin eine Behinderung diagnostiziert wird, scheinen die Mutter und die Familie plötzlich nicht mehr allein mit der Sorge um die erkrankte Tochter. Das umfassende Programm des heilpädagogischen Kindergartens bzw. der Förderschule tun der Mutter gut. Sie wird nun zu wichtigen Terminen begleitet, von Seiten der Fachkräfte wird darauf geachtet, dass Merve Akgün in einer für sie verständlichen Weise informiert wird. Die Mutter bemerkt, dass der Grad der Behinderung Nesrin in partizipativen Prozessen nicht in außergewöhnlich großem Maße einschränkt, dass sie sich in Kindergarten und Schule einbringen kann und weiterentwickelt. Besondere therapeutische Maßnahmen, die in einem Zusammenhang mit der Diagnose einer so genannten geistigen Behinderung stehen, sind nicht notwendig. Als notwendig erachtet die Mutter stattdessen, dass die Fachkräfte Nesrin im Blick haben, auf die Tochter aufpassen, dass sie nicht stürzt oder sich verletzt. Die übersichtliche Förderschule mit einem im Vergleich zu Regelschulen besseren Personalschlüssel bietet ihr dafür eine gute Umgebung.

In diesem Interview zeigt sich, dass die Mutter die diagnostizierte Behinderung ihrer Tochter kaum anspricht. Sie hat im Umgang mit der Tochter und den Bildungsinstitutionen keinen großen Stellenwert, stattdessen steht die Erkrankung Nesrins klar im Vordergrund. Es scheint fast, als käme der sonderpädagogische Förderbedarf für die Mutter nicht ungelegen. Hat sie vorher auf der Ebene der Sozialstrukturen als Migrantin, die ihre Religion offen nach außen trägt, Ausgrenzungserfahrungen gemacht, die sie verunsichert und eingeschüchtert haben, kann sie plötzlich mit Bildungseinrichtungen rechnen, die sie einbeziehen. Sie weiß um Nesrins Abhängigkeit und Fixiertheit darauf, dass ihre Umgebung um die Erkrankung weiß und Maßnahmen im Falle eines Falles ergreift. Die Sonderstrukturen für behinderte Menschen im Bildungssystem, die ausgeprägte Elternarbeit und das pädagogische Handeln nach systemischem Ansatz (vgl. Seifert 2010) schaffen es, die Isolation der Mutter zu reduzieren und gleichzeitig der Tochter einen Schonraum zu geben, in dem die Mutter ihre Tochter sicher weiß. Diesen Schonraum gilt es nicht aufzubrechen. Sorge davor, dass die Schule hier eingreift, um die Angst der Tochter abzubauen und sie ein stückweit mehr in das Schulleben zu integrieren, scheint die Mutter keine haben zu müssen. So hat die Schule – wie sich am Beispiel »Klassenfahrt« zeigt – die hinter der Schonraumtaktik stehende Motivation noch nicht aufgedeckt. Die Mutter, die selbst antimuslimische Rassismuserfahrungen gemacht hat, vermutet, dass die Lehrkräfte stattdessen auf einen dominanten Diskurs zurückgreifen und stereotype Vorstellungen zum Umgang mit Mädchen in muslimischen Familien hinter den Verhaltensweisen von Mutter und Tochter deuten.

5.4.11 Exkurs: Nermin Atamans Appell – Zu den Aufgaben des Staates

Hintergrundinformationen

Der mir bei der Suche nach Interviews behilfliche Arzt hat viele seiner Patient*innen angesprochen, sie gefragt, ob Interesse an der Teilnahme an einem Interview bestünde und meine mehrsprachigen Elternbriefe verteilt. Unter den angesprochenen Eltern befand sich auch Nermin Ataman. Obwohl laut des Elternbriefs »Eltern von einem Kind, das auf einer Förderschule beschult wird« gesucht wurden, meldete sich Nermin Ataman mit dem Wunsch, an einem Interview teilzunehmen. Erst vor Ort wurde dann deutlich, dass die Familie streng genommen nicht in das Sample passt, weil ihre Tochter keine diagnostizierte so genannte geistige Behinderung hat bzw. nicht auf einer Förderschule beschult wird. Wir führten das Interview dennoch durch. In der empirischen Erhebung wird es als Exkurs markiert und auch dahingehend zu analysieren sein, warum die Mutter sich für eine Teilnahme gemeldet hat.

Das Interview wurde größtenteils auf Türkisch geführt. Zwischendurch wechselt Nermin Ataman ins Deutsche. Sie verfügt über Deutschkenntnisse auf einem sehr einfachen Niveau.

Die Eltern Nermin und Ümit Ataman leben seit 20 Jahren in Deutschland. Sie haben drei Kinder. Ihre beiden 17 und 12 Jahre alten Töchter besuchen das

Gymnasium, ihre dritte Tochter Dilek ist gerade acht Monate alt. Vor einigen Jahren ist ihre Tochter Sevda verstorben. Sie ist nicht älter als achteinhalb Monate geworden. Bei ihr wurde die unheilbare Krankheit Spinale Muskelatrophie (SMA) Typ 1 diagnostiziert. Es handelt sich dabei um eine sehr selten auftretende neuromuskuläre Erkrankung[57], deren Krankheitsverlauf bei Typ 1 in den ersten beiden Lebensjahren zum Tod führt. Nach dem Tod der Tochter beschließen die Eltern, keine weiteren Kinder mehr zu bekommen, doch dann kam das »Überraschungskind« (11, 33 M) Dilek zur Welt.

Ümit Ataman arbeitet als Verkäufer in einem Gemüsehandel, mit einigen Unterbrechungen arbeitete Nermin Ataman als Reinigungskraft. Mit der Geburt Dileks hat sie die Arbeit aufgegeben. Heute kümmert sich um den Haushalt und die drei Töchter. Vor fünf Monaten wurde auch bei Dilek SMA Typ 1 diagnostiziert.

Kernthema: Die Aufgabenteilung von Mensch und Gott als Enthinderungsstrategie

Nermin Ataman spricht über ihre Einsamkeit und Trauer und berichtet von ihrer Verzweiflung und Ohnmacht, die sie verspürt, weil das System dem Überleben ihrer Tochter keine Chance gibt. Sie appelliert an die Pflicht zur Verantwortungsübernahme des Menschen und des Staates, nämlich Unterstützungen im Hinblick auf medizinische Forschung und die direkte Bereitstellung von lebensunterstützender Ausstattung für behinderte bzw. chronisch erkrankte Menschen bereit zu stellen. Diese Verpflichtung begründet sie mit der Vorstellung einer von Gott auferlegten Pflicht der Verantwortungsübernahme und bringt damit eine für die hier vorliegende Arbeit neue Perspektive über die Verantwortlichkeit des Menschen und die Rolle Gottes ein, die die bisher dargestellten Ansichten der Eltern ergänzt.

Die erste Diagnose: Ärztliche Untersuchungen und die fehlende Anerkennung mütterlicher Beobachtungen

Als ihre dritte Tochter Sevda geboren wird, verläuft zunächst alles unauffällig: »[dt.] […] ist einfach normal geboren, alles perfekt, alles gut gehen« (11, 7 M). Im zweiten Monat bemerkt die Mutter an ihrer Tochter allerdings Veränderungen: Sie wird schwächer und »schlapp«. Als sie mit diesen Beobachtungen zum Kinderarzt geht, beruhigt dieser Nermin Ataman: Das Kind sei zu dick, daher die Lethargie. »[dt.] Dann ich zu Hause kommen, aber mein Herz tut weh, das ist nicht in Ordnung« (11, 13 M). Der Arzt kann ihr die Sorge nicht nehmen, sie ahnt, dass etwas nicht stimmt, und geht erneut zu ihm. Sie bittet ihn darum, weitere Untersuchungen im Universitätsklinikum durchführen zu lassen. Er

57 | Weitere Informationen zur Krankheit SMA liefert die Deutsche Muskelstiftung (vgl. Deutsche Muskelstiftung o. J.).

willigt schließlich ein. Nermin Ataman, die nur über sehr geringe Kenntnisse im Deutschen verfügt, zeigt sich beharrlich im Umgang mit den Ärzt*innen und stellt ihre mütterlichen Empfindungen und Beobachtungen über deren fachliche Meinung. Sevda bleibt zwei Monate lang im Krankenhaus, bis den Eltern am Ende die Diagnose SMA, Typ 1 mit der Nachricht übermittelt wird, dass das Kind höchstens neun Monate leben wird. Als Sevda achteinhalb Monate ist, stirbt sie. Nermin Ataman ist mit ihrer Tochter zum Zeitpunkt ihres Todes alleine.

Die Trauer: Die Kernfamilie als verlässliche Größe

An mehreren Stellen im Interview beschreibt Nermin Ataman eindrücklich die familiäre Situation nach dem Tode Sevdas und ihre verzweifelte Lage: Für Nermin Ataman ist es »einfach sehr schwierig« (11, 138 M). Für die gesamte Familie sei es »eine schwierige Angelegenheit« (11, 127 M), den Tod zu verkraften, auch für die Kinder »war es sehr schwierig«. Sie versuchen darüber hinweg zu kommen, doch es sei »sehr schwer, sehr schwer.« Nermin Ataman beschreibt sich in dieser Zeit als »außer Fassung«, sie weint monatelang.

»[türk.] Die ersten beiden Jahre nach dem Tod meines Kindes ging es mir sehr schlecht. Also es war schrecklich, ich kann es nicht beschreiben. Danach bin ich für zehn Tage in die Türkei gefahren, mit der Hoffnung, dass es mir besser gehen würde, aber als ich zurück war, ging es mir noch schlechter, weil ich das Grab meines Kindes besucht hatte« (11, 27 M).

Nermin Atamans Eltern kommen nach dem Tod der Enkeltochter nach Deutschland zu Besuch, müssen bald aber wieder nach Hause, weil beide in Deutschland erkranken. Statt ihrer Tochter Nermin eine Stütze sein zu können, verschlimmert sich ihre eigene und damit auch die Situation von Nermin Ataman, die fortan obendrein die Sorge um ihre Eltern belastet.

Nachdem sich ihre Situation in Deutschland nicht bessert und sie im Trauerprozess keine Veränderung feststellt, reist Nermin Ataman nach zwei Jahren in die Türkei in der Hoffnung, dort einen Umgang mit dem Tod ihres Kindes zu finden. Sie sehnt sich nach dem Beistand ihrer Familie, muss aber feststellen, dass ihre Eltern ihr auch nicht helfen können (11, 29 M). Der Aufenthalt dort bringt nicht die erhoffte Bewältigung. Im Gegenteil: Der Anblick des Grabes der in der Türkei bestatteten Sevda setzt Nermin Ataman noch mehr zu.

Wieder nach Deutschland zurückgekehrt, beginnt die Mutter, sich verstärkt um ihre beiden Töchter zu kümmern, bekräftigt aber, Sevda »als Familie nie vergessen« (11, 34 M) zu haben. Sie würden immer noch weinen, aber sie haben auch begonnen wieder gemeinsam zu lachen. Bereits hier wie an weiteren Stellen im Interview betont sie den starken Zusammenhalt der Kernfamilie im Trauerprozess.

Die zweite Diagnose und das Krankheitsbild: Von anfänglichen mütterlichen Beobachtungen zur Expertin

Überraschend und ungeplant (nach dem Tode Sevdas auch ungewollt) kommt Dilek zur Welt. Verängstigt beobachtet die Mutter ihre Tochter Dilek, in Sorge, auch sie könne von der Krankheit betroffen sein. Sie besorgt sich über das Internet Informationen über die Krankheit (231 M). Während sie bei Sevda nicht hat recherchieren können, weil ihr damals das Internet als Informationsquelle nicht zur Verfügung stand, kann sie jetzt das Medium für sich nutzen. Eine andere Möglichkeit der Informationsbeschaffung scheint für sie keine Option darzustellen. Zwar reagieren die Ärzt*innen diesmal präventiv, Dilek wird untersucht, es können aber keine Symptome entdeckt werden, die auf SMA hinweisen. Auf diese professionelle Meinung vertraut Nermin Ataman allerdings nicht mehr. Sie weiß nun, dass die Medizin die Krankheit nicht ausreichend erforscht hat und es nur wenige Informationen über den Krankheitsverlauf gibt. Sie hingegen ist permanent mit ihrer Tochter zusammen. Sie schildert: »Als Mutter merke ich diese Veränderung, es passiert nicht auf einmal. Es ist, als würde man von den 24 Stunden eines Tages, jeden Tag eine Sekunde abziehen« (11, 219 M).

Sie sei eine »achtvolle Mutter«, in der Lage auch ohne medizinische Betreuung die Veränderung des Kindes zu bemerken. So stellt sie dann auch die typischen Symptome für SMA bei Dilek fest. In der migrantischen Community werden ihre Beobachtungen ernst genommen. Sie wird fortan von zwei Ärzten iranischer Herkunft betreut: Ein Allergologe, Immunologe und Kinderarzt, der ihr von ihrem Hausarzt empfohlen wird, überweist Dilek mit ihren Eltern ins Krankenhaus. Auf die Ergebnisse der dort durchgeführten Bluttests warten die Eltern einen Monat:

> »[türk.] Dieser eine Monat hat mich fix und fertig gemacht [wörtlich: »hat viel von mir genommen«]. Denn in diesem einen Monat haben die Ärzte immer wiederholt gesagt: ›Sie sorgen sich umsonst! Ihrem Kind geht es gut! Ihr geht es gut‹. [...] Doch ist wusste, mein Kind war nicht normal« (11, 48 M).

Auch wenn im Krankenhaus behauptet wird, sie sorge sich grundlos, spürt sie doch, dass etwas nicht stimmt. Kinder mit SMA seien nach ihrer Geburt zunächst aktiv und beweglich, aber nach dem zweiten Monat verlangsamten sich die Bewegungen:

> »[türk.] Zuerst sind es die Füße, die nach und nach langsamer werden, danach können sie weder essen noch schlucken. Später tauchen [dt.] Lungen [türk.] Probleme auf und sie können nicht atmen [...] So kommen sie dem Tod immer näher« (11, 70 M).

Nach einem Monat erhält die Familie Dileks Diagnose SMA, Typ 1. Nermin Ataman beschreibt, wie die Familie danach in Stress gerät. Sie haben nun wieder den Schmerz vor Augen, den Sevda hat erleiden müssen. Zu wissen, dass sie dies auch wieder bei Dilek erleben müssen, ist für die Familie »mehr als schwierig« (11, 78 M).

»[türk.] Wir versuchen, unsere Kinder nichts spüren zu lassen, aber glauben Sie mir, dies ist so schwierig. Also es ist nicht heilbar. Wir geben unser Bestes, um bei unseren Kindern fröhlich wirken, doch es ist so schwierig. Sich zusammen zu reißen, ist so schwierig! Ich weiß es nicht, für mich ist es einfach sehr schwierig ... Mein Mann arbeitet, aber ich bin zuhause, ich muss 24 Stunden bei meinem Kind sein. Also, wir warten und sehen jeden Tag, wie sich die Situation unseres Kindes verschlechtert, jeden Tag ein bisschen mehr ... Dies ist eine sehr schwierige Situation« (11, 134 M).

Neben dem Verlust, den sie erneut erleiden müssen, stehen die Eltern vor der Herausforderung, ihre Sorge die beiden anderen Töchter nicht spüren zu lassen und weiterhin für die Töchter da zu sein.

Im Gegensatz zu Sevda verfügt Dilek über eine längere Lebenserwartung – die Ärzt*innen sprechen von bis zu zwei Jahren. Die Mutter gibt die Hoffnung nicht auf, dass die Medizin in dieser Zeit Fortschritte macht und Behandlungsmethoden erforscht.

Trost und Religion: Beten statt Tabletten

Auf die Frage, wo Nermin Ataman Trost findet, führt sie aus:

»[dt.] Trost? [türk.] Ähm Trost ... [dt.] Ich beten! Das hilft, anderes nicht. Weil früher bei meinem anderen Tochter, ich versuchte Tabletten nehmen, dass macht noch schlimmer. Weil ich den ganzen Tag schlafen, ich Medikamente schlucken und ich bin bisschen Ruhe, zwei bis drei Stunden, meine Kopf Ruhe. Dann ich schlafe ganzen Tag, ich kann nicht konzentrieren. Dass ich ungefähr vier bis fünfmal ich Medikament genommen, aber das hilft nicht! Dann ich guckte, meine anderen Kinder allein ... So geht nicht! Dann ich gesagt, ich muss Medikamente Schluss machen. Dann ich, ich gesagt ich muss, beten weil dieses Leben, immer Medikament nehmen oder weinen geht nicht. Dann ich beten, dann ich gesagt: ›Bitte Gott, helf mir!‹ Dann ich beten gemacht, mein Herz noch Ruhe ... Mein Herz immer gehen Ruhe. Das hilft mir. Ja, ähm dann ich bisschen wieder arbeiten. Ja, aber jetzt aber ich weiß nicht, was machen? Jetzt auch ich immer beten, wir sagen immer »dua«, bitten. Nur beten, das ist's« (11, 147 M).

Durch den Bezug auf eine Medikamentierung, die sie nicht vertragen hat, gibt sie Hinweise auf ihr Verständnis von »Trost«. Unter Trost begreift sie, einen Weg gezeigt zu bekommen, durch den sie zur Ruhe kommen kann. Sie möchte wieder den Alltag und ihr Leben in die Hand nehmen, ohne permanent an

Sevda oder Dilek denken zu müssen. Es geht ihr also nicht um den Erhalt einer auf metaphysischer Ebene angesiedelten Erklärung für den Schicksalsschlag, um schließlich darin Trost zu finden. Sie möchte vielmehr dem Unruhezustand entkommen, sich wieder herstellen und funktionieren können. Dieses »Funktionieren« gelingt ihr mit den ihr verordneten Medikamenten allerdings nicht. Zwar kann sie mit Hilfe der Mittel ihren Kopf ausschalten, so verschläft sie aber die Tage, während ihre Töchter auf sich allein gestellt sind. Als sie diesen Zustand bemerkt, setzt die gläubige Muslimin ihre Medikamente ab und beginnt verstärkt zu beten. Gott ist in Nermin Atamans Trauerprozess Kraftgeber für die bevorstehenden Aufgaben, er beruhigt ihr »Herz«. Durch die Rituale des Gebets *(namaz)* beschäftigt sie ihren Geist und Körper. Die Heilung Dileks überlässt sie Gott aber nicht.

Forschung und Religion: Fatalismus versus (Wahl-)Freiheit

Einmal im Monat kommt ein Arzt zur Familie nach Hause, um sich nach dem Krankheitsverlauf zu erkundigen und Dileks Zustand zu kontrollieren. Die Familie steht mittlerweile durch die sie behandelnden Ärzt*innen in Kontakt mit internationalen Forschungseinrichtungen, die sich mit der seltenen Krankheit befassen. Auf diese Forschungseinrichtungen aufmerksam gemacht hat sie allerdings Nermin Ataman. Sie hatte zuvor im Internet dazu recherchiert und das Medium dazu genutzt, sich über Heil- und Forschungsmethoden zu informieren. Da es sich aber um eine genetische Erkrankung handelt, sind die Handlungsspielräume der Forschenden begrenzt. Zurzeit werden Dileks Befunde in der Welt verschickt, Forschungszentren tauschen sich über mögliche Behandlungsmethoden aus. Sie warte jeden Tag auf einen Anruf, »[türk.] so als würde ein Arzt oder das Krankenhaus [...] eine Nachricht übermitteln und sagen: ›Ok, wir haben die Behandlung dieser Krankheit gefunden!‹« (11, 253 M). Die Mediziner*innen scheinen weniger hoffnungsvoll zu sein. Im Folgenden schildert sie die Diskussionen, die sie mit ihnen über die medizinische Forschung führt:

»[türk.] Sie können veranlassen, dass [dt.] Zellen sich vermehren, [türk.] doch Gene können sie wohl nicht produzieren. Denn alle Ärzte sind einer Meinung, dass dies nämlich eine Sache Gottes ist. ›Nur Gott kann Gene erschaffen, wir können es nicht.‹ Sie sagen dazu: ›Wir können nur eine Kopie davon erzeugen.‹ Daraufhin meinte ich: ›Sie kopieren doch sonst alles: Schafe, Menschen.‹ Er sagte: ›Wir können nur eine Kopie erzeugen, doch die Genetik kann nur [dt.] Gott [türk.] erzeugen.‹ [dt.] Alles sagen so! Und ich gesagt, sie klonen machen. Der Arzt sagte: ›Wir nur Kopie machen, wir sind nicht Gott! Wir kann nicht noch geschaffen diese Genetische. Das geschaffen nur Gott [Ausruf]!‹« (11, 99 M).

Mit einem Verweis auf Gott versuchen die Ärzt*innen der Mutter die Grenzen der Medizin vor Augen zu halten. Ihre Argumentation dient den Ärzt*innen vermutlich auch dazu, um der Diskussion mit der Mutter ein Ende zu setzen. Dieses Vorgehen kann auch in einem Zusammenhang mit einer bei ihr wahrgenommen Religiosität stehen und ein Reflex auf ihr Kopftuch sein. Doch Nermin Ataman will von den Grenzen der medizinischen Möglichkeiten nichts wissen. Sie lässt die Verantwortungszuweisung an eine höhere Macht »Gott« nicht zu, wendet sich stattdessen an eine höhere Macht »Staat«, dem es obliegt, die Behandlungsmethoden und klinischen Therapiestudien, die bisher nur an Tieren durchgeführt wurden, auch an Kindern zuzulassen. Sie greift hier – wenn vielleicht auch unbewusst – auf einen Diskurs der islamischen Theologie zurück. So erinnert die Idee an die rationalistische theologische Schule der Mutaziliten, die den Menschen Handlungs- und Willensfreiheit (arab. *Ikhtiyar*) zubilligt. Die Idee findet sich je nach Ort und Lehre auch im Volksislam wieder, wie z. B. bei dem Sprichwort »Bewegung von Dir, Segen von Gott« (türk. *»hareket senden, bereket Allahtan«*, pers. *»az to hareket az khoda bareket«*). Die Übertragung der Macht Gottes auf den Menschen als verantwortlich Handelnder bzw. Handelnde wird demnach mit einem freien Willen gedacht. Eine Annahme des von den Ärzt*innen eingebrachten Angebots »Gott« bedeutet in dieser Konsequenz, Dileks Schicksal in Gottes Hände legen und ihn für ihre Genesung und Sevdas Tod verantwortlich zeichnen zu müssen. Wird er als Schuldiger für die Erkrankungen ihrer Töchter herangeführt, ginge damit die Zerstörung ihres Bildes von Gott als Trostspender und seine Diskreditierung als Gerechter einher. Der Glaube an Gottes Gerechtigkeit und an die Verantwortlichkeit des Menschen ermöglichen es ihr, sich von einer fatalistischen und prädestinatorischen Haltung zu befreien, die ihr auferlegt, sich die Ausweglosigkeit ihrer Situation vor Augen zu führen und den Tod ihres Kindes zu akzeptieren. So kann sie weiter kämpfen und die Hoffnung bleibt.

Soziales Netzwerk und Familie: Einsamkeit bestimmt den Alltag

Nermin Atamans Familie in Deutschland begrenzt sich auf ein paar wenige Personen. In ca. 100 km Entfernung leben zwei Geschwister ihres Mannes. Der Kontakt war auch vor der Erkrankung Sevdas und Dileks nicht regelmäßig, allerdings hätten sie sich nach den Ereignissen in der Familie noch mehr zurückgezogen – sowohl »finanziell« als auch »mental«. Dieses Verhalten verletzt Nermin. »[türk.] Als ob wir ständig nach Hilfe verlangen würden« (11, 384 M). Sie fühlt sich allein gelassen, als Sevda stirbt. Aus dem erweiterten Familienkreis kümmert sich niemand um die Atamans. Die Mutter wünscht sich, dass Sevda in der Türkei auf einem muslimischen Friedhof begraben wird, beklagt aber, dass sie die Formalitäten für die Überführung in die Türkei habe alleine regeln müssen. Die Angehörigen seien weiter ihrer Arbeit nachgegangen (11, 395 M) und hätten so reagiert, als ob nichts passiert sei. Die erweiterte Familie zeigt sich verständnislos den trauernden Eltern gegenüber, das Kind sei doch noch klein gewesen, sie sollten es nicht so schwer nehmen, entgegnen sie ihnen. »[türk.] Und ich und mein Mann haben den Leichnam meines Kindes in die Türkei gebracht, sie kamen nicht mit« (11, 400 M). Sie habe sich hingegen gewünscht, dass die Schwestern sie in die Türkei begleiten. Bei Dilek verhalten sich die Verwandten ähnlich: Sie kümmern sich nicht um Nermin Ataman, die unter der Woche von morgens bis abends allein mit Dilek ist.

»[dt.] Ich habe nur drei Freundinnen, die sind Marokkaner. Die macht mir viel Hilfe: Reden und so, sie auch Kinder, genügend Stress, aber sie kommt manchmal reden, sie machen immer anrufen: ›Wie geht's und so?‹ Das war's« (11, 162 M).

Ihre drei Freundinnen sind ihr eine Stütze, wenngleich sie sich mehr Kontakt und Austausch wünscht. Insgesamt spricht Nermin Ataman an auffallend vielen Stellen von ihrer Einsamkeit (11, 416f. M) Dass sie diejenige ist, die sich zu Hause um Dilek kümmert, stellt sie aber nicht in Frage, was auch ihren häufigen beruflichen Pausen geschuldet sein mag, die sie aufgrund ihrer psychischen Probleme einlegen musste. So hat sie eine weniger konstante Arbeitsstelle als ihr Ehemann. Aber sie versuchen, sich gegenseitig zu stützen:

»[dt.] […] versuchen wir es halt langsam zu überwinden, wir gemeinsam. Ich und mein Mann unterstützen uns und geben uns gegenseitig Trost, indem wir sagen, es gibt Schlimmeres« (11, 202 M).

Ihr Mann ist jedoch beruflich stark eingebunden und steht nur begrenzt zur Verfügung. An Wochenenden und in den Ferien kümmert er sich verstärkt um die beiden älteren Töchter, die Mutter ist mit Dilek überwiegend an die Wohnung gebunden. In besonderen Situationen wie der ihren, beschreibt sie, blieben die Menschen »generell sehr einsam« (11, 418 M). Auf die Frage, ob sie sich vorstellen könne, in einer islamischen Gemeinde Beistand zur erhalten, reagiert die Mutter:

»[dt.][…] Ähm, ich weiß nicht. Ich kann nicht immer gehen, diese Gemeinschaft und so … Ähm, ich versuche diese Probleme selber lösen, weil ich früher lebt alles, andere Menschen nicht lebt, wirklich. [türk.] Vielleicht hilft es anderen, aber mir hat es nicht geholfen. Menschen konnten mir nicht weiterhelfen bzw. mir keinen Trost geben. Im Gegenteil, sie haben mir meinen Schmerz noch mehr in den Sinn gebracht. ›Ist ja nicht schlimm!‹ Andere sagten: ›Was soll's? Es war ja noch sehr jung‹ oder ›Oh! Das ist so schwierig!‹ All das hat mich noch mehr betrübt. [dt.] Viele sagt so: ›Ah, es war kleines Kind!‹, aber, das ist meine Kind, klein oder groß, das ist egal!« (11, 193 M).

Geprägt durch die Erfahrungen mit der eigenen Verwandtschaft befürchtet die Mutter, außerhalb des engeren Familienkreises, aber auch im Rahmen institutioneller Hilfe oder in der religiösen Gemeinschaft auf Unverständnis über ihre Trauer zu treffen und sich dadurch weiteren Verletzungen aussetzen zu können. Diese Erfahrung hatte sie schließlich mit ihrer eigenen Verwandtschaft gemacht. So verzichtet sie auf Institutionen des Beistandes. Hilfreich stellt sie sich aber eine räumliche Nähe zu ihren Eltern vor, die sie bei ihrer alltäglichen Arbeit unterstützen könnten:

»[türk.] Vielleicht wären mir meine Eltern mehr behilflich. Vielleicht wären meine Eltern dann jeden Tag bei mir. Vielleicht könnten sie uns mehr helfen. Meinen anderen beiden Kindern und auch mir. Denn auch als meine Kinder es erfuhren, waren sie sehr traurig. Ihre Leistungen in der Schule haben sich drei bis vier Monate verschlechtert, sie konnten sich nicht konzentrieren, sie konnten es [einfach] nicht ...« (11, 409 M).

In der Ausnahmesituation benötigt sie Unterstützung bei der Versorgung ihrer beiden älteren Töchter.

Zugang zu Hilfen 1): Das professionelle Netzwerk der »ethnisch und sprachlich Verwandten« als Stütze

Die Frage nach dem Erhalt von Unterstützungen in den schwierigen Zeiten durch die Schule (der älteren Töchter) oder andere Institutionen muss die Mutter verneinen. Die Eltern und die Geschwister haben weder nach dem Tode Sevdas noch bei der Diagnose Dileks eine psychosoziale Unterstützung oder eine Begleitung in der Pflege der beiden erkrankten Kinder erhalten. Obwohl Nermin Ataman angibt, bis heute mit dem Tod ihrer Tochter Sevda nicht fertig zu werden, ist sie in keiner therapeutischen Behandlung.

Die Pflege von Dilek verlangt der Mutter Vieles ab. Die Tochter benötige große Aufmerksamkeit, sie müsse beschäftigt und ständig getragen werden, berichtet Nermin Ataman. Dileks Muskeln müssen trainiert, gleichzeitig aber ihr Körper geschont werden. Daher benötige sie besondere Ausführungen von Autositz, Therapiestuhl und Kinderwagen. Die Beantragung der besonderen Ausstattung erfolgt über die Krankenkasse, aber die Mutter beklagt, dass die Krankenkasse ihr die benötigten Mittel zu spät und nur unter großem Druck zur Verfügung stellt. Die Verhandlungen mit der Krankenkasse verlangen der Familie Kraft und Ausdauer ab, die sie in der derzeitigen Situation nur schwerlich aufbringen können. Auf den verschriebenen Kinderwagen warten die Eltern drei Monate lang. Dieser Zeitraum stellt für sie eine große Belastung dar, weil sie Dilek nirgendwo ablegen können, wenn sie mit ihr vor die Tür gehen wollen. Die Krankenkasse verweigert ihnen anfangs den Kinderwagen mit der Begründung, er sei zu teuer, letztlich – nach mehreren Beschwerdeanrufen und Besuchen des ortsansässigen Büros der Krankenkasse durch Ümit Ataman – erhalten die Eltern den Kinderwagen. Unterstützung in den Verhandlungen mit der Krankenkasse erhält die Familie von den beiden sie behandelnden Ärzten. Der Hausarzt stammt zwar aus Iran, spricht aber die Turksprache Azeri und kann dadurch mit Nermin Ataman in ihrer Muttersprache kommunizieren: »[türk.] [...] aus dieser Sicht ist es für mich ein riesen Vorteil [lacht]« (11, 486 M). Über ihn lernen sie den Kinderarzt (ebenfalls iranischer Herkunft) kennen, der »[türk.] hilfsbereiter als die üblichen Kinderärzte« sei (11, 489 M). Die Eltern machen die Erfahrung, dass der muttersprachliche Kontakt und Austausch mit den beiden Ärzten hilfreich ist. Zwar spricht der Ehemann ausreichend Deutsch, um sich gut verständigen zu können, und auch die Töchter dolmetschen zeitweise, aber so ist es auch Nermin Ataman möglich, ihre Sorgen und Ängste zu äußern und ihre recherchierten Informationen zum Krankheitsbild an die Ärzte weiterzugeben.

Zugang zu Hilfen 2): Diskriminierungen verhindern Hilfe

Sie sucht den iranischen Kinderarzt aber auch auf, weil er

> »[türk.] weiß, dass Ausländer etwas [dt.] unterschiedlich [türk.] behandelt werden, deswegen möchte er uns behilflich sein. Jedes Mal, wenn ich in seine Praxis gehe, ist es überfüllt mit ausländischen Patienten, alle Patienten sind ausländisch (11, 442 M).

Durch ihre Beobachtungen zur »Zusammensetzung« seines Wartezimmers sieht sie sich in ihrem Gefühl bestätigt, dass manche Ärzt*innen ohne Migrationshintergrund ihre Patient*innen mit einer nichtdeutschen Herkunft anders behandeln und diese sich deswegen verstärkt an die migrantische Community wenden. Sich selbst als von Ausgrenzungen und Diskriminierungen betroffen positionierend, kann sie sich bei ihrem Hausarzt sicher fühlen, dass ihr Migrationshintergrund keine Relevanz besitzt und er das für Dilek unternimmt, was in seiner Macht steht. Dieses Gefühl benötigt sie besonders deswegen, weil Dileks Überlebenschance einzig davon abhängt, dass sie neue Informationen über Behandlungsmethoden rechtzeitig erreichen. Allerdings machen sie andere Ärzt*innen im Krankenhaus darauf aufmerksam, dass es manchmal schwieriger sei, Rezepte von als Migrant*innen positionierte Ärzt*innen bei den Krankenkassen durchzusetzen: »[türk.] [...] Krankenkassen ärgern sich über die ausländischen Ärzte, warum sie immer solche Rezepte verschreiben« (11, 431 M).

Heute sind die Eltern im Kontakt mit der Krankenkasse, weil sie Dileks Therapiestuhl zwar mündlich bewilligt hat, die Eltern aber bereits über mehrere Monate mit den Worten »[türk.] Wir kümmern uns drum, wir melden uns bei ihnen« (11, 542 M) vertrösten. Die Mutter setzt große Hoffnungen in den Stuhl, erwartet, dass Dileks physische Beschwerden nachlassen, wenn sie richtig sitzen kann. Sie könne so eigenständig sitzen und ihre Umwelt beobachten, ohne Stuhl muss Dilek jedoch den ganzen Tag von ihrer Mutter getragen werden. Mehrfach wiederholt sie, dass ihr das Tragen schwer falle, sie könne sie nicht den ganzen Tag auf dem Arm halten. Derselbe »deutsche Arzt«, der ihr zuvor die Schwierigkeiten mit Krankenkassen bei Rezepten von Ärzt*innen mit vermeintlichem Migrationshintergrund schilderte, fragt sie auch, ob Dilek den verschriebenen Therapiestuhl mittlerweile erhalten habe und zeigt sich erstaunt, als Nermin Ataman verneinen muss:

»[türk.] Daraufhin meinte der Arzt: ›Es sind zwei Monate vergangen, wie kann es sein?‹ Er meinte, dass man auf die Krankenkassen Druck ausüben sollte, weil sie sich gegenüber Ausländern etwas anders verhalten. Das war ein deutscher Arzt, der mir dann sagte: ›Tut mir leid Frau Ataman, manchmal passieren solche Sachen‹« (11, 438 M).

Der Arzt bedeutet ihr also, dass der Erhalt bzw. Nicht-Erhalt rechtzeitiger Hilfe in Zusammenhang mit einem bei ihr wahrgenommenen Migrationshintergrund steht. Diesen Verdacht äußert sie nicht selbst. Um dem Verdacht mehr Gewicht zu verleihen, lässt sie den »deutschen Arzt« sprechen, wenn es darum geht, die Diskriminierungs- und Benachteiligungspraxen aufzudecken.

Die Motivation für die Teilnahme am Interview: Nermin Atamans Appell

Am Ende des Interviews frage ich Nermin Ataman, ob es noch etwas gibt, was ihr auf dem Herzen liegt. Sie nutzt diese Frage, um das Gespräch noch einmal resümierend zusammen zu fassen:

»[türk.] Wir warten auf eine Therapie. Auch wenn unser Kind nicht wie ein normaler Mensch wird, soll sie sich mindestens auf einem Stand befinden, in dem sie ihr Leben fortführen kann. Also, ich möchte nicht, dass mein Kind stirbt. Es gibt so viele Menschen, die an den Stuhl oder an Krücken gebunden sind und draußen spazieren gehen können, sie führen in irgendeiner Weise ihr Leben halt fort. Also ich möchte diesen Schmerz nicht noch einmal erleben, denn glauben Sie mir, es ist so schwer. Mein vorheriges Kind ist zuhause in meinen Armen gestorben, ich war ganz alleine, keiner war da. Ich habe es alleine nicht verkraftet, kann es immer noch nicht verkraften« (11, 509 M).

Den durch Sevdas Tod kaum bewältigten Schmerz vor Augen, verleiht sie nochmals der Nichtakzeptanz einer ausweglosen Situation Ausdruck. Nermin Ataman strebt keine Normalisierung ihres Kindes an, es geht ihr einzig um das Überleben ihrer Tochter. Dafür formuliert sie Forderungen an den Staat:

»[türk.] Also, meine Erwartung ist, dass der Staat solchen Kindern mehr Achtung schenkt und sich um sie kümmert. So wie ich die Broschüren gelesen habe ... Ich war mal einkaufen und habe dort einen deutschen Mann gesehen, um die vierzig Jahre alt.

Er saß in einem Rollstuhl und sammelte Spenden. Mein Mann und ich fragten ihn, warum er Spenden sammele und ob ihm der Staat nicht helfe. Ähm, also der Staat kümmert sich wenig um solche Menschen. Dieser Mann sagte: ›Der Staat erübrigt für uns Menschen im Rollstuhl wenig Geld‹. Ich weiß nicht, der Staat könnte sich mehr darum kümmern. Wenigstens könnte er den Menschen die Materialien geben, die ihnen das Leben vereinfachen würden. Bezüglich der Ärzte und Medikamente sollten die Krankenkassen schneller arbeiten. Unsere Erwartungen vom Staat sind höher ... Vielleicht nicht materiell, also ich möchte nicht dafür bezahlt werden, dass ich auf mein Kind aufpasse und sie pflege. Aber der Staat sollte wenigstens die Bedürfnisse für solche Krankheiten leisten und auch rechtzeitig. Das macht der Staat nicht. Ich warte seit vier Monaten auf einen Stuhl. Es ist sogar länger als vier Monate, mittlerweile sind es schon viereinhalb Monate geworden. [dt.] Und dieses Stuhl, wirklich wir brauchen das. Ich kann nicht ganze Zeit tragen ... Das ist nicht gut für Dilek, wegen Knochen und Muskeln, immer kaputt gehen. Vielleicht dieses Stuhl ist, sie kann gut sitzen, ich weiß nicht, vielleicht noch besser ...« (11, 517 M).

Sie wiederholt hier noch mal die Verantwortlichkeit des Staates, der behinderten oder erkrankten Menschen Möglichkeiten bereitstellen sollte, die sie befähigen, ihr Leben in angemessener Weise gestalten und leben zu können. Für die Zuwendung gegenüber ihrer Tochter möchte Nermin Ataman keine finanziellen Mittel, kein Pflegegeld erhalten, aber sie benötigt die unterstützenden Materialien, um Dilek und auch ihr selbst das Leben ein wenig zu erleichtern.

Die Äußerung des behinderten deutschen Mannes, der Spenden für Menschen im Rollstuhl sammelt und sich kritisch gegenüber den gesellschaftlichen Benachteiligungen von behinderten Menschen äußert, setzt Nermin Ataman strategisch ein. Ihn holt sie sich hier – wie auch an anderer Stelle (der »deutsche Arzt«, der Benachteiligungen bei den Krankenkassen von Migrant*innen anspricht) – für ihre Argumentation zu Hilfe, mit dem Ziel, ihrer Aussage ein höheres Gewicht zu verleihen. In der Aussage des »deutschen Mannes« findet sie die Bestätigung ihrer Beobachtung, dass sich der Staat nicht genügend um behinderte Menschen kümmert.

Zum Schluss erhält die Forderung nach einem Therapiestuhl noch einmal eine besondere Bedeutung: Sie wechselt ins Deutsche, erweckt den Eindruck, mich mit ihrem Appell direkt ansprechen zu wollen und wiederholt, Dilek möge doch endlich den Therapiestuhl erhalten, weil sie ihre Tochter kaum mehr auf ihrem Arm tragen könne. Zuvor spricht sie über Sevdas Tod in ihren Armen. So scheint es, als benötige sie den Stuhl auch, um dieses Schicksal nicht noch einmal in ihren Armen erleben zu müssen, das würde sie nicht »verkraften« (11, 566 M).

Zusammenfassung

Nermin Ataman schildert in dem Interview die Geschichte einer Familie, die von tiefem Unglück getroffen wurde. Die im Zusammenhang mit dem Unglück stehenden Erfahrungen spielen sich auf der Ebene der Sozialstrukturen ab, die wiederum Auswirkungen auf die Identitätskonstruktion Nermin Atamans als Migrantin und auf die Werte und Normen haben, die sie leiten.

Nermin Ataman hatte dem ersten Unglück nichts entgegenzusetzen – zu wenig Wissen hatten sie und ihr Mann über die Krankheit, von der ihre Tochter Sevda betroffen war. Nach der Diagnose Dileks, die die Mutter selbst provoziert hat, nimmt sie sich vor, einzugreifen und alles in Bewegung zu setzen, um die von den Ärzt*innen prophezeiten Ereignisse in eine andere Richtung zu lenken. So präsentiert sie sich als informierte Mutter, die versucht, den Mediziner*innen auf fachlicher Ebene und auch durch Hartnäckigkeit zu begegnen. Sie recherchiert neue Forschungsansätze und Behandlungsmethoden und bittet um die Herstellung von Kontakten zu anderen Forschungseinrichtungen im Ausland, doch die Akteur*innen des Gesundheitssystems reagieren nicht so, wie die Mutter es von ihnen erwartet. Gerade nach der Geburt der Tochter fühlt sie sich von ihnen nicht ernst genommen. Auch wenn Nermin Ataman dies nicht explizit thematisiert, ist sie im Kontakt mit Krankenhäusern auf ihren beruflich stark eingebundenen Mann angewiesen, der über ausreichend Deutschkenntnisse verfügt, um sich dort differenziert verständigen zu können. Zudem liefern die medizinischen Fachleute ihrer Meinung nach zu wenig neue Perspektiven auf Behandlungsmethoden, Studien und Forschung. Stattdessen wird ihr dort geraten, sich mit Dileks Schicksal abzufinden: Eine Heilung der Tochter entziehe sich ihren Möglichkeitsräumen und liege nunmehr in Gottes Händen. Doch die an sie herangetragene Vorstellung von Gott entspricht nicht der der gläubigen Muslimin. Sie versteht Gott als Tröster, als den, der dem Menschen Freiheiten als verantwortlich Handelnder zugesteht. Zwar kann die Vorstellung der Prädestination bei der Bewältigung schwieriger Situationen helfen, sie kann den Eltern aber auch zum Verhängnis werden, wenn sie die Möglichkeit zu handeln, nicht in Betracht ziehen. Warum sollten sie sich bemühen, wenn es bereits vorherbestimmt ist?[58] Nermin Atamans Glaube an die Verantwortlichkeit des Menschen führt stattdessen zu Widerstand, ihre Gebete schenken ihr die dafür notwendige Kraft.

Dilek werden unterstützende Geräte (Therapiestuhl und Kinderwagen) verschrieben, um wenigstens eine leichte Verbesserung ihrer Situation zu erwirken. Als die Familie aber lange auf die Hilfsmittel warten muss, wird im Krankenhaus ein Zusammenhang zwischen einem angenommenen Migrationshintergrund der Tochter und der so zögerlichen Bewilligung diverser Hilfsmittel durch die Krankenkasse angedeutet. Nermin Ataman wendet sich

58 | Dieser Argumentation folgt auch die »Protestantische Ethik« (vgl. Weber 2005).

schließlich verstärkt der fachlichen ethnischen Community zu, in der sie sich besser aufgehoben fühlt. Eine Strategie, die durchaus als Reaktion auf die Wahrnehmung als Migrantin durch das Gesundheitssystem und der damit zusammenhängenden Restriktivität auf Strukturebene gedeutet werden kann. In der ethnischen Community ist sich Nermin Ataman sicher, dass Dilek die ihr zustehenden Maßnahmen oder mögliche Behandlungen nicht aufgrund von Diskriminierungen vorenthalten werden. Mit den zum Teil türkischsprachigen Ärzten kann sie auch über ihre Hinweise zu den neuesten Behandlungsmethoden sprechen. Dort macht sie die Erfahrung, dass diesen nachgegangen wird. Doch auf die Verteilungspraxen der Krankenkassen können die Ärzte nur begrenzt einwirken – zumal an Nermin Ataman die Vermutung herangetragen wird, dass Krankenkassen sich bei der Übernahme der Kosten von Rezepten, die von Ärzt*innen mit Migrationshintergrund ausgestellt werden, verstärkt quer stellten, weil diese zu viele Rezepte für Patient*innen aus der ethnischen Community ausstellten.

Trost findet Nermin Ataman nur innerhalb des innersten Familienkreises. Die Verwandtschaft in Deutschland und der Großteil des sozialen Netzwerks zeigen kein Verständnis für ihre Trauer. So brechen ihre Kontakte nach und nach auseinander. Nermin Ataman ist einsam und durch die Situation zu Hause stark belastet. Weil der Ehemann den besser bezahlten Job innehat, ist es für die Familie naheliegend, dass sie sich zu Hause um Dilek kümmert, während der Ehemann die finanzielle Absicherung der Familie übernimmt. Allerdings hat sie so noch weniger Kontakt zur Außenwelt. Während sie für ihre Tochter Dilek Hilfen einfordert, positioniert sie sich kaum kritisch dazu, dass ihr keine Hilfen nach dem Tod von Sevda und auch heute bei der Versorgung oder psychosozialen Betreuung der beiden älteren Töchter angeboten wurden. Sämtliche Kraft der Auseinandersetzung legt sie in den Kontakt mit dem Gesundheitssystem und in die Hoffnung auf das Überleben Dileks. Gleichwohl bemerkt sie, dass ihre älteren Töchter zu kurz kommen und vermutet, dass es ihnen in der Türkei, in der Nähe der sich kümmernden Großeltern besser gehen würde. Nermin Ataman deutet die Türkei als Ort der effizienten Hilfe, in der die für eine Bewältigung ihrer familiären Situation benötigten Familienstrukturen vorhanden sind.

Nach der Auswertung des Interviews lässt sich das Motiv für Nermin Atamans Teilnahme am Interview erkennen: Sie formuliert das Gespräch als Appell (vgl. Bühler 1976) und nutzt erneut eine Gelegenheit, um ihre Hoffnung auf eine Einstellungsveränderung auf Systemebene zu vermitteln. Dafür inszeniert sie sich als »behinderte Mutter«, die in der Gesellschaft auf Barrieren stößt, die sich unabhängig von einer »Form« oder ein »Art« von Behinderung vollzieht.

5.5 Orientierungen im Hilfesystem

Nach der Einzelfallanalyse im vorangegangenen Kapitel sollen im Folgenden die Ergebnisse mit Hilfe einer fallübergreifenden Analyse dargestellt werden. Mit diesem Analyseschritt erfolgt eine weitere Annäherung an das Erkenntnisinteresse dieser Arbeit. Die Studie leitet insbesondere das Anliegen, die komplexen Lebenssituationen im Kontext von Migration und Behinderung darzustellen, um sie für die Gestaltung inklusiver Entwicklungsprozesse nutzbar zu machen (vgl. Kap. 1 und 3). Mittels der Rekonstruktionen von typisierten fallübergreifenden Orientierungen von Familien im Umgang mit Behinderung sollen (migrationsspezifische) Barrieren im Hilfesystem, mit denen Familien mit einem behinderten Kind konfrontiert sind, aufgedeckt, sowie Ressourcen und Bedarfe sichtbar gemacht werden. Gleichwohl zeigen die folgenden Ausführungen zu Orientierungen und Barrieren eine gemeinsame Schnittmenge mit den im Stand der Forschung (vgl. Kap. 3.1 und 3.2) dargestellten Orientierungen und Barrieren allgemeiner Studien zu Familien im Hilfesystem. Die Thematisierung dieser Überschneidungen erfolgt ausführlich in den Schlussfolgerungen (Kap. 6).

Die typisierten fallübergreifenden Orientierungen der Familien lassen sich aus den herausgearbeiteten Kernthemen der Interviews im vorangegangenen Kapitel ableiten. Exakte Zuordnungen der Familien zu den Orientierungen sind nicht möglich, vielmehr besteht großenteils der Bedarf, denselben Datenerhebungsfall mehreren Orientierungen zuzuordnen. Das liegt vor allem am biographischen Fokus und der Entwicklung im Lebensverlauf. So haben die Eltern in unterschiedlichen Phasen des Lebens unterschiedliche Orientierungen, die zeitweilig natürlich parallel verlaufen können.

Die herausgearbeiteten Kernthemen der Interviewanalysen lassen sich zu folgenden zentralen Orientierungen der Eltern zusammenfassen:

1. *Suche nach sozialer Absicherung*
2. *Suche nach Möglichkeiten der Handlungsbefähigung*
3. *Suche nach Entlastung*

Bevor nun die Orientierungen im Einzelnen vorgestellt werden, folgt eine Erläuterung der Vorgehensweise bei der Zuordnung und im Gruppierungsprozess (Kelle/Kluge 2010, 85).

Vorgehen

Anhand des besonderen Fokus der Analysen durch die intersektionale Mehrebenenanalyse konnte in Kapitel 5.4 aufgezeigt werden, dass, obwohl die Familien zunächst ähnliche Dimensionen der sozialen Lagerung (wie Einkommens-, Berufs-, und Bildungsschicht oder Migrationsstatus, Deutschkenntnisse) aufweisen, sich a) stellenweise ihre zentralen Orientierungen im Hilfesystem unterscheiden oder b) bei gleicher Orientierung die Möglichkeiten der Umsetzung und Gestaltung unterschiedlich sind. Es gibt also Einflussfaktoren auf den Umgang mit Behinderung und partizipative Prozesse, die nicht nur entlang erwarteter Differenzlinien wie Status und Deutschkenntnisse verlaufen. Um dieses Phänomen und den Einfluss »verdeckter« Heterogenitätsdimensionen auf den Umgang mit Behinderung zu beleuchten, wurde für die Identifikation von Bedingungen, die zu einer bestimmten Ausgestaltung von Orientierungen der Familien führen, folgende Suchstrategie entwickelt:

- Die Fälle werden entlang der sozialen Lagerung verglichen.
- Die Fälle werden in den Blick genommen, die in mehreren Heterogenitätsdimensionen (z. B. rechtlicher Status, Migrationszeitpunkt, Deutschkenntnisse) Gemeinsamkeiten haben, die aber in ihren Kernthemen und den daraus abgeleiteten Orientierungen oder aber in der Darstellung von Barrieren Unterschiede aufweisen.
- Darauf aufbauend wird folgenden Fragen nachgegangen: Wie kommt es zu der Thematisierung unterschiedlicher Orientierungen bzw. Barrieren im Umgang mit der Behinderung des Kindes durch die Familien? Welche Bedingungen führen zu welcher Orientierung bzw. Barriere?
- Die von den Familien selbst benannten Differenzlinien werden verglichen und so anhand der Differenzlinien (und später durch den Einbezug der Strukturebene) Voraussetzungen für die Entwicklung und Umsetzung von Orientierungen herausgearbeitet.

5.5.1 Orientierung »Suche nach sozialer Absicherung«

Der sozioökonomische Status von Familien im Migrationskontext und ihr Bildungsgrad haben sich in den letzten Jahrzehnten deutlich ausdifferenziert. Das zeigt die steigende Zahl an Personen mit akademischem Abschluss. Aber Armut und das Leben in sozial benachteiligten Stadtteilen prägen die Familien nach wie vor überdurchschnittlich häufig (vgl. die Bundesregierung 2014) und diese Rahmenbedingungen wirken sich im besonderen Maße auf Erziehung und Bildung aus. Ein unsicherer Aufenthaltstitel, keine Arbeitserlaubnis oder beengter Wohnraum begrenzen die Ressourcen der Familien im Umgang mit ihren Kindern (Boos-Nünning 2011, 5). Auch die sozioökonomische Stellung der Gesprächspartner*innen der hier vorliegenden Arbeit ist unterschiedlich.

Die Behinderung eines Kindes kann die Resilienzfähigkeit der Familie in höchstem Maße fordern. Dies gilt vor allem dann, wenn das gesellschaftlich etablierte Hilfe- und Bildungssystem die Familien nicht erreicht. So wie im Falle von Fariba Mostafawy, die erklärt, dass sie sich aufgrund des fehlenden Zugangs zum Hilfe- und Bildungssystem bewusst für ein Leben als Hausfrau und Mutter entschieden hat, als ihr Sohn noch klein war, um sich insbesondere um dessen (Aus-)Bildung zu kümmern. Dies war zu bewerkstelligen, da ihr Mann einen ausreichenden Verdienst hatte. Heute arbeitet sie wieder in Teilzeit.

Den meisten befragten Familien wird eine Re-Organisation des Alltags allerdings unmöglich gemacht. Fast alle Mütter der vorliegenden Untersuchung üben seit der Geburt des Kindes keine Erwerbstätigkeit aus. Besonders schwierig ist die Lage für alleinerziehende Mütter, die mit ihren Kindern in beengten Wohnräumen leben müssen. Für die Mütter selbst gibt es kaum Unterstützungsmöglichkeiten, um wieder erwerbstätig zu werden. Die alleinerziehenden Mütter übernehmen ihre Rolle als Betreuerin des Kindes – auch wenn sich nur in wenigen Fällen altruistische Motive erkennen lassen. Aber sie beklagen sich nicht. Damit erfüllen sie die gesellschaftliche Erwartung an Mütter, alles für ihre Kinder zu tun, entlassen damit aber den Staat aus der Verantwortung, bspw. für eine ausreichende Bereitstellung einer Kinderbetreuung zu sorgen.

Hier zeigen sich zwar Parallelen zur Situation von Eltern bzw. Müttern außerhalb des Migrationskontextes (vgl. Kap. 3.2 und z.B. Büker 2010, 119), aber es lassen sich – wie die folgenden Ausführungen zeigen werden – insbesondere strukturelle migrationsspezifische Barrieren erkennen, die die Situation der Mütter bzw. Eltern verschärfen und die Möglichkeiten der sozialen Absicherung der Familien und des behinderten Kindes beschränken.

Strukturelle migrationsspezifische Barrieren auf der Suche nach sozialer Absicherung

Viele Migrant*innen sind in Deutschland mit einem Verlust unterschiedlichster Ressourcen konfrontiert. Durch eine schwierige sozioökonomische Situation (z.T. auch bedingt durch den Flüchtlingsstatus) sind die Familien sozial heruntergestuft und stehen finanziell oder aus aufenthaltsrechtlichen Gründen unter Druck.

Salma Kolat beschreibt die fehlende Anerkennung ihrer beruflichen Tätigkeit in Deutschland, die sie in der Türkei erfolgreich werden ließ. Bilal Yildirim, dessen Sohn das Pflegegeld verweigert wird, versucht unter schwierigen Umständen, etwas für den Sohn zur Seite zu legen, aus Sorge, dass ihnen etwas zustößt und der Sohn dann finanziell nicht abgesichert ist. Insbesondere die Eltern in einer wenig privilegierten Lage sprechen über ihre Zukunftsängste. In dieser Situation werden Bemühungen um Pflegegelder (oder das Blindengeld wie im Fall der Moinis) für viele Familien zu einem Existenzkampf.

Die Betroffenen stehen vor sich überschneidenden Schwierigkeiten: die Ermöglichung der Teilhabe als behinderter Mensch auf der einen und gleichzeitig der für Migrant*innen hohe bürokratische Aufwand, die ihnen zustehenden Unterstützungsmaßnahmen zu erhalten, auf der anderen Seite. Bei der Abwicklung ihrer finanziellen und sozialen Ansprüche werden sie durch den

»Förderdschungel« von einer Stelle zur nächsten geschickt (Sozialamt, Jugendamt, Arbeitsamt/Jobcenter, Ausländerbehörden). Durch die lingualen Machtstrukturen, die geforderten Deutschkenntnisse – vor allem in der Sprache der Bürokratie – und durch fehlende Kenntnisse des deutschen Hilfesystems fühlen sie sich machtlos. Die Familien können ihre Anliegen oft nicht differenziert genug vortragen und ihre Bedürfnisse nicht in einem von den Institutionen gewünschtem Maße bzw. der institutionenspezifischen Form mitteilen.

Mehrere Befragte sprechen von Rassismus- und Diskriminierungserfahrungen bei Behörden, in Bildungsinstitutionen und von Konfrontationen mit Vorurteilen im Alltag, die sie isolieren, demütigen und in ihrem Streben nach sozialer Absicherung schwächen. Es handelt es dabei um »mehr oder minder offensichtliche Akte der Feindseligkeit« (Mecheril 1997, 180). Hinzu kommt, dass diese Feindseligkeiten für die Menschen »alltäglich und allgegenwertig sind, als faktische oder befürchtete Attacke, als faktische oder befürchtete Herabwürdigung, als Angriff gegen nahestehende Personen und als Angriff gegen die eigene Person« (ebd., 180 f.).

Rassismus- und Diskriminierungserfahrungen machen insbesondere Eltern, die sich nicht differenziert erklären können, vor allem mit Kindern, deren Behinderung nicht offensichtlich ist, sowie muslimische Frauen, die ihre Religiosität durch ihre Kleidung offenlegen.

Merve Akgün strebt danach, das Diskriminierungsmerkmal »geringe Deutschkenntnisse« zu verringern, um respektvoll behandelt zu werden. Sie bekommt dafür aber keine Möglichkeiten der Qualifizierung angeboten, lernt deswegen Deutsch in autodidaktischer Form – fast ohne Kontakt zu deutsch-Muttersprachler*innen. Zwar ist sie auch unter diesen erschwerten Umständen des Sprachlernens erfolgreich, muss dann aber feststellen, dass die erworbenen Deutschkenntnisse das Diskriminierungsmerkmal »Kopftuch« kaum auszugleichen vermögen.

Salma Kolat macht die Erfahrung, aus einem Beratungsbüro verwiesen zu werden, weil ihre Deutschkenntnisse für ein Gespräch als unzureichend beurteilt werden. Selbst ihr eigens organisierter Dolmetscher wird abgelehnt, schließlich wende sie sich an eine deutsche Behörde. Ein an ihr wahrgenommener »Migrationshintergrund« bzw. die lingualen Machtstrukturen haben Einfluss auf unterschiedlichste Situationen in ihrem Alltag: Die Betreuungssituation ihrer autistischen Tochter fordert die alleinerziehende Mutter von insgesamt drei Kindern enorm. Im Umgang mit Bildungsinstitutionen trifft sie auf Unverständnis, wenn sie Regelungen oder Termine nicht einhalten kann. Dort wird ihre fehlende Teilhabe am schulischen Geschehen ihrer beiden anderen Kinder als Ignoranz und Desinteresse an deren Bildungsprozessen gedeutet. Dieses Desinteresse scheint in einem Zusammenhang mit dem mächtigen gesellschaftlichen Diskurs zur allgemein fehlenden Bereitschaft der Verantwortungsübernahme so genannter Migranteneltern an Bildungsprozessen ihrer Kinder zu stehen. So erlebt sie statt eines Entgegenkommens Sanktionen der Bildungsinstitutionen: Es werden Auflagen an sie gestellt, wie die deutsche Spracherziehung ihrer Kinder, die sie nicht erfüllen kann und die sie zusätzlichem Stress aussetzen.

In den Interviewanalysen zeigt sich immer wieder das Bild des »Selbstverschuldens«: wie etwa bei Alper Özdemir, der angibt, der Fehler läge bei ihm und seinen Deutschkenntnissen. Hier greift er auf Diskurse zur »Bringschuld« von Migrant*innen zurück, die bei einer Nicht-Erfüllung der hegemonialen Vorgabe auch keine Leistungen erwarten können. Der normative Vorwurf stützt die teils vorhandenen Vorstellungen der auf Strukturebene agierenden Akteur*innen, dass nur denjenigen Hilfe und Unterstützung anzubieten ist, die sich angepasst haben und den Vorgaben entsprechend verhalten bzw. die in Institutionen in angemessener Weise die Hilfe nachfragen.

Mögliche Leistungsansprüche werden häufig durch Zufall in Erfahrung gebracht. Von offizieller Seite werden die Familien nur in wenigen Fällen proaktiv informiert. Einzig Güner Mutlu trifft nach größeren Anfangsschwierigkeiten auf eine Stelle, die sie umfassend über finanzielle Unterstützungsmöglichkeiten und -rechte informiert. Das System, in dem Informationen durch Behörden und Institutionen erst dann zur Verfügung gestellt werden, wenn sie gezielt nachgefragt werden (was bedingt, dass man weiß, dass es überhaupt einen Anspruch auf bestimmte Leistungen nach Antragstellung gibt und dass man weiß, wo diese Anträge zu stellen sind), wird von den Beteiligten als (bewusstes, diskriminierendes) Zurückhalten von Informationen erfahren. Die traditionelle »Komm-Struktur« ist (im Gegensatz zur »Geh-Struktur«) für die Vertrauensbildung gegenüber Behörden und Institutionen kaum förderlich und »erweist sich als erhebliche zusätzliche Barriere bei der Inanspruchnahme sozialer Dienste, die von Klienten unter besonderen sozioökonomischen und gravierenden familialen Konflikten kaum noch überwunden werden kann« (Schuster 1997, 73 f.).

Es sind insbesondere die Eltern, die sich diskriminiert fühlen und die Ablehnungen mit Rassismen in Zusammenhang bringen, die nicht mit dem staatlichen System als Unterstützung rechnen, wenn es um die Zukunft ihrer Kinder geht. An den Beispielen der Familien Özdemir, Akgün und Faridzadeh zeigt sich, welche Folgen die unterlassene Hilfe für die Kinder hat. Ihnen hat die Krankenkasse Unterstützungen teilweise über Jahre hinweg verweigert, bis sie – oft erst nach Einleitung rechtlicher Schritte – schließlich zu spät bei den Kindern angekommen sind.

Die Haltung der staatlichen Institutionen gleicht den von Gomolla und Radtke identifizierten Charakteristika institutioneller Diskriminierung, bei der die Organisation ihre Zwecke verfolgt und die Angestellten ihre Aufgaben erfüllen: »Die (Neben-)Folgen ihrer Handlungen außerhalb der eigenen Zuständigkeit beobachten sie nur dann, wenn sie Rückwirkungen auf ihre künftigen Handlungsoptionen antizipieren« (Gomolla/Radtke 2009, 18).

Die meisten Eltern erfahren Behörden und Ämter als ambivalent im Umgang mit ihnen: Sie wissen um die diskriminierenden Ausschlüsse und die machtvollen Strukturen, denen sie gegenüber stehen, erkennen aber, dass die Unterstützung durch staatliche Institutionen notwendig ist. Sie haben eine Strategie entwickelt, um am Ball zu bleiben und auf die strukturellen Rahmenbedingungen zu reagieren: Hartnäckigkeit und Rebellion lässt sie erfolgreich werden, wenn es auch Kraft, Ausdauer und Zeit kostet.

Doch es zeigt sich auch, dass die Suche nach finanzieller Unterstützung bei einer gefährdeten Existenz in Deutschland zweitrangig werden kann, dies gilt insbesondere für diejenigen mit unsicherem Aufenthaltsstatus in Deutschland und Flüchtlingen im Allgemeinen: »Nach der unfreiwilligen Migration, der Flucht, meist buchstäblich ›über Nacht‹, finden sich die Flüchtlinge nach oft monatelangem Fluchtweg in einem fremden Migrationsland (dem weitere folgen können) wieder: aus ihrem Familienverband gerissen, die militärischen oder politischen Auseinandersetzungen im Heimatland im Gedächtnis, mit den Erfahrungen einer unter Umständen lang dauernden, äußerst belastenden Flucht selbst, mit der Angst um die zurückgebliebenen Familienangehörigen, Freunde, Verwandte, der Verantwortung, als einzige/r in Sicherheit zu sein, nach einer Ankunft in einem Land, dessen Sprache, Kultur und Menschen ihnen meist unbekannt sind« (Beckmann 1997, 206). In dieser Situation sind die Familien mit ihrem behinderten Kind auf sich alleine gestellt.

Für Salma Kolat oder für Parissa und Mohsen Bahmani ging es in den ersten Jahren in Deutschland vorrangig darum, sich um ein Bleiberecht und ein Leben außerhalb des Flüchtlingsheims zu bemühen. Die Lage für alle Beteiligten verschärft sich besonders dadurch, dass die Kinder völlig isoliert vom gesellschaftlichen Leben in Heimen groß werden – ohne jegliche Form der Unterstützung und Entwicklungsmöglichkeit. Behinderte Menschen sind von diesen Ausgrenzungen aufgrund eines rechtlichen Status also besonders betroffen. Ob Hilfen bei Personen, die Leistungen nach dem Asylbewerberleistungsgesetz (AsylbLG) beziehen müssen, bewilligt werden, hängt stark »von der Ausschöpfung der Ermessensspielräume einzelner SachbearbeiterInnen ab« (Lechner 2008, 104). Die Bearbeitungszeit für die Bewilligung notwendiger Hilfen kann sich über Monate hinziehen, da es zumeist nicht ausreicht einen Antrag zu schreiben. Es müssen Widersprüche, Gutachten, Erläuterungen und Begründungen formuliert werden (vgl. Menschenkind 2014).

Doch auch hier findet sich das Bild des »Selbstverschuldens« in der Wahrnehmung der Befragten: Die Eltern bereuen ihren Schritt der Migration nach Deutschland, zu dem sie sich entschlossen haben, weil ihre Freiheit im Herkunftsland gefährdet war, und geben – statt dem AsylbLG – sich selbst die Schuld.

Bei der Bemühung um die deutsche Staatsangehörigkeit wird Salma Kolat fehlender Integrationswille aufgrund mangelnder Deutschkenntnisse vorgeworfen und der Anspruch auf Zugehörigkeit zunächst entzogen. Um eine Möglichkeit zu bekommen, in Deutschland eine dauerhafte Aufenthaltsgenehmigung zu erhalten, verzichtet Leila Faridzadeh auf eine Unterstützung durch das Sozialamt (ohne es zu ahnen, ist sie fortan auch ohne Krankenversicherung) – in der Hoffnung, dass ihre Chancen steigen, bei ihren Kindern bleiben zu können. Ihren Anspruch auf Sozialleistungen und auf eine psychosoziale Unterstützung nach dem Unfall ihrer Tochter kann die Mutter also nicht wahrnehmen, weil ihr sonst die Entfristung ihrer Aufenthaltsgenehmigung unmöglich gemacht wird.

Hier werden die rassistischen Ausgrenzungen, mit denen Migrant*innen auf der Ebene der Staatsbürgerschaft konfrontiert sind, besonders sichtbar (Lebuhn 2013, 234f.). Sie erfahren massive Diskriminierungen struktureller Art und ihre Möglichkeiten sind durch nationalstaatliche Rechtsverhältnisse gerahmt. Die staatlichen Auflagen evozieren Bürger*innen, die das Projekt Migration wenn nicht als gescheitert, dann zumindest als erfolglos resümieren. Hier – wie auch in den anderen geschilderten Fällen[59] – zeigt sich ein Widerspruch: Während von Migrant*innen im hegemonialen Integrationsdiskurs als »Bringschuld« eine »Integrationsbereitschaft« erwartet wird, produzieren die Strukturen eine Lebensrealität, die ihnen eine soziale, politische, ökonomische und kulturelle Teilhabe am gesellschaftlichen Leben vorenthält.

Ressourcen und Stärkung von Widerstand(sfähigkeit) für die Suche nach sozialer Absicherung

Ausweg transnationaler sozialer Raum

Der transnationale soziale Raum wird auf der Suche nach sozialer Absicherung zu einer Ressource und zum Ausweg, um den restriktiven Auflagen zum Bleiberecht zu entkommen, wie im Falle Jale Karimis und ihrer Enkelin. Die Auflagen zum Bleiberecht verschärfen sich durch die Barrieren der Partizipation, mit denen die behinderte Enkelin konfrontiert ist, und zwingen alle Familienmitglieder zum sofortigen Handeln. Allerdings erweist sich die Ressource nicht immer als hilfreich. Ermöglicht die Nutzung des transnationalen sozialen Raums anfangs, die Regelungen zum Aufenthaltsrecht zu umgehen, wird das permanente Pendeln zwischen den Staaten auf Dauer zu einer großen Belastung für die Enkelin und die gesamte Familie.

59 | Schließlich kann Staatsbürgerschaft und können Staatsbürgerschaftsrechte heute nicht als Garant dafür gelten, dass auch gesellschaftliche Teilhaberechte (»substantive citizenship«) bestehen (vgl. Holston/Appadurai 1999, 4).

Die ethnische Community als Informationsvermittlerin und Vertrauensfaktor

Auf der Suche nach finanzieller Hilfe ist es oft die ethnische Community, die Informationen weiterträgt und den Eltern eine Stütze ist: »Hier kann man Rat suchen und finden; hier kann man sich verständigen ohne lange Erklärungen [...] findet man ein Klima der Vertrautheit und selbstverständlichen Nähe. Zum Beispiel bei Diskriminierungserfahrungen [...]« (Beck-Gernsheim 2004, 98). Das führt dazu, dass vor allem die Strukturen der ethnischen Community genutzt werden und ihr vertraut wird. Es geht also weniger um das »Türkischsein« oder »Iranischsein« als kulturelle Gemeinsamkeit, denn um den gemeinsamen sozialen Hintergrund, die gemeinsamen Erfahrungen mit Unverständnis und Diskriminierung auf Seiten der Institutionen der sie umgebenden Gesellschaft (vgl. Karakaşoğlu-Aydın 1999).

Allerdings können nicht alle Familien auf die Ressource der Community zurückgreifen. Entweder haben die Eltern (insbesondere die alleinerziehenden Mütter) keine Kontakte zu anderen Personen der ethnischen Netzwerke oder aber es gibt in den heterogenen Gruppierungen Differenzen, die einen Austausch erschweren oder verhindern, wie das Beispiel der Kurdin Salma Kolat deutlich macht.

Wie die Ausführungen zur Orientierung »Suche nach sozialer Absicherung« zeigen konnten, verstärken sich negative Effekte der auf die Befragten wirkenden Strukturkategorie Migration – in Form von lingualen Machtstrukturen, von Konfrontationen mit Vorurteilen, Stereotypen, Diskriminierungserfahrungen, von Fremdheit mit Institutionen sowie von rechtlichen Begrenzungen – und der Strukturkategorie Behinderung – in Form von Barrieren statt Partizipationsprozessen und Diskriminierungen von behinderten Menschen – gegenseitig.

Zwar werden nur an wenigen Stellen Geschlechterverhältnisse explizit thematisiert (etwa im Falle Leila Faridzadehs), dennoch wird deutlich, unter welcher Belastung gerade alleinerziehende Mütter stehen, die sich dafür verantwortlich sehen, ihre Kinder zu versorgen, ihr Leben abzusichern und die rechtlichen Rahmenbedingungen für eine Existenz in Deutschland zu schaffen. Hier zeigt sich eine Verschärfung ihrer Situation durch die Verwobenheit und Überschneidung von migrationsbedingten Ausgrenzungen, sozioökonomischen Faktoren, Geschlechterverhältnissen und Behinderung.

5.5.2 Orientierung »Suche nach Möglichkeiten der Handlungsbefähigung«

In den Gesprächen mit den Eltern zeigt sich darüber hinaus, dass die Familien hohe Bildungsaspirationen haben. Das Gros der Eltern – insbesondere der Mütter – bemüht sich, Teilhabechancen für ihre Kinder über Bildung zu erwirken. Die meisten Eltern positionieren sich kritisch gegenüber Sonderstrukturen des Bildungssystems und kämpfen um gute Bildungsmöglichkeiten für ihre Töchter und Söhne, um ihnen ein gutes Leben und eine gelingende praktische Lebensführung in Aussicht zu stellen[60].

Die Suche nach adäquaten Fördermöglichkeiten und der Wunsch nach Selbstständigkeit und Handlungsbefähigung hängen eng mit den zuvor geschilderten Schwierigkeiten in der Inanspruchnahme von Hilfen zusammen. Das Streben nach einem höheren Maß an Selbstständigkeit soll die Söhne und Töchter vom Hilfesystem, auf das sie sich aus Sicht der Eltern nicht verlassen können, unabhängig machen. Doch viele der Eltern werden, das konnten die Interviewanalysen zeigen, immer wieder mit Machtasymmetrien konfrontiert, die sie auf ihrer Suche nach Handlungsbefähigung stören und ihre gesellschaftliche Partizipation behindern und die zur strukturellen Benachteiligung der Kinder beitragen.

Die oft propagierte Erziehungs- und Bildungspartnerschaft zwischen Institutionen und den so genannten Migrantenfamilien (vgl. Amirpur 2010), die Eltern in die institutionelle Bildung ihrer Kinder einbezieht, beinhaltet, dass die Familien zum einen Unterstützung bekommen, aber zum anderen als gleichberechtigte Partner*innen mit ihren Kompetenzen anerkannt werden. Die Beobachtung in der pädagogischen Praxis ist vor diesem Hintergrund paradox, kritisiert Boos-Nünning. So werde ein erheblicher Teil der Eltern unterdurchschnittlich häufig im Bereich der formalen und nonformalen Bildungseinrichtungen im Zusammenhang mit der Bildung der Kinder erreicht, bei der Inanspruchnahme nahezu aller sozialer Hilfen seien die Familien unterrepräsentiert (Boos-Nünning 2011, 49). Zu dieser Erkenntnis kommt auch die hier vorliegende Arbeit: Die Interviewanalysen zeigen, dass die meisten Eltern gerade anfangs keinen Zugang zu Hilfen bzw. zur Behindertenhilfe haben. Aber insbesondere nach der Geburt der Kinder sind die Eltern auf Informationen angewiesen, die sie kaum erhalten bzw. die ihnen nicht adäquat vermittelt werden.

Strukturelle migrationsspezifische Barrieren auf dem Weg zur Handlungsbefähigung

Die Diagnoseeröffnung stellt für viele Familien, gerade vor dem Hintergrund fehlender oder geringer deutscher Sprachkenntnisse und fehlender Vertrautheit mit Begrifflichkeiten rund um die Diagnose, ein traumatisches Ereignis

60 | Dieser Gedanke entspricht dem (Handlungs-)Befähigungsansatz (Capability Approach) von Sen und Nussbaum (vgl. Sen 1992 und Nussbaum 2006), die nach den Bedingungen für ein »gutes Leben« suchen. Dabei wird der Bildung eine zentrale Bedeutung von Handlungsbefähigung zugeschrieben. Diese Idee entspricht der Orientierung der Eltern, die deswegen analog zum Ansatz benannt wurde.

dar. Vor allem eine recht unvermittelt eröffnete Diagnose führt zu einer Art Schock bei den Eltern.

Wie andere allgemeine Studien zur Lebenssituation von Familien im Kontext von Behinderung (vgl. Kap. 3.2) kommt auch die hier vorliegende Untersuchung zu dem Ergebnis, dass die Eltern den Kontakt zum Hilfesystem als Belastung empfinden: Plötzlich sind sie mit Institutionen konfrontiert, die in ihr Leben und das ihres Kindes eingreifen und die in den meisten Fällen beginnen, ihr Kind vom bisherigen Umfeld in Kita und Schule zu separieren.

Es zeigt sich aber, dass die Eltern, die erst nach Jahren eine konkrete Diagnose erhalten, die Zeit der Unwissenheit und den ständigen Kampf um Informationen ebenfalls als starke Belastung empfinden, auch aus Sorge, wertvolle Zeit zu vergeuden, in der eine Förderung ihres Kindes längst hätte stattfinden können. Die Odyssee durch das Versorgungssystem, auf die sich Eltern in dieser Zeit begeben, ist für sie von Hoffen und Bangen gezeichnet. Der Kampf um Informationen hat auch Auswirkungen auf das Kind, das von einer Stelle zur nächsten geschickt wird und sich reihenweise Untersuchungen unterziehen muss. Wird die Beeinträchtigung des Kindes nicht unmittelbar nach der Geburt festgestellt, verfallen die Eltern in eine hektische Umtriebigkeit, um Sicherheit zu erlangen. Neue Kontakte, die die Eltern auftun, lassen sie erneut hoffen, endlich den richtigen Ansprechpartner/die richtige Ansprechpartnerin gefunden zu haben, um Antworten zu erhalten. Eine Diagnose führt zu einer größeren Sicherheit bei den Familien. Ohne Diagnose werden zudem wichtige »Befähigungsansätze« (wie Kommunikationsförderung für Autist*innen o. ä.) nicht eingeleitet, die Möglichkeiten des Kindes zur Unterstützung seiner Partizipation bleiben unberücksichtigt. Auch für den Erhalt eines Schulplatzes im Gemeinsamen Unterricht gilt eine Diagnose oft als Voraussetzung. Der Zugang zu Hilfen und die Möglichkeiten der Teilhabe werden von einer Zuschreibung bzw. der Herstellung von Behinderung abhängig gemacht.

Es sind insbesondere strukturelle migrationsspezifische Barrieren, die die Informationssuche erschweren lassen. Die drei Mütter, die über gute Deutschkenntnisse verfügen (Fariba Mostafawy, Güner Mutlu und Merve Akgün), berichten von einer sie aus dem Hilfesystem begleitenden Fachkraft, die sie sehr schätzen. Sie erleben sich ab diesem Zeitpunkt erfolgreich im Hilfesystem. Hier deutet sich ein Zusammenhang zwischen den durch die Fachkräfte bei den Eltern wahrgenommenen geringen Deutschkenntnissen an und der Bereitschaft, sie auf dem Weg durch das Hilfesystem zu begleiten. So scheinen die Fachkräfte des Hilfesystems davon auszugehen, dass die Sprachkenntnisse im Deutschen vollkommen sein müssen, um Ansprüche geltend machen bzw. um Informationen vermitteln zu können. Andere unter den befragten Eltern beklagen sich, nicht systematisch begleitet und informiert worden zu sein. Das ist dann besonders problematisch, wenn sprachliche Barrieren die Möglichkeiten der selbstständigen Informationssuche stark einschränken. Fehlen den

Familien die notwendigen Hintergrundinformationen, können in Beratungsgesprächen auch keine gezielten Fragen gestellt werden.

Beratungssituationen oder andere Interaktionen mit dem Hilfesystem sind aufgrund unterschiedlich verfügbarer Ressourcen zwischen Beratendem und Ratsuchendem häufig durch Machtasymmetrien gekennzeichnet, bspw. durch den ungleichen rechtlichen oder sozialen Status. Viele Eltern fühlen sich in der Kommunikation mit Institutionen nicht ernst genommen und respektiert. Schwerwiegende Entscheidungen werden über ihren Kopf hinweg getroffen und schaffen ein Gefühl der Ohnmacht, wie z. B. Djavad Moini oder Bilal Yildirim schilderten. Gehört zu werden oder nicht, sich durchsetzen zu können oder nicht, hängt von der jeweiligen sozialen Position ab. Eine Asymmetrie ist allein schon durch die lingualen Machtstrukturen im Hilfesystem gegeben.

Die Unrechts- und Diskriminierungserfahrungen, die Eltern auf der »Suche nach sozialer Absicherung« in Behörden gemacht haben, können zu einem generellen Misstrauen gegenüber Behörden und Bildungsinstitutionen auf der Suche nach Befähigung führen. So berichtet bspw. Azade Moini von »Qualen«, die dazu geführt haben, dass sie die Angebote der Behindertenhilfe nicht mehr eingefordert und einen Kontakt vermieden hat.

Die fehlende Beratung bemängeln einige der befragten Familien. Sie seien allein gewesen, es habe »kein Konzept« für ihre Kinder gegeben und sie hätten in vielen Fällen ein Gefühl von »Sicherheit« vermisst. Es sei kaum möglich, zu den pädagogischen Fachkräften eine Bindung aufzubauen. Fariba Mostafawy spricht von einer »Distanz«, die in Deutschland aufrechterhalten werde, und verallgemeinert ihre Erfahrungen und Beobachtungen damit, Parissa Bahmani und Salma Kolat sprechen von einem Dilemma. Wieder tauchen das Bild der »Selbstverschuldung« und die damit einhergehende Erkenntnis des Verlusts von Ressourcen durch die Migration auf. Wussten sie in ihrem Herkunftsland, was zu tun war, können sie in Deutschland, so ihre Einschätzung, kaum etwas für ihre Kinder tun.

Die Behinderung, die die Eltern auf der Strukturebene erleben, hat Auswirkungen auf ihre Konstruktion der Identität als Eltern eines behinderten Kindes: Die Behinderung des Kindes wird verstärkt wahrgenommen und problematisiert. Das häufige Treffen auf Restriktionen und die Ohnmachtserfahrungen beeinträchtigen ihr Streben nach Partizipation. So zeigt sich nach den Interviewanalysen, dass besonders die Eltern (auch hier insbesondere die Mütter) nach Möglichkeiten der Befähigung ihrer Kinder streben und sich aufreiben, die sich auf der Suche nach sozialer Absicherung erfolgreich zeigten. Hier wird ein Zusammenhang zwischen vorhandenen Ressourcen und Zugang zu weiterer Befähigung sichtbar, der das Matthäusprinzip im Hilfesystem bestätigt: Die Eltern, die viel Kraft und Ausdauer zur Sicherung ihrer sozialen Existenz einsetzen müssen, haben kaum noch Kapazitäten, an anderer Stelle Kämpfe auszutragen, sich in die Bildungsprozesse einzubringen, obwohl sie bspw. angeben, dass sie mit den von Bildungseinrichtungen angebotenen Möglichkeiten unzufrieden sind. Am Beispiel der Familie Yildirim hingegen wird deutlich, dass sie die aufreibenden Gespräche in Bildungsinstitutionen nicht mehr bewältigen und – nachdem sie sich bei anfänglichen Versuchen, sich zu wehren, nicht erfolgreich zeigen – in Passivität verharren.

Faktoren für die Stärkung von Widerstand(sfähigkeit) und Ressourcen für die Suche nach Handlungsbefähigung

Die Expertise aus dem Herkunftsland

Nicht alle bleiben unter schwierigen Ausgangsbedingungen passiv, es gibt Ausnahmen: Auch Salma Kolat und Parissa Bahmani sind in einer schwierigen finanziellen Situation, sind »Rassismuserfahrene« (vgl. Mecheril 1997, 175 f.) und gesellschaftlich isoliert. Sie können im Gegensatz zu anderen Familien nicht von Resilienzfaktoren wie einem ausgeprägten sozialen Netzwerk (wie im Falle der Özdemirs oder Mutlus) oder einem Kraft spendendem Glauben (Nermin Ataman oder Jale Karimi) profitieren. Dennoch sind sie aktiv im Bildungssystem, sind darum bemüht, ihren Handlungsrahmen zu erweitern, kümmern sich um die Förderung und Partizipation ihrer Kinder, versuchen, sich separierenden und inadäquaten Maßnahmen im Schulsystem zu widersetzen. Zwar kann Salma Kolat einen höheren Bildungsgrad vorweisen, Parissa Bahmani allerdings nicht. Sie scheinen also aus Ressourcen zu schöpfen, die nicht entlang der üblichen Differenzlinien wie finanzielle Sicherheit oder Bildungshintergrund verlaufen. Was beide Mütter eint, ist die Geburt ihrer Kinder im Herkunftsland. Parissa Bahmanis Söhne und Salma Kolats Tochter haben ihre ersten Lebensjahre dort verbracht. In dieser Zeit hatten die Mütter Gelegenheit, sich eine Expertise im Umgang mit der Behinderung ihrer Kinder anzueignen. Sie haben dort alle ihnen offen stehenden Ressourcen genutzt, um den Kindern Bildungsmöglichkeiten anzubieten und die Entfaltung ihrer Kinder beobachten können – sie haben sich dort als handlungswirksam erfahren. Die Expertise und ihre Erfahrungen importieren sie nach Deutschland und können davon in der Migrationssituation zehren. Kenntnisse über Wege und Aussichten für ihre Kinder aus dem Herkunftsland lassen sie in Deutschland auch bei Ablehnungen hartnäckig bleiben. Auch mit geringen Deutschkenntnissen bleiben diese Familien handlungsfähig, da sie über ein differenzierteres Wissen um Möglichkeiten der Bildung und Partizipation ihres Kindes aus dem Herkunftskontext verfügen, auf das sie auch hier zurückgreifen.

Hilflos fühlten sich insbesondere die Eltern, die bei der Geburt ihres Kindes bereits in Deutschland lebten und sich mit lingualen Machtstrukturen im Hilfesystem konfrontiert sahen. Das Hilfesystem in Deutschland vermag es demnach nicht, diese Eltern ausreichend zu stärken.

Allerdings zeigt sich am Beispiel von Parissa Bahmani auch, dass das Wissen um Bildungs- und Partizipationsmöglichkeiten nicht als alleiniger Schlüssel für den Zugang zu Hilfen und einer guten (Aus-)Bildung verstanden werden kann. Neben der Notwendigkeit einer Diagnosestellung (die ihre Söhne nicht besitzen) muss sie außerdem feststellen, dass die Einbringung von Kompetenzen von einer Anerkennung, Respektierung und Würdigung ihrer Person und ihrer Expertise abhängen. Die Erfahrung der eigenen Handlungsmächtigkeit ist auch von den Bedeutungen abhängig, die spezifischen Fähigkeiten in sozialen Kontexten zugeschrieben werden (Grundmann 2008, 135). Die ihr kaum entgegenbrachte Anerkennung und die Geringschätzung ihrer Person verortet Parissa Bahmani in einen Zusammenhang mit rassistischen Verhaltensweisen der Akteur*innen der entsprechenden Institutionen – bspw. vor dem Hintergrund von »Abstammungs- oder Herkunftskonstruktionen [...] als Hinweise auf moralische oder intellektuelle Unterschiede« (Mecheril 1997, 180). Auch Hartnäckigkeit und Rebellion können hier nur begrenzt Einfluss ausüben und kompensatorisch wirken.

Die Sicherheit im Umgang mit Institutionen, die (Be-)Achtung ihres Wissens und ihrer Wünsche, die Möglichkeit, sich durchzusetzen und machtvollen Auseinandersetzungen im Kontakt mit Bildungsinstitutionen Stand zu halten, ist vielen Müttern und Vätern, die auf linguale Machtstrukturen im Hilfesystem treffen, nicht gegeben – insbesondere bei einem niedrigeren sozialen Status. Auch ein höherer Bildungshintergrund kann hier nur begrenzt ausgleichen. Der Bildungshintergrund führt eher dazu, dass die Eltern ihre eigenen Ressourcen nutzen, die Mängel nach Schulschluss auszugleichen und in die Lehrerinnenrolle (es sind ausschließlich Mütter) schlüpfen.

Der transnationale soziale Raum schafft Bildungsräume

Wie auch im Rahmen der Orientierung »Suche nach sozialer Absicherung« bietet der transnationale soziale Raum auf der Suche nach Handlungsbefähigung eine Perspektive für die Familien. So nutzt Salma Kolat auch Jahre nach der Migration die Ressource des Herkunftslandes für die Schaffung von Bildungsräumen. Mängel und Rückschrittlichkeit, die in Deutschland im Umgang mit behinderten Menschen identifiziert werden, können durch die Nutzung des transnationalen sozialen Raumes ausgeglichen werden. Salma Kolats Erleben und Verhalten irritiert »nationalstaatlich konzipierte(n) Vorstellungen von Bildungserfolg«, denen zufolge der Eintritt in das deutsche Bildungssystem automatisch einen Aufstieg gegenüber dem Herkunftskontext bedeutet (Apitzsch/Siouti 2008, 101): Sie schickt ihre Tochter in den Sommerferien regelmäßig in die Türkei, um ihr dort neue Möglichkeiten zu eröffnen – zugutekommt ihr dabei ein höherer sozialer Status in der Türkei, den sie durch die Migration nach Deutschland hier nicht geltend machen kann. Allerdings basiert die Nutzung des transnationalen Netzwerkes nicht auf einer autonomen Entscheidung, sondern ist auch als Reaktion auf die rechtliche und soziale Ausgrenzung zu verstehen, die sie in Deutschland erlebt.

Das Streben nach inklusiven Bildungssettings als Schlüssel zur Handlungsbefähigung

Die Eltern betrachten die Bildung ihrer Kinder als Schlüssel zu deren Handlungsbefähigung und zur Verbesserung ihrer Zukunftsaussichten – und das unabhängig von ihrem eigenen Bildungshintergrund. Dabei fordern sie einen Zugang zu allgemeiner, inklusiver Bildung statt »besondernden« Bildungssettings. Fast einheitlich stehen sie der Struktur des Förderschulsystems und den separierenden Maßnahmen kritisch gegenüber. Ausnahmen sind Jale Karimi und Merve Akgün, die insbesondere die mit der Förderschule verbundenen geringen Gruppengrößen loben: Jale Karimi weiß um ihre eigenen geringen Deutschkenntnisse und hofft, dass Puran in kleinen homogenen Schulklassen in der Förderschule ausreichend Aufmerksamkeit erhält, um ihre Deutschkenntnisse zu verbessern, die sie ihr selbst nicht vermitteln kann. Merve Akgün hat das Gefühl, dass ihre Tochter in Bezug auf ihre Hämophilie in bspw. überschaubaren Klassen sicherer aufgehoben ist.

Der Grad der Zufriedenheit mit der inhaltlichen Arbeit der Förderschulen ihrer Kinder ist durchaus unterschiedlich. So sind bspw. die Familien Moini oder Özdemir durchaus dankbar, dass ihren Söhnen mit großer Geduld basale Kompetenzen vermittelt worden sind. Mängel, die die anderen Eltern wahrnehmen, sind: fehlende Förderung, keine Möglichkeiten der Entwicklung, Aufbewahrung statt Bildung und Teilhabe oder die fehlende Rücksichtnahme auf die Bedürfnisse ihrer Kinder (bspw. Nachteilsausgleich oder die Kompetenzen in der Herkunftssprache).

Die Eltern geben an, zufrieden mit den Bildungseinrichtungen ihrer Kinder zu sein, wenn sie die Erfahrung machen, dass sie informiert werden, als Expert*innen ihrer Kinder anerkannt werden, wenn sie am Schulleben teilhaben dürfen und die Kinder gerecht und respektvoll behandelt werden.

Die Not und die Sorge darüber, eventuell vorhandene oder mögliche Mittel und Wege für die Förderung der Kinder nicht in Betracht zu ziehen oder zu übersehen, ist auch abhängig vom Grad der Notwendigkeit, das behinderte Kind in partizipativen Prozessen unterstützen zu müssen, wie sich in der Schilderung von Merve Akgün zeigt. In ihrem Fall sind die Barrieren rund um die offiziell diagnostizierte Behinderung des Kindes nicht der Faktor, der die Tochter isoliert. Das Wissen und das Vertrauen darin, dass die Tochter ihren Weg gehen wird, lässt sie entspannt mit den Bildungsinstitutionen umgehen. Im Gegenteil: Die plötzlich wahrgenommene Behinderung der Tochter führt dazu, dass die Mutter, die zuvor aufgrund rassistischer bzw. antimuslimischer Diskriminierungen gesellschaftlich isoliert war, plötzlich Kontakt zu Bildungsinstitutionen herstellt.

Um aktiv am Bildungsfortschritt ihrer Kinder mitwirken zu können und wichtige Informationen zu erhalten, entwickeln vor allem die Mütter unterschiedliche Strategien: Diese reichen von der völligen Kontrolle des pädagogischen Alltags und des Widerstandes gegenüber pädagogischen bzw. therapeutischen Fachkräften, wie im Falle von Parissa Bahmani oder Leila Faridzadeh, über vorgebliche Passivität in der Schule (bei enormer Aktivität zu Hause) und einem unauffälligen Bewegen im System, um sich nicht »unbeliebt« zu machen, wie bei Fariba Mostafawy und Jale Karimi, bis hin zur Konformität und Assimilation, immer bereit, sich einzusetzen und einzuspringen, um den Anforderungen der Institutionen an die Rolle der Eltern gerecht zu werden, wie im Falle von Güner Mutlu. Alle diese Befragten verbindet die Suche nach Möglichkeiten einer Unterstützung der Handlungsbefähigung ihrer Kinder.

Die Strategien der Mütter haben unterschiedliche Folgen: Parissa Bahmanis offensiver Widerstand läuft ins Leere, ihr fehlen Adressat*innen möglicher Solidarisierung. Leila Faridzadeh hingegen findet in der ethnischen Community professionelle Fürsprecher*innen, die sich im Rahmen ihrer sozialarbeiterischen und medizinischen Tätigkeiten für sie einsetzen. Damit die professionellen Akteur*innen erfolgreich agieren können, zieht sie sich aus strategischen Gründen zurück und hält sich im Hintergrund, schließlich weiß sie um ihren sozialen Status und ihre begrenzten Einflussmöglichkeiten. Auch Fariba Mostafawy und Jale Karimi verhalten sich strategisch. Sie behalten mit ihrer defensiven Haltung zwar den Überblick über die Situation ihrer Kinder in den Bildungsinstitutionen, regen mit ihrer Passivität aber kaum Veränderungsprozesse an, sondern stabilisieren stattdessen durch Anpassung die Strukturen.

Je nach Ressourcen versuchen die Mütter die Mängel, die sie in den Bildungsinstitutionen erkennen, dann durch eigene Maßnahmen bzw. spezifische Verhaltensweisen auszugleichen, in der Regel trauen sie sich aber nicht, offensiv Hilfe von den Institutionen einzufordern. Güner Mutlu, die sich erst widersetzt und dann bemerkt, dass es sich einfacher agieren lässt, wenn sie sich anpasst, übernimmt Diskurse im Hilfesystem gegenüber den so genannten Migrantenfamilien und festigt so – für den Erhalt von Anerkennung – Stereotype über sich selbst benachteiligende Familien im Migrationskontext. Sie wird Teil des Systems und genießt im Gegenzug Vorzüge durch Einbezug und Informationsweitergabe.

5.5.3 Orientierung »Suche nach Entlastung«

Die Familien, vor allem die Mütter, zeigen trotz sprachlicher und bürokratischer Barrieren und des Gefühls der Machtlosigkeit Durchhaltevermögen. Dabei stehen die Bedürfnisse ihrer Kinder im Vordergrund. Deutlich seltener sprechen die befragten Eltern bzw. Mütter von dem Wunsch nach Entlastung als betreuende Person.

Strukturelle migrationsspezifische Barrieren und traumatische Erfahrungen erhöhen Entlastungsbedarf

So sind es insbesondere die Familien, die sich Entlastung wünschen, die nicht oder nur eingeschränkt auf Ressourcen und Resilienzfaktoren, wie bspw. ein sie unterstützendes Netzwerk, zurückgreifen können und die auf der Suche nach sozialer Absicherung nur bedingt erfolgreich sind. Sie sind sozialen Benachteiligungen ausgesetzt, was sich auch in den Möglichkeiten der adäquaten Betreuung und der Handlungsbefähigung ihrer Kinder widerspiegelt. Charakteristisch sind für diese Familien aber vor allem traumatische Erfahrungen, die sie im Zusammenhang mit der Behinderung des Kindes gemacht haben, wie etwa Leila Faridzadeh, Nermin Ataman oder die Familie Moini – sei es durch die Schwere der Behinderung bzw. Krankheit oder durch die daraus resultierenden Kämpfe auf Strukturebene, die die Eltern austragen mussten. Insbesondere die Mütter und Eltern, die ihre Kinder über längere Zeit im Krankenhaus begleiten mussten und bei denen das Überleben der Kinder am seidenen Faden hing bzw. nach wie vor hängt, wünschen sich eine psychosoziale Begleitung, eine psychologische Betreuung oder eine Entlastung im Alltag bei der Versorgung ihrer Kinder – bspw. im Rahmen eines familienunterstützenden Dienstes. In den meisten Fällen treffen beide Faktoren aufeinander: die fehlende soziale Absicherung und die traumatischen Erfahrungen.

Ansprüche an potentielle Entlastungsangebote variieren

Die Vorstellungen von Entlastung in den Familien sind sehr unterschiedlich – mit zum Teil basalem Charakter: Nermin Ataman bspw. wünscht sich Unterstützung durch die Familie oder den Freundeskreis, die Verständnis für ihre Trauer zeigen, und sich um ihre älteren Töchter kümmern, während sie mit der Versorgung der chronisch kranken Tochter befasst ist. Der Erhalt einer institutionell angesiedelten Unterstützung entzieht sich der Vorstellungskraft der Mutter, die bislang keinerlei institutionelle Unterstützung angeboten bekommen hat. Salma Kolat, Parissa Bahmani oder Leila Faridzadeh benötigen eine Entlastung im Rahmen des FUD. Sie kritisieren allesamt, dass das Personal der Träger der Behindertenhilfe schlecht ausgebildet sei, um zum einen den Bedürfnissen der Töchter bzw. der Söhne ausreichend gerecht werden und sie zum anderen in partizipativen Prozessen unterstützen zu können.

Die Strategien im Umgang mit dem als mangelhaft empfundenen Hilfesystem und den unterstützenden Diensten sind unterschiedlich: Parissa Bahmani gibt nach und verzichtet deswegen auf weitere unterstützende Dienste. Leila Faridzadeh kritisiert die Mitarbeiter*innen und zieht damit deren Unmut auf sich. Salma Kolat ist als alleinerziehende Mutter von drei Kindern besonders auf die Dienste angewiesen. Sie versucht, ihren Anspruch auf Unterstützung durch das Hilfesystem wahrzunehmen, nutzt ihre nach Deutschland importierte Expertise und lernt die Mitarbeiter*innen in ihrem Sinne an. Leila Faridzadeh fühlt sich alleingelassen: Eine konstante psychologische Betreuung für die Verarbeitung ihrer extremen Belastungen, mit denen sie durch ihre Auseinandersetzungen mit den Sozialstrukturen, mit ihrer Familie und im Kampf um das Überleben der Tochter ausgesetzt war, hat sie aufgrund ihrer schwierigen rechtlichen Situation nicht erhalten. Stattdessen wird sie immer wieder mit Auflagen konfrontiert, die sie zu erfüllen hat und die in einem Zusammenhang mit ihrem Migrationsstatus stehen.

6 Schlussfolgerungen

Die Untersuchung verfolgte das Anliegen, die Forschungslücke an der Schnittstelle von Migration und Behinderung zu reduzieren. Ziel war es, neue Perspektiven und geeignete Informationen für die Ausgestaltung inklusiver Entwicklungsprozesse anzubieten. Die Notwendigkeit und der Bedarf an grundlegenden Informationen zu den Lebenslagen der Familien werden auch durch die UN-BRK untermauert (vgl. Art. 31). Die intersektionale Perspektive in den Analysen und die Darstellung der typisierten Orientierungen konnten schließlich vielfältige Barrieren im Hilfesystem offenbaren, die den Familien und den behinderten Kindern in ihrem Streben nach gesellschaftlicher Teilhabe im Weg stehen.

Weil gleichzeitig Strategien der Familien im Umgang mit diesen Barrieren und ihre Widerstände aufgezeigt werden, rückt diese Untersuchung von einer defizitorientierten Perspektive ab. Des Weiteren wurden Wünsche der Familien benannt, die sie entweder sehr konkret selbst formulierten oder aber anhand von gelungenen Beispielen über eine funktionierende Zusammenarbeit mit den Akteur*innen des Hilfesystems verdeutlichten.

Der Darstellung der Ergebnisse anhand von Orientierungen der Eltern im Hilfesystem folgt nun eine Zusammenfassung der Ergebnisse. Diese werden zu den Forderungen der UN-BRK (Kap. 1), zu den Erkenntnissen aus dem Forschungsstand zu »Familie und Behinderung« (Kap. 3) sowie zu den bisherigen Untersuchungen zu »Migration und Behinderung« in Beziehung gesetzt (Kap. 2 und 3). Dabei wird analysiert, ob und welche der herausgearbeiteten Barrieren der gesellschaftlichen Teilhabe sich als migrationsspezifisch charakterisieren lassen, um diese Erkenntnisse für weitere Untersuchungen und Maßnahmen zur interkulturellen Öffnung im Hilfesystem fruchtbar zu machen. In einem Ausblick werden schließlich an die Untersuchung anschließende und weiterführende Fragen formuliert.

6.1 Migrationsbedingt behindert?

Strukturelle Rahmenbedingungen an der Schnittstelle von Migration und Behinderung

Durch die Darstellung der Lebenswirklichkeiten der Familien konnten Einflüsse auf die Möglichkeiten der Teilhabe der Familien und ihrer behinderten Angehörigen ausgemacht werden. Die strukturellen Rahmenbedingungen an der Schnittstelle von Migration und Behinderung haben einen großen Einfluss auf die Handlungsoptionen der Familien in der (Aus-)Gestaltung ihrer gesellschaftlichen Teilhabe. Die Strukturen schaffen in den meisten Fällen einen begrenzenden Rahmen und schränken die Handlungsmöglichkeiten der Familien ein. Es zeigt sich, dass die in Kapitel 1 aufgezeigten Forderungen und Richtlinien der UN-BRK für die Umsetzung der Menschenrechte von behinderten Menschen im Migrationskontext nur unzureichend umgesetzt werden: Weder der von der UN-BRK eingeforderte Schutz der Familie wird beim Großteil der Interviewten erfüllt, um zum vollen und gleichberechtigten Genuss der Rechte von behinderten Menschen beitragen zu können, noch der Zugang zu inklusiver Bildung oder die Gewährleistung der Entwicklung eines Höchstmaßes an Unabhängigkeit durch umfassende Programme und Dienstleistungen zur Rehabilitation/Habilitation, die frühestmöglich einsetzen und auf multidisziplinären Bewertungen beruhen sollen. Die Interviewanalysen bestätigen außerdem statistische Erhebungen, aus denen eine besondere Armutsgefährdung von behinderten Menschen im Migrationskontext hervorgeht (vgl. Kap. 2.1). Zum Großteil wird also auch die Forderung der UN-BRK zum Anrecht auf positive Entwicklungen des Lebensstandards nicht erfüllt.

Schärfung des Bewusstseins für behinderte Menschen in der Familie

Mit der Ratifizierung der UN-BRK haben sich die Vertragsstaaten dazu verpflichtet, das Bewusstsein für behinderte Menschen in der Familie zu schärfen, ihre Achtung und Würde zu fördern. Die schwerwiegenden Folgen bei einer Vernachlässigung dieses Aspektes zeigt der Fall der »Familie Moini« beispielhaft und eindrücklich. Neben den von der UN-BRK geforderten öffentlichkeitswirksamen Kampagnen zur Bewusstseinsbildung und Schulungen für das pädagogische Personal kommt auf der Ebene der Familie den Trägern der Behindertenhilfe eine besondere Verantwortung für die Umsetzung von sofortigen, wirksamen und geeigneten Maßnahmen (Art. 8, UN-BRK) zu.

Uneingeschränkter Zugang zu Informationen

Insbesondere der Zugang zu uneingeschränkten Informationen für Eltern, das zeigen die Analysen, ist nicht erfüllt. Dabei sind es gerade das Wissen und die Informationen um die Möglichkeiten der Kinder, die den Eltern Handlungs-

und Verhaltenssicherheit geben. Dies bestätigen auch die einschlägigen Studien zu »Familie und Behinderung« (vgl. Kap. 3.2). So ist die in der Präambel der UN-BRK (Abschnitt i) von den Vertragsstaaten geäußerte Sorge bezüglich der schwierigen Bedingungen und Diskriminierungen, mit denen behinderte Menschen im Migrationskontext und weiterer intersektionaler Ausgangslagen konfrontiert werden, mehr als berechtigt.

Kaum Unterschiede zwischen migrierten und nichtmigrierten Eltern

Die hier vorliegende Untersuchung zeigt auch, dass sich die Orientierungen migrierter Familien entgegen der weitläufigen Annahme (vgl. Kap. 2.2 und 3.3) kaum von denen der nichtmigrierten Familien unterscheiden. Allerdings werden die Orientierungen der Familien, wie bereits in Kapitel 3.3 dargelegt, vom Hilfesystem und einschlägigen Studien im Rahmen der Behindertenpädagogik, die nicht über die Expertise zum Thema »Migration« verfügen, unterschiedlich interpretiert. Die »belastete behinderte Familie« mit *psychischen Dispositionen* wird der sich selbst benachteiligenden »Migrantenfamilie« mit einem behinderten Kind mit *kulturellen Dispositionen* gegenüber gestellt. Bei kontrastierender Gegenüberstellung der Untersuchungsergebnisse mit dem in Kapitel 3.2 aufgezeigten Forschungsstand zu »Familie und Behinderung« unter Einbezug der strukturellen Rahmenbedingungen sowie weiterer Heterogenitätsdimensionen zeigen sich folgende Gemeinsamkeiten und Unterschiede[1]: Alle Familien sind – unabhängig vom Migrationskontext – auf ihrer Suche nach Aufklärung zu behinderungsspezifischen Fragen, nach Angeboten familiärer Entlastung sowie auf der Suche nach differenzierten Konzepten der Förderung und Betreuung vereint. Ihre Forderungen an das Hilfesystem bezüglich der Weitergabe von Informationen sind identisch.

Es zeigen sich zudem Ähnlichkeiten in den Schwierigkeiten bei der Inanspruchnahme von unterstützenden Maßnahmen. So hat z. B. die bisherige Forschung zur Familie im Hilfesystem verdeutlichen können, dass *alleinerziehende Mütter* oder *Familien mit einem geringeren sozioökonomischen Status* im Allgemeinen von Ausgrenzungen und Benachteiligungen betroffen sind und sich nur schwer durchsetzen können. *Klassen- und Geschlechterverhältnisse* wirken sich erschwerend auf Möglichkeiten der Teilhabe aus. Statusmerkmale wie der formale Bildungsabschluss oder der Erwerbsstatus spielen grundsätzlich immer eine wesentliche Rolle für den Erhalt sozialer Ressourcen im Sinne des leichteren Zugangs zu Hilfen. Auch im Hinblick auf die *»Sprachbarriere«*

---

1 | Interessant ist auch der von Gummich vorgenommene Vergleich von Behinderung und Migration als Benachteiligungsmerkmale (Gummich 2010, 137 ff.). Sie stellt Behinderung als rechtliche Definition der Definition des Migrationshintergrundes als statistische Größe gegenüber, um die »Ereignisse und Prozesse an diskriminierungsrelevanten Schnittstellen besser zu verstehen« (ebd., 140).

kann festgestellt werden, dass diese nicht ausschließlich an Kenntnissen in der deutschen Sprache festgemacht werden kann. Denn mit lingualen Machtstrukturen sehen sich auch – wenngleich in anderer Ausprägung – nichtmigrierten Familien ohne bildungsbürgerliches Sprachregister und migrierte Eltern, die über gute Sprachkenntnisse im Deutschen verfügen, konfrontiert. Daraus wird ersichtlich, dass es neben der durch das System geschaffenen Barriere »Deutschkenntnisse« auch die Barriere »Fachsprache« bzw. »Behördendeutsch« ist, die Familien generell an der Umsetzung ihrer Rechte scheitern lassen. Hier muss allerdings hinzugefügt werden, dass es gerade die Familien sind, die keine ausgeprägt guten Deutschkenntnisse haben, die sich gegen ausgrenzende Praktiken nur in begrenztem Maße, unter großer Kraftanstrengung und (wenn vorhanden) durch das Hinzuziehen Dritter auflehnen können bzw. die seltener Unterstützung und Begleitung vom Hilfesystem angeboten bekommen.

Negative Verstärkung der Strukturkategorien von Migration und Behinderung

Bei allen Parallelen von migrierten und nichtmigrierten Familien in ihren Orientierungen und Barrieren im Hilfesystem zeigen die Analysen, dass sich die Kategorien Migration und Behinderung negativ verstärken können. Das liegt insbesondere an einer Reihe von strukturellen migrationsspezifischen Barrieren sowie an rassistischen Diskriminierungen. Dies zu übersehen, würde einer Bagatellisierung der Schwierigkeiten auf Strukturebene im Migrationskontext und der gesellschaftlichen Abwertungsprozesse, mit denen Migrant*innen speziell konfrontiert sind, gleichkommen.

Die Barrieren und Ausgrenzungserfahrungen haben unterschiedlichste Auswirkungen auf die Identitätskonstruktion als Familie mit einem behinderten Kind im Migrationskontext und die Werte und Normen, die sie in ihrem Handeln leiten. Sie reichen von Autonomiebestrebungen, über das Streben nach Anerkennung durch die Akteur*innen des Hilfesystems, Rebellion gegen das System, Verlust von Vertrauen in das System, die verstärkte Konstruktion der Behinderung des Kindes oder eine »Re-Ethnisierung« bis hin zur Etablierung des Bildes des Selbstverschuldens, Gefühlen der Isolation, Passivität und Aufgabe.

Zu wenig Wissen im Praxisfeld zu migrationsspezifischen Kontextbedingungen

Es lässt sich eine Leerstelle im Hinblick auf ein migrationsspezifisches Fachwissen – insbesondere zu rechtlichen Rahmenbedingungen – im Kontext von Behinderung seitens des Praxisfeldes erkennen. Gerade juristisches Fachwissen im Migrationskontext wird dringend benötigt, um die Familien adäquat unterstützen und beraten zu können.

Die Beziehung zu professionellen Akteur*innen und ihre Deutungshoheit über die familiäre Situation werden von allen Seiten als gleichermaßen belastend empfunden. Sie erkennen allesamt, dass das Hilfesystem nur begrenzt Unterstützung bietet und sie im Grunde auf sich alleine gestellt sind.

Das soziale Netzwerk als stützende Komponente

Das Ergebnis der allgemeinen Untersuchungen zu Familien im Kontext von Behinderung bezüglich des Stellenwertes des sozialen Netzwerkes kann auch in der hier vorliegenden Untersuchung bestätigt werden: Ein dauerhafter Kontakt zum Hilfesystem gelingt bei den Familien besser, die innerhalb der Familie und im sozialen Netzwerk einen stärkeren Zusammenhalt spüren.

Geschlechtsspezifische Zugangsmöglichkeiten zu Hilfen nicht bestätigt

Wie die bisherige Forschung außerdem darlegt, zeigen allgemeine Untersuchungen zu Familie und Behinderung, dass Männer durch die meist höheren Berufspositionen die Möglichkeit haben, sich Kompetenzen, die im formellen Hilfesystem benötigt werden, anzueignen, während Frauen, insbesondere, wenn sie für die Haus- und Familienarbeit zuständig sind, systematischen Beschränkungen unterliegen. Dieses Ergebnis kann durch die hier vorliegende Untersuchung nicht bestätigt werden. Die Kompetenzen schienen hier wenn nicht ausgewogen verteilt, dann sogar stärker bei den Frauen zu liegen. Dass die Familien nicht auf die Kompetenzen der Väter als Ressource im Umgang mit dem Hilfesystem zurückgreifen können, hängt mit den Tätigkeiten der Männer zusammen und partiell mit einer Deklassierung durch die Migration. So hatten die Väter (mit einer Ausnahme) kaum solche Berufspositionen inne, in denen sie sich weitreichende Kompetenzen hätten aneignen können.

(Migrationsspezifische) Ressourcen bieten Möglichkeiten zur Entwicklung von Widerstand

Bei einigen Familien lassen sich Ressourcen finden, die ihnen Möglichkeiten bieten, sich aufzulehnen und die sie auf der Suche nach Räumen für die Handlungsbefähigung ihrer Kinder unterstützen. Diese sind in vielen Fällen migrationsspezifisch.

Insbesondere die *Ressource des transnationalen sozialen Raumes* wurde in den bisherigen Studien zum Kontext von Migration und Behinderung nicht erkannt. Im Gegenteil: Stattdessen wurde die bereits im Praxisfeld vorhandene Annahme, dass Kontakte zum Herkunftsland sich nachteilig auf die Entwicklung des Kindes auswirken könnten, auch wissenschaftlich untermauert (vgl. Kap. 2.2). Die Literatur und öffentliche Diskurse bewerten Herkunftskontexte als eher hinderlich oder aber nicht unterstützend, bspw., so die geäußerte Vermutung, kämen im Herkunftsland zweifelhafte Heilungsmethoden für die Kinder zum Einsatz. Nicht gesehen wird, dass der transnationale soziale Raum es vermag, rechtliche Restriktionen oder gesellschaftliche Ausschlüsse für behinderte Menschen auszuhebeln bzw. zu kompensieren. Kenntnisse aus dem Herkunftsland über Partizipationsmöglichkeiten von behinderten Menschen lassen die Eltern bzw. die alleinerziehenden Mütter selbstbewusst im Hilfesystem agieren. Die Annahme, dass eine Orientierung an den Strukturen des Herkunftslandes sich nachteilig auf die Beteiligung des behinderten Angehörigen und den Zugang der Familien zum Hilfesystem auswirken, kann diese Untersuchung nicht erkennen. Die Interviews verweisen vielmehr auf das hohe Potential für Partizipationsprozesse, das im Einbezug von Kenntnissen aus den Herkunftskontexten liegen kann. Nachdem Familien durch die Überschneidung der Strukturkategorien Migration und Behinderung spezifische Ausgrenzungen und Abwertungen erleben, bringen sie also aus ihrer Migrationssituation heraus Ressourcen auf, die ihnen Möglichkeiten zur Entwicklung von Widerstand bieten.

Wie bereits angedeutet, bietet *das soziale Netzwerk* (sei es die Familie, der Freundeskreis oder die professionelle ethnische Community) Hilfen, Unterstützungen und gibt wertvolle Hinweise.

Ein hoher Bildungshintergrund kann entgegen meiner eigenen Vorannahmen nur eingeschränkt Benachteiligungen ausgleichen und kann bspw. lediglich kompensatorisch auf »Bildungslücken« der Schule wirken. Trifft ein hoher Bildungshintergrund z. B. auf linguale Machtstrukturen oder ist gleichzeitig mit einem niedrigen sozialen Status verbunden, wird die Ressource »Bildungshintergrund« von diesen Faktoren durch das System überlagert.

Schließlich konnten die Interviewanalysen zeigen, dass sich der *Glaube und die islamische Religionszugehörigkeit* der Familien, wie häufig im Praxisfeld angenommen und in der Literatur zu Migration und Behinderung bestätigt wird, nicht negativ auf die Partizipationsprozesse der Kinder auswirken. Sie sind kein Auslöser und Grund für Kontroversen im Sozialbereich (vgl. Kap. 2.2 und 3.3). Im Gegenteil: Ihr Glaube spendet einigen Familien Kraft und fördert ihr Durchhaltevermögen auf Strukturebene – sei es durch die Vorstellung der Prädestination oder durch die der Notwendigkeit einer Verantwortungsübernahme durch den Menschen – beide Haltungen entwickelt aus der islamischen Glaubenslehre.

Allerdings ist es grundsätzlich keineswegs selbstverständlich, dass Familien im Migrationskontext auf die oben genannten Ressourcen zurückgreifen können. Für viele Familien existiert die Option der Nutzung des transnationalen sozialen Raumes aufgrund ihrer Flucht aus dem Herkunftsland nicht oder die Familie ist in einer prekären finanziellen Situation, so dass Reisen für sie nicht umsetzbar sind. Zur Flucht gezwungene Familien bzw. Einzelpersonen können zudem häufig nicht auf ein erweitertes familiäres Netzwerk in Deutschland zurückgreifen. Auch von einer grundsätzlichen »Kraftquelle

Glaube« als einer verlässlichen Größe in muslimischen Familien (wie sie im Diskurs zum Islam in Deutschland häufig angenommen wird) kann keineswegs ausgegangen werden, sind die Familien doch auch im Hinblick auf ihre Religiosität äußerst heterogen. Vor allem aber sollten die Folgen der spontanen »Ausweichmanöver«, um den strukturellen migrationsspezifischen Barrieren zu entgehen, auch kritisch betrachtet werden[2]: Sie tragen zu einer Perpetuierung bestehender Strukturen in Deutschland bei. Sie führen in der Konsequenz dazu, dass die Notwendigkeit einer Weiterentwicklung im System und der Anpassung rechtlicher Rahmenbedingungen an die Nutzer*innen nicht erkannt wird, ausbleibt und das System seiner Verantwortung in der Folge nicht nachkommt, Strukturen, Kulturen und Praktiken (vgl. Kap. 3.4) im Rahmen inklusiver Entwicklungsprozesse so auszugestalten, dass Partizipation an der Schnittstelle von Migration und Behinderung ermöglicht wird.

Anhand dieser zusammenfassenden Ausführungen wird nochmals die Komplexität der Lebenslagen im Kontext von Migration deutlich. Umso mehr zeigt sich, dass die im Kapitel zu Familie und Behinderung vorgestellten Modelle zur »Bewältigung« von Behinderung in Familien, wie sie bspw. im Praxisfeld Anwendung finden und in der Literatur phasenhaft dargestellt werden, um sich ein »Bild« vom Bewältigungsprozess der Eltern machen zu können, ungeeignet sind, die in jedweder Hinsicht pluralen und heterogenen Lebensrealitäten der Familien abzubilden (vgl. Kap. 3.2).

Für die Relevanz kulturspezifischer Ansätze beim Umgang mit Behinderung – wie sie im Praxisfeld und der Behindertenpädagogik angenommen werden (Vgl. Kap. 2.2 und 3.3) – konnten keinerlei Hinweise gefunden werden. Im Gegenteil: Die Eltern legen großen Wert auf schulmedizinische Behandlungen und Untersuchungen. Die ebenfalls aufgedeckten eurozentristischen Perspektiven und die paternalistischen Einlassungen einschlägiger Publikationen und Forschungsarbeiten unterstützen den in der Praxis anzutreffenden machtvollen Otheringprozess und tragen dazu bei, eine Asymmetrie zwischen Hilfesystem und Familien aufrecht zu erhalten und zu verstärken. Maßnahmen des Hilfesystems, die diese Ansätze und Perspektiven zum Ausgangspunkt ihrer Veränderungsprozesse machen, gehen am eigentlichen Kern der Sache vorbei: Auf diese Weise werden die eigentlichen Benachteiligungen der Familien und ihrer Kinder nicht erkannt, ihre Ressourcen und ihre Expertise sowie ihre Bemühungen in ihrem Streben nach Teilhabe werden nicht nur ignoriert, sondern negiert.

---

2 | Siehe dazu auch Ausführungen zur Gefahr des Missbrauchs von Forschungsergebnissen (z. B. Ofner 2013, 271).

6.2 Weiterführende Fragen

Im Rahmen eines Ausblicks sollen nun an die Ergebniszusammenfassung abschließend weiterführende Fragen, die sich aus der hier vorliegenden Untersuchung ergeben, formuliert werden – auch im Hinblick auf offene Fragen und die Informationsgewinnung für die Gestaltung inklusiver Entwicklungsprozesse.

Inklusive Veränderungsprozesse setzen sich kritisch mit bestehenden strukturellen und institutionellen Verhältnissen auseinander, betrachten diese im Hinblick auf die Partizipationschancen eines bzw. einer jeden Einzelnen und zielen auf die Reduktion von Barrieren ab. Als Gelingensbedingung von Veränderungsprozessen an der Schnittstelle von Migration und Behinderung bedarf es der Berücksichtigung der Auswirkungen von Rassismus, Diskriminierung und sozialer Benachteiligung auf die Partizipationsmöglichkeiten der Betroffenen. Wenn die durch die vorliegende Untersuchung aufgedeckten (migrations-)spezifischen gesellschaftlichen Barrieren bei der Gestaltung und Konzeption inklusiver Entwicklungsprozesse bedacht werden, wird deutlich, was die Beteiligung der Familien erschwert.

Die Untersuchung bestätigt und unterstützt die von den Wohlfahrtsverbänden angemahnte interkulturelle Öffnung der Sozialverwaltung (vgl. Kap. 1.4). Daneben zeigt sich auch, dass den Wohlfahrtsverbänden selbst als Träger der Behindertenhilfe eine große Verantwortung zukommt. Auch hier herrschen – neben diskriminierenden Handlungen Einzelner – Diskriminierungen institutioneller bzw. struktureller Art (Scherr 2012, 39 f.), die dazu führen, dass Menschenrechte missachtet und die Grundfreiheiten vieler Familien eingeschränkt sind. Konzeptionen für Qualitätsentwicklungen im Kontext von Inklusion müssen den Anspruch erheben, die Mechanismen unterschiedlicher Formen von Diskriminierungen und die Machtverhältnisse, die die Kategorien Migration und Behinderung produzieren, aufdecken zu wollen. Neben einer Sensibilisierung der Akteur*innen des Systems für die Folgen von Diskriminierungen[3] bedarf es der Schaffung von Gelegenheiten, ihre eigene Positionierung in den verflochtenen Machtverhältnissen reflektieren zu können.

Zu empfehlen ist die Durchführung weiterer qualitativer Forschungen, die z. B. durch teilnehmende Beobachtungen die Ebene der Sozialstrukturen

3 | Hier lässt sich ein positives Beispiel der Bundesvereinigung der Lebenshilfe e. V. nennen, die mit Hilfe der Einrichtung einer Stabstelle Migration und Behinderung seit 2012 bundesweit Fachkräfte ihrer regionalen und lokalen Einrichtungen als Multiplikator*innen fortbildet und gemeinsam Handlungsempfehlungen entwickelt. Die Fortbildungen und die Handlungsempfehlungen nehmen eine rassismus- und kulturalismuskritische Perspektive ein. Weitere Informationen unter www.lebenshilfe.de/de/ansprechpartner/Schwalgin-Susanne.php.

miteinbeziehen und sich kritisch mit der Ebene der Institutionen mit ihren Kulturen, Strukturen und Praktiken auseinandersetzen (vgl. Booth/Ainscow 2011). Anknüpfend an die hier vorliegende Untersuchung könnten unter Einbezug der Erkenntnisse aus den teilnehmenden Beobachtungen Handlungsempfehlungen für die Gestaltung inklusiver Entwicklungsprozesse entwickelt werden.

Als Leerstelle sowohl in grauer Literatur als auch in wissenschaftlichen Untersuchungen konnten die rechtlichen Rahmenbedingungen an der Schnittstelle von Flucht und Behinderung erkannt werden. Hier fehlen Analysen und Informationen auf Strukturebene zu Handlungsrahmen, rechtlichen Bestimmungen und Beschränkungen, die für das Praxisfeld, aber auch für die Weiterentwicklung und für Optimierungsprozesse im Rahmen von Inklusion auf der Strukturebene notwendig wären. Hier muss allerdings auf die Beschränktheit von Maßnahmen zur interkulturellen Öffnung hingewiesen werden: Sie können an den strukturellen Barrieren, mit denen behinderte geflüchtete Menschen und ihre Familien konfrontiert sind, nur »Schönheitskorrekturen« und »Ausweichmanöver« vornehmen. Solange sich die rechtlichen Bestimmungen für diese Personengruppe nicht ändern, wird eine Öffnung im Sinne inklusiver Entwicklungsprozesse nicht möglich sein.

Zwar war diese Arbeit zweidimensional angelegt (Migration und Behinderung), es konnten aber weitere relevante Heterogenitätsdimensionen bzw. Strukturkategorien wie z. B. Geschlecht und Klasse aufgedeckt werden, die sich in ihrer Verwobenheit auf die Lebensgestaltung der in den Fokus genommenen Familien auswirken. Von diesen Erkenntnissen ausgehend, können künftige Untersuchungen sich von vornherein »drei- oder mehrdimensional« (Waldschmidt 2010, 37) ausrichten, die Wechselwirkungen einer vertieften Analyse unterziehen und so weitere Erkenntnisse über Einflussfaktoren auf Barrieren aufzeigen.

Nach der im Forschungsprozess vollzogenen Abweichung von der eigentlichen Forschungsfrage, die sich ursprünglich mit dem Stellenwert der islamisch geprägten Sozialisation im Umgang mit Behinderung befasste, zweifelte ich zunächst an der Sinnhaftigkeit der Zusammensetzung meines formal »muslimischen Samples« im Hinblick auf die neue Forschungsfrage. Nach der Analyse der Interviews zeigt sich aber, dass sich die Zusammensetzung des Samples gerade für die neue Forschungsfrage als gewinnbringend erwies: So konnten zum einen Klischees zum Umgang mit Behinderung in muslimischen Familien kritisch hinterfragt und dekonstruiert werden, zum anderen konnte eine weitere Komponente aufgedeckt werden, die zu spezifischen Ausgrenzungen der Familien führt: der antimuslimische Rassismus – insbesondere gegenüber Frauen. Um die Auswirkungen dieser seit Jahren prävalenten Form des Rassismus (vgl. Karakaşoğlu 2003, Attia 2010) mit seiner Charakteristik an der Schnittstelle von Behinderung genauer erfassen zu können, wären weitere vergleichende Untersuchungen nützlich, die auch Familien anderer Religionszugehörigkeit aus dem Migrationskontext bzw. Familien, denen durch die Mehrheitsgesellschaft nicht per se eine islamische Religionszugehörigkeit unterstellt wird, berücksichtigen.

Die befragten Eltern der hier vorliegenden Untersuchung haben allesamt eine eigene Migrationserfahrung und sind selbst gewandert, nur eine Mutter hat das Bildungssystem in Deutschland durchlaufen. Gewinnbringend für weitere Erkenntnisse zur Lebenslage und für die Schärfung der Charakteristika von Barrieren wäre auch die Betrachtung von Familien bzw. Eltern, die mit den Strukturen, Behörden und Institutionen in Deutschland aufgewachsen sind. Auch hier empfiehlt sich unbedingt eine heterogene bzw. mehrdimensionale Zusammensetzung des Samples. So wurde in der vorliegenden Untersuchung deutlich, dass Barrieren entstehen, die die Familien in der Wahrnehmung ihrer Menschenrechte behindern, weil ihre heterogenen und komplexen Ausgangslagen kaum berücksichtigt werden.

In der vorliegenden Untersuchung wurde der behinderte Angehörige bzw. das behinderte Kind aufgrund des Forschungsfokus‹ nicht in die Befragung einbezogen. Für weitere Erkenntnisse zu Barrieren und Ressourcen im Hilfesystem mit einem umfassenden Blick auf die Familie im Migrationskontext, bedarf es ihres Einbezugs – auch um ihre Wünsche in der Ausgestaltung inklusiver Entwicklungsprozesse beachten zu können.

Insgesamt halte ich den biographischen Zugang in Verbindung mit einer intersektionalen Analyse für besonders geeignet, um Barrieren in Partizipationsprozessen, die Benachteiligungslagen der Familien, ihre Orientierungen und Ressourcen aufzuzeigen. Studien, die die sozialen Ungleichheitslagen und die ungenutzten Ressourcen und Kompetenzen der Familien in den Blick nehmen, werden verdeutlichen, dass rezeptartige Konzepte zur »Kultur der Anderen«, die die soziale Komplexität versuchen zu vereinfachen und auf den Faktor der Kultur zu reduzieren, wenig zur Verbesserung der Situation der Kinder und ihrer Familien beitragen werden.

7 Literatur

AG Sprache, Bildung und Rassismuskritik (2012): Paternalismus als migrationsgesellschaftliches Herrschaftsverhältnis in der Erwachsenenbildung. Die Gaste, Ausgabe 21/März-April 2012, www.diegaste.de/gaste/diegastesayi2110almanca.html, letzter Zugriff am 15.08.2013.

Aichele, Valentin (2010): Behinderung und Menschenrechte: Die UN-Konvention über die Rechte von Menschen mit Behinderungen, www.bpb.de/apuz/32709/behinderung-und-menschenrechte-die-un-konvention-ueber-die-rechte-von-menschen-mit-behinderungen?p=all, letzter Zugriff am 30.04.2014.

Albers, Timm (2011): Mittendrin statt nur dabei. Inklusion in Krippe und Kindergarten. München: Reinhardt.

Alheit, Peter (1992): Biographizität und Struktur. In: P. Altheit/B. Dausien/A. Hanses/A. Scheuermann (Hg.), Biographische Konstruktionen. Beiträge zur Biographieforschung. Werkstattberichte des Forschungsschwerpunkts Arbeit und Bildung, Bd. 19, Bremen, 10–36.

Alheit, Peter (o. J.): »Grounded Theory«: Ein alternativer methodologischer Rahmen für qualitative Forschungsprozesse, http://www.global-systems-science.org/wp-content/uploads/2013/11/On_grounded_theory.pdf, letzter Zugriff am 19.02.2016.

Al Munaizel, Musa (1995): Behinderung im Islam. Behinderung und Dritte Welt, 1/1995, 10–14.

Amirpur, Donja (2010): Vielfalt gestalten im Kindergarten. WISO Diskurs: »Sprache ist der Schlüssel zur Integration«. Bedingungen des Sprachlernens von Menschen mit Migrationshintergrund. Bonn: FES, 60–68.

Amirpur, Donja (2011): Behindert und? Zur Lebenssituation von Migrantenfamilien mit einem behinderten Kind. Vielfalt – das Bildungsmagazin, AWO Mittelrhein e. V., Sonderausgabe 2011/II, 2–4.

Amirpur, Donja (2012a): Inklusive Interkulturalität – Wie Heterogenität zur Normalität werden kann. DREIZEHN. Zeitschrift für Jugendsozialarbeit, Nr. 7, Mai 2012, 17–22.

Amirpur, Donja (2012b): Inklusion – auch für Flüchtlinge?, www.migazin.de/2012/04/27/auch-fur-fluchtlingskinder, letzter Zugriff am 07.01.2013.

Amirpur, Donja (2013): Behinderung und Migration – eine intersektionale Analyse im Kontext inklusiver Frühpädagogik. München: DJI.

Amirpur, Donja (2015a): Migration und Behinderung – Familien im Bildungs- und Hilfesystem. In: Ö. Otyakmaz/Y. Karakaşoğlu (Hg.), Frühkindliche Erziehung und Bildung in der Migrationsgesellschaft. Wiesbaden: Springer VS, 97–110.

Amirpur, Donja (2015b): »Hier geht alles ziemlich langsam voran...« – Der Transnationale Soziale Raum als Ressource für Familien im Kontext von Migration und Behinderung. In: I. Attia/S. Köbsell/N. Prasad, Dominanzkultur reloaded. Neue Texte zu gesellschaftlichen Machtverhältnissen und ihren Wechselwirkungen. Bielefeld: transcript.

Amirpur, Donja/Platte, Andrea (2015): Allianzen für die Inklusionsentwicklung: Intersektionale und interdisziplinäre Forschung. In: I. Schnell (Hg.), Zur Logik der Widrigkeiten – Theoriefundamente der Inklusion. Bad Heilbrunn: Klinkhardt, 431–438.

Apitzsch, Ursula (1999): Traditionsbildung im Zusammenhang gesellschaftlicher Modernisierungs- und Umbruchprozesse. In: U. Apitzsch (Hg.), Migration und Traditionsbildung. Opladen: Westdt. Verlag, 7–20.

Apitzsch, Ursula/Siouti, Irini (2008): Transnationale Biographien. In: H.-G. Homfeldt/W. Schröer/C. Schweppe (Hg.), Soziale Arbeit und Transnationalität. Herausforderungen eines spannungsreichen Bezugs. Weinheim und München: Juventa, 97–112.

Assion, Hans J. (2004): Traditionelle Heilpraktiken türkischer Migranten. Berlin: VWB-Verlag.

Attia, Iman (1994): Antiislamischer Rassismus. Stereotypen – Erfahrungen – Machtverhältnisse. In: S. Jäger (Hg.), Aus der Werkstatt: Antirassistische Praxen. Duisburg: Unrast, 210–228.

Attia, Iman (2009): Kita in der Einwanderungsgesellschaft. Zur Bedeutung von Kultur in der Pädagogik. frühe Kindheit, 05/09, 12. Jg. 2009,19–23.

Attia, Iman (2010): Islamkritik zwischen Orientalismus, Postkolonialismus und Postnationalsozialismus. In: B. Ucar (Hg.), Die Rolle der Religion im Integrationsprozess. Die deutsche Islamdebatte. Frankfurt a. M.: Peter Lang, 113–126.

Attia, Iman (2013): Rassismusforschung trifft auf Disability Studies, www.ash-berlin.eu/hsl/freedocs/265/Attia_ZeDiS_Rassismusforschung_trifft_auf_Disability_Studies_2013.pdf, letzter Zugriff am 15.05.2014.

Attia, Iman (2014): Rassismus (nicht) beim Namen nennen, www.bpb.de/apuz/180854/rassismus-nicht-beim-namen-nennen?p=all, letzter Zugriff am 29.09.2014.

Auernheimer, Georg (2002): Interkulturelle Kompetenz – ein neues Element pädagogischer Professionalität? In: G. Auernheimer (Hg.), Interkulturelle

Kompetenz und Professionalität. Opladen: Leske und Budrich (Interkulturelle Studien), 183–205.

Autismus Deutschland e.V. (o.J.): Klassifikation autistischer Störungen, http://w3.autismus.de/pages/startseite/denkschrift/was-sind-autistische-stoerungen/klassifikation-autistischer-stoerungen.php, letzter Zugriff am 29.09.2014.

BAGFW (2012): Gemeinsame Erklärung zur interkulturellen Öffnung und zur kultursensiblen Arbeit für und mit Menschen mit Behinderung und Migrationshintergrund, http://www.bvkm.de/dokumente/media/Aktuelles/2012-03-12/Gemeinsame_Erklaerung_Behinderung_und_Migrationshintergrund.pdf, letzter Zugriff am 19.02.2016.

Baldin, Dominik (2014): Behinderung – eine neue Kategorie für die Intersektionalitätsforschung? In: G. Wansing/M. Westphal (Hg.), Behinderung und Migration. Inklusion, Diversität, Intersektionalität. Wiesbaden: Springer VS, 49–71.

BAMF, Bundesamt für Migration und Flüchtlinge (2008): Schulische Bildung von Migranten in Deutschland. Nürnberg: BAMF.

BAMF, Bundesamt für Migration und Flüchtlinge (2009): Muslimisches Leben in Deutschland. Nürnberg: BAMF.

BAMF, Bundesamt für Migration und Flüchtlinge (2014): Asylbewerberleistungsgesetz, www.bamf.de/DE/Migration/AsylFluechtlinge/Asylverfahren/Asylbewerberleistungen/asylbewerberleistungen-node.html, letzter Zugriff am 29.09.2014.

Barnes, Colin/Mercer, Geof/Shakespeare, Tom (1999): Exploring Disability. A sociological Introduction. Cambridge: Wiley.

Beck, Iris (2006): »Ein Leben so normal wie möglich führen…« Lebenslagen und Lebensbewältigung von Familien mit behinderten Kindern und Jugendlichen. Eröffnungsvortrag Fachtagung Stiftung Liebenau 2006, https://www.researchgate.net/publication/242740155_Ein_Leben_so_normal_wie_moglich_fuhren_Lebenslagen_und_Lebensbewaltigung_von_Familien_mit_behinderten_Kindern_und_Jugendlichen, letzter Zugriff am 19.02.2016

Becker, Silke A./Wunderer, Eva/Schultz-Gambard, Jürgen (2006): Muslimische Patienten. Ein Leitfaden zur interkulturellen Verständigung in Krankenhaus und Praxis. München: Zuckschwerdt.

Beck-Gernsheim, Elisabeth (2004): Wir und die Anderen. Frankfurt a.M.: Suhrkamp.

Beckmann, Herbert (1997): Rassismuserfahrungen von Asylsuchenden. In: P. Mecheril/T. Teo (Hg.), Psychologie und Rassismus. Hamburg: Rowohlt, 202–221.

Belmont, Brigitte/Pawlowska, Aleksandra/Vérillon, Aliette (2010): Partnerschaft mit Eltern. In: M. Kron/B. Papke/M. Windisch (Hg.), Zusammen aufwachsen. Schritte zur frühen inklusiven Bildung und Erziehung. Bad Heilbrunn: Klinkhardt, 68–76.

Berger, Peter L. (2010): Religion: Erfahrung, Tradition, Reflexion. In: K. Gabriel/H.-R. Reuter (Hg.), Religion und Gesellschaft, Paderborn: UTB, 152–176.

Bertelsmann Stiftung (2008): Religionsmonitor 2008. Muslimische Religiosität in Deutschland. Gütersloh: Bertelsmann.

Bertelsmann Stiftung (2013): Religionsmonitor 2013, http://www.bertelsmann-stiftung.de/de/publikationen/publikation/did/religionsmonitor-2013/, letzter Zugriff am 19.02.2016.

Beyer, Ina (2003): Im besten Sinne bunt. DAS BAND, Zeitschrift des Bundesverbandes für Körper- und Mehrfachbehinderte e. V., 3/2003, 9–12.

Bialystok, Ellen/Barac, Raluca (2011): Cognitive development of bilingual children. Language Teaching. Volume 44, Cambridge, 36–54.

Bielefeldt, Heiner (2006): Zum Innovationspotential der UN-Behindertenrechtskonvention, http://www.institut-fuer-menschenrechte.de/uploads/tx_commerce/essay_no_5_zum_innovationspotenzial_der_un_behinderten rechtskonvention_aufl3.pdf, letzter Zugriff am 19.02.2016.

BMAS, Bundesministerium für Arbeit und Soziales (2013): Teilhabebericht der Bundesregierung über die Lebenslagen von Menschen mit Beeinträchtigungen. Teilhabe – Beeinträchtigung – Behinderung, www.bmas.de/SharedDocs/Downloads/DE/PDF-Publikationen/a125-13-teilhabebericht.pdf?__blob=publicationFile, letzter Zugriff am 19.02.2016.

BMFSFJ, Bundesministerium für Familie, Senioren, Frauen und Jugend (o.J): Wie erreicht Familienbildung und -beratung muslimische Familien?, www.bmfsfj.de/RedaktionBMFSFJ/Broschuerenstelle/Pdf-Anlagen/Wie-erreicht-Familienbildung-und-beratung-muslimische-Familien_3F,property=pdf,bereich=bmfsfj,sprache=de,rwb=true.pdf, letzter Zugriff am 29.09.2014.

Boban, Ines/Hinz, Andreas (2013): Der neue Index für Inklusion – eine Weiterentwicklung der deutschsprachigen Ausgabe, www.inklusion-online.net/index.php/inklusion-online/article/view/11/11, letzter Zugriff am 29.09.2014.

Boehm, Gottfried (1978): Einleitung: Die Hermeneutik und die Wissenschaften. Zur Bestimmung des Verhältnisses. In: G. Boehm, H.-G. Gadamer (Hg.), Seminar: Die Hermeneutik und die Wissenschaften. Frankfurt a. M.: Suhrkamp, 7–60.

Boos-Nünning, Ursula (2011): Migrationsfamilien als Partner von Erziehung und Bildung. Bonn: FES.

Boos-Nünning, Ursula/Karakaşoğlu, Yasemin (2005): Viele Welten leben. Zur Lebenssituation von Mädchen und jungen Frauen mit Migrationshintergrund. Münster: Waxmann.

Booth, Tony/Ainscow, Mel (2011): Index for Inclusion: developing learning and participation in schools. Manchester: Centre for Educational Needs.

Bourdieu, Pierre (1976): Entwurf einer Theorie der Praxis. Frankfurt a. M.: Suhrkamp.

Brand, Leonie (2012): Einmal Werkstatt, immer Werkstatt, www.taz.de/!87033/, letzter Zugriff am 29.09.2014.

Braun, Christian A. (2007): Nationalsozialistischer Sprachstil. Theoretischer Zugang und praktische Analysen auf der Grundlage einer pragmatisch-textlinguistisch orientierten Stilistik. Heidelberg: Universitätsverlag Winter.

Breuer, Franz (2010): Reflexive Grounded Theory. Wiesbaden: Springer VS.

Broden, Anne (2003): Einige Standards interkultureller Pädagogik. Überblick 2/2003, IDA-NRW, 9–11.

Broden, Anne/Mecheril, Paul (2010): Rassismus bildet. Einleitende Bemerkungen. In: A. Broden/P. Mecheril (Hg.), Rassismus bildet. Bildungswissenschaftliche Beiträge zu Normalisierung und Subjektivierung in der Migrationsgesellschaft. Bielefeld: transcript, 7–26.

Brüstle, Claus (2000): Lebenskrisen – neue Lebenskonzepte; am Beispiel von Eltern behinderter Kinder. Vorarlberg: Hecht.

Buckley, Sue (2002): Can children with Down syndrome learn more than one language?, www.down-syndrome.org/practice/180/, letzter Zugriff am 29.09.2014.

Bühler, Karl (1976): Die Axiomatik der Sprachwissenschaften. Frankfurt a. M.: Vittorio Klostermann.

Bührmann, Andrea (2009): Intersectionality – ein Forschungsfeld auf dem Weg zum Paradigma? Tendenzen, Herausforderungen und Perspektiven der Forschung über Intersektionalität. Gender. Zeitschrift für Geschlecht, Kultur und Gesellschaft, 1 (2), 28–44.

Büker, Christa (2010): Leben mit einem behinderten Kind. Bewältigungshandeln pflegender Mütter im Zeitverlauf. Bern: Huber.

Butler, Judith (1990): Gender Trouble: Feminism and the Subversion of Identity. New York: Routledge.

Butterwegge, Christoph (2006): Kinderarmut und soziale Exklusion in Deutschland. In: A. Platte/S. Seitz/K. Terfloth (Hg.), Inklusive Bildungsprozesse. Bad Heilbrunn: Klinkhardt, 65–76.

Can, Halil (2006): Familien in Bewegung. Ethnographie unterwegs. Migration in transnationalen Räumen zwischen Diaspora und Herkunftsland (Deutschland – Türkei). In: W.-D. Bukow/M. Ottersbach/E. Tuider/E. Yildiz (Hg.), Biographische Konstruktionen im multikulturellen Bildungsprozess. Wiesbaden: VS Verlag für Sozialwissenschaften, 115–134.

Caspari, Alexandra (2010): http://www.nwzonline.de/friesland/wirtschaft/behinderte-kinder-bereichern-den-alltag_a_1,0,740041636.html, letzter Zugriff am 19.02.2016.

Castro Varela, María do Mar/Mecheril, Paul (2010): Grenze und Bewegung. Migrationswissenschaftliche Klärungen. In: P. Mecheril/M. Castro Varela/I. Dirim/A. Kalpaka/C. Melter (Hg.), Bachelor, Master: Migrationspädagogik. Weinheim: Beltz, 23–42.

Cholschreiber, Rosemarie (1980): Familiendynamik und Abwehrmechanismen im Hinblick auf das Erziehungsverhalten in Familien mit einem geistig behinderten epilepsiekranken Kind. Zeitschrift für Heilpädagogik, 31/1980, 501–512.

Cloerkes, Günther (2007): Soziologie der Behinderten. Heidelberg: Winter.

Crenshaw, Kimberle (1989): Demarginalizing the Intersection of Race and Sex: A Black Feminist Critique of Antidiscrimination Doctrine, http://chicago unbound.uchicago.edu/cgi/viewcontent.cgi?article=1052&context=uclf, letzter Zugriff am 19.02.2016.

Crenshaw, Kimberlé W. (2010): Die Intersektion von »Rasse« und Geschlecht demarginalisieren: Eine Schwarze feministische Kritik am Antidiskriminierungsrecht, der feministischen Theorie und der antirassistischen Politik. In: H. Lutz/M. T. Herrera Vivar/L. Supik (Hg.), Fokus Intersektionalität. Bewegungen und Verortungen eines vielschichtigen Konzeptes. Wiesbaden: Springer VS, 33–54.

Czock, Heidrun/Donges, Dominik (2010): Auswertung. Befragung zum Stand der interkulturellen Öffnung in der Behindertenhilfe in Nordrhein-Westfalen. Düsseldorf: Prognos (unveröffentlichte Studie).

Dannenbeck, Clemens (2007): Paradigmenwechsel Disability Studies? Für eine kulturwissenschaftliche Wende im Blick auf die Soziale Arbeit mit Menschen mit besonderen Bedürfnissen. In: A. Waldschmidt/W. Schneider (Hg.), Disability Studies, Kultursoziologie und Soziologie der Behinderung. Bielefeld: transcript, 103–126.

Dannenbeck, Clemens (2014): Vielfalt neu denken. Behinderung und Migration im Inklusionsdiskurs aus Sicht der Sozialen Arbeit. In: G. Wansing/M. Westphal (Hg.), Behinderung und Migration. Inklusion, Diversität, Intersektionalität. Wiesbaden: Springer VS, 83–96.

Dausien, Bettina (2006): Geschlechterverhältnisse und ihre Subjekte. In: H. Bilden/B. Dausien (Hg.), Sozialisation und Geschlecht. Theoretische und methodologische Aspekte. Opladen: Barbara Budrich, 17–44.

Davis, Kathy (2008): Intersectionality in Transatlantic Perspective. In: C. Klinger/G.-A. Knapp (Hg.), ÜberKreuzungen, Fremdheiten, Ungleichheiten, Differenz. Münster: Dampfboot, 19–35.

Degener, Theresia/Mogge-Grotjahn, Hildegard (2012): »All inclusive«? Annäherung an ein interdisziplinäres Verständnis von Inklusion. In: H.-J. Balz/B. Benz/C. Kuhlmann (Hg.), Soziale Inklusion. Grundlagen, Strategien und Projekte in der sozialen Arbeit. Wiesbaden: Springer VS, 59–78.

Degener, Theresia (2009): Die UN-Behindertenrechtskonvention aus der Perspektive der Disability Studies. Behindertenpädagogik, 2009 48(3), 263–283.

Denzin, Norman K. (1989): Interpretive Biography. California: Sage.

Der Paritätische Gesamtverband (2009): Sozialrechtliche Bedingungen für Drittstaatsangehörige. Der Zugang zu Sozialleistungen und zum Arbeitsmarkt in Übersichtstafeln – Stand August 2009, http://www.einwanderer.net/fileadmin/downloads/tabellen_und_uebersichten/cv-tabelle.pdf, letzter Zugriff am 19.02.2016.

Deutsche Muskelstiftung (o.J): Erklärung der Krankheit SMA, www.muskelstiftung.de/index.php/spinale-muskelatrophie/erklaerung-der-krankheit-sma, letzter Zugriff am 15.10.2014

Deutsches Institut für Menschenrechte (2008): Stellungnahme des Deutschen Instituts für Menschenrechte zur UN-Behindertenrechtskonvention, http://www.institut-fuer-menschenrechte.de/fileadmin/user_upload/PDF-Dateien/Stellungnahmen/stellungnahme_der_monitoring_stelle_z_un_behindertenrechtskonvention_zur_stellung_der_behindertenrechtskonvention_innerhalb_der_dt_rechtsordnung.pdf, letzter Zugriff am 19.02.2016.

Deutsches Institut für Menschenrechte (2011): Stellungnahme der Monitoring-Stelle (31. März 2011), http://www.institut-fuer-menschenrechte.de/uploads/tx_commerce/stellungnahme_der_monitoring_stelle_eckpunkte_z_verwirklichung_eines_inklusiven_bildungssystems_31_03_2011.pdf, letzter Zugriff am 19.02.2016.

Deutsches Institut für Wirtschaftsforschung (2009): Sozio-oekonomisches Panel. Datensatz ZP2009 (personenbezogene Daten). Berlin.

Diakonisches Werk Schleswig-Holstein (2012): Migration und Behinderung – Einladung zum Dialog, http://www.diakonie-sh.de/assets/PDF/Migration/Doku.8.pdf, letzter Zugriff am 19.02.2016.

Die Bundesregierung (1998): Zehnter Kinder-und Jugendbericht der Bundesregierung, http://www.bmfsfj.de/doku/Publikationen/kjb/data/download/10_Jugendbericht_gesamt.pdf, letzter Zugriff am 19.02.2016.

Die Bundesregierung (2007a): 7. Bericht der Beauftragten der Bundesregierung für Migration, Flüchtlinge und Integration über die Lage der Ausländerinnen und Ausländer in Deutschland (Dezember 2007), http://www.bundesregierung.de/Content/Infomaterial/BPA/IB/7-auslaenderbericht.pdf?__blob=publicationFile&v=10, letzter Zugriff am 19.02.2016.

Die Bundesregierung (2007b): Der Nationale Integrationsplan, https://mifkjf.rlp.de/fileadmin/mifkjf/Integration/Nationaler_Integrationsplan_2007__NIP_.pdf, letzter Zugriff am 19.02.2016.

Die Bundesregierung (2012): Unser Weg in eine inklusive Gesellschaft. Der Nationale Aktionsplan der Bundesregierung zur Umsetzung der UN-Behindertenrechtskonvention, https://www.bmas.de/SharedDocs/Downloads/DE/PDF-Publikationen/a740-nationaler-aktionsplan-barrierefrei.pdf?__blob=publicationFile, letzter Zugriff am 19.02.2016.

Die Bundesregierung (2014): 10. Bericht der Beauftragten der Bundesregierung für Migration, Flüchtlinge und Integration über die Lage der Ausländerinnen und Ausländer in Deutschland, http://www.bundesregierung.de/Content/DE/_Anlagen/IB/2014-10-29-Lagebericht-lang.pdf%3F__blob%3DpublicationFile%26v%3D3, letzter Zugriff am 19.02.2016.

Die Landesregierung Nordrhein-Westfalen (2012): Aktionsplan der Landesregierung. Eine Gesellschaft für alle., https://www.mais.nrw/sites/default/files/asset/document/121115_endfassung_nrw-inklusiv.pdf, letzter Zugriff am 19.02.2016.

Diehm, Isabell/Radtke, Frank-Olaf (1999): Erziehung und Migration. Eine Einführung. Stuttgart: Kohlhammer.

Dirim, Inci/Mecheril, Paul (2010): Die Sprache(n) der Migrationsgesellschaft. In: P. Mecheril/M. Castro Varela/I. Dirim/A. Kalpaka/C. Melter (Hg.), Bachelor, Master: Migrationspädagogik. Weinheim: Beltz, 99–115.

Domenig, Dagmar (2001): Transkulturelle Kompetenz. Lehrbuchbuch für Pflege-, Gesundheits- und Sozialberufe. Bern: Huber.

Dreher, Walter/Reich, Kersten (2006): Inklusive Bildungslandschaft: Ein Niemandsland. In: A. Platte/S. Seitz/K. Terfloth (Hg.), Inklusive Bildungsprozesse. Bad Heilbrunn: Klinkhardt, 81–99.

Eckert, Andreas (2002): Eltern behinderter Kinder und Fachleute. Erfahrungen, Bedürfnisse und Chancen. Bad Heilbrunn: Klinkhardt.

Emmerich, Marcus/Hormel, Ulrike (2013): Heterogenität – Diversity – Intersektionalität: Zur Logik Sozialer Unterscheidungen in Pädagogischen Semantiken der Differenz. Wiesbaden: Springer VS.

Engelbert, Angelika (1989): Behindertes Kind – ›gefährdete‹ Familie? Eine kritische Analyse des Forschungsstandes. Heilpädagogische Forschung 15, 104–111.

Engelbert, Angelika (1999): Familien im Hilfenetz. Bedingungen und Folgen der Nutzung von Hilfen für behinderte Kinder. Weinheim: Juventa.

Engelbert, Angelika (2003): Behinderung im Hilfesystem: Zur Situation von Familien mit behinderten Kindern. In: G. Cloerkes (Hg.), Wie man behindert wird. Texte zur Konstruktion einer sozialen Rolle und zur Lebenssituation betroffener Menschen. Materialien zur Soziologie der Behinderten, Band 1. Heidelberg: Winter, 209–223.

Enzenhofer, Edith/Resch, Katharina (2011): Übersetzungsprozesse und deren Qualitätssicherung in der qualitativen Sozialforschung, http://www.qualitative-research.net/index.php/fqs/rt/printerFriendly/1652/3176, letzter Zugriff am 19.02.2016.

Eppenstein, Thomas/Kiesel, Doron (2012): In: H.-J. Balz/B. Benz/C. Kuhlmann (Hg.), Soziale Inklusion, Grundlagen, Strategien und Projekte in der sozialen Arbeit. Wiesbaden: Springer VS, 95–112.

Fandrey, Walter (1990): Krüppel, Idioten, Irre. Zur Sozialgeschichte behinderter Menschen in Deutschland. Stuttgart: Silberburg.

Faust, Volker (o. J.): Kopf-Unfall und seelische Folgen, http://www.psychosoziale-gesundheit.net/seele/Int.2-Kopfunfall_und_seelische_Folgen.html, letzter Zugriff am 19.02.2016.

Fenstermaker, Sarah/West, Candace (2002): Doing gender, doing difference: Inequality, power, and institutional change. New York: Routledge Chapman & Hall.

Feuser, Georg (1981): Integration statt Aussonderung Behinderter? Behindertenpädagogik, 1981 20(1), 5–17.

Feuser, Georg (1996): http://www.integra.at/files/Feuser-Vortrag.pdf, letzter Zugriff am 19.02.2016.

Fischer-Rosenthal, Wolfram/Rosenthal, Gabriele (1997): Warum Biographieanalyse und wie man sie macht. Zeitschrift für Soziologie der Erziehung und Sozialisation, 17. Jg., Heft 4, 405–427.

Flick, Uwe (1995): Qualitative Forschung. Theorie, Methoden, Anwendung in Psychologie und Sozialwissenschaften. Reinbek: Rowohlt Tb.

Fraktion Bündnis 90/die Grünen (2014): Antrag Drucksache 18/977, http://dip21.bundestag.de/dip21/btd/18/009/1800977.pdf, letzter Zugriff am 19.02.2016.

Fröhlich, Andreas (1993): Wenn du bei mir bist – Kommunikationsstrukturen von Müttern und Kindern mit schweren Behinderungen. Heidelberg: PH-Script.

Fröhlich-Gildhoff, Klaus/Rönnau-Böse, Maike (2011): Resilienz. München: UTB.

Fuchs-Heinritz, Werner (2000): Biographische Forschung: eine Einführung in Praxis und Methoden. Wiesbaden: VS Verlag für Sozialwissenschaften.

Gadamer, Hans-Georg/Boehm, Gottfried (1978) (Hg.): Seminar: Die Hermeneutik und die Wissenschaften. Frankfurt a. M.: Suhrkamp.

Gaitanides, Stefan (2008): »Interkulturelle Öffnung der Sozialen Dienste« – Visionen und Stolpersteine. In: Rommelspacher, B./Kollak, I. (Hg.), Interkulturelle Perspektiven für das Sozial- und Gesundheitswesen. Frankfurt a. M.: Mabuse, 35–58.

GEW, Gewerkschaft Erziehung und Wissenschaft (2006): Index für Inklusion, Tageseinrichtungen für Kinder. Frankfurt a. M.

Ghaly, Mohammed (2009): Islam and Disability: Perspectives in Theology and Jurisprudence. New York: Routledge.

Ghaseminia, Morteza (1996): Iraner und Iranerinnen in Deutschland: Migrationsgeschichte, Lebenssituation und Integrationsprobleme. Hannover: Universität Hannover.

Giddens, Anthony (1995): Die Konstitution der Gesellschaft. Grundzüge einer Theorie der Strukturierung. Frankfurt/New York: Campus.

Glaser, Barney (1978): Theoretical Sensitivity. Mill Valley, CA: Sociology Press.

Glaser, Barney/Strauss, Anselm (1967): The discovery of grounded theory. Chicago: Aldine.

Glaser, Barney/Strauss, Anselm (1998): Grounded Theory. Strategien qualitativer Forschung. Bern; Göttingen: Huber.

Goffman, Ervin (1975): Stigma. Über Techniken der Bewältigung beschädigter Identität. Frankfurt a. M.: Suhrkamp.

Gomolla, Mechthild/Radtke, Frank-Olaf (2009): Institutionelle Diskriminierung: Die Herstellung ethnischer Differenz in der Schule. Wiesbaden: VS Verlag für Sozialwissenschaften.

Grundmann, Matthias (2008): Handlungsbefähigung – eine sozialisationstheoretische Perspektive. In: H.-U. Otto/H. Ziegler (Hg.), Capabilities – Handlungsbefähigung und Verwirklichungschancen in der Erziehungswissenschaft. Wiesbaden: VS Verlag für Sozialwissenschaften, 131–142.

Gugutzer, Robert/Schneider, Werner (2007): Der ›behinderte‹ Körper in den Disability Studies. Eine körpersoziologische Grundlegung. In: A. Waldschmidt/W. Schneider (Hg.), Disability Studies, Kultursoziologie und Soziologie der Behinderung. Erkundungen in einem neuen Forschungsfeld. Bielefeld: transcript, 31–54.

Gültekin, Neval (1989): Defizite in der Versorgung behinderter türkischer Kinder – ein Sprachproblem? Informationsdienst zur Ausländerarbeit (2), ISS Institut für Sozialarbeit und Sozialpädagogik, 75–78.

Gummich, Judy (2009): Migrationshintergrund und Beeinträchtigung – eine vielschichtige Herausforderung. Unveröffentlichter Vortrag. Diversity-Training zum Schwerpunkt Menschen mit Behinderung und Migrationshintergrund für die Landesstelle für Gleichbehandlung – gegen Diskriminierung Berlin und die AWO LV Berlin, 02./03.11.2009.

Gummich, Judy (2010): Migrationshintergrund und Beeinträchtigung. Vielschichtige Herausforderung an einer diskriminierungsrelevanten Schnittstelle. In: J. Jacob/S. Köbsell/E. Wollrad (Hg.), Gendering Disability. Intersektionale Aspekte von Behinderung und Geschlecht. Bielefeld: transcript, 131–153.

Gürses, Hakan (1998): Der andere Schauspieler. Kritische Bemerkungen zum Kulturbegriff. polylog: Zeitschrift für interkulturelles Philosophieren, 2/1998, 62–81.

Gutiérrez-Clellen, Vera F. (1999): Language Choice in Intervention With Bilingual Children. American Journal of Speech-Language Pathology, Vol 8., 291–302.

Gutiérrez Rodríguez, Encarnación/Boatcă, Manuela/Costa, Sérgio (2010) (Hg.): Decolonizing European Sociology. Farnham: Global connections.

Gutiérrez Rodríguez, Encarnación (2011): Intersektionalität oder: Wie nicht über Rassismus sprechen? In: S. Hess/N. Langreiter/E. Timm (Hg.), Intersektionalität revisited. Empirische, theoretische und methodische Erkundungen. Bielefeld: transcript, 77–100.

Hagemann-White, Carol (2011): Intersektionalität als theoretische Herausforderung für die Geschlechterforschung. In: S. Smykalla/D. Vinz (Hg.), Intersektionalität zwischen Gender und Diversity. Münster: Westfälisches Dampfboot, 20–33.

Halfmann, Julia (2012): Migration und Komplexe Behinderung. Eine qualitative Studie zu Lebenswelten von Familien mit einem Kind mit Komplexer Behinderung und Migrationshintergrund in Deutschland, http://kups.ub.uni-koeln.de/4950/1/Halfmann_Dissertation_2012.pdf, letzter Zugriff am 01.03.2013.

Hall, Stuart (2004): Wer braucht ›Identität‹? In: S. Hall (Hg.), Ideologie, Identität, Repräsentation. Ausgewählte Schriften 4. Hamburg: Argument, 167–187.

Hamburger, Franz (1994): Migration und Armut. Informationsdienst zur Ausländerarbeit, H. 3–4, 36–42.

Hamburger, Franz (2009): Abschied von der interkulturellen Pädagogik. Plädoyer für einen Wandel sozialpädagogischer Konzepte. Weinheim; München: Beltz.

Hamburger, Franz/Hummrich, Merle (2007): Familie und Migration. In: J. Ecarius (Hg.), Handbuch Familie. Wiesbaden: VS Verlag für Sozialwissenschaften,112–136.

Handschuck, Sabine/Schröer, Hubertus (2008): Interkulturelle Orientierung und Öffnung der Sozialverwaltung – Erfahrungen mit einem strategischen Ansatz. In: B. Rommelspacher/I. Kollak (Hg.), Interkulturelle Perspektiven für das Sozial- und Gesundheitsweisen. Frankfurt a. M.: Mabuse, 157–172.

Hauschild, Thomas (1982): Der Böse Blick. Ideengeschichtliche und Sozialpsychologische Untersuchungen. Berlin: Mensch und Leben.

Heath, Anthony/Brinbaum, Yaël (2007): Guest Editorial. Explaining ethnic inequalities in educational attainment. Ethnicities, September 2007, 291-304.

Heckmann, Christoph (2004): Die Belastungssituation von Familien mit behinderten Kindern. Soziales Netzwerk und professionelle Dienste als Bedingung für die Bewältigung. Heidelberg: Winter Universitätsverlag.

Helsper, Werner/Hummrich, Merle/Kramer, Rolf-Torsten (2010): Qualitative Mehrebenenanalyse. In: B. Friebertshäuser/A. Langer (Hg.), Handbuch qualitative Forschungsmethoden in der Erziehungswissenschaft. Weinheim: Juventa, 119–135.

Hintermair, Manfred (2002): Kohärenzgefühl und Behinderungsverarbeitung. Eine empirische Studie zum Belastungs-Bewältigungserleben von Eltern hörgeschädigter Kinder. Beiheft 45 zur Hörgeschädigtenpädagogik. Heidelberg: Median-Verlag.

Hinze, Dieter (1991): Väter und Mütter behinderter Kinder. Der Prozeß der Auseinandersetzung im Vergleich. Heidelberg: Heidelberger Verlagsanstalt.

Hirschberg, Marianne (2003): Die Klassifikation von Behinderung der WHO, IMEW-Expertise 1, Berlin: imew.

Hohmeier, Jürgen/Veldkamp, Barbara (2004): Zur Pflegesituation von Familien mit behinderten und chronisch kranken Kindern – Ergebnisse einer empirischen Studie. Sonderpädagogik 14, 227–236.

Holston, James/Appadurai, Arjun (1999): Introduction: Cities and Citizenship. In: J. Holston (Hg.), Cities and Citizenship. Durham/London: Duke University Press Books, 1–19.

Horlacher, Rebekka (2010): Bildung. In: S. Jordan/M. Schlüter (Hg.), Lexikon Pädagogik, Hundert Grundbegriffe. Stuttgart: Reclam, 50–52.

Hormel, Ulrike (2011): Differenz und Diskriminierung: Mechanismen der Konstruktion von Ethnizität und sozialer Ungleichheit. In: J. Bilstein/J. Ecarius/E. Keiner (Hg.), Kulturelle Differenzen und Globalisierung. Wiesbaden: Springer VS, 91–112.

Hormel, Ulrike/Scherr, Albert (2004): Interkulturelle Pädagogik: Standpunkte und Perspektiven. kursiv: Journal für politische Bildung 2/2004, 32–44.

Hülst, Dirk (2010): Grounded Theory. In: B. Friebertshäuser/A. Langer/A. Prengel (Hg.), Handbuch Qualitative Forschungsmethoden in der Erziehungswissenschaft. Weinheim: Beltz, 281–300.

Hummrich, Merle (2009): Migration und Bildungsprozess. Zum ressourcenorientierten Umgang mit der Biographie. In: V. King/H. C. Koller (Hg.), Adoleszenz – Migration – Bildung. Bildungsprozesse Jugendlicher und junger Erwachsener mit Migrationshintergrund. Wiesbaden: VS Verlag für Sozialwissenschaften, 103–120.

IDA e. V. (o. J.): Glossar, http://www.idaev.de/glossar/, letzter Zugriff am 20.02.2016.

Jonas, Monika (1990): Trauer und Autonomie bei Müttern schwerstbehinderter Kinder. Mainz: Matthias Grünewald.

Kallenbach, Kurt (1994): Elternarbeit in Familien mit einem schwerstkörperbehinderten Kind auf der Grundlage von Erhebungen über die besondere psycho-soziale Situation der Väter dieser Kinder. Zeitschrift für Heilpädagogik 45/1994, 238–242.

Kallmeyer, Werner/Schütze, Fritz (1977): Zur Konstitution von Kommunikationsschemata der Sachverhaltsdarstellung. In: D. Wegener (Hg.), Gesprächsanalysen. Hamburg: IKP Forschungsberichte, 159–274.

Karakaşoğlu-Aydın, Yasemin (1999): Muslimische Religiosität und Erziehungsvorstellungen. Frankfurt a. M.: IKO.

Karakaşoğlu, Yasemin (2003): Die ›Kopftuch-Frage‹ an deutschen Schulen – Kontroverse Positionen im Spiegel rechtlicher und öffentlicher Diskurse. In: U. Kloeters/J. Lüddecke/T. Quehl (Hg.), Schulwege in die Vielfalt. Handreichungen zur Interkulturellen und Antirassistischen Pädagogik in der Schule, Frankfurt am Main: Iko, 61–84.

Karakaşoğlu, Yasemin (2009a): Beschwörung und Vernachlässigung der Interkulturellen Bildung im ›Integrationsland‹ Deutschland – ein Essay. In: W. Melzer/R. Tippelt (Hg.), Kulturen der Bildung. Beiträge zum 21. Kongress der Deutschen Gesellschaft für Erziehungswissenschaft). Opladen: Barbara Budrich,177–198.

Karakaşoğlu, Yasemin (2009b): Interkulturelle Bildung – mehr als nur ›andere Kulturen verstehen lernen‹. Verstehen und Verständigung in interkulturell pädagogischer Perspektive. In: H. Casper-Hehne/I. Schweiger (Hg.), Vom Verstehen zur Verständigung, Dokumentation der öffentlichen Vorlesungsreihe zum Europäischen Jahr des Interkulturellen Dialogs 2008. Göttingen: Universitätsverlag Göttingen, 185–196.

Karakaşoğlu, Yasemin/Amirpur, Donja (2012): Inklusive Interkulturalität. In: S. Seitz/N.-K. Finnern/N. Korff/K. Scheidt (Hg.), Inklusiv gleich gerecht? Inklusion und Bildungsgerechtigkeit. Bad Heilbrunn: Klinkhardt,63–70.

Karakaşoğlu, Yasemin/Gruhn, Mirja/Wojciechowicz, Anna (2011): Wissenschaftliche Expertise mit Handlungsempfehlungen für einen »Entwicklungsplan Migration und Bildung«, Bremen, www.bildung.bremen.de/sixcms/media.php/13/migratioon-bildung.pdf., letzter Zugriff am 29.09.2014.

Kastl, Jörg (2010): Einführung in die Soziologie der Behinderung. Wiesbaden: Springer VS.

Kauczor, Cornelia (1999): Türkische Familien mit geistig und körperlich behinderten Kindern: psycho-soziale Situation, Bewältigungsmuster und Beratungskonzepte, Universität-Gesamthochschule Essen, unveröffentlichte Diplomarbeit.

Kauczor, Cornelia (2002): Zur transkulturellen Öffnung der deutschen Behindertenhilfe – Warum ist sie so wichtig, und worin liegt das Handicap? Zeitschrift Behinderung und Dritte Welt. 2/2002. Essen, 59–65.

Kauczor, Cornelia (2003): Ausblick: »Kontakt, der klappt!« – Zusammenarbeit mit Migrantenfamilien gestalten Sonderpädagogik oder Pädagogik der Vielfalt?, www.hannover.de/content/download/224479/3520241/version/1/file/paedagogik_der_vielfalt.pdf, letzter Zugriff am 30.05.2014.

Kauczor, Cornelia (2008): Migration, Flucht und Behinderung – Eine transkulturelle Behindertenhilfe als gesellschaftliche und institutionelle Herausforderung für Deutschland. In: C. Kauczor/S. Lorenzkowski/M. Al Munaizel (Hg.), Migration, Flucht und Behinderung. Essen: Behinderung und Entwicklungszusammenarbeit, 69–81.

Kauczor, Cornelia/Lorenzkowski, Stefan/Al Munaizel, Musa (2008) (Hg.), Migration, Flucht und Behinderung. Essen: Behinderung und Entwicklungszusammenarbeit.

Kaya, Ayhan (2001): ›Sicher in Kreuzberg‹. Constructing Diasporas: Turkish Hip-Hop Youth in Berlin. Bielefeld: transcript.

Kelle, Udo/Kluge, Susann (2010): Vom Einzelfall zum Typus: Fallvergleich und Fallkontrastierung in der Qualitativen Sozialforschung. Wiesbaden: Springer VS.

Kerner, Ina (2009): Differenzen und Macht. Zur Anatomie von Rassismus und Sexismus, Frankfurt a. M.: Campus.

Khoury, Adel Th. (1987): Lexikon religiöser Grundbegriffe. Judentum, Christentum, Islam. Graz: Styria Premium.

Kleemann, Frank/Krähnke, Uwe/Matuschek, Ingo (2013): Interpretative Sozialforschung: Eine Einführung in die Praxis des Interpretierens Taschenbuch. Wiesbaden: Springer VS.

Klemperer, Victor (2010): LTI. Notizbuch eines Philologen. Stuttgart: Reclam.

Klinger, Cornelia (2003): Ungleichheit in den Verhältnissen von Klasse, Rasse und Geschlecht. In: G.-A. Knapp/A. Wetterer (Hg.), Achsen der Differenz. Gesellschaftstheorie und feministische Kritik II. Münster: Westfälisches Dampfboot, 14–48.

Klinger, Cornelia/Knapp, Gudrun-Axeli (2005): Achsen der Ungleichheit – Achsen der Differenz. Verhältnisbestimmung von Klasse, Geschlecht, »Rasse«/Ethnizität. Transit – Europäische Revue, 29, www.iwm.at/read-listen-watch/transit-online/achsen-der-ungleichheit-achsen-der-differenz/, letzter Zugriff am 29.09.2014.

Knapp, Gudrun Axeli (2005): »Intersectionality« – ein neues Paradigma feministischer Theorie? Zur transatlantischen Reise von »Race, Class, Gender«. Feministische Studien, 23, 68–81.

Knapp, Gudrun-Axeli (2011): Von Herkünften, Suchbewegungen und Sackgassen. In: S. Hess/N. Langreiter/E. Timm (Hg.), Intersektionalität revisited. Empirische, theoretische und methodische Erkundungen. Bielefeld: transcript, 249–272.

Köbsell, Swantje (2010): Gendering Disability: Behinderung, Geschlecht und Körper. In: J. Jacob/S. Köbsell/E. Wollrad (Hg.), Gendering Disability. Intersektionale Aspekte von Behinderung und Geschlecht. Bielefeld: transcript, 17–35.

Köbsell, Swantje (2012): Wegweiser Behindertenbewegung. Neu-Ulm: AG Spak Bücher.

Kohan, Dinah (2012): Migration und Behinderung: eine doppelte Belastung? Freiburg: Centaurus.

Kohan, Dinah (o. J.): Migration und Behinderung: zwangsläufig eine doppelte Belastung?, www.zwst.org/cms/downloads/promotionsartikel.pdf, letzter Zugriff am 29.09.2014.

Kozjek, Patricia (2010): Inklusion. Mein Kind soll willkommen sein. www.gea.de/region+reutlingen/neckar+erms/inklusion++mein+kind+soll+willkommen+sein.2885234.htm, letzter Zugriff am 29.09.2014.

Krause, Matthias P. (1997): Elterliche Bewältigung und Entwicklung des behinderten Kindes. Eine Längsschnittuntersuchung unter besonderer Berücksichtigung des Interaktionsverhaltens. Frankfurt, Berlin, Bern: Lang.

Kreutz, Marcus/Lachwitz, Klaus/Trenk-Hinterberger, Peter (2012): Die UN-Behindertenrechtskonvention in der Praxis. Köln: Luchterhand.

Kron, Maria (2005): »Behinderung« – notwendiger Begriff in der inklusiven Pädagogik? In: U. Geiling/A. Hinz (Hg.), Integrationspädagogik im Diskurs. Bad Heilbrunn: Klinkhardt, 82–85.

Krönig, Franz Kasper (2013): Populäre Musik in der kulturellen Bildung. Gedanken, Wege, Projekte zu einer inklusiven Musikpädagogik und didaktischer Öffnung. Oberhausen: Athena-Verlag.

Kuhlmann, Carola (2012): Der Begriff der Inklusion im Armuts- und Menschenrechtsdiskurs der Theorie der Sozialen Arbeit – eine historisch-kritische Annäherung. In: H.J. Balz/B. Benz/C. Kuhlmann (Hg.), Soziale Inklusion. Grundlagen, Strategien und Projekte in der sozialen Arbeit. Wiesbaden: Springer VS, 35–59.

Laabdallaoui, Malika/Rüschoff, Ibrahim (2010): Basiswissen: Umgang mit muslimischen Patienten. Bonn: Psychiatrie Verlag.

Lanfranchi, Andrea (1998): Vom Kulturschock zum Behinderungsschock. Beratung in der Frühförderung mit »Fremden«. Frühförderung interdisziplinär: Zeitschrift für Frühe Hilfen und frühe Förderung benachteiligter, entwicklungsauffälliger und behinderter Kinder, 1998/3, 116–124.

Langenohl-Weyer, Angelika (o.J.): Behinderte Schülerinnen und Schüler mit Migrationshintergrund im Übergang Schule-Beruf, http://www.lwl.org/star-download/pdfs/RAA_PowerPoint-LWL.pdf, letzter Zugriff am 20.02.2016.

Lebuhn, Henrik (2013): Migration – Recht – Citizenship. In: P. Mecheril/O. Thomas-Oalde/C. Melter/S. Arens/E. Romaner (Hg.), Migrationsforschung als Kritik? Konturen einer Forschungsperspektive. Wiesbaden: Springer VS, 231–244.

Lechner, Irmtraud (2008): MigrantInnen und Flüchtlinge mit Behinderung in so genannten Entwicklungsländern. In: C. Kauczor/S. Lorenzkowski/M. Al Munaizel (Hg.), Migration, Flucht und Behinderung. Essen: Behinderung und Entwicklungszusammenarbeit, 95–106.

Legewie, Heiner/Schervier-Legewie, Barbara (2004): »Forschung ist harte Arbeit, es ist immer ein Stück Leiden damit verbunden. Deshalb muss es auf der anderen Seite Spaß machen.« Anselm Strauß im Interview mit Heiner Legewie und Barbara Schervier-Legewie, http://www.ssoar.info/ssoar/bitstream/handle/document/28837/ssoar-hsrsupp-2007-no_19-forschung_ist_harte_arbeit.pdf?sequence=1, letzter Zugriff am 20.02.2016.

Lindmeier, Bettina (2004): Kinder in Unterversorgungslagen: Wie kann Schule zu einer Ressource werden? In: I. Schnell/A. Sander (Hg.), Inklusive Pädagogik. Bad Heilbrunn/Obb: Klinkhardt, 111–124.

Lindmeier, Christian (o.J.): Die neue internationale Klassifikation der Funktionsfähigkeit, Behinderung und Gesundheit (ICF) der WHO – Darstellung und Kritik, http://sassonia.de/ifkvpdf/ICF-Darstellung%20und%20 Kritik%2006-09-2005.pdf, letzter Zugriff am 20.02.2016.

Luhmann, Niklas (1982): Funktion der Religion. Frankfurt a. M.: Suhrkamp.

Lutz, Helma (2001): Differenz als Rechenaufgabe: über die Relevanz der Kategorien Race, Class, Gender. In: H. Lutz/N. Wenning (Hg.), Unterschiedlich verschieden. Differenz in der Erziehungswissenschaft. Opladen: Leske und Budrich, 215–231.

Lutz, Helma/Davis, Kathy (2005): Geschlechterforschung und Biographieforschung. Intersektionalität als biographische Ressource am Beispiel einer außergewöhnlichen Frau. In: B. Völter/B. Dausien/H. Lutz/G. Rosenthal (Hg.), Biographieforschung im Diskurs. Wiesbaden: VS Verlag für Sozialwissenschaften, 228–247.

Lutz, Helma/Herrera Viva, Maria Teresa/Supik, Linda (2010): Fokus Intersektionalität – eine Einleitung. In: H. Lutz/M. T. Herrera Viva/L. Supik (Hg.), Fokus Intersektionalität. Bewegungen und Verortungen eines vielschichtigen Konzepts. Wiesbaden: Springer VS, 9–30.

Lutz, Helma/Wenning, Norbert (2001): Differenzen über Differenz – Einführung in die Debatten. In: H. Lutz/N. Wenning (Hg.), Unterschiedlich verschieden. Differenz in der Erziehungswissenschaft. Opladen: Leske und Budrich, 1–24.

MAIS NRW, Ministerium für Arbeit, Integration und Soziales des Landes Nordrhein-Westfalen (2010): Muslimisches Leben in Nordrhein-Westfalen, https://www.phil-fak.uni-duesseldorf.de/fileadmin/Redaktion/Institute/Sozialwissenschaften/BF/Lehre/SoSe_2015/Islam/Muslimisches_Leben_in_NRW.pdf, letzter Zugriff am 20.02.2016.

McCall, Leslie (2005): The Complexity of Intersektionality. Signs, 30/3, 1771–1800.

Mecheril, Paul (1997): Rassismuserfahrungen von anderen Deutschen – eine Einzelfallbetrachtung. In: P. Mecheril/T. Teo (Hg.), Psychologie und Rassismus. Hamburg: Rowohlt, 175–202.

Mecheril, Paul (2004): Beratung in der Migrationsgesellschaft. Paradigmen einer pädagogischen Handlungsform, http://www.staff.uni-oldenburg.de/paul.mecheril/download/beratung_mecheril2004.pdf, letzter Zugriff am 20.02.2016.

Mecheril, Paul (2008a): Das Besondere ist das Allgemeine – Überlegungen zur Befremdung des »Interkulturellen«. In: B. Rommelspacher/I. Kollak (Hg.), Interkulturelle Perpektiven für das Sozial- und Gesundheitswesen. Frankfurt am Main: Mabuse, 115–134.

Mecheril, Paul (2008b): Weder differenzblind noch differenzfixiert. Für einen reflexiven und kontextspezifischen Gebrauch von Begriffen, http://www.ida-nrw.de/cms/upload/PDF_tagungsberichte/Reader_2009.pdf, letzter Zugriff am 20.02.2016.

Mecheril, Paul/Castro Varela, María do Mar/Dirim, Inci/Kalpaka, Anita/Melter, Claus (Hg.), Bachelor, Master: Migrationspädagogik.Weinheim: Beltz.

Mecheril, Paul (2011): Diversity als pädagogische Perspektive – Anfragen an ein pädagogisches Konzept, http://www.gender-nrw.de/fileadmin/daten-fuma/4_Service/1_Download/3_FUMA_Fachtagungen/Pluralitaet_als_Normalitaet__FUMA_Fachtagung_16.05.2011_01.pdf, 14–26, letzter Zugriff am 20.02.2016.

Mecheril, Paul/Rose, Nadine (2012): Qualitative Migrationsforschung: Standortbestimmungen zwischen Reflexion, (Selbst-)Kritik und Politik. In: F. Ackermann/Th. Ley/C. Machold/M. Schrödter (Hg.), Qualitatives Forschen in der Erziehungswissenschaft. Wiesbaden: Springer VS, 115–134.

Mecheril, Paul/Thomas-Oalde, Oscar/Melter, Claus/Arens, Susanne/Romaner, Elisabeth (2013): Migrationsforschung als Kritik? Erkundung eines epistemischen Anliegens in 57 Schritten. In: P. Mecheril/O. Thomas-Oalde/C. Melter/S. Arens/E. Romaner (Hg.), Migrationsforschung als Kritik? Konturen einer Forschungsperspektive. Wiesbaden: Springer VS, 7–58.

Menschenkind (2014) (Hg.): Zusammenfassung Fachaustausch 5.12.13: Pflegebedürftige Kinder mit ungeklärtem Aufenthaltsstatus in Berlin. Unveröffentlichte Dokumentation. Menschenkind, Fachstelle für die Versorgung chronisch Kranker und pflegebedürftiger Kinder.

Merl, Thorsten (2013): Bildung und Kompetenz – eine Verhältnisbestimmung. Masterarbeit im Fachgebiet Erziehungswissenschaft, Universität zu Köln.

Merz-Atalik, Kerstin (1998): Kulturspezifische Einstellungen zu Krankheit und Behinderung in Familien türkischer Herkunft. In: W. Datler (Hg.), Zur Analyse heilpädagogischer Beziehungsprozesse. Luzern: Edition SZH/CSPS, 315–321.

Merz-Atalik, Kerstin (2008): Begleitung und Beratung von Familien mit Migrationshintergrund – Aspekte der Kommunikation in inter- bzw. transkulturellen Situationen. Sonderpädagogische Förderung heute, 53. Jahrgang 01/2008, 22–38.

Messerschmidt, Astrid (2007): Entnormalisierung und Vermeidung – Vier Muster im Umgang mit Rassismus, Tagungsdokumentation des Fachgesprächs zur »Normalität und Alltäglichkeit des Rassismus«, 14./15. September 2007. Bonn: CJD, 56–71.

Messerschmidt, Astrid (2008): Pädagogische Beanspruchungen von Kultur in der Migrationsgesellschaft, Bildungsprozesse zwischen Kulturalisierung und Kulturkritik. Zeitschrift für Pädagogik, 54, 5–17.

MSJG, Montag Stiftung Jugend und Gesellschaft (Hg.) (2011): Kommunaler Index für Inklusion. Arbeitsbuch. Bonn: Montag Stiftung Jugend und Gesellschaft, https://www.kmk-pad.org/fileadmin/Dateien/download/VERANSTALTUNGSDOKU/Inklusion2012/KommunenundInklusion_Arbeitsbuch_web.pdf, letzter Zugriff am 20.02.2016.

Münch, Sybille (2010): Unterstützung und Betreuung von türkischsprachigen Familien mit behinderten Angehörigen, Endbericht. Frankfurt a. M.: Institut für Sozialarbeit und Sozialpädagogik.

Muñoz, Vernor (2009): Vortrag, Übersetzung des Vortrags und der Podiumsbeiträge des UN-Sonderberichterstatters für das Recht auf Bildung, Prof. Vernor Muñoz, 7. Juni 2009, Oldenburg in der Vortrags- und Podiumsveranstaltung »Bildung ist ein Recht und keine Ware – Für eine Bildung gleich hoher Qualität für alle«, http://munoz.uri-text.de/VernorMunoz7teJuni09_OL_deutscheUebersetzung.pdf, letzter Zugriff am 20.02.2016.

Murdock, George P. (1978): World distribution of theories of illness. Ethnology 17, 449–470.

Nauck, Bernhard (2001): Solidarpotenziale von Migrantenfamilien, FES, http://library.fes.de/fulltext/asfo/01389003.htm#LOCE9E3, letzter Zugriff am 29.09.2014.

Niethammer, Lutz (1978): »Oral History in USA. Zur Entwicklung und Problematik diachroner Befragungen«. Archiv für Sozialgeschichte 1978/18, 457–501.

Niethammer, Lutz (1980): Einführung. In: L. Niethammer (Hg.), Lebenserfahrung und kollektives Gedächtnis. Die Praxis der ›Oral History‹. Frankfurt a. M.: Syndikat 1980, 7–26.

Nirje, Bengt (1994): Das Normalisierungsprinzip – 25 Jahre danach. Vierteljahresschrift für Heilpädagogik und ihre Nachbargebiete 1994/1, 12–32.

Nohl, Arnd Michael (2013): Relationale Typenbildung und Mehrebenenvergleich. Wiesbaden: Springer VS.

Nussbaum, Martha (2002): Konstruktion der Liebe, des Begehrens und der Fürsorge. Drei philosophische Aufsätze. Stuttgart: Reclam.

Nussbaum, Martha (2006): Frontiers of Justice. Cambridge: Harvard University Press

Office of the United Nations High Commissioner for Human Rights (2006): United Nations Convention on the Rights of Persons with Disabilities, http://www.institut-fuer-menschenrechte.de/fileadmin/user_upload/PDF-Dateien/Pakte_Konventionen/CRPD_behindertenrechtskonvention/crpd_en.pdf, letzter Zugriff am 20.02.2016.

Ofner, Ulrike Selma (2013): Rekonstruktion als Kritik? Zur biographischen Analyse von gesellschaftlichen Barrieren für hochqualifizierte MigrantInnen. In: P. Mecheril/O. Thomas-Oalde/C. Melter/S. Arens/E. Romaner (Hg.), Migrationsforschung als Kritik? Konturen einer Forschungsperspektive. Wiesbaden: Springer VS, 261–275.

Okken, Petra-Karin/Spallek, Jacob/Razum, Oliver (2008): Pflege türkischer Migranten. In: U. Bauer/A. Büscher (Hg.), Soziale Ungleichheit und Pflege. Beiträge sozialwissenschaftlich orientierter Pflegeforschung. Wiesbaden: VS Verlag für Sozialwissenschaften, 396–422.

Oliver, Mike (1996): Understanding Disability. From Theory to Practice. Basingstoke: Macmillan.

Otto, Hans-Uwe/Ziegler, Holger (2008): Der Capabilities Ansatz als neue Orientierung in der Erziehungswissenschaft. In: H.-U. Otto/H. Ziegler (Hg.), Capabilities – Handlungsbefähigung und Verwirklichungschancen in der Erziehungswissenschaft. Wiesbaden: VS Verlag, 9–17.

Ouertani, Mustapha (1994): Behinderung in der Dritten Welt unter besonderer Berücksichtigung der Stellung Behinderter im Islam, dargestellt am Beispiel des nordafrikanischen Raumes (Tunesien, Algerien, Marokko). Behindertenpädagogik, 4/1994, 389–403.

Platte, Andrea (2005): Schulische Lebens- und Lernwelten gestalten. Didaktische Fundierung inklusiver Entwicklungsprozesse. Köln: mv Verlag.

Platte Andrea (2010): Inklusion als Orientierungsrahmen für Qualitätsentwicklung in der Frühpädagogik (2010), http://www.inklusion-online.net/index.php/inklusion-online/article/view/124/124, letzter Zugriff am 20.02.2016.

Platte, Andrea (2011): Der Index für Inklusion. Inklusive Kulturen, Strukturen und Praktiken in der Kindertageseinrichtung entwickeln. TPS (Theorie und Praxis der Sozialpädagogik), 1/2011, 24–25.

Platte, Andrea (2012): Inklusive Bildung als internationale Leitidee und pädagogische Herausforderung. In: H.-J. Balz/B. Benz/C. Kuhlmann (Hg.), Soziale Inklusion, Grundlagen, Strategien und Projekte in der sozialen Arbeit. Wiesbaden: Springer VS, 141–162.

Polat, Halil (2002): Chancengleichheit und Hilfen auch für MigrantInnen! Behinderung und dritte Welt. Zeitschrift des Netzwerkes Behinderung und Dritte Welt, 2/2002, 68–70.

Powell, Justin J. W./Wagner, Sandra J. (2014): An der Schnittstelle Ethnie und Behinderung benachteiligt. Jugendliche mit Migrationshintergrund an deutschen Sonderschulen weiterhin überrepräsentiert. In: G. Wansing/M. Westphal (Hg.), Behinderung und Migration. Inklusion, Diversität, Intersektionalität. Wiesbaden: Springer VS, 177–202.

Prengel, Annedore (2006): Pädagogik der Vielfalt. Wiesbaden: VS Verlag für Sozialwissenschaften.

Prengel, Annedore (2012): Kann Inklusive Pädagogik die Sehnsucht nach Gerechtigkeit erfüllen? – Paradoxien eines demokratischen Bildungskonzepts. In: S. Seitz/N.-K. Finnern/N. Korff/K. Scheidt (Hg.), Inklusiv gleich gerecht? Inklusion und Bildungsgerechtigkeit. Bad Heilbrunn: Klinkhardt, 16–31.

Pries, Ludger (1997): Transnationale Soziale Räume. Theoretisch-empirische Skizze am Beispiel der Arbeitswanderungen Mexico-USA. Zeitschrift für Soziologie, 25/6, 456–472.

Probst, Paul (2009): Bericht zur aktuellen Situation der »Gestützten Kommunikation« (Faciliated Communication/FC) in der Sonderpädagogik und Behindertenhilfe im deutschsprachigen Raum, Heilpädagogische Forschung, 2009/2, 99–107.

Quinn Gerard/Degener, Theresia (2002): Human rights and disability* the current use and future potential of United Nations human rights instruments in the context of disability. New York: OHCHR/United Nations.

Raab, Heike (2007): Intersektionalität in den Disability Studies. Zur Interdependenz von Behinderung, Heteronormativität und Geschlecht. In: A. Waldschmidt/W. Schneider (Hg.), Disability Studies, Kultursoziologie der Behinderung. Erkundungen in einem neuen Forschungsfeld. Bielefeld: transcript, 127–151.

Rauh, Hellgard (1984): Frühe Hilfe. Ein erster Kurzbericht über die Auswertung der Interviews zur Lebenssituation von Eltern behinderter und gesunder (Klein)-Kinder. Berlin, 9/1984.

Rauscher, Iris (2003): Zur Situation von türkischen Migrantenfamilien mit behinderten Kindern in der BRD. Behindertenpädagogik 42, 402–416.

Reiß, Katharina (1971): Möglichkeiten und Grenzen der Übersetzungskritik. München: Hueber Hochschulreihe.

Reiß, Katharina (1985): Paraphrase und Übersetzung: Versuch einer Klärung. In: J. Gnilka/H. P. Rüger (Hg.), Die Übersetzung der Bibel – Aufgabe der Theologie. Stuttgart: Luther, 273–287.

Rezapour, Hamid/Zapp, Mike (2011): Muslime in der Psychotherapie: Ein kultursensibler Ratgeber. Göttingen: Vandenhoeck/Ruprecht.

Ricker, Kirsten (2003): Migration, Biographie, Identität – Der biographische Ansatz in der Migrationsforschung. In: T. Badawia/F. Hamburger/M. Hummrich (Hg.), Wider die Ethnisierung einer Generation. Beiträge zur qualitativen Migrationsforschung. Berlin: Iko, 53–65.

Robert Koch Institut (2008): Beiträge zur Gesundheitsberichterstattung des Bundes. Kinder- und Jugendgesundheitssurvey (KiGGS) 2003–2006: Kinder und Jugendliche mit Migrationshintergrund in Deutschland. Berlin.

Rommelspacher, Birgit (2008): Tendenzen und Perspektiven interkultureller Forschung. In: B. Rommelspacher/I. Kollak (Hg.), Interkulturelle Perspektiven für das Sozial- und Gesundheitswesen. Frankfurt a. M.: Mabuse-Verlag, 115–134.

Rommelspacher, Birgit (2009a): Intersektionalität. Über die Wechselwirkung von Machtverhältnissen, www.birgit-rommelspacher.de/pdfs/Intersektionalit__t.pdf, letzter Zugriff am 07.01.2013.

Rommelspacher, Birgit (2009b): Was ist eigentlich Rassismus? In: C. Melter/P. Mecheril (Hg.), Rassismuskritik, Band 1: Rassismustheorie und –forschung. Schwalbach am Taunus: Wochenschau Verlag, 25–38.

Rose, Nadine (2012): Migration als Bildungsherausforderung. Subjektivierung und Diskriminierung im Spiegel von Migrationsbiographien. Bielefeld: transcript.

Rosenthal, Gabriele (2003): Biographische Forschung. In: D. Schaeffer/G. Müller-Mundt (Hg.), Qualitative Gesundheits- und Pflegeforschung. Bern/Göttingen: Huber, 134–147.

Ross, Alan O. (1967): Das Sonderkind. Stuttgart: Hippokrates.

Rothweiler, Monika/Chilla, Solveig/Babur, Ezel (2010): Specific Language Impairment in Turkish. Evidence from Turkish-German successive bilinguals. Clinical Linguistics & Phonetics, 540–555.

Rothweiler, Monika/Ruberg, Tobias (2011): Der Erwerb des Deutschen bei Kindern mit nichtdeutscher Erstsprache. München: DJI.

Ruberg, Tobias/Rothweiler, Monika (2012): Spracherwerb und Sprachförderung in der KiTa. Stuttgart: Kohlhammer.

Sarimski, Klaus (2013): Wahrnehmung einer drohenden geistigen Behinderung und Einstellungen zur Frühförderung bei Eltern mit türkischem Migrationshintergrund. Frühförderung interdisziplinär, 1/2013, 3–16.

Scarvaglieri, Claudio/Zech, Claudia (2013): »ganz normale Jugendliche, allerdings meist mit Migrationshintergrund«. Eine funktional-semantische Analyse von »Migrationshintergrund«. Zeitschrift für Angewandte Linguistik, 58, 201–227.

Scharathow, Wiebke (2010): Vom Objekt zum Subjekt. Über erforderliche Reflexionen in der Migrations- und Rassismusforschung. In: A. Broden/P. Mecheril (Hg.), Rassismus bildet. Bildungswissenschaftliche Beiträge zu Normalisierung und Subjektivierung in der Migrationsgesellschaft. Bielefeld: transcript, 87–112.

Scherr, Albert (2012): Diskriminierung: Die Verwendung von Differenzen zur Herstellung und Verfestigung von Ungleichheiten. Vortrag, 36. Kongress der Deutschen Gesellschaft für Soziologie. Plenum Diversity und Intersektionalität, http://portal-intersektionalitaet.de/theoriebildung/schluessel texte/scherr/, letzter Zugriff am 20.02.2016.

Schildmann, Ulrike (2012): Verhältnisse zwischen Inklusiver Pädagogik und Intersektionalitätsforschung. Sieben Thesen. In: S. Seitz/N.-K. Finnern/N. Korff/K. Scheidt (Hg.), Inklusiv gleich gerecht? Inklusion und Bildungsgerechtigkeit. Bad Heilbrunn: Klinkhardt, 93–99.

Schimmel, Annemarie (2000): Sufismus. Eine Einführung in die islamische Mystik. München: C. H. Beck.

Schlüter, Andreas/Strohschneider, Peter (Hg.) (2009): Bildung? Bildung! 26 Thesen zur Bildung als Herausforderung im 21. Jahrhundert. Bonn: Bundeszentrale für politische Bildung.

Schmid, Raimund (1997): Das letzte Rad am Wagen. Wo bleibt das Recht der Eltern auf Information und umfassende Betreuung? In: F. Strickstrock (Hg.), Die Gesellschaft der Behinderer. Reinbek: Rowohlt.

Schnell, Irmtraud (2004): Kinder mit Lernproblemen und ihre Wahrnehmung durch die Sonder- du die Allgemeine Pädagogik. In: I. Schnell/A. Sander (Hg.), Inklusive Pädagogik. Bad Heilbrunn: Klinkhardt, 91–102.

Schrödter, Mark (2014): Dürfen Weiße Rassismuskritik betreiben? Zur Rolle von Subjektivität, Positionalität und Repräsentation im Erkenntnisprozess. In: A. Broden/P. Mecheril (Hg.), Solidarität in der Migrationsgesellschaft. Bielefeld: transcript, 53–72.

Schulze, Theodor (2006): Ereignis und Erfahrung. Vorschläge zur Analyse biographischer Topoi. In: G. Bittner (Hg.), Ich bin mein Erinnern. Würzburg: Königshausen & Neumann, 97–116.

Schumann, Brigitte (2004): Soziale Integration durch stadtteilbezogene Arbeit am Beispiel des Ruhrgebiets. In: I. Schnell/A. Sander (Hg.), Inklusive Pädagogik. Bad Heilbrunn: Klinkhardt, 103–110.

Schuster, Eva Maria (1997): Sozialpädagogische Familienhilfe (SPFH). Aspekte eines mehrdimensionalen Handlungsansatzes für Multiproblemfamilien. Frankfurt a. M.: Peter Lang.

Schütze, Fritz (1983): Biographieforschung und narratives Interview. Neue Praxis, 1983/13, 3, 283–293.

Schütze, Fritz (1984): Kognitive Figuren des autobiographischen Stehgreiferzählens. In: M. Kohli/G. Robert (Hg.), Biographie und soziale Wirklichkeit. Stuttgart: Metzler, 78–117.

Schütze, Fritz (2001): Rätselhafte Stellen im narrativen Interview und ihre Analyse. Handlung, Kultur, Interpretation, 10. Jahrgang/Heft 2001/1, 12–28.

Seifert, Monika (2010): Kundenstudie. Bedarf an Dienstleistungen zur Unterstützung des Wohnens von Menschen mit Behinderung. Abschlussbericht. Berlin: Rhombos.

Sen, Amartya (1992): Inequality reexamined. Oxford: Oxford University Press.

Singer, Peter (1984): Praktische Ethik. Stuttgart: Reclam.

Skutta, Sabine (1994): Versorgungslage und psychosoziale Situation von Familien mit behinderten Kindern in der Türkei. Frankfurt: Iko.

Skutta, Sabine (1998): Leiden oder Bewältigen. Türkische Familien mit einem behinderten Kind. Anpassungs- und Bewältigungsformen. In: E. von Koch/M. Özek/W. M. Pfeiffer (Hg.), Chancen und Risiken von Migration. Freiburg: Lambertus-Verlag, 124–133.

Smykalla, Sandra/Vinz, Dagmar (2011): Einleitung. Geschlechterforschung und Gleichstellungspolitiken vor neuen theoretischen, methodologischen und politischen Herausforderungen. In: S. Smykalla/D. Vinz (Hg.), Intersektionalität zwischen Gender und Diversity. Münster: Westfälisches Dampfboot, 7–16.

Sorge, Nancy (2010): Gespräche mit Menschen, die für »geistig behindert« gehalten werden. Dortmund: Verlag modernes Lernen.

Statistisches Bundesamt (2011a): Bevölkerung und Erwerbstätigkeit. Bevölkerung mit Migrationshintergrund – Ergebnisse des Mikrozensus 2009. Fachserie 1 Reihe 2.2., Wiesbaden.

Statistisches Bundesamt (2011b): Schwerbehinderte Menschen, https://www.destatis.de/DE/Publikationen/Thematisch/Gesundheit/BehinderteMenschen/SozialSchwerbehinderteKB5227101119004.pdf?__blob=publicationFile, letzter Zugriff am 20.02.2016.

Staub-Bernasconi, Silvia (2002): Ilse Arlt: Lebensfreude dank einer wissenschaftlichen Bedürfniskunde: Aktualität und Brisanz einer fast vergessenen Theoretikerin. In: S. Hering/B. Waalijik (Hg.), Geschichte der sozialen Arbeit in Europa (1900 – 1960). Opladen: Leske und Budrich, 25 -34.

Stegie, Reiner (1988): Familien mit behinderten Kindern. In: U. Koch/G. Lucius-Hoene/R. Stegie (Hg.), Handbuch Rehabilitationspsychologie. Berlin; Heidelberg; New York: Springer, 120–139.

Stemmer, Ulrike (2013): »Ein Kind mit Behinderung erweitert den Horizont«, www.vdk.de/bayern/pages/presse/vdk-zeitung/vdk-zeitung_archiv/66468/ein_kind_mit_behinderung_erweitert_den_horizont, zuletzt aufgerufen am 30.09.2014.

Stiftung Lebensnerv (2009): Zugangswege in der Beratung chronisch kranker/behinderter Menschen mit Migrationshintergrund, http://www.lebensnerv.de/misc/Feldstudie-Zugangswege%20in%20der%20Beratung.pdf, letzter Zugriff am 20.02.2016.

Stoecker, Ralf (2006): Ethik und Behinderung – Überlegungen zu Toleranz, Akzeptanz und Differenz. Sonntagsvorlesung, gehalten am 14. Mai 2006 im Rahmen der Reihe Potsdamer Köpfe, www.uni-potsdam.de/angewandte-ethik/dokumente/Ethik%20und%20Behinderung.pdf, letzter Zugriff am 30.09.2014.

Strauss, Anselm/Corbin, Juliet (1996): Grundlagen qualitativer Sozialforschung. Weinheim: Belz.

Tan, Dursun (1999): Zur Rolle der Religion in der Erziehung. In: Analysen. Arbeitskreis Neue Erziehung (Hg.), Erziehung – Sprache – Migration. Gutachten zur Situation türkischer Familien, Berlin: Arbeitskreis Neue Erziehung, 37–92.

Terkessidis, Mark (2004): Die Banalität des Rassismus. Migranten zweiter Generation entwickeln eine neue Perspektive. Bielefeld: transcript.

Terkessidis, Mark (2010): Interkultur. Berlin: Suhrkamp.

Thimm, Walter (1974): Zur sozialen Situation von Familien mit behinderten Kindern. Viertelsjahreszeitschrift für Heilpädagogik und ihre Nachbargebiete (VHN), Luzern (43), 11–18.

Thimm, Walter (2006):): Zur sozialen Situation von Familien mit behinderten Kindern. In: W. Thimm, Behinderung und Gesellschaft. Texte zur Entwicklung einer Soziologie der Behinderten. Heidelberg: Universitätsverlag Winter, 131–140.

Thimm, Walter/Wachtel, Grit (2002): Familien mit behinderten Kindern. Juventa: Weinheim.

Tomaševski, Katarina (2000): Human rights obligations: Making education available, accessable, acceptable and adaptable. Right to Education Primor No.3 Goteburg: Novum Grafiska AB.

Tuider, Elisabeth (2011): ›Sitting at a Crossroad‹ methodisch einholen. Intersektionalität in der Biografieforschung. In: S. Hess/N. Langreiter/E. Timm (Hg.), Intersektionalität Revisited. Empirische, theoretische und methodische Erkundungen. Bielefeld: transcript, 221–248.

Ucar, Ali (1987): Behindertenwesen in der Türkei – Sonderschulwesen. In: H.-J. Buchkrämer/M. Emmerich (Hg.), Ausländerkinder. Sonder- und Sozialpädagogische Fragestellungen. Hamburg: ebv, 118–130.

UN-BRK, Übereinkommen der Vereinten Nationen über die Rechte von Menschen mit Behinderung (2011), https://www.behindertenbeauftragter.de/SharedDocs/Publikationen/DE/Broschuere_UNKonvention_KK.pdf?__blob=publicationFile, letzter Zugriff am 20.02.2016.

UNESCO (2009): Policy Guidlines on Inclusion in Education, http://unesdoc.unesco.org/images/0017/001778/177849e.pdf, letzter Zugriff am 20.02.2016.

Uslucan, Hamid-Halil (2010): Islam und Integration: Die psychologisch-pädagogische Perspektive. In: B. Ucar (Hg.), Die Rolle der Religion im Integrationsprozess. Die deutsche Islamdebatte. Frankfurt a. M.: Peter Lang, 387–402.

Van Dillen, Ton (2008): Erfahrungen aus Europa: Migration und Behinderung. Ein Thema in den Niederlanden, dem multikulturellen Staat? In: C. Kauczor/S. Lorenzkowski/M. Al Munaizel (Hg.), Migration, Flucht und Behinderung. Essen: Behinderung und Entwicklungszusammenarbeit, 39–46.

Veeser, Winfried (2007): Muslime besser verstehen. Elternarbeit im Kindergarten. München: Vogel.

Völter, Bettina/Dausien, Bettina/Lutz, Helma/Rosenthal, Gabriele (2005): Einleitung. In: B. Völter/B. Dausien/H. Lutz/G. Rosenthal (Hg.), Biografieforschung im Diskurs. Wiesbaden: VS Verlag für Sozialwissenschaften, 7–20.

Wagner, Petra (2008): Interkulturelle Kompetenz als Schlüsselkompetenz des 21. Jahrhunderts? In: P. Wagner (Hg.), Handbuch Kinderwelten. Vielfalt als Chance – Grundlage einer vorurteilsbewussten Bildung und Erziehung. Freiburg im Breisgau: Herder, 203–205.

Waldschmidt, Anne (2005): Disability Studies: Individuelles, soziales und/oder kulturelles Modell von Behinderung?, http://bidok.uibk.ac.at/library/waldschmidt-modell.html, letzter Zugriff am 20.02.2016.

Waldschmidt, Anne (2010): Das Mädchen Ashley oder: Intersektionen von Behinderung. In: J. Jacob/S. Köbsell/E. Wollrad (Hg.), Gendering disability.

Intersektionale Aspekte von Behinderung und Geschlecht. Bielefeld: transcript, 35–60.

Walgenbach, Katharina (2010): Postscriptum: Intersektionalität – Offenheit, interne Kontroversen und Komplexität als Ressourcen eines gemeinsamen Orientierungsrahmens. In: H. Lutz/M.T. Herrera Vivar/L. Supik (Hg.), Fokus Intersektionalität – Bewegungen und Verortungen eines vielschichtigen Konzeptes. Wiesbaden: Springer VS, 245–256.

Walgenbach, Katharina (2012): Intersektionalität als Analyseperspektive heterogener Stadträume. In: E. Scambor/F. Zimmer (Hg.), Die intersektionelle Stadt. Geschlechterforschung und Medien an den Achsen der Ungleichheit. Bielefeld: transcript, 81–92.

Wansing, Gudrun/Westphal, Manuela (2012): Zur statistischen Erfassung von Migration und Behinderung – Repräsentanz und Einflussfaktoren. Migration und Soziale Arbeit 4/2012, 365–373.

Wansing, Gudrun/Westphal, Manuela (2014): Behinderung und Migration. Kategorien und theoretische Perspektiven. In: G. Wansing/M. Westphal (Hg.), Behinderung und Migration. Inklusion, Diversität, Intersektionalität. Wiesbaden: Springer VS, 17–48.

Weber, Max (2005): Die protestantische Ethik und der Geist des Kapitalismus. Paderborn: area.

Wendeler, Jürgen/Godde, Heidi (1989): Geistige Behinderung: Ein Begriff und seine Bedeutung für die Betroffenen. Geistige Behinderung 28/1989, 306–317.

Wendt, Heinz F. (1961): Sprachen. Fischer Lexikon. Frankfurt a. M.: Fischer Bücherei.

WHO (2001): International Classification of Functioning, Disability and Health: Genf.

Windszus, Beate (1972): Situation von Familien mit behinderten Kindern und Jugendlichen. Köln: unveröffentlichter Forschungsbericht.

Winker, Gabriele/Degele, Nina (2007): Intersektionalität als Mehrebenenanalyse, https://www.soziologie.uni-freiburg.de/personen/degele/dokumente-publikationen/intersektionalitaet-mehrebenen.pdf, letzter Zugriff am 20.02.2016.

Winker, Gabriele/Degele, Nina (2009): Intersektionalität. Zur Analyse sozialer Ungleichheiten. Bielefeld: transcript.

Wocken, Hans (2011): Über die Entkernung der Behindertenrechtskonvention. Ein deutsches Trauerspiel in 14 Akten, mit einem Vorspiel und einem Abgesang, www.inklusion-online.net/index.php/inklusion-online/article/view/80/80, letzter Zugriff am 30.09.2014.

Yenice-Cağlar, Yüksel (2008): Sozialpädagogische Familienberatung für türkische Familien mit behinderten Kindern. In: C. Kauczor/S. Lorenzkowski/M. Al-Munaizel (Hg.), Migration, Flucht und Behinderung. Essen: Behinderung und Entwicklungszusammenarbeit, 139–148.

Yüksel-Karakoc, Mürvet (o. J.): Türkische Migranten in Deutschland und Umgang mit Behinderung, http://www.lwl.org/star-download/pdfs/Behinderung_bei_Migrantenfamilien.pdf, letzter Zugriff am 20.02.2016.

Ziemen, Kerstin (2002): Das bislang ungeklärte Phänomen der Kompetenz: Kompetenzen von Eltern behinderter Kinder. Butzbach-Griedel: Jung.

Zinsmeister, Julia (2014): Additive oder intersektionale Diskriminierung? Behinderung, »Rasse« und Geschlecht im Antidiskriminierungsrecht. In: G. Wansing/M. Westphal (Hg.), Behinderung und Migration. Inklusion, Diversität, Intersektionalität. Wiesbaden: Springer VS, 265–284.

Kultur und soziale Praxis

Christian Lahusen, Karin Schittenhelm, Stephanie Schneider
Europäische Asylpolitik und lokales Verwaltungshandeln
Zur Behördenpraxis in Deutschland und Schweden

November 2016, ca. 300 Seiten, kart., ca. 29,99 €,
ISBN 978-3-8376-3330-6

Bärbel Völkel, Tony Pacyna (Hg.)
Neorassismus in der Einwanderungsgesellschaft
Eine Herausforderung für die Bildung

September 2016, ca. 200 Seiten, kart., ca. 24,99 €,
ISBN 978-3-8376-3454-9

Christian Lahusen, Stephanie Schneider (Hg.)
Asyl verwalten
Zur bürokratischen Bearbeitung eines gesellschaftlichen Problems

Juli 2016, ca. 300 Seiten, kart., ca. 29,99 €,
ISBN 978-3-8376-3332-0

Leseproben, weitere Informationen und Bestellmöglichkeiten finden Sie unter www.transcript-verlag.de